大学図書館
専門職員の歴史

戦後日本で設置・教育を
妨げた要因とは

利根川樹美子

勁草書房

はしがき

　現在，大学図書館の学修支援機能が多くの注目を集めている。また世界の動向をみると，図書・学術雑誌・貴重書等の電子化が進み，新しい技術が次々と導入され，従来の大学図書館のあり方や機能が大きく変容している。大学が国際水準に照らした教育研究の向上を実現させるためには，大学図書館機能の高度化と情報専門職の設置に早急に取り組む必要がある。このことから本書を刊行し，世に問うものである。

　法制化によって大学図書館専門職員を設置する提案と図書館専門職員の教育を改革する提案は今日まで実現していない。本書ではこうした未解決の課題に論理的解明を試みる。この研究領域では包括的な研究がまだ行われていない。新規性と網羅的論稿分析にもとづく立証が本書の第一の特徴である。

　具体的には，図書館専門職員の専門職化の取り組みにおける日本独自の構造とはいかなるものだったのかを明らかにするとともに，大学図書館の司書職法制化の提案と大学関係法令との矛盾を照射し，大学図書館専門職員の設置・教育の制度が確立しなかった複合要因を導き出した。図書館サービスや図書館専門職員の教育について，大学図書館のみならず全ての種類の図書館に関わる問題も解明した。

　本書の第二の特徴は，ある職業が専門職か非専門職かという二項対立的なこれまでの分析方法をやめて，グッドの"専門職化"（the direction of professionalism）の考え方を参考に，ある職業についてどれだけ専門職化が進んだか，後退したかという観点から分析する方法を取っていることである。この点で本書は，グッドの考え方を応用して，戦後日本の大学図書館専門職員を専門職化の観点から分析した研究と捉えることができる（Goode, William, "The Librarian: from Occupation to Profession?" *The Library Quarterly*, Vol. 31, No. 4, 1961, p. 306-

320)。

　本書の第三の特徴は，図書館専門職員をめぐる関連用語の定義を厳密におこない，それらの定義に基づいて論じたことである。これによって分析対象の論稿における専門職員，専門的職員，司書職，専門職などの用語の意味を批判的に検討することが可能となった。また教育に関する用語の定義を明確にすることで，図書館専門職員の教育面での分析をより精緻に行った。

　本書の研究対象期間は戦後から今日までとした。大学図書館は大学を構成する組織の一つであり，大学の教育研究活動を適切に行うために必要な機能をもつ。本書はこの考え方を起点として，大学図書館の機能を十分に発揮させるためには専門職員の設置が必要であるという立場に立つ。そして大学図書館専門職員が大学図書館の機能を十分に発揮させることを専門職化が進んだと捉える基準にもとづいて，専門職化の観点から歴史的方法で調査，分析した。

　本書の構成は次のとおりである。

　第1章で本書の全体像が分かるように説明する。まず基本的立場，観点，歴史的背景，研究目的を示す。研究目的にもとづく研究課題と方法を提示したあと，用語の定義，先行研究，論文構成について説明する。

　第2章では戦後の大学・大学図書館・大学図書館職員はどうであったかを示す。大学図書館専門職員は大学図書館職員の一員であり，職場は大学図書館で，大学図書館は大学内の一組織である。このことから，大学・大学図書館・大学図書館職員が大学図書館専門職員の枠組みをどのように形成してきたかを明らかにする。

　具体的には，大学・大学図書館・大学図書館職員それぞれについて，戦後60年間の統計データの推移と戦前・戦後の歴史的経緯の概要を示す。戦前・戦後の歴史的経緯を示す理由は，①大学図書館専門職員の歴史的経緯には，これら三つの事項の歴史的経緯が枠組みとしてあったこと，②三つの事項に関する戦後の歴史的経緯は戦前の歴史的経緯を継承している部分があり，このため戦前の経緯を示す必要のあったことによる。

　そして，戦後の大学図書館における専門職員の設置・教育の必要性と戦前の体制の踏襲，専門職化が進まず身分の分化が進行した実態などを明らかにする。

本書では，大学図書館専門職員のこれら三つの枠組みの概要をふまえた上で，次の四つの研究課題について第3章から第6章までで論じる。

第3章は本書の基礎研究と位置付けられるが，ここでは戦後の大学図書館専門職員に関してどのような論議が展開されたのかを分析する。そして問題が，高度情報化にともなう大学図書館情報専門職の設置の必要性，公共図書館の貸出中心主義の及ぼした影響とその考え方の限界，大学図書館専門職員の教育が戦後一貫して欠如している状態などにあることを整理する。

この基礎研究によって，戦後の各時期の図書館・図書館学・図書館情報学関係団体と関係者の考え方に関する知見が得られる。これらの知見は，第4章以降で関係団体や関係者の様々な行動の意味を詳細に分析する際の参考にする。

第4章では，法制化による大学図書館専門職員の設置の提案が実現しなかった要因を分析する。そして複合要因のうち，法令上の要因と大学図書館専門職員の教育の欠如が根本的要因であることを導き出す。

以上の研究結果をふまえて，二つの根本的要因の構成要素をそれぞれ特定するために，第5章，第6章で検討する。

第5章では，根本的要因の一つである法令上の要因を取り上げる。大学を規定する諸法令における他の種類の学校にはない特性に着目し，大学図書館専門職員の設置を妨げた大学関係法令の特性上の要因を分析する。その結果から，大学図書館が施設・設備とのみ捉えられ，組織・機能の性質が認められなかったことなど，大学関係法令の特性が大学図書館専門職員の設置を妨げた要因を示す。

第6章では，法制化による大学図書館専門職員の設置を妨げたもう一つの根本的要因である，大学図書館専門職員の教育の欠如について分析する。まず，大学図書館専門職員の教育が欠如している状態は司書職法制化運動の時期ばかりでなく，戦後から今日まで一貫して続いていることに着目する。今日まで大学図書館専門職員の教育が実施されなかった理由は，戦後様々な図書館専門職員の教育改革に取り組まれたが，それらが司書講習科目の改定を除いてはいずれも実現しなかったためであった。したがって，大学図書館専門職員の教育が欠如している要因の構成要素を分析するためには，戦後から今日までの教育改革の取り組みを対象とする必要がある。

次に，初期教育・継続教育・専門教育の概念の相互関係と大学図書館専門職員の教育が欠如している実態の検討から，欠如しているのは継続・専門教育であることを導き出す。

　以上の考えにもとづいて，第6章では，戦後における図書館専門職員の教育を改革する取り組みの経緯を文献調査によって調査し，大学図書館専門職員の継続・専門教育が欠如している要因を分析する。

　第7章では本書の研究結果全体をまとめ，これをふまえてさらに考察を進める。

　まず各章の研究のまとめとそれらを通じて明らかになった事項を示す。そして，戦後から今日までにわたる大学図書館専門職員の専門職化の動向，および専門職化の観点からの設置・教育における施策のあり方を考察する。

　われわれは現在の目新しい課題に目を向け，未来を考えがちである。しかし，現在の問題を深く把握するためには，まず課題解決を目指したこれまでの提案がなぜ実現しなかったのかを認識する必要がある。諸提案が実現しなかった事実に"なぜ？"という意識を向けながら本書を読んでいただきたい。課題の解決を妨げ，実は今も妨げている諸要因を認識することが，現在の課題を解く鍵となる。

大学図書館専門職員の歴史
戦後日本で設置・教育を妨げた要因とは

目　次

はしがき

第1章　本書の目的・方法・構成 ………………………………… 1

1　背景と目的 ……………………………………………………… 1
2　研究課題と方法 ………………………………………………… 3
3　用語の定義 ……………………………………………………… 7
4　先行研究 ………………………………………………………… 18
5　本書の構成 ……………………………………………………… 22

第2章　戦後の大学・大学図書館・大学図書館職員は
どうであったか ……………………………………… 28

1　大学 ……………………………………………………………… 28
2　大学図書館 ……………………………………………………… 34
3　大学図書館職員 ………………………………………………… 43
4　まとめ：大学図書館専門職員の枠組み ……………………… 58

第3章　どのような大学図書館専門職員の論議が
展開されてきたのか ………………………………… 64

1　本章の目的と方法 ……………………………………………… 64
2　時期区分 ………………………………………………………… 66
3　論議の展開 ……………………………………………………… 67
4　まとめ：論議の展開の整理 …………………………………… 153

第4章　法制化による大学図書館専門職員の設置は
なぜ実現しなかったのか …………………………… 169

1　本章の目的と方法 ……………………………………………… 169
2　司書職法制化運動の概要 ……………………………………… 171
3　時期区分 ………………………………………………………… 175
4　運動の経緯および関係団体と行政機関の交渉 ……………… 175

5　まとめ：提案が実現しなかった要因 ……………………………………… 190

第5章　大学関係法令の特性はどのように
　　　　大学図書館専門職員の設置を妨げたのか …………… 210

　　1　本章の目的と方法 ……………………………………………………………… 210
　　2　司書職法制化の提案内容 ………………………………………………………… 211
　　3　大学関係法令の特性 …………………………………………………………… 214
　　4　司書職法制化の提案と大学関係法令の特性 ………………………………… 225
　　5　まとめ：大学関係法令の特性上の要因 ……………………………………… 233

第6章　大学図書館専門職員の継続・専門教育は
　　　　なぜ欠如しているのか ………………………………………… 238

　　1　本章の目的と方法 ……………………………………………………………… 238
　　2　時期区分 ………………………………………………………………………… 239
　　3　教育改革の取り組みの経緯 …………………………………………………… 240
　　4　まとめ：継続・専門教育が欠如している要因 ……………………………… 268

第7章　大学図書館専門職員の設置・教育の施策のあり方 ………… 281

　　1　これまでのまとめ ……………………………………………………………… 281
　　2　本書によって明らかになった事項 …………………………………………… 285
　　3　専門職化を目的とする施策のあり方 ………………………………………… 293
　　4　本書の限界と今後の課題 ……………………………………………………… 295

引用・参考文献一覧 ……………………………………………………………… 297

付録 …………………………………………………………………………………… 339
　　年表　大学図書館の司書職法制化運動　昭和 27 年（1952）〜 昭和 40 年（1965）

あとがき …………………………………………………………………………… 341

vii

人名索引　*347*

事項索引　*349*

第1章　本書の目的・方法・構成

　本書では，法制化による大学図書館専門職員の設置を妨げた根本的要因とその構成要素を，文献調査による歴史的方法を用いて包括的に分析する。

　本章では研究の背景と目的，課題と方法，用語の定義，先行研究，本書の構成を述べる。

1　背景と目的

　まず，本書の基本的立場と分析の観点について説明する。

　大学図書館は大学を構成する組織の一つであり，大学の教育研究活動を適切に行うために必要な機能をもつ。大学図書館の主な機能は資料の収集・整理・提供，情報システムの整備，学術情報の提供，および機関間協力による学術情報の流通である[1]。今日では利用者教育，情報リテラシー教育，学習支援，情報資源管理も大きな比重を占めている。本書では，こうした大学図書館の機能を十分に発揮させるためには専門的職務を遂行する専門職員の設置が必要であるという立場を取る[2][3]。

　戦後日本の図書館専門職員に関する論稿では多くの場合，"図書館員は専門職であるべきだ"という見解に立って論じられてきた。しかし専門職の定義が明確でなく，様々な意味で専門職の用語が使われた。他方，戦後日本の大学図書館の実態をみるとほとんどの場合，大学図書館専門職員は事務職員と位置付けられてきた。医者や弁護士の専門職制度に相当する制度は日本の図書館に存在したことがない。アメリカ等で成立している大学図書館のライブラリアンの制度が日本社会で成立しうるのかどうかはこれまでのところ明らかでない。ア

メリカのライブラリアンの制度と同等な制度の実現のために，日本の大学図書館関係諸団体がまとまって運動してきたという事実もない。

以上の問題を検討した結果，本書では，専門職制度ないしアメリカ等のライブラリアンの制度と同等の制度が日本の大学図書館で実現しうる，あるいは実現するべきであるという前提を取らないことにする。

本書では，グッド（Goode, W.）の"専門職化"（"the direction of professionalism"）の考え方[4]を参考に，ある職業が専門職かそうでないかを検討する従来の二項対立的な検討方法をやめて，ある職業についてどれだけ専門職化が進んだか後退したかという専門職化の観点から研究対象を分析する。本書での大学図書館専門職員の専門職化とは，大学図書館専門職員が大学図書館の機能を十分に発揮させることを専門職化が進んだと捉える基準にもとづいた尺度の概念である。この尺度を用いて各時期の大学図書館専門職員に関する様々な条件の変化が専門職化の推進をもたらしたか，それとも停滞ないし低下をもたらしたかという観点から分析する。

次に，戦後の大学図書館専門職員の歴史的背景を示す。

大学図書館の機能を十分に発揮させるためには専門職員の設置が必要であると考えられるが，大学図書館専門職員の資格・設置・教育が法令で定められていなかった。このため大学図書館の関係団体は，昭和20年代半ばから昭和30年代（1950-1965）にかけて司書職法制化運動に取り組んだ[5]。司書職法制化運動とは司書の職務・資格・設置等を法令で定めることによって，図書館での司書職の設置を目指す運動である。しかし，大学図書館の司書職法制化の提案はいずれも実現しなかった。

大学における図書館専門職員の教育では，4年制大学の学部の図書館学専門課程はわずかで，公共図書館専門的職員の養成を目的とする司書課程・司書講習が中心であった。昭和42年（1967）に図書館学の修士課程が慶應義塾大学大学院文学研究科に設置されるまで，大学院の図書館学専門課程は存在しなかった。司書課程・司書講習の教育内容と方法の水準が低かったことが敗戦直後から指摘されていた。さらに司書課程・司書講習は公共図書館の教育内容が中心であり，公共図書館以外の館種の教育内容が不十分であった。このため図書館学教員とその団体は昭和30年代から昭和40年代（1955-1975）にかけて，司

第1章　本書の目的・方法・構成

書資格よりも高度な資格を創設し，全館種に関する教育内容をカリキュラムに加えることを目指して図書館専門職員の教育の改革に取り組んだ。しかし，これらの教育改革の提案もまた実現しなかった。

　以上の経緯を経て，大学図書館専門職員の設置・教育の体制は整備されないまま今日に至っている。

　こうした歴史的背景にもとづいて大学図書館専門職員の専門職化に影響を及ぼす要因の一つである設置に着目し，本書の目的を，法制化による大学図書館専門職員の設置を妨げた根本的要因およびその構成要素を文献調査による歴史的方法で分析し，解明することに設定する。法制化による大学図書館専門職員の設置を妨げたと考えられる要因は一部指摘されているが，根本的要因とその構成要素についてはこれまで明らかにされてこなかった。本書での要因分析によって，これまで未解決であった課題を大学図書館専門職員の専門職化の観点から検討し，解明する。

2　研究課題と方法

　本書では，第2章で戦後の大学・大学図書館・大学図書館職員はどうであったかを示す。これらが大学図書館専門職員の枠組みであることは，大学図書館専門職員は大学図書館職員の一員であり，その職場は大学図書館であり，大学図書館は大学内の一組織であることから明らかである。第2章では，大学・大学図書館・大学図書館職員の昭和25年（1950）から平成21年（2009）までの60年間にわたる統計データの推移と戦前・戦後の歴史的経緯の概要を文献調査によって示す。大学・大学図書館・大学図書館職員に関する戦前・戦後の歴史的経緯を示す理由は，①大学図書館専門職員の歴史的経緯はこれら三つの事項に関する歴史的経緯の枠組みの中にあったこと，②いずれの戦後の歴史的経緯も戦前の歴史的経緯を継承している部分があり，このため，戦前の経緯を示す必要のあったことによる。

　本書では，大学図書館専門職員のこれら三つの枠組みの概要をふまえた上で，以下に詳述する四つの研究課題に沿って，大学図書館専門職員に関する歴史的研究の分析結果を述べる。なお，本書の研究対象である論稿は学術論文もある

3

ものの，論文形式で書かれていないものが多くを占める。そこで本書では，学術論文も含めた総称として論稿という言葉を用いる。

研究課題
①どのような大学図書館専門職員の論議が展開されてきたのか。
②法制化による大学図書館専門職員の設置はなぜ実現しなかったのか。
③大学関係法令の特性は大学図書館専門職員の設置をどのように妨げたのか。
④大学図書館専門職員の継続・専門教育はなぜ欠如しているのか。

　まず，戦後日本の大学図書館専門職員に関する歴史的研究の基礎研究として，"研究課題①　どのような大学図書館専門職員の論議が展開されてきたのか"を設定する。次に，基礎研究の結果をふまえ，"研究課題②　法制化による大学図書館専門職員の設置はなぜ実現しなかったのか"を設定し，大学図書館の司書職法制化の提案がいずれも実現しなかった要因を分析する。そしてこれらの複合要因のうち，法令上の要因と大学図書館専門職員の教育の欠如が根本的要因であることを導き出す。以上の研究結果をふまえて二つの根本的要因の構成要素をそれぞれ特定するために，"研究課題③　大学関係法令の特性は大学図書館専門職員の設置をどのように妨げたのか"および"研究課題④　大学図書館専門職員の継続・専門教育はなぜ欠如しているのか"を設定して分析する。
　これら四つの研究課題に取り組むために，次の方法を用いる。

研究課題（1）：どのような大学図書館専門職員の論議が展開されてきたのか
　戦後，多くの図書館学・図書館情報学の教員・研究者，大学図書館関係者等が大学図書館専門職員に関する論稿を発表してきた。それらの論稿を通じて，大学図書館専門職員に関する問題が論議された。本書では，大学図書館専門職員に関する論議の展開の整理を，大学図書館専門職員に関する歴史的研究の基礎研究と位置付ける。この基礎研究によって，戦後の各時期の図書館・図書館学・図書館情報学関係団体とその関係者の考え方に関する知見が得られるためである。
　研究課題（1）では文献調査によって，昭和25年（1950）から平成22年

第1章　本書の目的・方法・構成

（2010）までの大学図書館専門職員に関する論議の展開を分析，整理する。分析対象期間を昭和25年（1950）からとしたのは，新しい学制の整備，アメリカ図書館学の受容，図書館法の制定などが実施され，敗戦から5年を経たこの頃から大学図書館専門職員に関して本格的に論議されるようになったためである。平成22年（2010）までとしたのは，科学技術・学術審議会学術分科会によって「大学図書館の整備について（審議のまとめ）」（2010）が公表され，この頃までに文部科学省諮問機関等による情報通信技術の発展および大学の教育研究活動における国際競争力の向上の必要性に対応した大学・大学図書館の基本方針と施策がほぼ出そろったことによる。

　詳細な方法は第3章の"1　本章の目的と方法"で述べる。なお，大学図書館専門職員の設置に関する論稿のうち大学図書館の司書職法制化運動に関する論稿は第4章で，大学図書館専門職員の教育に関する論稿は第6章で分析する。

研究課題（2）：法制化による大学図書館専門職員の設置はなぜ実現しなかったのか

　次に，大学図書館専門職員の専門職化に影響を及ぼす要因の一つである設置に着目し，大学図書館専門職員の設置に関する歴史的研究を行う。

　大学図書館の司書職法制化運動とは，法制化によって大学図書館専門職員の設置を目指す運動であった。岩猿敏生の「戦後の大学図書館における司書職制度問題に関する史的展望」（1977）[6]（以下，「史的展望」という）等の大学図書館専門職員の設置に関する先行研究を検討した結果，大学図書館の司書職法制化運動とその結果がその後の大学図書館専門職員の設置に大きな影響を及ぼしたこと，この運動の時期以外にはいくつかの小規模な事例を除いて大学図書館専門職員の設置に関する運動に取り組まれていないことが分かった。このため，分析対象期間を大学図書館の司書職法制化運動に取り組まれた昭和27年（1952）から昭和40年（1965）に設定する。そして法制化による大学図書館専門職員の設置の提案がいずれも実現しなかった複合要因を文献調査にもとづいて第4章で分析する。

　大学図書館の司書職法制化運動は，これまで国立大学図書館長会議（以下，

5

館長会議という）の視点にもとづいてのみ捉えられる傾向にあった。これに対して第4章では，館長会議とは異なる視点からの運動や取り組みの存在を明らかにし，館長会議以外の関係団体・行政組織を含めて運動の内容を分析する。そして，法制化による大学図書館専門職員の設置の提案がいずれも実現しなかった複合要因から根本的要因を抽出する。

詳細な方法は第4章の“1　本章の目的と方法”で述べる。

研究課題（3）：大学関係法令の特性は大学図書館専門職員の設置をどのように妨げたのか

研究課題（2）の結果から，法制化による大学図書館専門職員の設置の提案がいずれも実現しなかった根本的要因が抽出される。研究課題（3）では，根本的要因の一つである法令上の要因を取り上げる。その構成要素を分析するために，大学を規定する諸法令（以下，大学関係法令という）における他の種類の学校にはない特性に着目する。そして，文献調査によって大学関係法令の特性を明らかにした上で，大学図書館専門職員の設置を妨げた大学関係法令の特性上の要因を分析する。

文献調査では，研究課題（2）で用いた文献の他，大学関係の法令文書と法令解釈，大学の自治，高等教育，専門職に関する文献等を調査する。詳細な方法は第5章の“1　本章の目的と方法”で述べる。

研究課題（4）：大学図書館専門職員の継続・専門教育はなぜ欠如しているのか

研究課題（4）では，法制化による大学図書館専門職員の設置を妨げたもう一つの根本的要因である大学図書館専門職員の教育の欠如について分析する。

このために，まず大学図書館専門職員の教育の欠如は司書職法制化運動の時期ばかりでなく，戦後から今日まで一貫して続いていることに着目する。今日まで大学図書館専門職員の教育が実施されない理由は，戦後さまざまな図書館専門職員の教育の改革に取り組まれたが，それらが司書講習科目の改定を除いてはいずれも実現しなかったためであった。したがって，大学図書館専門職員の教育が欠如している要因の構成要素を分析するためには，大学図書館の司書職法制化運動の時期だけではなく，少なくとも，戦後から今日までの教育改革

第1章　本書の目的・方法・構成

の取り組みを対象として分析する必要がある。次に，図書館専門職員の教育に関係する概念に初期教育・継続教育および専門教育があることに着目する。そして，これらの概念の相互関係と大学図書館専門職員の教育が欠如している実態の検討から，欠如しているのは継続および専門教育であることを導き出す。

　以上のことから，昭和 25 年（1950）から平成 21 年（2009）における図書館専門職員の教育を改革する取り組みの経緯を文献調査によって調査し，大学図書館専門職員の継続・専門教育が欠如している要因を分析する。

　分析対象期間を昭和 25 年（1950）からとしたのは，研究課題（1）で述べた理由と同じである。平成 21 年（2009）までとしたのは，この年に図書館法の改正によって"大学において履修すべき図書館に関する科目の制定"が定められ，大学図書館専門職員の教育に影響を及ぼす直近の改定が実施されたことによる。

　文献調査は，第 3 章で収集した文献のうち図書館専門職員の教育に関する文献を用いるほか，必要に応じて追加の文献調査を実施する。詳細な方法は第 6 章の"1　本章の目的と方法"で述べる。

　なお，本書で用いる論稿における著者の所属先等の記載内容は全てその論稿が執筆された当時のものである。

3　用語の定義

　本節では，本書で使用する用語の定義を示す[7]。

3.1　基本的用語
（1）大学
　法令上大学とは，学校教育法上で規定された大学（4 年制大学の他，大学院および短期大学を含む）をさす。根拠法令は学校教育法（昭和 22 年 3 月 29 日法律第 26 号）第 52 条，第 62 条，第 69 条の 2 である。以下に条文を示す。

　　　第 52 条　大学は，学術の中心として，広く知識を授けるとともに，深く専門の学芸を教授研究し，知的，道徳的及び応用的能力を展開させること

を目的とする。

第62条　大学には，大学院を置くことができる。

第69条の2　大学は，第52条に掲げる目的に代えて，深く専門の学芸を教授研究し，職業又は実生活に必要な能力を育成することを目的とすることができる。

②　前項に掲げる目的をその目的とする大学は，第55条第1項の規定にかかわらず，その修業年限を二年又は三年とする。

③　前項の大学は，短期大学と称する。

（以下，略）

　本書で大学とは，上記の大学のうち4年制大学と大学院をさすこととする。

（2）大学図書館

　大学図書館は，大学の教育研究などを支援する目的で設置される図書館である。所属大学の学生・教職員を主なサービスの対象とする。大学図書館は従来から大学構成員等への資料・情報の提供サービスを行ってきた。他に図書館間相互利用制度による他大学構成員への利用サービスがあり，近年，利用者教育・情報リテラシー教育・学習支援も大きな比重を占めている。また近年，大学開放の考え方にもとづいて，一般市民への利用サービスが拡大される傾向にある。

　本書では，大学図書館とは4年制大学の学部と大学院からなる大学の図書館をさすこととする。学校教育法（昭和22年3月29日法律第26号）第2条の規定により，大学設置者の種類は国立・公立・私立の3種類である。したがって，大学図書館も国立大学図書館・公立大学図書館・私立大学図書館の3種類に分けられる。本書で大学図書館とは，中央図書館のほか，大学の規模や編成によって分館，部局図書館・図書室，学科や研究所等の図書室から構成されるものとする[8]。

（3）大学図書館職員

　大学図書館職員は大学図書館で働いているすべての職員を意味する。大学図

書館の専門職制度が成立していない日本では，専任職員のほか嘱託職員・臨時職員・派遣職員・業務委託会社社員等が専門的業務と非専門的業務を様々な比率で含む職務を遂行する[9)10)11)12)]。

（4）専門職化（the direction of professionalism）

グッドは，"The Librarian: from Occupation to Profession?"（1961）で，次の考え方を示した[13)]。

> 本論では，"専門職か非専門職か"の二分法を用いる代わりに"専門職化"の変数を導入する。この変数を用いることによって，ある職業が専門職化の方向へどれだけ進んだのか，それとも後退したのかと問えるようになる。

グッドはこの論稿で，ある職業が専門職かそうでないかを検討する従来の二項対立的な考え方をやめて，研究対象の職業を分析するためにその職業の専門職化（the direction of professionalism）がどれだけ進んだか，後退したかの度合いを検討する考え方を示した。

グッドのこの考え方は，ある職業が専門職かそうでないかという従来の議論や発想に研究者がはまり込むことを回避させ，専門職化がどれだけ進んだか，後退したかの観点から特定の職業の内容を詳細に分析する道を拓いた点で評価できる。

本書では，グッドのこの考え方を示す用語として"専門職化"の用語を適用する。そして，大学図書館専門職員が大学図書館の機能を十分に発揮させることを専門職化が進んだと捉える基準にもとづいて"専門職化"の観点から分析する。

（5）運動

本書でいう運動とは，組織や制度の再編を目的として集団が行う活動をいう。例えば，本書の研究対象である大学図書館の司書職法制化運動では，運動の主体は大学図書館の関係団体や公益法人の機関であり，運動の内容も一般には取り組み，要請行動等と呼ばれるものである。社会運動や労働運動とは異なるこ

れらの取り組みに，本書では広い意味で運動という用語を用いる。

3.2 専門職員に関する用語
（1）専門職員

戦後の国立大学図書館職員は法令上の職位としては事務職員であったが，昭和 32 年（1957）の給与法の改正によって給与俸給表の扱いが事務職員とは別枠とされた。これによって採用・配置・給与を別枠とする国立大学図書館職員の待遇の枠組みが成立した。昭和 35 年（1960）以降，各国立大学は文部省作成の「国立大学図書館専門職員採用試験要綱」にもとづいて，司書・司書補の資格を持つ者を試験した上で選考採用するようになった[14]。ここで，国立大学図書館で専門的業務に携わる職員を指す言葉として"国立大学図書館専門職員"の用語が用いられた。昭和 38 年度（1963）からは，人事院による国立学校図書専門職員採用試験の制度に変えられた。したがって，これ以降は国立大学図書館で専門的業務に携わる職員には"国立学校図書専門職員"の用語が用いられるようになった。

以上の専門職員という用語は，必ずしも国立大学図書館の専門職員に限らず公私立大学図書館の図書館職員にも用いられることがあった。公私立大学には国立大学におけるような専門職員の採用試験制度はなかったが，国立大学図書館の専門職員と同等な職務に携わる図書館職員が存在した。このため，専門職員の用語に国立大学だけでなく公私立大学を含む専門職員一般の概念が適用されたと考えられる。本書では，国公私立大学図書館の専門職員一般の意味で，この用語を使用する。

（2）専門的職員

専門職員に関連する用語には様々なものがあるが，日本の図書館に関する法令では大学設置基準（昭和 31 年 10 月 22 日文部省令第 28 号，改正平成 3 年 6 月 3 日文部省令第 24 号）の条文にあるように専門的職員という用語が用いられる。大学設置基準では，"図書館には，その機能を十分に発揮させるために必要な専門的職員その他の専任の職員を置くものとする"と定められた（第 38 条第 3 項）。公共図書館を定めた図書館法では，"図書館に置かれる専門的職員を司書

第1章　本書の目的・方法・構成

及び司書補と称する”（第4条第1項），“司書は，図書館の専門的事務に従事する”（第4条第2項）と規定された。

　なお，平成4年（1992），大学基準協会の本協会のあり方検討委員会は『大学の自己点検・評価の手引き』で，専門的職員の用語に関して次の見解を示している。大学図書館の“専門的職員”は“司書職員等にとどまらず，広く情報処理の専門職員にまで，その必要とされる範囲が拡大してきている”という見解である[15]。

　専門職員と専門的職員では，その用語を適用する対象者がほぼ重なっていると考えられる。本書では，法令に関わる場合に専門的職員の用語を用いる。

（3）司書

　司書とは，図書館法で定められた公共図書館に置かれる専門的職員の名称である（図書館法，第4条）。司書は，公共図書館の専門的事務に従事する。

　昭和25年（1950）の図書館法の成立によって，公共図書館に置かれる専門的職員の名称・職務・資格が法令で定められた。図書館法の成立直後に起きた大学図書館の司書職法制化運動では，大学図書館専門職員の設置を法令で定めることが目指された。この経緯から，大学図書館の司書職法制化の提案では，法制化によって確立されるべき職名として大学図書館司書等の用語が用いられた。本書では，公共図書館に関する記述のほか，大学図書館の司書職法制化によって確立されるべき職名として司書・司書職の用語が使用された時期の記述にこの用語を用いる。

（4）専門職（profession）

　日本図書館情報学会用語辞典編集委員会編『図書館情報学用語辞典』（第3版，2007）には“専門職”の項目はなく，“専門職制度”の項目のみがある。そこには，次のように記載されている[16]。

　　専門職制度　professionalism
　　専門的な職務を，その職務についての知識や技術を持つ専門職が管理，運営していく制度。西洋では，聖職者，医師，法律家が伝統的な専門職とさ

れてきた。これらの専門職は，その職が社会的に有用であることが外部から認知され，その構成員が訓練を受け一定水準の知識と技術を持つことを前提とした上で，自律的にその職務を果たしていく，専門職制度を維持するための専門職団体を持ち，その資格の認定に関与するとともに，その構成員を統制し，専門職のレベルを保つ活動をしている。現状では，教育，看護，福祉関係などに新たな専門職が成立してきており，図書館の専門的職員もこれに含まれる。

以上の"専門職制度"の解説における主な疑問点を以下に述べる。

第一に，"専門職制度"の解説文の中に"専門職"の用語が5回使用されている（"専門職団体"を含む）。ところが"専門職"の項目が設けられていない。このため，"専門職"の用語がどういう意味で使用されているのか不明である。

第二に，"専門職制度"に相当する英語の用語として"professionalism"を用いている。しかし，"professionalism"は professional（専門家）に派生する用語であり，profession（専門職）に関連する用語ではない[17) 18)]。

第三に，"専門職制度"の定義を"専門的な職務を，その職務についての知識や技術を持つ専門職が管理，運営していく制度"と述べている。つまり，専門職の職務が"専門的な職務"の管理・運営と見なされている。しかし，通常"専門職の職務"と"専門的な職務"とは同じではなく区別される。そして一般に"専門職の職務"は"専門的な職務"の管理・運営ではなく，医師や弁護士のように他にない独自の専門領域の職務を示すと考えられる。この点において記述に矛盾が見られる。

第四に，"専門職制度"の英語の用語として professional に関連する professionalism の用語を用いていることから，その解説内容は professional（専門家）を基礎とする解説内容になると想定される。しかし"専門職制度""professionalism"の解説文の内容は，"西洋では"の部分において通常 profession（専門職）の用語の解説で示される内容と同じになっている。

第五に，聖職者，医師，法律家，教育・看護・福祉関係の職業，図書館の専門的職員をすべて同じ"専門職"と見なしている。

本書では，専門職とは英語の profession の訳語であるという見解に立つ。し

第1章　本書の目的・方法・構成

たがって，上記の『図書館情報学用語辞典』（第3版，2007）における"専門職制度"の用語の定義を採用しない。

アメリカでは，ライブラリアンが医者や弁護士と同様な専門職（profession）であるかどうかについて論議されてきた。日本では，グッドの論文"The Librarian: From Occupation to Profession?"（1961）が五味郁子によって翻訳され，昭和39年（1964）に『現代の図書館』に掲載された。昭和44年（1969）には，市川昭午の『専門職としての教師』が刊行された。市川はアメリカ等の専門職論に依拠しながら，日本の教師における専門職性の水準を分析，評価した。

他方，昭和40年代後半（1970年代前半）の日本の図書館・図書館学関係団体や関係者による"専門職としての司書職の確立"論議では，主にアメリカの専門職論から得られた知見を参考にしながら医者や弁護士が専門職（profession）の典型的な例として挙げられたが，用語の定義をあいまいにしたまま別の意味で使われることも多かった。アメリカのライブラリアンを専門職と呼ぶ一方で，アメリカのライブラリアンは医者や弁護士のような意味での専門職ではないという文脈でこの用語が使われることがあった。あるいは専門職という言葉の定義がないまま，日本の現職の司書職を"専門職"と呼ぶ例も見られた。

以上のような混乱を避けるために，本書では，専門職という用語はprofessionの訳語として用いる。アメリカ等のライブラリアンを専門職と捉える立場とグッドのように専門職ではないと捉える立場の両方があるため，アメリカ等のライブラリアンには専門職（profession）の用語を用いない。"ライブラリアン"の語をあてることにする。ただし，アメリカ等のライブラリアンに"情報専門職"の用語を用いる場合がある（次の"情報専門職"の定義を参照）。

個人の単位で見れば，日本にもライブラリアンに匹敵する働きをしている図書館専門職員がいるかもしれない。しかしいずれの館種の図書館でも，ライブラリアンの制度に相当する制度や専門職（profession）の制度は成立していない。

（5）情報専門職（information profession/ professional）

情報専門職は，アメリカ等の図書館団体や図書館情報学領域の研究者等によって広く用いられている information profession/professional の訳語である。

13

information profession/professional の概念は，従来のライブラリアンのみならず，情報システムや学術情報流通等に関わる専門職・専門家を含む拡張された概念となっている。

　日本では，情報専門職という用語が profession すなわち専門職という意味と professional すなわち専門家という意味とに明確に分けられないまま，両者に同じ用語，情報専門職があてられている。例えば，日本の公共・大学・専門図書館等の現職図書館専門職員に情報専門職という用語が用いられた例がある[19]。しかし，それら現職の図書館専門職員の職務内容が情報専門職と呼ばれるにふさわしい内容であるのかどうかはほとんどの場合検証されなかった。

　また，『図書館情報学用語辞典』（第3版，2007）では，"情報専門職"の項目に次の記載がある[20]。

　情報専門職　information profession
　情報サービスに関する専門的知識，技術を持って業務にあたる人あるいは職種。一般には司書やデータベース検索技術者などの諸資格によって専門性が裏付けられることになる。しかし，現状では情報専門職に対する認知度や需要は低く，専門職としての確立は難しいものの関連団体においてさまざまな働きかけがなされている。

　この"情報専門職"の解説における主な疑問点を以下に述べる。

　第一に，情報専門職の"専門職"にあたる英語として"profession"が用いられている。にもかかわらず，専門職（profession）の知識を"専門的知識"と表現している。専門家の用語に対応する"専門的知識"が"専門職の知識"といえるのかという疑問に，解説は答えていない。

　第二に，専門職（profession）に対して"専門性"という用語を用いている。通常，専門職には"専門職性"という用語が対応し，専門家（professional）に"専門性"という用語が適用される。この疑問に解説は答えていない。

　第三に，情報専門職（information profession）の職種は，"一般には司書やデータベース検索技術者などの諸資格によって専門性がうらづけられる"と記述されている。しかし，司書資格は数カ月の講習でも取得できる困難性の低い資

格であるため，情報専門職の"専門性"を裏付けることができず，情報専門職（information profession）の資格とはいえない。"検索技術者"は，分類としては通常，専門職ではなく専門家に入れられる職種である。解説は，これらの疑問に答えていない。

　以上のことから，この解説文には，専門職と専門家，専門職性と専門性の概念の混同がみられるといえる。

　第四に，"情報専門職に対する認知度や需要は低く"と記述されているが，この見解の根拠はどこにあるのか，この見解が日本の図書館情報学領域の定説になっているのか疑問である。本書の文献調査の結果では，情報専門職の設置や資格の必要性を指摘する論稿は比較的多く見られたのに対して，情報専門職の認知度や需要が低いことを指摘した論稿を見つけることはできなかった。

　これまで見てきたように，日本では情報専門職の概念をあいまいにしたまま，用語を用いる人の都合に合わせて様々な意味に用いられる傾向があった。

　本書では，情報化が進んだ平成7年（1995）以降の社会において，図書館情報学等を専攻とする大学院で修士以上の学位を取得し，日本の図書館等において主題専門の図書館専門職員，情報リテラシー教育の企画・実施に携わる講師，リエゾン・ライブラリアン（教員・学生等との連携を主たる職務とするライブラリアン）[21]，デジタル情報等を管理・提供する図書館専門職員等として高度な知識・技術・能力を要する職務に就いている図書館専門職員にも情報専門職という用語を用いることにする。

　その理由は，アボット（Abbott, A.）の"Professionalism and the Future of Librarianship"（1998）から得た次の知見による[22]。アボットは高度に組織化・情報化された現代社会の専門職の状況を観察し，今日の医者や弁護士等の専門職はいずれも巨大組織に組み込まれた専門職の度合いを強めているという専門職にもたらされた時代の変化を指摘した。このことからアボットは，医者や弁護士を専門職の典型とする従来の専門職論を19世紀型専門職論と位置付け，現代の巨大組織に組み込まれた専門職の状況を19世紀型専門職論における専門職の状況と対比させた。そして，現代社会における専門職化をかけた職業間競争のなかで，従来から組織内準専門職として活動してきたライブラリアンは情報技術の発展がもたらす急速な社会の変化に対応して専門職化を進められる

15

という利点があることを指摘した。

このアボットの見解にもとづくと，高度に組織化・情報化された現代社会で図書館情報学等の大学院で修士以上の学位を取得し，情報化に対応するために必要とされる高度な知識・技術・能力を要する職に就く日本の図書館専門職員を情報専門職と呼ぶことは，アメリカで同様の学位を取得して同様の知識・技術・能力を要する職に就いている者を information profession/ professional と呼ぶこととそれほどかけ離れていないと考えられる。したがって本書では，社会が高度に情報化された平成 7 年（1995）以降にかぎって，図書館情報学等を専攻して大学院で修士以上の学位を取得し，高度な知識・技術・能力を要する職務に就く図書館専門職員に情報専門職の用語を用いることにする。

なお，大学図書館専門職員に関連する用語のうち一般によく使われる用語に"図書館員"がある。大学図書館関係団体や関係者の間では"図書館員"の用語を定義することなく専門的職務を遂行する図書館専門職員の意味で使われることが多い。他方，公共図書館等では"全ての図書館職員"の意味で使われる場合があり，同じ一つの用語に互いに相容れない二つの意味が含まれていることになる。本書では論述の混乱を避けるために，引用した論稿で使用されている場合を除いて"図書館員"の用語を用いないことにする。その代わりに"図書館専門職員"か"図書館職員"のいずれかの用語を使い分けることにする。このため，本項の用語の定義には"図書館員"を取り上げない。

3.3　教育に関する用語
（1）　図書館専門職員の教育

日本の図書館学・図書館情報学では，図書館専門職員となるための教育に対して"養成教育"という用語をあてることが多く見られた。そこで"養成教育"という用語を『図書館情報学用語辞典』（第 3 版）で調べたが，この項目はなかった。他の教育学の専門事典等でも"養成教育"の項目は見つけられなかった。

図書館・図書館学・図書館情報学関係者の論稿に見られる"養成教育"の用語は定義が明確にされないまま，司書を養成するための教育という意味で用い

第1章　本書の目的・方法・構成

られた例が散見された。そして日本では，司書を養成するための教育とは司書
課程・司書講習の教育をさすことが多かった。

　以上をふまえて本書では，定義が明確になっていない"養成教育"という用
語を使わないことにする。その代わり，図書館専門職員にこれから就く者・す
でに就業している者を対象とする教育全般を指す用語として"図書館専門職員
の教育"という用語を用いる。図書館専門職員の教育の目的は，図書館専門職
員に必要とされる知識・技術・能力を学修させることにある。

　本書では図書館専門職員の教育を詳しく分析するために，これと関係する用
語である初期教育・継続教育および専門教育の用語を用いる。通常，図書館専
門職員の教育に関係する用語には職場内外での研修（training）による教育も
含まれる。しかし本書では，大学で実施される初期教育・継続教育と専門教育
の分析を主眼とするため，職場内外での研修（training）は含まないこととし，
大学での初期教育・継続教育と専門教育に限定して用語の定義を行う。

（2）　初期教育（initial vocational education）

　職業教育のうちその職業に就くために初めて受ける教育を初期教育という。
原則として就業前に実施される[23]。

　図書館専門職員の教育には，図書館法で定められた公共図書館の司書資格の
取得を目的とする司書課程・司書講習がある。これらは図書館専門職員の教育
のうち初期教育と位置付けられる。

（3）　継続教育（continuing education）

　職業教育のうち初期教育を学修した後や当該職業に就業した後に受ける教育
を継続教育という。継続教育の目的は次の事項にある[24]。

　　・知識・能力を向上させ，最新の知識・能力を獲得すること
　　・昇進，再就職のために新しい能力を獲得すること
　　・自己の能力開発や専門職化のための能力開発に継続して取り組むこと

17

（4） 専門教育（professional education）

専門教育とは "高等教育において学問的基礎工事が施された職業ないし専門職 profession を目指す教育" をいう[25]。

図書館専門職員の専門教育には，4 年制大学の学部・大学院での図書館情報学等を専攻とする課程，および，図書館の現職者等社会人を対象とする大学院での図書館情報学等の専攻課程がある。

4　先行研究

本節では，研究課題に関する先行研究について述べる。

4.1　大学図書館専門職員の論議の展開

大学図書館専門職員に関しては各時期の論稿を通じて論議されてきた。大学図書館専門職員に関する特定の主題について論じたもの，時々の問題に関する見解を述べたもの，大学図書館専門職員に関する論議の一時の傾向を報告したものは多く存在する。それらのなかから，大学図書館専門職員の専門職化の観点からみて，戦後の大学図書館専門職員に関する論議の展開に重要な役割を果たしたと考えられる論稿について述べる。

昭和 43 年（1968），館長会議は『大学図書館の業務分析』（1968）[26] を刊行した。ここでは業務分析が "大学図書館司書職を専門職として確立するために必要な基礎研究"[27] と位置付けられた。アメリカ・イギリスのライブラリアンの団体による業務分析の文書が参考にされ，図書館の全業務を専門的業務と非専門的業務に分ける考え方が日本の大学図書館に初めて適用された。大学図書館専門職員の専門職化の観点から見ると，『大学図書館の業務分析』によって大学図書館の全業務が専門的業務と非専門的業務に分けられ，体系的に整理されたことが注目される。なぜなら当時の大学図書館の現場では専門的業務が非専門的業務に埋没し，何が専門的業務であるのかが不明確な実態があったためである[28]。

また『大学図書館の業務分析』で初めて，"大学図書館司書職を専門職として確立する" という目的意識が設定されたことも注目される。『大学図書館の

業務分析』は昭和40年代前半（1960年代後半）における大学図書館の近代化運動の一つの成果であった。そこでの "大学図書館司書職を専門職として確立する" という目的意識が一つの契機となって，昭和40年代後半（1970年代前半）にすべての館種の図書館を対象とする "専門職としての司書職の確立" 論議が起こったと考えられる。

　岩猿による「大学図書館の職員制度」(1972)[29]，「アメリカの大学図書館における academic status の問題」(1972)[30]，「日本の大学図書館における職員問題」(1973)[31] 等はアメリカのライブラリアン研究にもとづく論稿であった。そこでは，日本の大学図書館専門職員が "専門職を志向しつつある" という立場から論じられた。アメリカのライブラリアンの研究から得られた知見にもとづいて，日本の図書館の現場および図書館学が批判され，日本の "大学図書館司書職を専門職として確立する" ための方針が示唆された。

　大城善盛による「『専門職』に関する一考察：大学図書館司書の専門職化研究（3）」(1979)[32]，「『準専門職』とアメリカの大学図書館司書：大学図書館司書の専門職化研究（4）」(1980)[33] 等はアメリカのライブラリアンと日本の大学図書館司書とを比較した論稿で，アメリカのライブラリアンに関する歴史的研究や最新動向から得られた知見にもとづいて日米の比較が行われた。アメリカのライブラリアンの職務・地位・教育等の水準を尺度にして日本の大学図書館専門職員の水準が準専門職にも到達していないと評価された。そして，日本の "大学図書館司書職を専門職として確立する" ためには，まず準専門職を目指すべきであると提起された。

　このように，大学図書館専門職員に関する論稿は各時期に個別の視点から論じられてきた。しかし，戦後から今日までの論稿を視野に入れて調査し，大学図書館専門職員の専門職化の観点から，大学図書館専門職員に関する論議の展開を分析，整理した研究はまだ行われていない。

4.2　法制化による設置の提案が実現しなかった要因

　大学図書館の司書職法制化運動に関する見解を述べた論稿は多く存在する。しかし，"専門職としての司書職の確立" の観点からこの運動の総体を捉えようとした論稿は少ない。

小倉親雄は司書職法制化運動が進行している時期に「国公立大学図書館」
(1959) を発表し，この運動が"専門職としての地位・待遇を求めた"ところ
に意義があると指摘した[34]。酒井忠志は運動後に執筆した「大学図書館の専
門職制―大学図書館運動の一断面―」(1966) で，①この運動が待遇改善を出
発点としていたこと，②目標が大学図書館全体のものでなくなった結果，全体
の団結が失われたこと，③運動の結果成立した国立学校図書専門職員採用試験
の制度は"専門職の確立とは質が異なる"ことを指摘した[35]。ともに，運動
の目的が待遇改善にあることを指摘したが，小倉は"専門職"としての自覚に
力点を置き，酒井は待遇改善に力点を置いた。

岩猿は，酒井の論稿から11年後に公表した「史的展望」(1977) で運動を総
括し，①運動の範囲が大学図書館の関係団体に限定されたことに加えて，昭和
30年代 (1955-1964) には，目的が国立学校設置法施行規則（昭和24年6月22
日文部省令第23号）の改正に絞られたために国立大学中心の運動に限定された
こと，②昭和40年 (1965) 頃から"プロフェッションとしての司書職問題"が
取り上げられるようになるとともに，司書職法制化運動の活動は見られなくな
ったことを指摘した[36]。酒井と岩猿は，運動の範囲が限定されたことと"専
門職としての司書職の確立"の観点から見て不十分であったことに着目して評
価した。なお，3人とも"専門職"や"プロフェッション"の用語を定義しな
かった。

岩猿の「史的展望」は12ページの論稿で，運動の歴史的経緯が年代ごとに
示されている。資料としては『図書館雑誌』を用いることが多く，引用件数全
36件のうち21件を数えた。運動全体と運動に関連する行政機関の動きの歴史
的経緯を，参考文献をもとに包括的に示した点で注目される。そのような論稿
は岩猿の「史的展望」の他にない。ただし，館長会議の視点からのみ他の関係
団体や行政機関の動きを捉えた。他に大庭一郎が論文の一部でこの運動を取り
上げたが，岩猿の論稿やインタビューを基にした内容であった[37]。

しかし，大学図書館専門職員の司書職法制化運動の一次資料を網羅的に調査
して，関係団体や行政機関の多様な取り組みを分析し，大学図書館専門職員の
専門職化の観点から法制化による設置の提案が実現しなかった要因を分析した
研究は行われていない。

第1章　本書の目的・方法・構成

4.3　大学関係法令の特性が設置を妨げた要因

　本書の文献調査の結果，大学図書館の司書職法制化などの大学図書館専門職員の設置に関する論稿のなかで，法令との関係について論じたものは見られなかった。

　大学図書館専門職員に関する論稿のなかで，法令を主題として取り上げたものはわずかであった。例えば，末続義治の「国の機関における図書館職員の採用と専門職制度について」[38]では，物品管理法の制約によって国立大学図書館の予算・人員・サービスに限界のあることが指摘された。平成3年（1991）に大学設置基準が改正され（改正平成3年6月3日文部省令第24号），大学図書館専門的職員の目的と設置が初めて定められた後には，光斎重治が「大学設置基準の大綱化と図書館の専門的職員」（1993）[39]，「これからの大学図書館と専門的職員　―大学設置基準大綱化にみるヴィジョンとその対応―」（1994）[40]で，この大学設置基準の改正を現職の大学図書館専門職員の専門性が追認されたものと捉える見解が示された。

　しかし，大学関係法令の特性と法制化による大学図書館専門職員の設置の提案がどのような関係にあったかを包括的に分析し，大学関係法令の特性が設置を妨げた要因の構成要素を分析した研究は行われていない。

4.4　継続・専門教育が欠如している要因

　図書館専門職員の教育に関する特定の主題について調査，分析した研究論文や，時々の問題に関する見解を述べた論稿は多く存在する。図書館専門職員の教育の問題に関する論稿の多くが，司書課程・司書講習の教育内容や方法における大学教育としての水準の低さや課題を指摘したものであった。戦後から今日までの図書館専門職員の教育に関して論じた論稿は稀である。例えば，戦後から今日までの図書館学教育科目案の変遷を論じたものに，山内美千絵，薬袋秀樹による「戦後日本における図書館学教育科目案の変遷：館種別図書館職員養成の観点から」がある[41]。この論稿では図書館専門職員の教育において，全館種の図書館職員を養成するための科目は昭和52年（1972）から平成18年（2006）までの約35年間検討されてこなかったこと，このような科目案が詳細に検討されたのは日本図書館協会（以下，日図協という）図書館学教育改善委

21

員会による図書館学教育改善試案（1965）のみであったことが指摘された。

　戦後から今日までの図書館専門職員の教育を視野に入れて，大学図書館専門職員の専門化の観点から図書館専門職員の教育を改革する取り組みの経緯を分析した研究はまだ行われていない。大学図書館専門職員の継続・専門教育が欠如している要因の構成要素を検討した研究も同様である。

5　本書の構成

　"図1-1　大学図書館専門職員の設置・教育を妨げた要因分析の研究構成図"にしたがって，本書の構成を四つの研究課題と各章との関係を含めて説明する。

　本書では，大学図書館の機能を十分発揮させるためには専門的職務を遂行する大学図書館専門職員の設置が必要であるという基本的立場に立ち，法制化による大学図書館専門職員の設置を妨げた根本的要因とその構成要素を文献調査による歴史的方法によって包括的に分析する。

　第1章では，研究の背景と目的，研究の課題と方法，用語の定義，先行研究を述べた。第2章では，大学図書館専門職員の枠組みを構成する戦後の大学・大学図書館・大学図書館職員はどうであったかを示す。

　次に第2章の枠組みのもとで"研究課題1：どのような大学図書館専門職員の論議が展開されてきたのか"を設定し，第3章で論じる。本書では，研究課題1（第3章）を大学図書館専門職員に関する歴史的研究の基礎研究と位置付ける。この基礎研究によって，戦後の各時期の図書館・図書館学・図書館情報学関係団体と関係者の考え方に関する知見が得られるためである。これらの知見は，第4章以降で関係団体や関係者の様々な行動の意味を詳細に分析する際に参考にする。

　第3章の基礎研究の結果をふまえ，まず大学図書館専門職員の設置に着目し，分析対象期間を大学図書館の司書職法制化運動の時期に設定して"研究課題2：法制化による大学図書館専門職員の設置はなぜ実現しなかったのか"を第4章で論じる。そして，大学図書館の司書職法制化の提案がいずれも実現しなかった複数の要因を抽出し，複合要因の中から根本的要因を特定する。

　第4章の結果から，法制化による大学図書館専門職員の設置の提案がいずれ

第1章　本書の目的・方法・構成

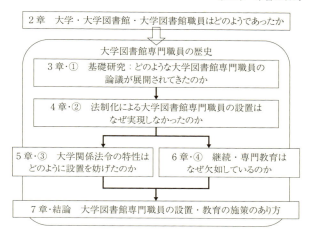

注：①，②等は研究課題の番号を示す。

図1-1　大学図書館専門職員の設置・教育を妨げた要因分析の研究構成図

も実現しなかった根本的要因が法令上の要因および大学図書館専門職員の教育の欠如にあったことが特定される。これをふまえて，法制化による大学図書館専門職員の設置の提案がいずれも実現しなかった二つの根本的要因に関するより詳細な要因分析を第5章，第6章で行う。

　法令上の要因に関しては"研究課題3：大学関係法令の特性はどのように大学図書館専門職員の設置を妨げたのか"を設定し，第5章で論じる。第4章では大学図書館司書職法制化の提案の実現を妨げた根本的要因として提案と諸法令との矛盾を示し，その直接的理由を明らかにする。これに対して第5章では，大学図書館司書職法制化の提案と大学関係法令の特性との間に存在した矛盾の構成要素を明らかにする。このために大学関係法令の特性を示した上で，提案の実現を妨げた特性上の要因を分析する。

　大学図書館専門職員の教育の欠如に関しては"研究課題4：大学図書館専門職員の継続・専門教育はなぜ欠如しているのか"を設定し，第6章で論じる。第4章では大学図書館司書職法制化の提案の実現を妨げたもう一つの根本的要因が大学図書館専門職員の教育の欠如にあったことを明らかにする。これに対して第6章では，教育が欠如している要因の構成要素を明らかにする。

23

第6章では，まず大学図書館専門職員の教育の欠如が大学図書館の司書職法
制化運動の時期のみでなく戦後から今日まで一貫して続いていることに着目し，
分析対象期間を戦後から今日までに設定する。次に，図書館専門職員の教育が
職業教育や専門教育に関係することから，初期教育・継続教育および専門教育
の概念に着目し，これらの概念の相互関係と大学図書館専門職員の教育が欠如
している実態の検討から，欠如しているのは大学図書館専門職員の教育のうち
継続・専門教育であることを導き出す。その上で戦後における図書館専門職員
の教育を改革する取り組みの経緯を文献調査によって調査し，大学図書館専門
職員の継続・専門教育が欠如している要因の構成要素を分析する。

　"第7章　結論"では，以上の研究結果を総合して検討し，各章のまとめ，
本研究を通して明らかになった事項を示した上で，専門職化の観点から大学図
書館専門職員の設置・教育の施策のあり方を考察する。

注・引用文献

1 ）「大学設置基準」（昭和 31 年 10 月 22 日文部省令第 28 号，改正平成 3 年 6
　　　月 3 日文部省令第 24 号）第 38 条第 1 項，第 2 項.

2 ）"図書館には，その機能を十分に発揮させるために必要な専門的職員その
　　　他の専任の職員を置くものとする"（大学設置基準（昭和 31 年 10 月 22 日
　　　文部省令第 28 号，改正平成 3 年 6 月 3 日文部省令第 24 号），第 38 条第 3
　　　項）。

3 ）"大学図書館に課せられた高度の専門的業務を処理するためには，特に専
　　　門職員を配置することが必要である"（「大学図書館基準」（昭和 27 年 6 月
　　　17 日決定）山本順一，武田英治編集責任者『図書館法規基準総覧』第 2 版，
　　　日本図書館協会，2002, p. 477.）。

4 ）Goode, William, "The Librarian: from Occupation to Profession?" *The Library Quarterly*, Vol. 31, No. 4, 1961, p. 307.

5 ）利根川樹美子「大学図書館の司書職法制化運動：昭和 27 年（1952）〜 40
　　　年（1965）」『日本図書館情報学会誌』Vol. 56, No. 2, 2010.6, p. 101-123.

6 ）岩猿敏生「戦後の大学図書館における司書職制度問題に関する史的展望」
　　　『大学図書館研究』Vol. 11, 1977.10, p. 63-74.

7 ）用語を定義するに当たっては，以下の文献を参照した。①鈴木勲編著『逐
　　　条　学校教育法』（第 6 次改訂版）学陽書房，2006, 1132p. ②日本図書館情
　　　報学会用語辞典編集委員会編『図書館情報学用語辞典』（第 3 版）丸善出

版，2007, 7, 286p. ③山本順一，武田英治（2002），前掲書，1814p. ④岩猿敏生「大学図書館の職員制度」『図書館学会年報』Vol. 17, No. 2, 1972a.2, p. 1-8. ⑤岩猿敏生「アメリカの大学図書館における academic status の問題」『大学図書館研究』Vol. 1, 1972b.12, p. 3-12. ⑥市川昭午「図書館員の専門職性」『図書館雑誌』Vol. 64, No. 11, 1970.11, p. 521-524. ⑦図書館員の問題調査研究委員会「図書館員の専門性とは何か（最終報告）」『図書館雑誌』Vol. 68, No. 3, 1974.3, p. 104-111. ⑧室伏武「図書館員の専門職性とは何か」『図書館雑誌』Vol. 60, No. 1, 1966.1, p. 20-23. ⑨大庭一郎「『大学図書館の業務分析』：日本の大学図書館における専門的職務と非専門的職務の分離の試み」『図書館学会年報』Vol. 44, No. 1, 1998, p. 32-47., ⑩ Flexner, Abraham, "Is Social Work a Profession?" *School and Society*, Vol. 1, No. 26, 1915.6, p. 901-911. ⑪ Goode, William（1961）, op.cit, p. 306-320. ⑫ Goode, William, "Community within a Community: The Professions," *American Sociological Review*, Vol. 22, No. 2, 1957.4, p. 194-200. ⑬ Abbott, Andrew, "Professionalism and the Future of Librarianship," *Library Trends,* Vol. 46, No. 3, Winter 1998, p. 430-443., ⑭ Abercrombie, Nicholas, et. al.,『新しい世紀の社会学中辞典』（新版）［*The Penguin Dictionary of Sociology,* 4th ed.］丸山哲央監訳・編集，ミネルヴァ書房，2005, p. 228, 380-381. ⑮ Meyer, David S. and Kelsy Kretschmer "Social Movements," *21st Century Sociology: A Reference Handbook.* Clifton Bryant and Dennis Peck, eds. Gale Virtual Reference Library, 2007, p. 540-548. http://infotrac.galegroup.com/itweb/,（参照 2009-10-1）. ⑯見田宗介他『社会科学事典』弘文堂，1988, p. 390, 935-938.

8） 日本図書館情報学会用語辞典編集委員会（2007），前掲書，p. 142-143.

9） 同上書，p. 179.

10） 岩猿敏生（1972a），前掲論文，p. 1-8.

11） 岩猿敏生（1972b），前掲論文，p. 3-12.

12） 市川昭午（1970），前掲論文，p. 521-524.

13） Instead of the dichotomy of "professional-non-professional," we use the variable of "professionalism," and we may ask how far an occupation has moved in the direction of increased or decreased professionalism（Goode, William（1961）, op.cit., p. 307）.

14） 利根川樹美子『大学図書館の司書職制度確立運動：昭和 25 年（1950）- 昭和 41 年（1966）における実態と意味』（修士論文），筑波大学，2007, p. 109.

15） 本協会のあり方検討委員会『大学の自己点検・評価の手引き』大学基準協会，1992, p. 43.

16） 日本図書館情報学会用語辞典編集委員会（2007），前掲書，p. 135.

17) "professionalism, n.". Oxford English Dictionary（OED Online）. December 2012. Oxford University Press. http://www.oed.com/view/Entry/152054?redirectedFrom=professionalism& （参照 2013-02-26）.

18) "profession, n.". Oxford English Dictionary（OED Online）. December 2012. Oxford University Press. http://www.oed.com/view/Entry/152052?redirectedFrom=profession（参照 2013-02-26）.

19) 宮部頼子「司書課程における専門職養成の現状と課題」『図書館情報専門職のあり方とその養成』勉誠出版, 2006, p. 183-197.

20) 日本図書館情報学会用語辞典編集委員会（2007）, 前掲書, p. 135.

21) 金山 亮子, 武内八重子「日本におけるリエゾン・ライブラリアン：千葉大学附属図書館の挑戦」『専門図書館』Vol. 222, 2006, p. 15-20. http://mitizane.ll.chiba-u.jp/metadb/up/irwg5/liaison_librarian.pdf （参照 2014-01-03）.

22) Abbott, Andrew（1998）, op.cit, p. 430-443.

23) Initial vocational education and training: "Either general or vocational education carried out in the initial education system, in principle before entering working life."
European Centre for the Development of Vocational Training（CEDEGOP）, "European Inventory- Glossary."
http://www.cedefop.europa.eu/EN/about-cedefop/projects/validation-of-non-formal-and-informal-learning/european-inventory-glossary.aspx#i （参照 2013-06-18）.

24) Continuing vocational education and training: "Education or training after initial education or entry into working life, aimed at helping individuals to:
・improve or update their knowledge and/ or competences;
・acquire new competences for a career move or retraining;
・continue their personal or professional development"
Ibid.

25) 細谷俊夫, 奥田真丈, 河野重男, 今野喜清編集代表, "専門教育 （英）specialized education, professional education"『新教育学大事典』（第4巻）, 第一法規出版, 1990, p. 515.

26) 全国国立大学図書館長会議編『大学図書館の業務分析』日本図書館協会, 1968, p. 17.

27) 同上書, p. 18.

28) 岩猿敏生（1972a）「大学図書館の職員制度」, 前掲論文, p. 6.

29) 同上論文, p. 1-8.

30) 岩猿敏生（1972b）, 前掲論文, p. 3-12.

第 1 章　本書の目的・方法・構成

31）　岩猿敏生「日本の大学図書館における職員問題」『大学図書館研究』Vol. 2, 1973.8, p.82-87.

32）　大城善盛「『専門職』に関する一考察：大学図書館司書の専門職化研究（3）」『図書館界』Vol. 31, No. 3, 1979.9, p. 236-242.

33）　大城善盛「『準専門職』とアメリカの大学図書館司書：大学図書館司書の専門職化研究（4）」『図書館界』Vol. 31, No. 5, 1980.1, p. 331-339.

34）　小倉親雄「国公立大学図書館」『図書館界』Vol. 11, No. 2, 1959.8, p. 86.

35）　酒井忠志「大学図書館の専門職制：大学図書館運動の一断面」『図書館雑誌』Vol. 60, No. 8, 1966.8, p. 324, 326.

36）　岩猿敏生（1977），前掲論文，p. 72, 73.

37）　大庭一郎（1998），前掲論文，p. 32-47.

38）　末続義治「国の機関における図書館職員の採用と専門職制度について」『図書館雑誌』Vol. 66, No. 4, 1972.4, p. 188-191.

39）　光斎重治「大学設置基準の大綱化と図書館の専門的職員」『大学図書館研究』Vol. 41, 1993.3, p. 17-22.

40）　光斎重治「これからの大学図書館と専門的職員：大学設置基準大綱化にみるヴィジョンとその対応」『館灯』Vol. 33, 1994, p. 16-26.

41）　山内美千絵，薬袋秀樹「戦後日本における図書館学教育科目案の変遷：館種別図書館職員養成の観点から」『日本生涯教育学会論集』No. 31, 2010, p. 123-132.

27

第2章　戦後の大学・大学図書館・大学図書館職員はどうであったか

　大学図書館専門職員に関して論ずる前に，まず本章で，大学図書館専門職員の枠組みを構成する大学・大学図書館・大学図書館職員がどうであったかを示す。内容は，三つの事項ごとの，戦後の統計データの推移と戦前・戦後の歴史的経緯である。これによって，大学図書館専門職員の枠組みの量的な動向および歴史的経緯を示すとともに，戦後の歴史的経緯が戦前の経緯をどのように継承していたかを示す。

1　大学

1.1　大学数の推移

　戦後の大学数の推移を図2-1に示した。

　昭和25年（1950）の新制大学の数は，国立70校，公立26校，私立105校で合計201校であった。これ以降，国公私立大学数は概ね増加し，平成21年（2009）には国立86校，公立77校，私立597校で合計760校となった。大学総数は60年間に3.8倍に増えた。この増加分の88.0%が私立大学の増加によるものであった。

　国立大学数は昭和25年（1950）に70校を数えた後，若干の増加傾向を示し，平成10年（1998）に99校と頂点に達した。その後国立大学法人化および国立大学の統廃合が実施されて平成16年（2004）に12校減の87校となり，平成21年（2009）には86校となった。この校数は，昭和25年（1950）の校数の1.2倍であった。

　公立大学数は昭和25年（1950）に26校を数え，以後平成4年（1992）まで

28

第2章　戦後の大学・大学図書館・大学図書館職員はどうであったか

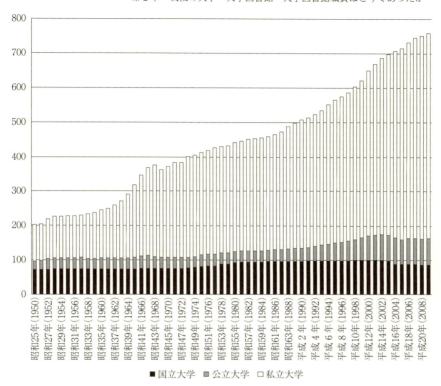

図 2-1　大学数の推移

（出典）下記資料をもとに筆者作成
文部省『大学図書館実態調査結果報告』昭和 41 年度～平成 16 年度
文部科学省「学術情報基盤実態調査（承認統計）（旧大学図書館実態調査）」平成 17 年度～平成 21 年度
政府統計の総合窓口「年次統計」
http://www.e-stat.go.jp/SG1/estat/List.do?bid=000001015843　（参照 2013-12-11）.

若干の増減を繰り返していたが，平成 4 年（1992）に 41 校と初めて 40 校を超えた。その後増加傾向を示し，平成 21 年（2009）に 77 校となった。この校数は，昭和 25 年（1950）の校数の 3.0 倍であった。

　私立大学数は，昭和 44 年（1969）から昭和 47 年（1972）に微増減した他は減少することなく，105 校であった昭和 25 年（1950）から 597 校の平成 21 年（2009）まで著しい増加傾向を示した。平成 21 年（2009）の校数は，昭和 25 年

（1950）の校数の 5.7 倍にのぼった。

次に，大学図書館専門職員の組織的枠組みを構成する大学について，歴史的経緯の側面から概要を示す。

1.2　歴史的経緯

1.2.1　戦前

明治 10 年（1877）4 月，東京開成学校と東京医学校を合併して東京大学が創設された。東京大学は日本で最初に設立された大学で[1]，理法文学部と医学部の 4 学部制であった[2]。明治 19 年（1886）3 月，帝国大学令（勅令第 3 号，明治 19 年 3 月 1 日）が制定され，東京大学と工部大学校を合わせて帝国大学が創設された。帝国大学には，総長，評議官，書記官および書記が置かれ，各分科大学には，分科大学長，分科大学教頭，教授，助教授，舎監，書記が置かれた[3]。明治 26 年（1893）8 月，独立の帝国大学官制が公布され，帝国大学の職員としては総長，書記官，書記，各分科大学には教授，助教授，助手，書記が置かれた[4]。

明治 30 年（1897），京都に帝国大学が創設された。これにともない，帝国大学は東京帝国大学と改称された[5]。明治 40 年（1907）6 月 には東北帝国大学，明治 44 年（1911）1 月には九州帝国大学が設立された[6][7]。

大正 7 年（1918）12 月，大学令が公布された（勅令第 388 号，大正 7 年 12 月 6 日）。分科大学が廃止され，学部が置かれた。大学令による設置認可を受けることによって，帝国大学の他に公私立大学や単科大学も認められるようになった[8]。大正期に認可を受けた私立大学は 22 大学に上った[9]。大学令の制定から 2 カ月後の大正 8 年（1919）2 月，帝国大学令は全文改正され，帝国大学のみに適用される法令に改正された。これらの法令は，敗戦後の学制改革まで続いた[10]。敗戦前の昭和 18 年（1943）には大学は 49 校で，その内訳は帝国大学を含む官立大学 19 校，公立大学 2 校，私立大学 28 校であった[11]。

天野郁夫によれば，日本の戦前における高等教育機関の制度は，官学と私学，大学と専門学校が，それぞれ相互に断絶的に位置づけられた制度であった。天野はこれを"二元・二層構造"と呼んだ。"二元・二層構造"とは，高等教育機関が帝国大学，官公私立大学，高等学校，専門学校，実業専門学校，高等師

30

範学校，師範学校と多様に分化し，それぞれに独自の進学系統を形成する構造を示したものである[12]。

1.2.2　戦後

敗戦直後の昭和 21 年（1946）3 月 31 日，アメリカの占領下に来日していた米国教育使節団（The United States Education Mission to Japan）は，「米国教育使節団報告書」を連合国最高司令官に提出した[13)14]。最高司令官によって，この報告書に示された教育理念と改革の方策が承認され，この方策に沿って日本の教育改革が進められた[15]。戦前の"二元・二層構造"の多様な高等教育機関はすべて統合，再編され，単一の 4 年制大学に改編された[16]。

昭和 21 年（1946）4 月，勅令（第 205 号，昭和 21 年 4 月 1 日）によって帝国大学ごとの別個の官制がすべて廃止され，共通の帝国大学官制が公布された。これにより総長以下，教授，助教授，書記官，事務官，司書官，書記，司書に分かれていた職種は，大学長，教授，助教授，文部教官，文部事務官，文部技官に統一された[17]。

昭和 21 年（1946）11 月に日本国憲法（昭和 21 年 11 月 3 日公布）が，昭和 22 年（1947）3 月に教育基本法（昭和 22 年 3 月 29 日法律第 25 号），学校教育法（昭和 22 年 3 月 29 日法律第 26 号 ）が公布され，戦後の教育のあり方と六三三四制の学校体系が定められた。これにともない帝国大学令は廃止され，帝国大学の呼称がなくなった[18]。昭和 23 年（1948）3 月，米国人文科学顧問団（The United States Cultural and Social Science Mission to Japan）が来日した。米国人文科学顧問団は報告「日本人文科学の新しい進路」で，大学図書館の改善を含む進路を示した[19)20]。昭和 24 年（1949）5 月，国立学校設置法（昭和 24 年 5 月 31 日法律第 150 号）が公布され，この年に新制大学が発足した。昭和 28 年（1953）の新制大学の数は 226 校となり，内訳は国立 72 校，公立 34 校，私立 120 校であった[21]。昭和 18 年（1943）に 49 校だった大学の数は，昭和 28 年（1953）には 4.6 倍に増加した。

その後，昭和 46 年（1971）に中央教育審議会（以下，中教審という）から「今後における学校教育の総合的な拡充整備のための基本的施策について（答申）」が提出された。昭和 59 年（1984）から昭和 62 年（1987）には臨時教育審議会

で高等教育に関して審議され，『教育改革に関する第二次答申』（1986），『教育改革に関する第三次答申』（1987）等が提出された。昭和62年（1987）から平成12年（2000）には大学審議会で高等教育に関して審議され，「大学教育の改善について（答申）」（1991），「高等教育の一層の改善について（答申）」（1997），「21世紀の大学像と今後の改革方策について—競争的環境の中で個性が輝く大学—（答申）」（1998）等が提出された[22)23)]。このように，昭和40年代半ば以降（1970年代以降），政府主導による高等教育の改革が進められた[24)]。平成3年（1991）には大学設置基準が改正され（改正平成3年6月3日文部省令第24号），細部にわたる基準による規制から大綱を示す形式に変更された。さらに，大学に自己点検・評価活動が求められるようになった。平成14年（2002）には学校教育法が改正され，第三者評価による大学の認証評価制度が導入された（平成14年11月29日法律第118号，施行は平成16年（2004）4月1日）。平成16年（2004）から国立大学の法人化が実施され，同時期に公立大学の法人化も進められた。

　喜多村和之によれば，戦後の主な大学教育政策として次の事項が挙げられる。①新制大学制度における2年を一般教育に充てる一般教育制度の導入，②昭和61年（1986）の臨時教育審議会答申で"生涯教育体系への移行"[25)]方針が打ち出されて後の生涯教育施策，③平成3年（1991）の大学設置基準改正による，高等教育機関を対象とする自己点検・評価活動の導入[26)]，④昭和58年（1983）から平成10年（1998）の大学審議会の答申による，大学院の充実・強化政策の推進[27)]，⑤平成10年（1998）の大学審議会答申「21世紀の大学像と今後の改革方策について：競争的環境の中で個性が輝く大学」における，学部教育や学部課程を一つのシステムとして捉え，従来の一般教育と専門教育を新しい教養教育という概念で統合しようとする教養教育の理念にもとづく方策や方法の実施[28)]である。

　このように，敗戦後すぐには改革されなかった大学の組織や教育は，大学教育政策を通じて約50年をかけて改革されてきたといえる。

1.2.3　大学行政の特徴

　戦後日本の大学行政の特徴は，第一に，文部省が国公私立のすべての大学を

対象とする大学行政を担う省であったと同時に，国立大学についてはその管理運営の責任者でもあったことであった。根拠法令は学校教育法（昭和22年3月29日法律第26号）第2条である。

　　第2条　学校は，国，地方公共団体及び私立学校法第三条に規定する学校法人のみが，これを設置することができる。②この法律で，国立学校とは，国の設置する学校を，公立学校とは，地方公共団体の設置する学校を，私立学校とは，学校法人の設置する学校をいう。

　元文部省大学学術局長の天城勲の証言によれば，教育公務員特例法案（昭和24年（1949）制定）の検討時に文部省参与として参加した東京大学教授の田中二郎が，"大学の設置形態も検討する必要がある""国立は財源的には国が出す。公立大学は地方公共団体が出す。私学は私的に賄うという違いのほかは，あとはみんな同じ大学ではないか，この大学法人を考えようではないか"と意見を述べたという[29]。しかし実際は，この意見とは異なる設置主体別の法令体系となった。

　大学行政の管轄省と国立大学の設置者という二つの役割を同時に担う文部省のあり方は，昭和46年（1971）の中教審の答申「今後における学校教育の総合的な拡充整備のための基本的施策について」で問題が指摘され，法人化を含む改革が提起された[30]。昭和50年（1975），市川昭午は，文部省が二つの役割を担うことから生じる問題の解決策として，国立大学を特殊法人とし，その経営管理の権限と責任を理事会におき，文部省が直接国立大学の管理運営に関与しないようにすることを提起した[31]。

　平成16年（2004）の国立大学法人法（平成15年7月16日法律第112号）の施行によって，全ての国立大学が法人化された。この法人化によって，大学行政の管轄省と国立大学法人の設置者との二つの役割を担う文部省のあり方に初めて変更が加えられた。同時期に，地方独立行政法人法（平成15年7月16日法律第118号）が施行され，公立大学の法人化も進められた。国公立大学の法人化によって，国公私立大学の設置主体間の違いがそれまでよりも小さくなったといえる。

大学行政の第二の特徴は，昭和46年（1971）の「今後における学校教育の総合的な拡充整備のための基本的施策について（答申）」が出るまで，私立大学に対しては予算の措置がとられなかったことである。それまで日本には高等教育の本格的な政策や計画がなかったことが要因であった[32]。他方，国立大学では文部省が事業者であり管理運営の責任者であったために，予算を用いた施策が実施されていた。

元文部省大学学術局長の木田宏は，"［昭和］46年〔1971〕から大学問題についていろいろとかじをとっていこうと思ったときに，私学というものが計画の中に一つも入ってこないので，かじのとりようがない。そこで行政のあり方として，私立大学は管理局で認可を中心にやっているというようなシステムでいいのかどうかと思った"[33]と述べた。元国立教育研究所教育研究政策研究部長の喜多村和之は，文部省の私立大学に対するこの方針を"ノーサポート・ノーコントロール"政策と呼んだ[34]。

"ノーサポート・ノーコントロール"施策のもとで，私立大学は戦後復興の昭和40年代半ばまで（1960年代まで），大学行政および財政支援の不在のなかで社会からの高等教育へのニーズを一手に引き受けて，急激な新設，拡張のほとんどの部分を担った。

次節では，大学図書館専門職員の組織的枠組みである大学図書館の概要を述べる。

2 大学図書館

2.1 大学図書館数の推移

大学設置基準（昭和31年10月22日文部省令第28号）の規定により，大学には大学図書館が設置されなければならない。大学図書館には中央図書館の他に，大学内の学部や研究科等に設置された図書館分館，部局図書館・室が含まれる。これらの新設・改廃によって，中央図書館，分館，部局図書館・室の数が増減した。中央図書館の他，分館，部局図書館・室数は昭和41年（1966）から『大学図書館実態調査結果報告』で毎年統計が取られるようになった。この統計をみると，国立大学の分館，部局図書館・室数は中央図書館数の2倍から3倍に

第 2 章　戦後の大学・大学図書館・大学図書館職員はどうであったか

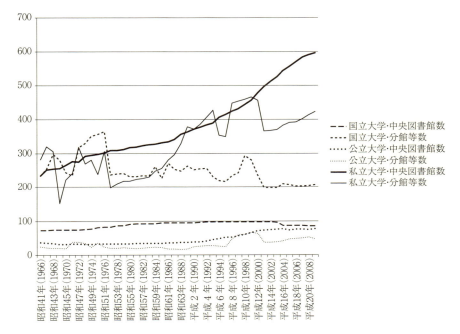

注："分館等数"には，分館の他，部局図書館・室等が含まれる。

図 2-2　国公私立大学図書館別中央図書館数と分館等数の推移

(出典) 下記資料をもとに筆者作成
文部省『大学図書館実態調査結果報告』昭和 41 年度〜平成 16 年度
文部科学省「学術情報基盤実態調査（承認統計）（旧大学図書館実態調査）」平成 17 年度〜平成 21 年度

のぼっていることが分かる。これに対して公私立大学図書館では，分館，部局図書館・室数が中央図書館数の 2 倍から 3 倍になることはなく，むしろ中央図書館数の方が上回る年が多かった（図 2-2 参照）。

　次に，戦後の国公私立大学別図書館総数の推移を図 2-3 で，国公私立大学別中央図書館数の推移を図 2-4 で示し，概要を述べる。

　国公私立大学別図書館総数（中央図書館，分館，部局図書館・室の合計）は，昭和 41 年（1966）から平成 21 年（2009）までの 43 年間で 889 館・室から 1,437 館・室となり，1.6 倍に増加した。増加分の 548 館・室のうち 503 館・室が私立大学図書館の増加分，62 館・室が公立大学図書館の増加分によるもの

35

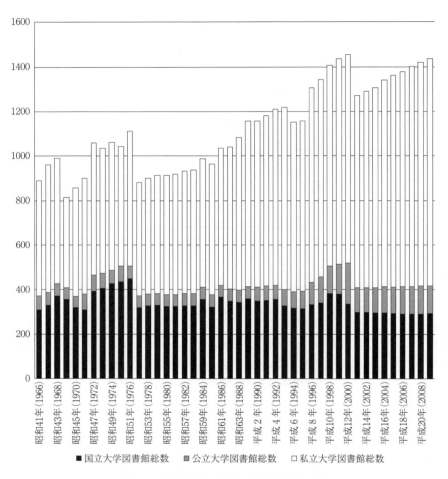

図 2-3 国公私立大学別図書館総数の推移

(出典) 下記資料をもとに筆者作成
文部省『大学図書館実態調査結果報告』昭和 41 年度〜平成 16 年度
文部科学省「学術情報基盤実態調査（承認統計）（旧大学図書館実態調査）」平成 17 年度〜平成 21 年度

であった。これに対して，国立大学大学図書館は昭和 41 年 (1966) から平成 21 年 (2009) までの 43 年間に 17 館・室減少し，309 館・室から 292 館・室となった。

　大学図書館の中央図書館は各大学に 1 館設置されるため，中央図書館数は，

第 2 章　戦後の大学・大学図書館・大学図書館職員はどうであったか

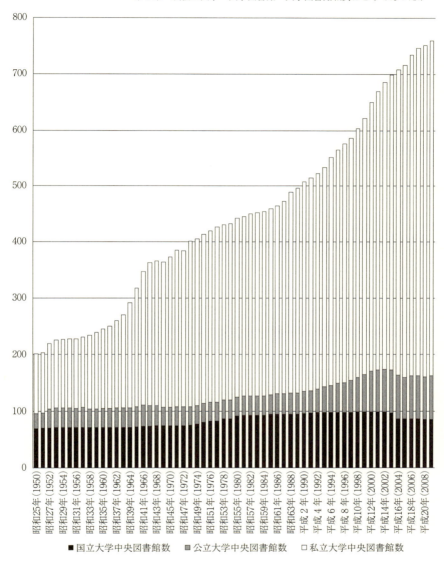

図 2-4　国公私立大学別中央図書館数の推移

（出典）下記資料をもとに筆者作成
文部省『大学図書館実態調査結果報告』昭和 41 年度～平成 16 年度
文部科学省「学術情報基盤実態調査（承認統計）（旧大学図書館実態調査）」平成 17 年度～平成 21 年度
政府統計の総合窓口「年次統計」[35]

大学数と同じになる。『大学図書館実態調査結果報告』が刊行される以前の昭和25年（1950）から昭和35年（1960）までは大学図書館数の統計がないため，大学数の統計をもって中央図書館数の統計に読み替えた。国公私立大学中央図書館数の合計は，昭和25年（1950）から平成21年（2009）までの60年間で201館から760館になり，3.8倍に増加した。この増加分，559館のうちの88.0%が私立大学中央図書館数の増加によるものであった。これに対して，公立大学は全体の増加分の9.1%，国立大学は2.9%を占めた。

　次項では，大学図書館専門職員の組織的枠組みである大学図書館について，歴史的経緯の概要を示す。

2.2　歴史的経緯

2.2.1　戦前

　明治10年（1877）に東京大学が創設され，同年10月に法理文の3学部構内に図書館が設立された。明治14年（1881）には，東京大学図書館規則が制定されるとともに[36]，"諮詢会"という図書館の管理機関が設置された[37]。図書館規則に関することは諮詢会総会で審議された[38]。

　明治19年（1886）に帝国大学令が公布され，東京大学と工部大学校の事業を継承する帝国大学が創設された[39]。東京大学図書館は帝国大学図書館と改称された[40]。同年10月，帝国大学図書館規則が制定された。その第1条に，帝国大学図書館は"大学院及ヒ分科大学ノ図書ヲ貯蔵スル所"と規定された[41]。ここに帝国大学図書館の機能が初めて定められた。それは図書の保存機能であった。

　明治30年（1897）に京都帝国大学が創設されると，勅令（第210号，明治30年6月18日）によって帝国大学官制は東京帝国大学官制とされ[42]，帝国大学図書館は東京帝国大学附属図書館と改称された[43]。京都帝国大学の図書館の名称は，京都帝国大学附属図書館と定められた[44]。この時，帝国大学図書館の名称に"附属"という言葉の付加されたことが注目される。なぜなら，敗戦後に国立学校設置法施行規則（昭和24年6月22日文部省令第23号）第6条で，"国立大学に，附属図書館を置く"と定められたのは，明治30年（1897）に改定された東京帝国大学官制の規定を踏襲したものであったことが分かるためで

第 2 章　戦後の大学・大学図書館・大学図書館職員はどうであったか

ある。

　東北帝国大学と九州帝国大学は，明治 40 年（1907），明治 44 年（1911）にそれぞれ創設された。東北帝国大学の附属図書館は創設から 4 年後，九州帝国大学の附属図書館は 11 年後に設置された[45) 46)]。大正 7 年（1918）には北海道帝国大学が創設された[47)]。それより前の明治 36 年（1903），北海道帝国大学の前身である札幌農学校に図書館が新築された。明治 40 年（1907），札幌農学校が大学に昇格した時に，図書館の名称が東北帝国大学農科大学図書館となり，大正 7 年（1918）に北海道帝国大学図書館と改称された。大正 11 年（1922）には，北海道帝国大学附属図書館と改称され，官制上の館長等の職制が設けられた[48)]。

　大正 7 年（1918）の大学令が公布された年に，東京帝国大学附属図書館が図書館規則を改正し，図書館本館による管理の下で，部局，各教室・学科研究科にも図書を備え付けた[49)]。この事象は，帝国大学附属図書館において図書の保存機能に図書の管理・閲覧機能が付加された一つの過程を示すと捉えることができる。

　大正 13 年（1924），東京帝国大学の呼びかけに応じて，帝国大学附属図書館協議会が発足した。呼びかけでは帝国大学附属図書館協議会は，各学部との関係，書目整理方法，図書の寄贈交換，事務員の定員・待遇についての館長と事務員による打ち合わせ会であると説明された[50)]。

　関東大震災で焼失した東京帝国大学附属図書館がロックフェラー財団からの資金援助によって再建され，昭和 3 年（1928）12 月に開館された[51)]。資金受贈の過程では，建設計画の方針が図書館長によって発表された。この時，一般閲覧室，特別閲覧室を拡充し，新聞雑誌閲覧室を大規模に特設するなど，図書等の利用を考慮した希望計画の事項が付された[52)]。東京帝国大学附属図書館では昭和 4 年（1929）から，京都帝国大学附属図書館では昭和 5 年（1930）から指定図書制度が導入された[53)]。このように，帝国大学附属図書館では，図書の保存機能から図書の管理・閲覧機能へ転換する傾向が昭和初期に一部で見られた[54)]。

2.2.2　戦後

　昭和 21 年（1946）3 月，米国教育使節団（The United States Education Mission to Japan）が来日し，戦後の教育制度再建のための提案をまとめた報告書を連合国司令官あてに提出した。報告書で使節団は“図書館・研究施設および研究所の拡充をわれわれは勧告する”と述べた[55]。昭和 23 年（1948）9 月に来日した米国人文科学顧問団（the United States Cultural and Social Science Mission to Japan）は，図書館を人文科学研究にとってもっとも重要な機関であると位置付け，図書館の欠陥を改革する方法について勧告した[56]。

　昭和 27 年（1952），大学基準協会が大学図書館基準を決定した[57]。新制大学の教育研究にとって大学図書館の果たすべき役割が重要であることを考慮し，大学図書館の向上を図るために基準を設けることを趣旨とした。基準の内容のうち次の点が注目される。①大学図書館には，その使命の遂行と機能の発揮に必要かつ十分な職員を適正に設置しなければならないこと，②高度の専門的業務を処理するために専門職員を設置する必要があること，③専門職員は原則として，大学院で図書館・情報学等を専攻した者を充てなければならないこと，④専門職員その他図書館の専門的業務に従事する職員には研修，再教育の機会とともに，その資格・能力・経験等にふさわしい処遇が与えられなければならないこと，⑤大学図書館は原則として一大学一組織とすること，⑥図書館長は大学図書館の管理運営の最高責任者であること，⑦館長には大学図書館の役割の理解，館長の職責への深い認識と理解，管理能力をもつ教員を充てること，⑧大学の教育研究に十分な理解をもち，高い見識と優れた管理能力をもつ専門職員を館長に充てることができることである。

　昭和 20 年代半ばから昭和 30 年代（1950 年代から 1960 年代半ば）にかけて，大学図書館関係団体は司書職法制化運動に取り組んだ[58]。東京大学附属図書館長の岸本英夫は[59] ロックフェラー財団から受贈した図書館機能近代化資金で，東京大学附属図書館の改装工事に着手し，大学図書館の近代化運動を推進した。昭和 39 年（1964）からは，伊藤四十二が東京大学附属図書館長となってこの運動を引き継いだ。その頃日本学術会議は「大学図書館の整備拡充について」（1961）と，「大学における図書館の近代化について」（1964）という大学図書館に関する二つの勧告を内閣総理大臣に提出した[60]。

　昭和 40 年（1965）4 月 1 日付けの文部省組織令一部改正によって，学術国際局に情報図書館課が設置された[61]。情報図書館課の所掌事務のうち大学図書

第 2 章　戦後の大学・大学図書館・大学図書館職員はどうであったか

館に関係する主なものは①大学図書館に対し学術振興のための援助と助言を与えること，②大学図書館に関する基準を設定し，その組織および運営に関し援助と助言を与えること，③国立大学の図書館に関し予算案の準備のための立案を行うこと，④学術文献に関する目録の作成および提供に関することであった[62]。

　ここで，情報図書館課の職務の一部に国立大学附属図書館の"予算案の準備のための立案"が含まれたことが分かる。文部省が国立大学の事業経営者，管理運営責任者であったことから派生する職務にこれは分類される。それ以外の項目では，国公私立大学図書館全体がこれらの行政の対象であると解釈できる。そして，昭和40年度（1965）からは文部省主催の大学図書館職員講習会が標準予算で定期的に行われるようになり[63]，全国の国公私立大学の図書館を実地に観察して適切な指導助言を行う大学図書館視察委員制度が創設された[64]。昭和41年度（1966）からは，大学図書館実態調査の報告が開始された。

　戦後の日本で大学図書館の専門的業務の中心を占めたのは整理業務だった。他方，整理業務の内容は，昭和40年代半ば以降（1970年以降）の機械化やコピーカタロギングの実施によって，一部専門的業務から非専門的業務へ移行した。情報・通信技術の高度化，特にデジタル化・ネットワーク化の普及を受けて，これ以降平成2年（1992）頃にかけて学術情報システム・ネットワークの構築が策定され，整備された[65]。こうして，全国の大学図書館は学術情報システム・ネットワークで結ばれ，図書館相互利用サービスがネットワークのもとで行われるようになった。

　平成3年（1991）に大学設置基準が改正され（改正平成3年6月3日文部省令第24号），大学図書館の機能，大学図書館専門的職員の職務の目的と設置が初めて規定された。平成4年（1992）には，学術審議会が「21世紀を展望した学術研究の総合的推進方策について（答申）」を提出し[66]，学術研究情報流通体制の整備に関する基本方針と必要な方策を示した。必要な方策の一つに，大学図書館等の機能強化が挙げられた。学術情報のデジタル化，学術情報流通のネットワーク化にともなって，大学図書館では利用者教育・情報リテラシー教育に広く取り組まれるようになった。

　平成16年（2004）に国公立大学が法人化され，国公私立大学図書館におけ

る設置主体間の違いがそれまでよりも小さくなった[67]。情報・通信技術の高度化は，平成年代の初頭（1990年代初頭）から今日に至るまでさらに急激に進んだ。その結果，デジタル化された学術雑誌・学術データベース・インターネット上で使用される様々なツールが普及し，リンクリゾルバやウェブ・スケール・ディスカバリサービス等の高度なデジタル資源提供システムやサービスが提供されるようになった。また，大学図書館の新しい機能として，ラーニングコモンズ等の学習支援機能が欧米の事例を参考にしながら，日本の大学図書館で実践されるようになった。ラーニングコモンズとは，"紙と電子媒体双方にわたって全ての範囲の情報源へのゲートウェイ"であり，"読書・研究・学習を促し喚起する空間"を意味する[68]。こうして近年，学習支援・情報資源管理が大きな比重を占めるようになっている。

平成22年（2010）12月，科学技術・学術審議会学術分科会研究環境基盤部会学術情報基盤作業部会が「大学図書館の整備について：変革する大学にあって求められる大学図書館像（審議のまとめ）」(2010) を公表した[69]。この"審議のまとめ"では，21世紀の大学における大学図書館の重要な役割が明確にされ，大学にとって実現の求められる高度で新しい大学図書館機能が具体的に示された。

2.2.3　国政における図書館行政の特徴

戦後日本の国政における図書館行政の特徴は，国立図書館である国立国会図書館は国会，公共図書館・大学図書館・学校図書館は文部省（後の文部科学省）によって所管され，文部省内では図書館行政が館種ごとに異なる局によって所管された点にあった。公共図書館は社会教育局（後の生涯学習政策局），大学図書館は大学学術局（後の学術国際局，研究振興局），学校図書館は初等中等教育局が所管した。これらの局相互間の横の連絡を保証する組織・制度はなかった。

次節では，大学図書館専門職員をその一員とする大学図書館職員について概要を述べる。

3 大学図書館職員

3.1 大学図書館職員数の推移

　戦後の大学図書館専任・臨時職員総数の推移（国公私立大学総計）を図 2-5 に示した。職員総数は平成 17 年（2005）の 13,770 人を頂点としてその後急激に減少し，平成 21 年（2009）には 12,421 人となった。この 5 年間で，職員総数の 9.8% が減少した。同じ 5 年間で，国公私立大学図書館の専任職員総数は 6,799 人から 5,902 人に減少し，減少率は 13.2%，臨時職員総数は 6,971 人から 6,519 人に減少し，減少率は 6.5% であった。

　平成 17 年（2005）から平成 21 年（2009）の 5 年間は，専任職員のみでなく臨時職員も減少した点で，それまでの大学図書館職員総数の推移と異なる。この 5 年間の傾向を詳しく見ると，①大学数および大学中央図書館数は 44 館増加し，分館，部局図書館・室を含む大学図書館総数は 76 館・室増加したにもかかわらず（図 2-1，図 2-3，図 2-4 を参照），同時期の大学図書館職員総数，専任職員総数，臨時職員総数がいずれも減少したこと，②臨時職員総数は統計調査が開始された昭和 41 年（1966）以降，当初の 15 年間に若干増減した期間を除けば著しい増加傾向を示したが，平成 17 年（2005）を頂点とした後に減少に転じたことが分かる。減少の主な要因として，私立大学図書館を中心とする業務委託の拡大が考えられる（第 3 章 "3.3.1.3　専任職員数の減少・非専任職員数の増大・業務委託の拡大" 参照）。

　次に，『大学図書館実態調査結果報告』（昭和 41 年度〜平成 16 年度）および『学術情報基盤実態調査（承認統計）』（平成 17 年度〜平成 21 年度）をもとに，大学図書館職員専任・臨時別職員総数の詳細な推移を述べる。

　大学図書館専任職員総数は平成 7 年（1995）の 8,385 人を頂点として減少に転じ，特に平成 9 年（1997）以降は年間 100 人台から 200 人台の規模で減少するようになり，平成 21 年（2009）には 5,902 人となった。最多であった平成 7 年（1995）から平成 21 年（2009）までの 15 年間で，専任職員の実数では 2,483 人減少し，比率では 29.6% 減少した。

　大学図書館臨時職員総数は統計を取り始めた昭和 41 年（1966）以降，当初

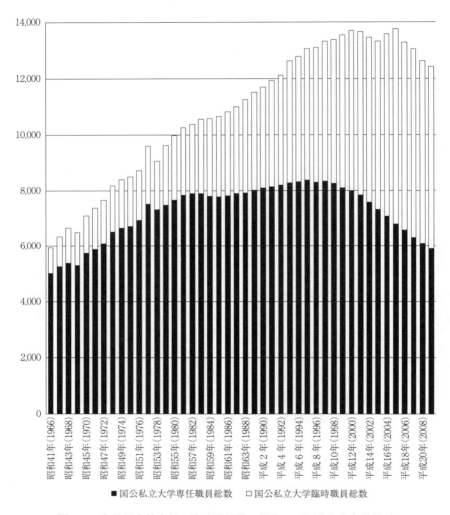

図 2-5　大学図書館専任・臨時職員数の推移：　国公私立大学総計

(出典) 下記資料をもとに筆者作成
文部省『大学図書館実態調査結果報告』昭和 41 年度～平成 16 年度
文部科学省「学術情報基盤実態調査（承認統計）（旧大学図書館実態調査）」平成 17 年度～平成 21 年度

の 15 年間に若干増減した時期を除けば著しい増加傾向を示し，特に平成 15 年 (2003) から平成 17 年 (2005) までの 2 年間はそれぞれ年間 517 人，468 人増

加した。その結果，臨時職員総数は昭和 41 年（1966）に 916 人で，大学図書館職員総数の 15.4% を占めるにすぎなかったのに対し，平成 17 年（2005）には当初の 7.6 倍の 6,971 人に達して図書館職員総数の 50.6% を占め，臨時職員総数が専任職員総数を初めて上回った。しかし平成 17 年（2005）以降，臨時職員総数は減少に転じ，平成 17 年（2005）から平成 21 年（2009）にかけて実数で 452 人減少し，比率で 6.5% 減少した。他方，同時期に専任職員総数は実数で 897 人，比率では 13.2% 減少した。この間の専任職員総数の減少率が臨時職員総数の減少率の 2.0 倍に達したため，平成 21 年（2009）の大学図書館職員総数に占める専任職員総数の比率は 47.5% とさらに下がり，臨時職員総数の比率は 52.5% となった。

　国公私立大学図書館別の専任・臨時職員数の推移を図 2-6 に示した。以下にその推移の詳細を述べる。

　国立大学図書館の専任職員数は統計を取り始めた昭和 41 年（1966）から若干の増減を繰り返しながらも増加したが，昭和 56 年（1981）の 2,752 人を頂点として減少に転じ，それ以降は一貫して減少した。国立大学図書館の臨時職員数は昭和 41 年（1966）以降，一時的に減少した年をはさみながらも増加傾向を示した。臨時職員数が初めて専任職員数を上回ったのは平成 19 年（2007）であった。

　公立大学図書館の専任職員数は昭和 41 年（1966）以降一時的に若干減少した年をはさみながら，国立大学よりもさらになだらかに増加し，国立大学図書館よりも 16 年遅い平成 9 年（1997）に 514 人で頂点に達した後減少に転じた。公立大学図書館の臨時職員数は昭和 41 年（1966）以降一時的に減少した年をはさみながらも増加傾向を示した。臨時職員数が初めて専任職員数を上回ったのは，国立大学と同じ平成 19 年（2007）であった。

　国公私立大学で比較すると，私立大学数および私立大学中央図書館数は戦後一貫してもっとも高い比率で増加した。他方，私立大学図書館の専任職員数は昭和 41 年（1966）以降減少した年を数回はさみながらも比較的高い比率で増加したが，平成 7 年（1995）を頂点として減少に転じ，平成 9 年（1997）以降一貫して減少傾向を示した。特に平成 12 年（2000）から平成 21 年（2009）の 10 年では，年間 100 人台から 200 人台で減少し，5,255 人から 3,781 人になっ

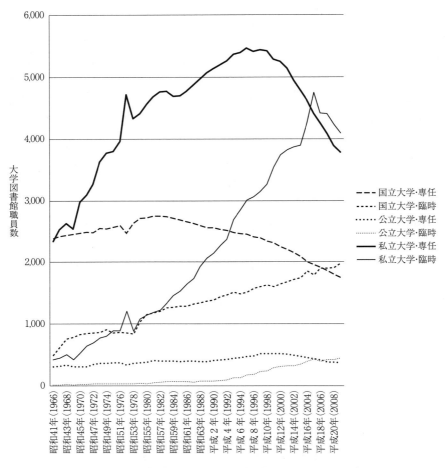

図 2-6　大学図書館専任・臨時職員数の推移：　国公私立大学別

(出典) 下記資料をもとに筆者作成
文部省『大学図書館実態調査結果報告』昭和 41 年度～平成 16 年度
文部科学省「学術情報基盤実態調査（承認統計）（旧大学図書館実態調査）」平成 17 年度～平成 21 年度

た。減少率は 28.0% であった。私立大学図書館の臨時職員数は昭和 41 年（1966）から減少した年を数回はさみながらももっとも高い比率で増加し，平成 17 年（2005）の 4,751 人で頂点を示した。その後一転して急激な減少傾向を示し，平成 17 年（2005）から平成 21 年（2009）の 5 年間で 4,751 人から 4,094 人になっ

第 2 章　戦後の大学・大学図書館・大学図書館職員はどうであったか

た。減少率は 13.8% であった。同じ 5 年間に，専任職員数は 4,409 人から
3,781 人に減り，減少率は 14.2% であった。

　このように私立大学図書館職員数は平成 17 年（2005）から平成 21 年（2009）
までの 5 年間に専任職員数，臨時職員数ともに 14% 前後の大幅な減少を示し
た。他方，国公立大学図書館では，同じ 5 年間に専任職員数はそれぞれ 10.7%，
14.0% 減少したが，臨時職員数はそれぞれ 10.4%，4.4% 増加した。したがって，
平成 17 年（2005）から平成 21 年（2009）までの臨時職員数の減少はすべて私
立大学図書館の減少分といえる。近年，私立大学数および私立大学図書館数の
増加と並行して私立大学図書館専任職員数および臨時職員数の減少が生じてい
る背景には，私立大学図書館における業務委託の拡大が要因であると推察され
る（第 3 章，“3.3.1.3　専任職員数の減少・非専任職員数の増大・業務委託の拡大”
参照）。

　以上のことから，日本では『大学図書館の業務分析』（1968）[70] で示された
大学図書館の専門的業務と非専門的業務の分離という課題に取り組む代わりに，
大学図書館職員における専任職員・臨時職員・業務委託会社社員という身分の
分化が進められてきたといえる。この身分の分化過程は，専任職員を減らして
臨時職員を増やし，業務委託を導入することによって実現された。つまり，身
分の分化過程は人件費の節減には結びついても，大学図書館専門職員の専門職
化の推進とは必ずしも結びつかなかったといえる。

　なお，専任職員数の減少傾向を指して，それだけで日本の大学図書館の専任
職員数が少なすぎる，あるいは臨時職員数や業務委託が多すぎるとは一概にい
えない。専任・非専任職員の業務に含まれる専門的業務と非専門的業務の内訳
が調査された上で，大学図書館における適正と考えられる専門的業務と非専門
的業務の比率と比べることによって，専任職員数・臨時職員数・業務委託会社
社員数に関して議論ができるといえる。

　次項では，戦後の大学図書館職員のうち司書資格をもつ者の比率および国立
大学図書館職員のうち専門試験等合格者の比率に関する統計データを示し，概
要を述べる。

47

3.2 大学図書館職員のうち司書資格をもつ者の比率

大学図書館職員における司書資格をもつ者の比率の推移を図 2-7 に示す。

国公私立大学図書館職員のうち司書資格をもつ者の比率は昭和 41 年（1966）には 43.0% であったが徐々に増加し，昭和 59 年（1984）に 54.1% で最大値を示した。その後 50% 前後で推移し，平成 21 年（2009）には 53.9% となった。国公私立大学図書館専任職員のうち司書資格をもつ者の比率は昭和 41 年（1966）に 47.8% であったが増減しながらも徐々に増加し，昭和 60 年（1985）に 65.1% で最初のピークを示した。その後の増減の後に平成 20 年（2008）に二度目のピークとなり，66.0% の最大値を示した。国公私立大学図書館臨時職員のうち司書資格をもつ者の比率は，昭和 41 年（1966）が 16.3% であったのに対し，その後増減を繰り返しながら平成 5 年（1993）に 20.5% を示した後に一貫して増加傾向を示し，平成 21 年（2009）には 43.6% まで上昇した。

臨時職員という身分を考慮すると 43.6% の比率は高い数値であるといえる。しかも臨時職員総数は昭和 41 年（1966）に大学図書館職員総数の 15.4% を占めるにすぎなかったのに対し，平成 21 年（2009）には 52.2% と全体の半数以上を占めるようになった。ここに大学図書館職員の構成に変化が起きたこと，司書課程・司書講習の役割の一部に大学図書館臨時職員の初期教育という新しい役割が追加されたことが分かる。その背景には，大学図書館職員の過半数を臨時職員が占めるようになったことによる臨時職員の業務範囲の拡大，これにともなう臨時職員を対象とする初期教育の需要の増大があったと考えられる。

図 2-8，図 2-9，図 2-10 は，国公私立大学別図書館職員のうち司書資格をもつ者の比率の推移である。次にそれらの概要を述べる。

専任職員のうち司書資格をもつ者の比率は増減を繰り返しながら，国立では昭和 41 年（1966）の 47.5% から平成 21 年（2009）の 74.4% へ，公立では 49.3% から 69.3% へと推移し，増加率が比較的高かった。対照的に私立では 48.0% から 60.9% へと推移し，増加率が比較的低かった。

専任職員のうち司書資格をもつ者の比率を大学の規模別にみると，平成 21 年（2009）で国立では 8 学部以上を有する大学で 82.8% ときわめて高かった。5 学部から 7 学部を有する大学で 66.1%，2 学部から 4 学部を有する大学で 67.5%，単科大学で 56.2% だった。国立では規模が大きいほど司書資格をもつ

第 2 章　戦後の大学・大学図書館・大学図書館職員はどうであったか

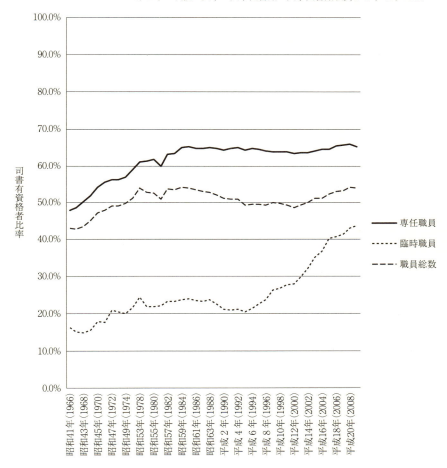

注：統計データが存在しない昭和 51 年度（1976）・昭和 52 年度（1977）を除く。

図 2-7　大学図書館職員総数のうち司書資格をもつ者の比率の推移

(出典) 下記資料をもとに筆者作成
文部省『大学図書館実態調査結果報告』昭和 41 年度～平成 16 年度
文部科学省「学術情報基盤実態調査（承認統計）（旧大学図書館実態調査）」平成 17 年度～平成 21 年度

者の比率が高く，単科大学で比率が低くなる傾向がみられた。これに対して私立では 8 学部以上を有する大学で 54.3％，5 学部から 7 学部を有する大学で 51.2％，2 学部から 4 学部を有する大学で 67.0％，単科大学で 66.9％と，むしろ

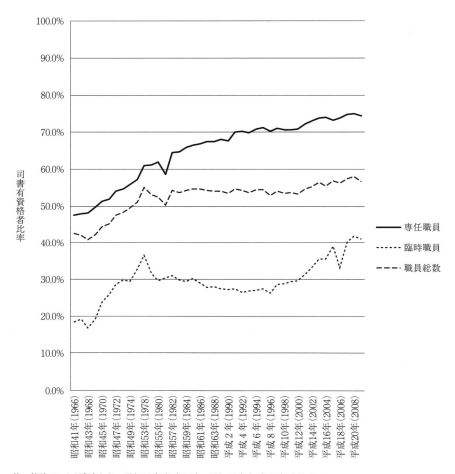

注:統計データが存在しない昭和51年度(1976)・昭和52年度(1977)を除く。

図 2-8　国立大学図書館職員のうち司書資格をもつ者の比率の推移

(出典)下記資料をもとに筆者作成
文部省『大学図書館実態調査結果報告』昭和41年度～平成16年度
文部科学省「学術情報基盤実態調査(承認統計)(旧大学図書館実態調査)」平成17年度～平成21年度

規模の小さい大学で司書資格をもつ者の比率が高い傾向にあった[71]。公立では8学部以上を有する大学で66.7%,5学部から7学部を有する大学で66.2%,2学部から4学部を有する大学で63.7%,単科大学で72.9%と,単科大学で司

第2章 戦後の大学・大学図書館・大学図書館職員はどうであったか

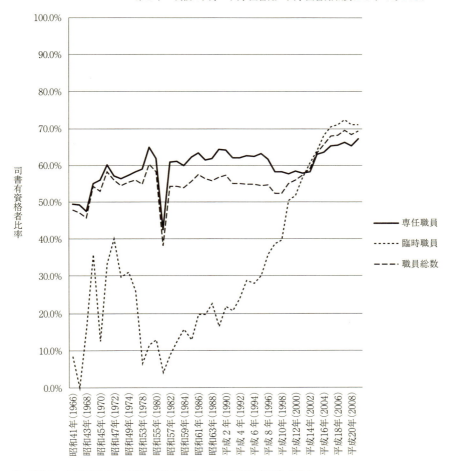

注:統計データが存在しない昭和51年度(1976)・昭和52年度(1977)を除く。

図 2-9 公立大学図書館職員のうち司書資格をもつ者の比率の推移

(出典)下記資料をもとに筆者作成
文部省『大学図書館実態調査結果報告』昭和41年度〜平成16年度
文部科学省「学術情報基盤実態調査(承認統計)(旧大学図書館実態調査)」平成17年度〜平成21年度

書資格をもつ者の比率が高かった。
　臨時職員における司書資格をもつ者の比率は国公私立大学別に異なる増減を繰り返しながら,公立では8.0%から68.0%へと推移し,増加率がもっとも高

51

注:統計データが存在しない昭和51年度(1976)・昭和52年度(1977)を除く。

図 2-10　私立大学図書館職員のうち司書資格をもつ者の比率の推移

(出典) 下記資料をもとに筆者作成
文部省『大学図書館実態調査結果報告』昭和41年度〜平成16年度
文部科学省「学術情報基盤実態調査(承認統計)(旧大学図書館実態調査)」平成17年度〜平成21年度

かった。対照的に国立では昭和41年(1966)の18.0%から平成21年(2009)の41.0%へ,私立では14.0%から40.0%へと推移し,比率の増加率が比較的低かった。

第2章　戦後の大学・大学図書館・大学図書館職員はどうであったか

　図書館法（昭和 25 年 4 月 30 日法律第 118 号）に規定された司書資格は公共図書館専門的職員の資格であり，司書課程・司書講習は大学図書専門職員の資格として不十分であると批判されてきた。他方，“司書”は館種を問わず図書館の専門職員一般を指すとみなされるようになり，大学図書館や専門図書館が専門職員を採用する際に“司書”の資格を求める場合があった。それは，①公共図書館では図書館法で司書が定められ，学校図書館では学校図書館法（昭和 28 年 8 月 8 日法律第 185 号）で司書教諭が定められたのに対して，大学・専門図書館専門職員の資格・教育の体制が整備されなかったこと，②専門職員の設置が法的に定められなかった大学・専門図書館でも専門職員を設置する必要があったことが主な要因と考えられる[72]。慶應義塾大学三田情報センターの安西郁夫は，昭和 47 年（1972）の時点で，大学・専門図書館職員の採用時に司書資格が求められる現象が依然として続いていたことを指摘した[73]。

　戦後の大学図書館職員のうち司書資格をもつ者の比率の推移からは，①大学図書館専門職員の教育体制が整備されていない状況のもとで，国公私立大学図書館専任職員のうち司書資格をもつ者の比率が当初の 50% 前後から今日では 65% 前後に達し，司書課程・司書講習が事実上，大学図書館専門職員の初期教育として一定の役割を果たしてきたこと，②今日においては，国公私立大学図書館臨時職員のうち司書資格をもつ者の比率は 43.6% に達しており，司書課程・司書講習が臨時職員の初期教育としても機能していることが推察される。

3.3　国立大学図書館職員のうち“図書館学”等専門試験合格者の比率

　昭和 38 年（1963）に国立学校図書専門職員採用試験の制度が開始され，この採用試験以降，受験資格から司書資格が除外された。そして国家公務員採用試験の枠組みのなかで“図書館学”の専門試験が課されるようになった。“図書館学”の専門試験の出題内容では，大学図書館や学術情報に関連するものが多く出題された[74]。“図書館学”の専門試験に合格，採用されて国立大学図書館の業務に就いた者，およびこれと同等の能力を有すると図書館長が認めた者が国立学校図書専門職員として処遇された。この制度は基本的枠組みを変えることなく 40 年間続いたが，平成 16 年（2004）の国立大学法人化にともなって廃止された。その後全国が 7 地区に分けられ，各地区の国立大学法人等職員採

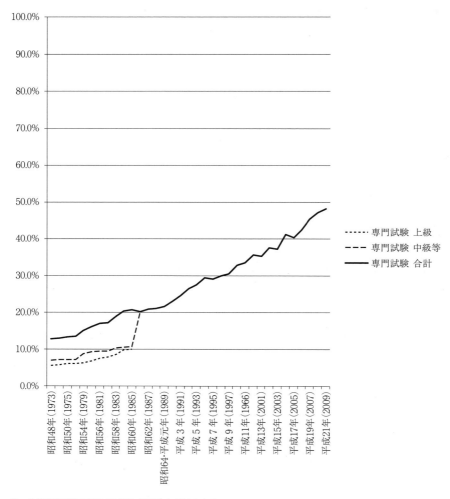

注：上級専門試験は昭和60年度（1985）に廃止された。
　　統計データが存在しない昭和51年度（1976）・昭和52年度（1977）を除く。

**図 2-11　国立大学図書館専任職員のうち
　　　　　　国立大学図書館専門試験等合格者の比率の推移**

（出典）下記資料をもとに筆者作成
文部省『大学図書館実態調査結果報告』昭和41年度～平成16年度
文部科学省「学術情報基盤実態調査（承認統計）（旧大学図書館実態調査）」平成17年度～平成21年度

第 2 章 戦後の大学・大学図書館・大学図書館職員はどうであったか

用試験実施委員会が図書館学の専門試験を課して採用試験を行っている[75]。

　国立大学図書館専任職員のうち国家公務員採用試験"図書館学"等合格者の比率の推移を図 2-11 に示した。昭和 41 年度（1966）から昭和 47 年度（1972）までの『大学図書館実態調査結果報告』には，専任職員で当該試験合格者の統計データが記載されていなかったため，昭和 48 年度（1973）から平成 21 年度（2009）までの期間のデータをもとに図を作成した。また統計データがないという同じ理由から，昭和 52 年度（1977）と昭和 53 年度（1978）の期間を除いてある。

　国立大学図書館専任職員における"図書館学"等専門試験の合格者の比率は，昭和 48 年度（1973）で上級・中級合わせて 12.7% であった。その後若干の増減を繰り返しながらも順調に比率が増加し，平成 21 年（2009）には，48.2% を占めた。このことから，国立大学図書館専門職員の教育の観点からみると，国家公務員採用試験における"図書館学"等の専門試験は，国立大学図書館専門職員の職務遂行に必要な知識・能力を備えた人材の採用と育成にある程度の役割を果たしてきたといえる。

3.4　歴史的経緯

3.4.1　戦前

　明治 10 年（1877）に創設された東京大学では法・理・文学部の綜理の下に図書掛が置かれ，医学部では図書掛はなく書器掛が置かれた[76]。明治 14 年（1881），東京大学で職制改革が行われ，統一的"総理"職および"学部長"職が設置された。これにともない事務機構も単一に系列化され，書記分課規定によって図書課が置かれた[77]。明治 19 年（1886），帝国大学令が公布され，東京大学と工部大学校の事業を継承する帝国大学が創設された。図書館は帝国大学図書館と改称された[78]。この時，図書館長にあたる"図書館管理"が設けられた[79]。

　明治 26 年（1893）には帝国大学官制が公布され，帝国大学の職員の種類が定められた。職員の種類は帝国大学の総長・書記官・書記，および各分科大学の教授・助教授・助手・書記であり，帝国大学の図書館に関する職名はなかった[80]。

明治 30 年（1897），帝国大学が東京帝国大学と改称され，帝国大学図書館は東京帝国大学附属図書館と改称された。帝国大学官制が大改正されて附属図書館に館長を置くことが定められた。館長は学内の教授または助教授から 1 名が務めることが定められた[81]。明治 41 年（1908），官制によって事務官および司書官・司書が新設された[82]。司書官・司書は日本で初めての大学図書館の専門的職種であった。館長の規定も "教授助教授又ハ司書官ヨリ文部大臣之ヲ補ス" と定められた。京都帝国大学附属図書館では，明治 43 年（1910）に石川一事務官が司書官に任ぜられるとともに館長に補せられた。国立大学図書館の歴史において教官以外の職員が図書館長を務めた稀な例であった[83]。大正期に入ると大学図書館の教授専任館長制は兼任館長制へ移行した[84]。

　以上のことから，第一に，戦前の帝国大学附属図書館では専門的業務に従事する司書官・司書の職種が官制によって定められたこと，第二に，戦後の大学図書館における教授兼任館長制は大正期以降の帝国大学附属図書館における教授兼任館長制を踏襲したものであることが分かる。

3.4.2　戦後

　昭和 21 年（1946）4 月，勅令（第 205 号，昭和 21 年 4 月 1 日）によって，帝国大学ごとの別個の官制がすべて廃止され，共通の帝国大学官制が公布された。これにともない，明治 41 年（1908）以来，帝国大学附属図書館の専門的職員の職種として官制上認められてきた司書官・司書の職種が廃止された[85]。国立学校設置法（昭和 24 年 5 月 31 日法律第 150 号）およびその施行規則（昭和 24 年 6 月 22 日文部省令第 23 号）が制定され，国立大学図書館職員は事務職員となった[86][87]。その結果，国公私立大学図書館職員は法令上事務職員として一様に扱われることとなった。第 5 章で詳しく見るように，戦後の大学を規定する法令では戦前の大学の組織体制，大学図書館の位置付けが踏襲された。

　昭和 24 年（1949）8 月，人事院が司書職列職級明細書（最終案）を発表した。昭和 25 年（1950）4 月，図書館法（昭和 25 年 4 月 30 日法律第 118 号）が公布され，公共図書館では専門的職員として司書・司書補が法律で定められた。昭和 27 年（1952），職階制の取り組みそのものが停滞したため，結局，司書職列職級明細書（最終案）は確定に至らなかった[88]。昭和 28 年（1953），学校図書館

法（昭和 28 年 8 月 8 日法律第 185 号）が公布され，学校図書館では司書教諭が法律で定められた。

　昭和 27 年（1952）から昭和 40 年（1965）にかけて，大学図書館関係団体は司書職法制化運動に取り組んだ。しかし，いずれの提案も実現しなかった[89]。昭和 38 年度（1963）から国立学校図書専門職員採用試験が人事院によって実施されて以降，より高度な国立大学図書専門職員の職位の制定を目的として，館長会議が昭和 46 年（1971）に大学司書官制度案を，全国大学高専教職員組合が平成 11 年（1999）に学術司書制度案を提案したがいずれも実現しなかった。

　平成 3 年（1991）の大学設置基準の改正で（改正平成 3 年 6 月 3 日文部省令第 24 号），"図書館には，その機能を十分に発揮させるために必要な専門的職員その他の専任の職員を置くものとする"（第 38 条第 3 項）と規定され，大学図書館における"専門的職員"の文言が初めて大学設置基準に加えられた[90]。同時に，専門的職員の職務の目的として大学図書館の機能を十分に発揮させることが定められた。大学設置基準は最低基準を定めたもので基準を守る主体は大学であるため，大学には大学図書館専門的職員を設置して，大学図書館の機能を十分に発揮させることが求められることになった。ただし専門的職員の職務内容や資格を定めるものではなかった。

　先の国立学校図書専門職員採用試験制度は基本的枠組みを変えることなく 40 年間続いたが，平成 16 年（2004）の国立大学法人化に伴い廃止された。同じ時期に，公立大学の法人化も進められた。その後国立大学図書館専門職員の採用試験は，全国を 7 地区に分けた国立大学法人等職員採用試験実施委員会によって実施されるようになった[91]。

　情報・通信技術の高度化によって社会，大学，学術情報流通のあり方が激変し，大学図書館をはじめ関連組織で情報・システムに関する高度な専門的職務を担う職員が求められるようになった。文科省の大学図書館情報基盤調査報告では，近年，大学図書館での専門職員の採用・育成の困難が指摘されている。平成 22 年（2010），科学技術・学術審議会学術分科会研究環境基盤部会学術情報基盤作業部会は，「大学図書館の整備について：変革する大学にあって求められる大学図書館像（審議のまとめ）」（平成 22 年 12 月）で，①大学における大学図書館の重要な役割を明確にすること，②これからの大学にとって必要な高

度な大学図書館の機能を実現すること，③実現のために必要な知識・能力をもつ専門職員を設置することに取り組む方針を示した[92]。

4 まとめ：大学図書館専門職員の枠組み

大学・大学図書館・大学図書館職員の戦後の統計データの推移と戦前・戦後の歴史的経緯の概要を整理した結果，大学図書館専門職員の基礎を形成する枠組みの特徴として，次の事項が挙げられる。第一に，戦後の大学および大学図書館の特徴は戦前の帝国大学および帝国大学附属大学図書館の組織体制，位置付け，教授兼任館長制の踏襲にあったこと，第二に，戦後の大学では大学図書館機能の高度化を担える専門職員の設置・教育が必要であったこと，第三に，戦後のある時期以降に専任職員数が減少した要因は非専任職員数の増加および業務委託の拡大にあったこと，第四に，戦後の大学図書館では専門的業務と非専門的業務の分化に取り組まれず，大学図書館職員の身分の分化が進行したこと，第五に，司書課程・司書講習は戦後の大学図書館専任職員および非専任職員の初期教育としての機能を果たしてきたことである。

本研究の研究対象である大学図書館専門職員は，大学・大学図書館・大学図書館職員の枠組みにおけるこれら五つの特徴の中にあったといえる。

注・引用文献
1） 東京大学百年史編集委員会（1984），前掲書，p. 428.
2） 同上書，p.430-432.
3） 東京大学附属図書館「図書館年表」
http://www.lib.u-tokyo.ac.jp/koho/gaiyo/history.html （参照 2013-03-09）.
4） 東京大学附属図書館「まえがき　2. 震災前の図書館」「東京大学創立 130 周年・総合図書館再建 80 周年記念特別展示会：世界から贈られた図書を受け継いで」
http://www.lib.u-tokyo.ac.jp/tenjikai/tenjikai2007/preface2.html#2
（参照 2013-03-09）.
5） 同上書，p. 824-825.
6） 東京大学百年史編集委員会（1985），前掲書，p. 334.
7） 同上書，p. 10.

第 2 章　戦後の大学・大学図書館・大学図書館職員はどうであったか

8）京都大学附属図書館編「第 1 章　沿革　第 2 節　第 2 期（明治 41 年〜昭和 10 年）」「京都大学附属図書館六十年史」，前掲 Web ページ．
http://edb.kulib.kyoto-u.ac.jp/60his/1-2_HONBUN.html　（参照 2013-03-09）．

9）岩猿敏生（1968），前掲論文，p. 187-188．

10）勅令（第 205 号，昭和 21 年 4 月 1 日）第 1, 2 条，および附則，「勅令第 205号　帝国大学官制」（1946），前掲記事，p. 16．

11）「勅令第 205 号　帝国大学官制」（1946），前掲記事，p. 16．

12）国立学校設置法施行規則（昭和 24 年文部省令第 23 号）第 1 条 "国立大学におく職員" の項に，"事務職員" の規定がある。

13）利根川樹美子「大学図書館の司書職法制化運動：昭和 27 年（1952）〜 40 年（1965）」『図書館情報学会誌』Vol. 56, No. 2, 2010.6, p. 106．

14）同上論文，p. 107-113．

15）ここでの "専門的職員" は "司書職員等にとどまらず，広く情報処理の専門職員にまで，その必要とされる範囲が拡大してきている" との指摘がある（本協会のあり方検討委員会『大学の自己点検・評価の手引き』大学基準協会，1992, p. 43.）．

16）国立大学協会「国立大学法人等職員をめざす方へ」
http://www.janu.jp/saiyou.html　（参照 2013-03-20）．

17）科学技術・学術審議会学術分科会研究環境基盤部会学術情報基盤作業部会，前掲 Web ページ．

18）鈴木勲（2006），前掲書，p. 505．

19）鈴木英一「日本占領と高等教育改革：占領政策の動向を中心に」48p.
http://ir.nul.nagoya-u.ac.jp/jspui/bitstream/2237/5242/1/KJ00000180519.pdf　（参照 2013-03-03）．

20）NDL-OPAC,"Information on the United States Cultural and Social Science Mission to Japan"
http://iss.ndl.go.jp/books/R100000002-I000006648421-00?ar=e1f
（参照 2013-11-17）．

21）文部科学省「明治 6 年以降 5 か年ごと学校統計」，前掲 Web ページ

22）文部科学省「三　臨時教育審議会の答申」『学制百二十年史』
http://www.mext.go.jp/b_menu/hakusho/html/others/detail/1318297.htm　（参照 2013-03-03）．

23）文部科学省「大学審議会」
http://www.mext.go.jp/b_menu/shingi/old_chukyo/old_daigaku_index/index.htm　（参照 2013-03-03）．

24）喜多村和之『現代の大学・高等教育　教育の制度と機能』玉川大学出版部，1999, p.11．

25）臨時教育審議会『教育改革に関する第三次答申』大蔵省印刷局，1987,

153p.

26) なお，平成 16 年（2004）4 月 1 日からは，自己点検・評価に関する規定は学校教育法上に置かれ，大学設置基準上の規定は削除された。
中央教育審議会「大学設置基準の改正について（答申）」（中教審第 66 号，平成 16 年 2 月 6 日）
http://www.mext.go.jp/b_menu/shingi/chukyo/chukyo0/toushin/04021204.htm （参照 2012-03-11）.

27) 喜多村和之（1999），前掲書，p. 187.

28) 大学審議会「21 世紀の大学像と今後の改革方策について（答申）：競争的環境の中で個性が輝く大学」（平成 10 年 10 月 26 日）
http://www.mext.go.jp/b_menu/shingi/12/daigaku/toushin/981002.htm （参照 2011-07-28）.

29) 天城勲，天野郁夫，木田宏，佐野文一郎，大崎仁，黒羽亮一「座談会　戦後大学政策の展開」『IDE』351, 1993.12, p. 31-32.

30) 中央教育審議会「今後における学校教育の総合的な拡充整備のための基本的施策について（答申）」（昭和 46 年 6 月 11 日），p. 20.
http://www.mext.go.jp/b_menu/shingi/12/chuuou/toushin/710601.htm （参照 2006-11-24）.

31) 市川昭午『教育行政の理論と構造』教育開発研究所 1975, p. 314-315.

32) 喜多村和之『現代大学の変革と政策　歴史的・比較的考察』玉川大学出版部，2001, p. 58.

33) 天城勲，天野郁夫，木田宏，佐野文一郎，大崎仁，黒羽亮一（1993），前掲記事，p. 34.

34) 喜多村和之（1999），前掲書，p. 88.

35) 政府統計の総合窓口「年次統計」
http://www.e-stat.go.jp/SG1/estat/List.do?bid=000001015843 （参照 2013-12-11）.

36) 東京大学百年史編集委員会（1985），前掲書，p. 333.

37) 東京大学百年史編集委員会（1984），前掲書，p. 433.

38) 同上書，p. 441.

39) 同上書，p. 787.

40) 東京大学百年史編集委員会（1985），前掲書，p. 334.

41) 同上書，p. 333.

42) 東京大学百年史編集委員会（1984），前掲書，p. 825.

43) 東京大学百年史編集委員会（1985），前掲書，p. 334.

44) 京都大学附属図書館編「第 1 章　沿革　第 1 節　第 1 期（明治 32 年～昭和 40 年）」「京都大学附属図書館六十年史」
http://edb.kulib.kyoto-u.ac.jp/60his/1-1_HONBUN.html#1 （参照 2013-03-

09).

45) 東北大学附属図書館「東北大学附属図書館　創立百周年記念サイト」
http://tul.library.tohoku.ac.jp/pub/100/（参照 2013-03-09）.

46) 九州大学「沿革・歴史」，前掲 Web ページ.

47) 北海道大学「北海道大学概要　沿革」
http://www.hokudai.ac.jp/bureau/gaiyou/2012/history/index.html
（参照 2013-03-30）.

48) 北海道大学附属図書館「沿革」
http://www.lib.hokudai.ac.jp/about/history/（参照 2013-03-30）.

49) 東京大学附属図書館「東京大学附属図書館年表」
http://www.lib.u-tokyo.ac.jp/sogoto/history.pdf（参照 2013-03-09）.

50) 京都大学附属図書館編「第6章　図書館研究団体および協議会との関係
第3節　国立七大学図書館協議会」「京都大学附属図書館六十年史」前掲
Web ページ.

51) 東京大学百年史編集委員会（1985），前掲書，p. 335-339.

52) 同上書，p. 337-338

53) 篠塚富士男「昭和初期の大学図書館」『大学図書館研究』No. 36, 1990.7, p. 6.
http://www.tulips.tsukuba.ac.jp/dspace/bitstream/2241/101736/1/
daitoken_36.pdf（参照 2013-03-09）.

54) 岩猿敏生（1968），前掲論文，p. 189.

55) 文部科学省「米国教育使節団報告書　米国教育使節団報告書（要旨）（昭
和21年3月31日）」前掲 Web ページ.

56) 土持ゲーリー法一『戦後日本の高等教育改革政策：「教養教育」の構築』
玉川大学出版部，2006, p. 112.

57) 大学基準協会「大学図書館基準」（昭和27年6月17日　大学基準協会決
定）『図書館法規基準総覧』（第2版）武田英治，山本順一編，日本図書館
協会，2002, p. 476-478.

58) 利根川樹美子（2010），前掲論文，p. 106.

59) 東京大学附属図書館「歴代館長／図書館年表」
http://www.lib.u-tokyo.ac.jp/koho/gaiyo/history.html（参照 2013-03-09）.

60) 利根川樹美子（2010），前掲論文，p. 105, 106.

61) 法庫「文部省組織令の一部を改正する政令」（政令第208号，昭和49年6
月14日）
http://www.houko.com/00/02/S49/208.HTM（参照 2013-03-09）.

62) 文部省大学学術局情報図書館課「大学図書館の改善について」『図書館雑
誌』59（7），1965.7, p. 261.

63) 「昭和40年度社団法人日本図書館協会総会議事録　大学図書館部会」『図
書館雑誌』59（8），1965.8, p. 359.

64) 伊藤四十二「1年の回顧と展望 大学図書館」『図書館雑誌』59（12），1965.12, p. 508.

65) 国立情報学研究所「NIIについて」http://www.nii.ac.jp/about/history/（参照 2011-07-29）.

66) 学術審議会「21世紀を展望した学術研究の総合的推進方策について（答申）」（平成4年7月23日）（抜粋）http://www.tulips.tsukuba.ac.jp/pub/tojo/archive/Choken/1996/choken1_2_2.html（参照 2013-03-09）.

67) 鈴木勲（2006），前掲書，p. 633, 647.

68) Beagle, Donald「ラーニングコモンズの歴史的文脈」［“The Learning Commons in Historical Context”］三根慎二訳『名古屋大学附属図書館研究年報』Vol. 7, 2008, p. 34. http://libst.nul.nagoya-u.ac.jp/pdf/annals_07_04.pdf（参照 2014-01-09）.

69) 科学技術・学術審議会学術分科会研究環境基盤部会学術情報基盤作業部会「大学図書館の整備について（審議のまとめ）：変革する大学にあって求められる大学図書館像」（平成22年12月）http://www.jaspul.org/event/monka_20110712_matome.pdf（参照 2011-07-29）.

70) 全国国立大学図書館長会議編『大学図書館の業務分析』日本図書館協会，1968, 209p.

71) 文部科学省「平成22年度学術情報基盤実態調査（承認統計）（旧大学図書館実態調査）」（平成22年5月1日現在）http://www.e-stat.go.jp/SG1/estat/List.do?bid=000001032490&cycode=0（参照 2012-08-11）

72) 安西郁夫「大学図書館員の養成と研修」『大学図書館の管理運営：第2回日米大学図書館会議応募論文集』大学図書館国際連絡委員会編，大学図書館国際連絡委員会，1972, p. 73.

73) 同上論文，p. 73.

74) 日本図書館協会編『図書館職員採用試験問題集・解説：旧・国家公務員II種図書館学に学ぶ』日本図書館協会，2006, p. 10.

75) 同上書，p. 7.

76) 東京大学百年史編集委員会（1984），前掲書，p. 428.

77) 同上書，p. 430-432.

78) 東京大学附属図書館「図書館年表」http://www.lib.u-tokyo.ac.jp/koho/gaiyo/history.html（参照 2013-03-09）.

79) 東京大学附属図書館「まえがき 2. 震災前の図書館」「東京大学創立130周年・総合図書館再建80周年記念特別展示会：世界から贈られた図書を受け継いで」

第 2 章　戦後の大学・大学図書館・大学図書館職員はどうであったか

http://www.lib.u-tokyo.ac.jp/tenjikai/tenjikai2007/preface2.html#2
（参照 2013-03-09）.

80）　同上書，p. 824-825.

81）　東京大学百年史編集委員会（1985），前掲書，p. 334.

82）　同上書，p. 10.

83）　京都大学附属図書館編「第 1 章　沿革　第 2 節　第 2 期（明治 41 年〜昭
　　　和 10 年）」「京都大学附属図書館六十年史」，前掲 Web ページ.
　　　http://edb.kulib.kyoto-u.ac.jp/60his/1-2_HONBUN.html（参照 2013-03-09）.

84）　岩猿敏生（1968），前掲論文，p. 187-188.

85）　勅令（第 205 号，昭和 21 年 4 月 1 日）第 1, 2 条，および附則。「勅令第 205
　　　号　帝国大学官制」（1946），前掲記事，p. 16.

86）　「勅令第 205 号　帝国大学官制」（1946），前掲記事，p. 16.

87）　国立学校設置法施行規則（昭和 24 年文部省令第 23 号）第 1 条 "国立大学
　　　におく職員" の項に，"事務職員" の規定がある.

88）　利根川樹美子「大学図書館の司書職法制化運動：昭和 27 年（1952）〜 40
　　　年（1965）」『図書館情報学会誌』Vol. 56, No. 2, 2010.6, p. 106.

89）　同上論文，p. 107-113.

90）　ここでの "専門的職員" は "司書職員等にとどまらず，広く情報処理の専
　　　門職員にまで，その必要とされる範囲が拡大してきている" との指摘があ
　　　る（本協会のあり方検討委員会『大学の自己点検・評価の手引き』大学基
　　　準協会，1992, p. 43.）。

91）　国立大学協会「国立大学法人等職員をめざす方へ」
　　　http://www.janu.jp/saiyou.html　（参照 2013-03-20）.

92）　科学技術・学術審議会学術分科会研究環境基盤部会学術情報基盤作業部会,
　　　前掲 Web ページ.

第3章 どのような大学図書館専門職員の論議が展開されてきたのか

　本章では，どのような大学図書館専門職員の論議が展開されてきたのかについて分析，整理する。

1　本章の目的と方法

　本章では，戦後の各時期の図書館・図書館学・図書館情報学関係団体と関係者の考え方に関する知見を得るために，まず昭和25年（1950）から平成22年（2010）までの分析対象期間を大学図書館専門職員の専門職化の観点から区分する。次に時期区分ごとに論議の展開を分析し，戦後日本の大学図書館専門職員に関する論議の展開を整理する。

　文献調査は，昭和25（1950）から平成22年（2010）までの大学図書館専門職員に関連する論稿を『図書館学文献目録』（1971）[1] および CiNii（国立情報学研究所が運営する雑誌記事データベース）を用いて収集する。さらに図書館情報学の領域の主要な学術誌である『日本図書館情報学会誌』（前誌を含む，日本図書館情報学会刊行）と『Library and Information Science』（前誌を含む，三田図書館・情報学会刊行）に収録された論稿のうち大学図書館専門職員に関連する論稿を収集する。なお，『図書館情報学研究文献要覧』の1970-1981版（1983）[2]，1982-1990版（1993）[3]，1991-1998版（2008）[4] は論稿の収集に用いなかった。その理由は，項目によっては大学図書館に関連する論稿と公共図書館に関連する論稿が混ざって掲載されていること，これらの文献情報の収録期間では論稿の書誌情報のデータベース化が進んでおり，CiNii の検索によって得られるものが多かったことからである。

64

第3章　どのような大学図書館専門職員の論議が展開されてきたのか

CiNii を用いた論稿の検索では，検索期間を昭和 25（1950）から平成 22 年（2010）に設定し，大学図書館専門職員に関連する検索語を決め，キーワードの掛け合わせ検索と著者名検索を行った。具体的には①"大学図書館"のキーワードと"専門""職員""情報リテラシー""法令""委託""アウトソーシング""経営""養成""教育""図書館情報学"のキーワードをそれぞれ掛け合わせ，②"大学"のキーワードと"司書課程""司書講習""情報専門職"のキーワードをそれぞれ掛け合わせて検索し，③大学図書館専門職員に関連する論稿の主要な著者として"岩猿敏生""原田勝""大城善盛""永田治樹""髙山正也"を選定し，著者名で検索した。

論稿収集の第一段階では，以上の検索結果から大学図書館専門職員に関連する論稿を選び出した。ただし，論じる対象や内容が個別の大学に関連する論稿，個人的体験の報告等は除いた。技術的な内容の場合，全体への影響が少ないと判断されるものは除いた。

以上の方法で収集した論稿は合計 632 点，それらのうち『日本図書館情報学会誌』と『Library and Information Science』に収録された論文は合計 231 点であった。これらの論稿の年代別内訳と構成比を表 3-1 に示した。

次に論稿収集の第二段階として，これらの論稿から大学図書館専門職員に関する論議に含まれるものを抽出した。抽出した論稿の合計 381 点，それらのうち『日本図書館情報学会誌』と『Library and Information Science』に収録された論文の合計 62 点の年代別内訳と構成比を同様に表 3-1 に示した。

本書では，大学図書館専門職員に関する論議に含まれる論稿の内容を検討し，大学図書館専門職員の専門職化の観点から論議の時期区分を設定する。各時期の"背景"では社会，行政，大学等の動向に触れる。時期区分ごとの論稿の分析にあたっては，論議への新しい観点・論点・見解等を含む論稿の内容を比較，検討のうえ，時期区分ごとに論議の展開を示す。各時期区分の論稿の内容を評価する際は，①用語を定義しているか，②論議の内容に新規なもの，他の観点への批判など，論議の展開につながるものを加えたか，③主張に矛盾はないか，④根拠が十分であり信頼がおけるかを基準とした。

なお，大学図書館専門職員の司書職法制化に関する論稿は第 4 章で，図書館専門職員の教育に関する論稿は第 6 章で検討する。

65

表 3-1 収集した大学図書館専門職員に関する論稿の点数

	出版年	1950 ～ 1959	1960 ～ 1969	1970 ～ 1979	1980 ～ 1989	1990 ～ 1999	2000 ～ 2010	合計
第1段階	論稿総数	30	131	133	57	88	193	632
	構成比	5%	21%	21%	9%	14%	31%	100%
	内学術論文	2	70	70	28	25	36	231
	構成比	1%	30%	30%	12%	11%	16%	100%
第2段階	出版年	1950 ～ 1959	1960 ～ 1969	1970 ～ 1979	1980 ～ 1989	1990 ～ 1999	2000 ～ 2010	合計
	論稿総数	18	54	67	32	71	139	381
	構成比	5%	14%	18%	8%	19%	36%	100%
	内学術論文	2	14	18	5	15	8	62
	構成比	3%	23%	29%	8%	24%	13%	100%

（注）"内学術論文構成比" とは，収集した論稿のうち『日本図書館情報学会誌』と『Library and Information Science』に収録された論文の点数における年代別構成比を指す。

2 時期区分

　本書では，昭和 25 年（1950）から平成 22 年（2010）までの分析対象期間を大学図書館専門職員の専門職化の観点から次のように区分する。

　"第 1 期　専門職論議準備期" は，新しい学制の整備を経てアメリカ図書館学が受容され，図書館法（昭和 25 年 4 月 30 日法律第 118 号）が制定された昭和 25 年（1950）から，大学や大学図書館の問題を指摘した主な論稿の最後のものである藤田豊の「『大学図書館』論」（1964）が刊行され，大学図書館専門職員の司書職法制化に関する論議が収束に向かった昭和 39 年（1964）までとする。"第 2 期　専門職論議期" は，館長会議が大学図書館の業務分析に着手し，五味郁子がグッドの論文 "The Librarian: From Occupation to Profession?"（1961）の翻訳を公表した昭和 39 年（1964）から，"専門職としての司書職の確立" 論議が起こり，日図協の図書館員の問題調査研究委員会（以下，調査研究委員会という）が「図書館員の専門性とは何か（最終報告）」を公表して図書館専門職員の専門職化に関する論議が収束した昭和 49 年（1974）までとする。"第 3 期 情報専門職論議期" は，「学術振興に関する当面の基本政策について（答申）」

（1973）で学術審議会が打ち出した基本政策に沿って学術情報流通システム・ネットワークの強化・拡充に取り組まれた昭和49年（1974）から，この取り組みにともなって大学図書館改革を担える大学図書館専門職員の必要性が論議され，平成7年（1995）以降の情報通信技術の高度化および大学の教育研究における国際競争力向上の必要性に対応した大学図書館・学術情報流通機能の高度化について諮問機関等の基本方針が次々と出され，大学図書館への情報専門職設置の必要性が論議された平成22年（2010）までとする。

第1期　専門職論議準備期：昭和25年（1950）～昭和39年（1964）
第2期　専門職論議期：昭和39年（1964）～昭和49年（1974）
第3期　情報専門職論議期：昭和49年（1974）～平成22年（2010）

3　論議の展開

　本節では時期区分ごとに背景を概観した後，大学図書館専門職員に関する論議について内容の特徴，相互関係等を分析する。

3.1　第1期　専門職論議準備期：昭和25年（1950）～昭和39年（1964）
3.1.1　背景

　敗戦後のアメリカ占領下の日本では，大学図書館の運営方法は戦前における資料の保管・管理機能の重視から利用者サービス機能の重視へ変わっていった。この変化の起点となったのはアメリカ図書館学の受容であった。アメリカの図書館学は，全国で開催された司書講習を通じて一挙に広まった[5]。慶應義塾大学のJapan Library Schoolは，アメリカ図書館学を受容する入口の役割を果たした[6]。

　利用者サービス機能の重視を示す一例として，昭和30年代前半（1955-1960）にドキュメンテーション（documentation）活動が盛んになったことが挙げられる。ドキュメンテーションとは，日本図書館情報学会用語辞典編集委員会編集の『図書館情報学用語辞典』（第3版，2007）によれば，“科学技術文献など専門性の高い資料の収集，蓄積，検索，配布を中心とし，中でも書誌記述と主題

分析が重視される"技術である[7]。この技術は，専門資料を求める利用者に適確に効率的に資料を提供するために必要な技術であった。昭和32年（1957），特殊法人日本科学技術情報センター（JICST: Japan Information Center of Science and Technology）が設立され，昭和33年（1958）には，国際十進分類法協会が日本ドクメンテーション協会と名称を変更し，雑誌『ドクメンテーション研究』を刊行した[8]。

その後，大学図書館の近代化運動が東京大学附属図書館で開始された。昭和35年（1960）に東京大学附属図書館長に就任した岸本英夫は，昭和36年（1961）にロックフェラー財団から図書館機能近代化資金を受贈した。岸本はこの資金を使って東京大学附属図書館の近代化を図るとともに[9]，大学図書館の近代化運動を推進した。大学図書館の近代化運動では，学術情報センター機能を備えたアメリカの大学図書館，参考司書（reference librarian），専門別ドキュメンタリスト等のライブラリアンの働きが目指すべき目標として捉えられ[10]，この目標を実現するために日本の大学図書館の改革が目指された。

他方，学術情報流通に関する行政の動きがあった。昭和35年（1960），科学技術会議は「10年後を目標とする科学技術振興の総合的基本政策（答申）」を提出し，学術情報流通の促進と強化に関する方策として，①情報専門家を質，量ともに十分養成すること，②今後における情報処理技術の画期的進歩について勘案することを提言した[11]。さらに，情報業務のあり方と改善強化の方策として，①一次文献の発行・収集・閲覧サービスの改善，促進，②二次情報資料の活発，迅速な作成・発行，③情報調査サービスの振興および処理技術の向上，④文献複写サービスの改善，⑤文献翻訳サービスの強化，⑥人的情報交流の活発化を挙げた[12]。情報機関のあり方と整備強化の方策としては，①大学・研究機関における情報組織の近代的な再組織化，②外部に対するサービス体制の整備，③二次情報活動の中心となる機関としての情報センター・総合情報センター構想の実現，④情報専門家の養成の増強と処遇の整備などを挙げた[13]。この答申で，情報専門家の質量ともに十分な養成が提言されたことから，学術情報流通政策の策定の当初から，大学図書館専門職員の専門職化の推進が主要な課題の一つであったことが分かる。

昭和36年（1961），日本学術会議は「大学図書館の整備拡充について（勧告）」

第3章　どのような大学図書館専門職員の論議が展開されてきたのか

を内閣総理大臣に提出した[14]。この勧告では大学図書館が勧告内容の焦点となったことが注目される。

3.1.2　論議の展開

"第1期　専門職論議準備期"では，"専門職としての地位・待遇を求めた"（小倉親雄，1959）[15] 大学図書館の司書職法制化運動が起こり，司書職法制化による大学図書館司書の確立について論議された。この論議は大学図書館専門職員に"専門職としての"自己の職位について検討する機会を与えた点で，"第2期　専門職論議期"を準備するものであったと考えられる。この論議に関する論稿は法制化による大学図書館専門職員の設置の観点から第4章で検討する。

　他の論稿で注目されるのは，丸山悦三郎の「大学の封建制と大学図書館」（1955）[16]，うえの・すすむの「大学図書館の二つの問題」（1955）[17]，藤田豊の「『大学図書館』論」（1964）[18] である。戦後まもない昭和30年代（1955-1964）に現れたこれらの論稿で，丸山，うえの，藤田は新制大学の理念，新しい教育方法論，近代的大学図書館の理念にもとづいて，戦前の帝国大学や帝国大学附属図書館の組織体制を踏襲している現状を教授・教授団，組織，法令の面から批判した。

　教授・教授団の問題では，大学の自治を責任の自覚のない自由放任と履き違えた教授や教授会の姿勢，学部の封建制とセクショナリズム，戦前の教育体制・教育方法の踏襲が指摘された。

　"個々の教官は，バラバラなワンマンの集団であり，何等統制されていない。このため蔵書は，研究室あるいは教官の自宅に固定し，家庭図書館，個人文庫を形成していることは天下周知の事実である。それはあたかも，図書が特権階級の人々のために存在したにすぎない，封建時代以前の姿そのものであるといえよう"[19] と丸山は述べ，大学の封建制と大学図書館との関係から派生する諸問題を次のように指摘した[20]。①日本の大学図書館は，機能面からは眠れる図書館，死せる図書館にすぎない。その原因は大学の封建制というべき教官の図書の独占欲に発する研究室万能主義にある。②大学は教官優位の観念に支配され，大学運営の重要事項は教授会・大学評議会等によって決定される。図書館運営の責任は教官側ではなく図書館にあるため，図書館専門職員の発言は採

69

り入れられるべきだが，運営に直接あたる事務側の意見が反映されない。③大学の自治の実態は教官の集団による決定であり，教官個人の利益に反する事柄はほとんど顧みられない。したがって，大学の自治とは教官個人の自由と放恣を守るためのご都合主義にしか見えない。④図書館の運営事項を決定する教授は図書館学，大学図書館経営の知識を持つべきである。国立図書館大学を設置し，大学教授が図書館学の講義をせざるをえないようにして，大学図書館推進運動の陣頭に立たざるを得ないようにすることを提案する[21]。

このように丸山は，戦前の組織・体制を踏襲する大学と戦前の意識のままで新しい教育や近代的図書館の理念を取り入れない教授や教授会を批判し，それらの旧弊と大学図書館の現状である"死せる図書館"との関係を示した。

藤田は大学図書館の設置に取り組んだ経験にもとづいて，大学組織や教員の問題を指摘した。①図書館長は教授会に働きかけるべきであるから，自分は大学図書館に関することについて図書館委員会や教授会に説明，要望した。しかし，教授会は自分の研究図書には関心があるが，学生用や図書館の利用体制には理解や協力が不十分であった[22]。②大多数の私大では定員以上の学生を収容し，マスプロ教育となっている。大学教員が旧制大学の理念で教育とはいえない講義一辺倒の大人数の授業を行っている時，大学図書館の実態とその利用体制は前進が見込めない[23]。③新制大学の制度が発足したが，その理念を説くだけではなく，大学図書館論と結びついた教育論を教授団に説くべきである。昭和24年（1949）の［新しい］大学の理念を繰り返し踏襲しているのは図書館界と学生指導の世界のみで，他は論外旧態依然である[24]。

藤田は大学教授でありながら，教授や教授会が近代的大学図書館の機能を理解せず，機能向上のために図書館に協力しないことを批判し，近代的大学図書館論と結びついた教育論を教授会に理解させる必要性を主張した。教授によって教授や教授会が批判されることは稀であった。

組織の問題では，大学図書館を大学の付属施設と位置付けたこと，大学図書館が人事権も予算も持たないこと，専任制であるべき大学図書館長が教授兼任制であることが指摘された。

うえのは大学図書館の根本的な問題として，①図書館は大学の付属施設であってはならないこと，②図書館長は専任者を置かなければならないことを挙げ

た[25]。

①に関しては，国立大学図書館に"附属"の冠称が付けられた理由を"図書館とは単なる図書庫に過ぎないとする極端な軽視の表われ"にあったと捉え，戦後の教育改革で大学の教育研究の中枢機関と位置付けられるようになった大学図書館を学内の付属施設で足りるとする考えの不合理を批判した。"どうせ図書館はつけたりの附属施設なのだという（略）劣勢意識が，有形無形の間に，図書館の発展をいかに阻害してきたことか"と述べ，国立大学附属図書館の中央図書館を頂点とし各部局図書館（室）を底辺とする学内図書館運営の一元化が進まない根本的原因は，附属図書館が単に大学の付属施設に過ぎず，人事権も予算も持たない問題にあると指摘した。そして，大学教育の運営は教員による教育のほかに，庶務会計を担当する事務局と学生の厚生補導を受け持つ学生部と図書館の三者で構成される大学本部によるべきであると主張した[26]。

②に関しては，図書館専門職員が何十年勤務しても図書館長になれない根本的原因は，図書館専門職員における館長たる資格者の不在にあると指摘した。さらに，大学図書館の教授・助教授兼任館長制の問題点として，図書館の飛躍・発展が望めない機械的なたらい回しの天下り人事であること，素人図書館長の思いつきや短期間に入れ替わる館長の教育に精力を浪費させられること，館長には全学的図書館運営の面で卓抜な行政手腕が求められるがそのような人材が得られないこと，総合大学の各学部の学者教授は"封建制とセクショナリズムで凝り固まっている"ことを挙げた。大学図書館長を専任制にするべき理由は，戦後の大学図書館の存在意義が重要なものとなり，教授兼任館長では到底その運営を処理しきれない時代となったことにあると述べた[27]。

うえのは，大学図書館は大学の付属物としての位置付けによって人事権も予算ももたないこと，大学の付属物という組織上の扱いが大学図書館の機能の向上を妨げていること，図書館専門職員による専任館長制が進まない原因は図書館専門職員に館長の資格者がいないことにあると指摘した。教授兼任館長制の問題では，図書館専門職員が館長になるための教育の欠如がいわば見抜かれたといえる。うえのの指摘は，大学図書館がかかえている本質的な三つの問題，"附属"の位置付け，教授兼任館長制，および図書館専門職員が館長になるための教育の欠如をもっとも早く指摘した点で注目される。

法令の問題では，量的規制に終始し，大学図書館の理念のない大学設置基準
（昭和 31 年 10 月 22 日文部省令第 28 号）の規定のあり方が批判された。

　藤田は大学図書館の設置に取り組んだ経験から，大学設置基準（昭和 31 年
10 月 22 日文部省令第 28 号）の図書・学術雑誌の数量の基準がいかに空々しい
ものかと感じたこと，大切なことは，教員が新制大学の理念，教育方法論をど
こまで理解しているかであると指摘した[28]。

　新制大学の理念や新しい教育方法に結びつかない量的基準に終始する大学設
置基準の限界を，藤田はもっとも早く指摘したといえる。

　戦前のあり方を踏襲する大学，教授会，大学図書館に関する以上の批判は，
日本の大学・大学図書館の組織や法令上の問題が 60 年前にすでに認識され，
指摘されていたことを示している。少なくとも大学図書館に関するかぎり，こ
れらの問題の多くは今日でも解決されたとはいえない状況である。

　戦前の帝国大学や帝国大学附属図書館の踏襲によって新制大学や大学図書館
の近代化が妨げられていることが指摘されたことは，大学図書館専門職員の専
門職化の観点からも重要であり，必要な論議であった。なぜなら大学図書館の
近代化によって初めて，大学図書館専門職員の専門職化を推進する条件が整備
できるようになるためである。

3.1.3　まとめ

　昭和 25 年（1950）から昭和 39 年（1964）の "第 1 期　専門職論議準備期"
では，司書職法制化による大学図書館司書職の確立について論議された。この
論議は大学図書館専門職員に "専門職としての" 職位について検討する機会を
与えた点で，"第 2 期　専門職論議期" を準備するものであった。

　その他の論議では，丸山，うえの，藤田が新制大学の理念，新しい教育方法
論，近代的大学図書館の理念にもとづいて，戦前の帝国大学や帝国大学附属図
書館を踏襲している現状を教授・教授団，組織，法令の側面から批判した。そ
して，教授・教授団の行動，人事権と予算を持たない "附属" 施設としての大
学図書館の位置付け，教授兼任館長制，新制大学の理念や新しい教育方法に結
びつかない量的規制に終始する大学設置基準（昭和 31 年 10 月 22 日文部省令第
28 号）の問題を指摘し，戦前の大学や大学図書館の踏襲によって大学や大学図

第3章　どのような大学図書館専門職員の論議が展開されてきたのか

書館の近代化が妨げられていることを指摘した。大学図書館の近代化を妨げる要因を指摘したこれらの論議は，大学図書館専門職員の専門職化を推進する条件整備に必要な論議であった。

3.2　第2期　専門職論議期：昭和39年（1964）〜昭和49年（1974）

3.2.1　背景

大学図書館の近代化運動が広まるなか，昭和39年（1964）11月には日本学術会議が「大学における図書館の近代化について（勧告）」で[29]，大学図書館の現状を“各大学間に大きな格差があるとともに，全体として，各大学図書館の組織および機構は未整備であり，管理運営面において改良すべきものが少なくなく，施設，設備の面で著しく立遅れ，大学図書館の機能は驚くべき低水準にとどまっている”ことを指摘した。そして，政府が大学図書館基本計画に取り入れるべき改革要綱の内容に①組織・機能の確立，②学術情報組織と全国協力体制の確立，③情報科学の振興と大学図書館の専門職制の確立，④大学図書館施設基準の改正と予算の確保，⑤長期計画の策定と調査機関の整備を挙げて政府に勧告した。改革要綱の項目に“大学図書館の専門職制の確立”が挙げられたことから，当時，行政の取り組むべき課題のなかに大学図書館専門職員の専門職化の含まれていたことが分かる。

昭和40年（1965）4月，上記改革要綱の⑤長期計画の策定と調査機関の整備に関わる事項として，文部省大学学術局に情報図書館課が設置された。これ以降，『大学図書館実態調査結果報告』が毎年公表されるようになり，学術情報流通政策および大学図書館行政政策が推進されるようになった[30]。日本の学術情報流通政策を主管する管轄省庁等は，国立国会図書館，科学技術庁，文部省の三者であった。これらの機関は相互に関連しながらも，基本的には独立の政策を立案し，実行した。大学図書館行政は上記三者のうち文部省の主管であったが，文部省内に学術情報流通と大学図書館を主管する課が新設されたことは，その組織体制が整備されたことを意味した[31]

情報通信技術の発展に関わる事象として挙げられるのは，大学図書館業務の機械化と，科学技術会議による NIST（National Information System for Science and Technology）構想の立ち上げであった。

73

昭和40年代（1965-1974）以降，大学図書館業務の省力化を目的とする機械化が開始された[32]。機械化実施館の数は増加したが，標準化の立ち遅れによって費用対効果が疑問視され始めた。そのため，機械化による集約化をネットワークや標準化された情報処理トータルシステムに求める動きが高まった[33]。

昭和44年（1969）10月，科学技術会議は「科学技術情報の流通に関する基本方針について（答申）」を提出した。そこで，科学技術に関する諸活動の効果的な推進には科学技術情報の円滑な流通を図ることが重要であるという認識が示され，科学技術情報の流通に関する政策方針と流通体制の整備・確立に向けての基本方策が示された[34)35]。この答申で，科学技術情報の全国的流通システム構想であるNIST構想が示された[36]。

昭和48年（1973），学術審議会は「学術振興に関する当面の基本政策について（答申）」を提出し，①大学図書館や文献情報センター等の学術情報流通システムの強化・拡充，②コンピュータや通信回線を利用した新しい学術情報流通システムの構築，③学術情報流通体制の発展を担う情報処理専門家の養成からなる構想を示した[37]。

他方，昭和46年（1971）に，その後の学校教育行政の基本的指針となった答申，中央教育審議会による「今後における学校教育の総合的な拡充整備のための基本的施策について（答申）」が提出された[38]。この答申では，大学が大学の自治を享受する半面，大学の社会的責任を十分に果たしていないことが指摘され，大学の法人化を含む施策を講じることが提起された。

3.2.2 論議の展開

"第2期　専門職論議期"では，"専門職としての司書職の確立"論議をめぐって異なる立場の論者がさまざまな論稿を発表し，論議が錯綜して展開した。このため，まず"第2期　専門職論議期"の論議の展開の概要を示す。次に主要な論者における本質的な対立点を分析し，これらの本質的な対立点を項目として立てる。項目ごとに主要な論者の相互に対立する論点を軸に分析し，記述する。最後に論議の展開のまとめを述べる。

3.2.2.1　概要

　昭和39年（1964），グッドの論文 "The Librarian: From Occupation to Profession?"（1961）[39] の五味郁子訳が『現代の図書館』に掲載された[40]。この論文におけるグッドの基本的考え方は，アメリカのライブラリアンが専門職になることはないが，専門職化へ向かって進むであろうというものであった。このグッドの論稿は，ある職業が専門職か専門職でないかという問題意識から分析する従来の捉え方をやめて，ある職業の専門職化の度合いがどれだけ進んだかを分析する考え方を設定したものであった。

　その後，奥村藤嗣による「大学と図書館員」（1965）[41]，室伏武による「司書職に関する序説」（1965）[42] 等が発表され，"専門職としての司書職" に関して論議された。これらの論稿で日本の図書館・図書館学関係団体とその関係者による "専門職としての司書職の確立" 論議が始まったといえる。

　大学図書館の司書職法制化運動が収束した昭和39年（1964），館長会議は司書職制度に関する特別委員会を設置し，大学図書館の業務分析に着手した。大学図書館の業務分析は大学図書館の近代化運動のリーダー，岸本英夫の後継である伊藤四十二のもとで進められ，昭和43年（1968）に『大学図書館の業務分析』（1968）が刊行された[43]。

　館長会議は『大学図書館の業務分析』を "大学図書館司書職を専門職として確立するために必要な基礎的研究" と位置付けた[44]。業務分析の目標は①専門的業務と非専門的業務に分けることによって業務の高度な専門的特質を明らかにすること，②大学図書館の専門的業務に従事する専門職員の身分・待遇等について適正な措置を図ることに設定された[45]。『大学図書館の業務分析』の主要な参考資料は，①アメリカ図書館協会（ALA: American Library Association）による "Descriptive list of professional and non-professional duties in libraries"（1948），②イギリス図書館協会（LA: The Library Association）による "Professional and non-professional duties in libraries"（1962）であった[46]。

　以上のことから，『大学図書館の業務分析』はアメリカ・イギリスのライブラリアンの制度を参考にして，日本の大学図書館専門職員の専門職化を図る試みであったといえる。

　昭和44年（1969）には，教育行政学を専門とする市川昭午が『専門職とし

ての教師』（1969）を出版した[47]。『専門職としての教師』はアメリカ等の専門
職論研究の上に立って，日本の教師を専門職の理論から分析，評価したものであった。市川の研究は昭和40年代後半（1970年代前半）の“専門職としての司書職の確立”論議に大きな影響を与えた。

　以上の取り組みや刊行物が昭和40年代後半（1970年代前半）の，すべての種類の図書館を対象とする“専門職としての司書職の確立”論議へつながったと考えられる。“専門職としての司書職の確立”論議では，岩猿がアメリカの図書館学やライブラリアンの制度を参考に，大学図書館専門職員の専門職化について論じた。日図協図書館学教育部会長の室伏は図書館学教育や司書職制度の改革について論じた。日本の大学図書館専門職員が専門職を志向しているという見解を基本的立場とした点で両者は共通していた。

　他方，昭和45年（1970）1月，日図協は図書館員の問題調査研究委員会を設置した。調査研究委員会は田中隆子委員長（国立国会図書館）の他，委員12名，地方委員4名，合計17名からなる委員会であった。委員の内訳は国立国会図書館職員4名，公共図書館職員4名，大学図書館職員5名，専門図書館職員（最高裁判所図書館）1名，高等学校所属者2名[48]，大学教員（助教授）1名で，全体の8割あまりを現職の図書館職員が占める図書館職員主体の委員会であった[49]。同年，日図協は『市民の図書館』（1970）を出版し，公共図書館の業務のうち貸出業務を中心とする考え方（以下，貸出中心主義という）を理論化した[50]。調査研究委員会は日本の公共図書館の実践活動から形成されたこの貸出中心主義にもとづきながら，“専門職としての司書職の確立”について論じた。

　“専門職としての司書職の確立”論議は，大学図書館専門職員が専門職を志向していること（以下，専門職志向論という）を前提に，アメリカの図書館学やライブラリアンの制度を参考にして専門職員が専門職に近づくための方策について論じる立場と日本の公共図書館の実践活動から形成された貸出中心主義にもとづく立場が対立したまま，調査研究委員会による「図書館員の専門性とは何か（最終報告）」（1974）の公表後に収束した。

　以下に“第2期　専門職論議期”における論議の展開の分析結果を示す。“専門職としての司書職の確立”論議における主要な論者は岩猿，調査研究委員会，室伏の三者であった。まず専門職に関する三者の立場・基本的考え方を

示し，次に争点となった専門職の定義・内容，専門職の中心となる職務，"専門職としての司書職の確立"のために取るべき方針について，他の論者の論稿も交えて分析する。

3.2.2.2　立場・基本的考え方

（1）司書職の専門職志向論

　昭和41年（1966），玉川大学文学部教育学科の室伏は「図書館員の専門職性とは何か」（1966）で，司書職は専門職を志向し，その過程にある職業の一つであると述べた[51]。その後室伏は日図協の図書館学教育部会長を務め，図書館学教育基準委員会の主査として図書館学教育改善試案の作成に携わり，昭和47年（1972）に試案を発表した。

　岩猿は，昭和25年（1950）に九州大学附属図書館司書官，昭和31年（1956）年から京都大学附属図書館事務長・事務部長を務めた。昭和20年代後半から昭和30年代（1950-1964）に取り組まれた大学図書館の司書職法制化運動の主要なリーダーの一人であり，司書職法制化運動の収束後は館長会議による大学図書館の業務分析の活動に参加するとともに，研究論文を含む多くの論稿を発表した。昭和47年（1972）7月，京都大学附属図書館事務部長だった岩猿は，「戦後の大学図書館における職員の問題：司書職制度確立運動を中心に」（1972）で，日本の司書職を専門職のレベルに達していないが専門職を志向しつつあると捉えた[52]。昭和51年（1976）から関西大学文学部教授を務めた[53]。

　室伏，岩猿の論稿よりも前にグッドは，"The Librarian: from Occupation to Profession?"（1961）で，ある職業が専門職か専門職でないかという従来の観点をやめて，どれだけ専門職化（"the direction of professionalism"）の度合いが進んだが，後退したかに着目する考え方を示した[54]。室伏はグッドのこの論稿に言及していない。岩猿は，司書職が"専門職を志向"しつつあるという自身の捉え方を示す上で室伏の見解を引用したが，グッドの論稿には言及しなかった。

　室伏，岩猿ともに，当時の日本の司書職が実際に専門職を志向しつつあったのかどうかについては検証しなかった。しかし日本の司書職が専門職となることを志向し，その過程にあると捉えたのであれば，これを実証するために当時

の日本の司書職による取り組み事例やデータを示す必要があった。

　本書では，当時の日本の司書職が専門職を志向していたのかどうかを検討するために，図書館関係団体の当時の実態を示唆する論稿の内容を分析した。次にその結果を述べる。

　第一に，日図協調査研究委員会を取り上げる。結論から言えば，公共図書館関係団体の立場から発言した調査研究委員会は当時，司書職が専門職となることを志向していなかったといえる。このことは，昭和45年（1970）5月から11月にかけての調査研究委員会における用語使用の変化に表れている。

　昭和45年（1970）5月の「図書館員の専門性とは何か：いまこそ協会の出番」(1970) では，調査研究委員会は"専門職としての司書職制度確立"という用語を使った[55]。これに対して，同年11月の「図書館員の専門性とは何か：委員会の中間報告」(1970) では，"図書館員の専門性の上に立った司書職制度の確立"と表現し，"専門職としての司書職制度確立"の用語は使用されなくなった[56]。

　同じ「図書館員の専門性とは何か：委員会の中間報告」で調査研究委員会は，"司書資格等の有無によらない混成集団である日図協が，あらゆる館種，母体の図書館員が専門職として社会に認知されるためにできること"[57] と述べた。この記述から，調査研究委員会は司書職ばかりでなく資格をもたない図書館職員も含めたあらゆる館種の図書館職員すべてが"専門職として社会に認知される"ことを目指した可能性のあることが分かる。なぜなら調査研究委員会がここで用いた"図書館員"という用語は，"図書館で働いているすべての職員の総称"[58] すなわち"図書館職員"という意味で使用された可能性があるためである。その根拠は，日本図書館情報学会用語辞典編集委員会編『図書館情報学用語辞典』（第3版，2007）における"図書館員"の解説である。

　図書館員　librarian
　本来は図書館に勤務する専門的職員を意味するが，図書館に働くすべての職員を指して用いられることもある。公共図書館には専門的職員である司書と司書補のほかにも職員がおり，利用者にとっては区別がつかないばかりか，図書館に働くすべての職員が同様の役割を果たすことが求められた

第3章 どのような大学図書館専門職員の論議が展開されてきたのか

ということが，広義の解釈の背景となっている。「図書館員」を，図書館に働くすべての職員という意味で意識的に使用した例として，1980（昭和55）年に制定された日本図書館協会の「図書館員の倫理綱領」と，同綱領の解説がある。

調査研究委員会が昭和45年（1970）11月の「図書館員の専門性とは何か：委員会の中間報告」で，上記の公共図書館における"図書館員"の広義の意味を適用した場合，"図書館員"の用語は"図書館の全ての職員"の意味で使用されたことになる。もしこの可能性が事実であったとすれば，調査研究委員会は通常の専門職の考え方を持っていなかったことになる。通常の専門職の考え方とは，図書館専門職員における"専門職としての司書職"の合理的な基準を設定し，この基準に達した者のみを"専門職として"認定する考え方である。

なお，上記の"図書館員"の用語解説における主な問題点をここで挙げておく。①日本の"図書館員"を英語の"librarian"に対応させているが，"librarian"は多くの場合アメリカ図書館協会認定のライブラリー・スクールで修士以上の学位を取得して採用された図書館職員を指している。これに対して，日本の"図書館員"は公共図書館の司書資格以外に資格が定められておらず，両者の意味は異なること，②"図書館の専門的職員"と"図書館のすべての職員"という同時に成立することのない二つの意味を同じ"図書館員"という用語に充てたために，この用語を使用すると議論が混乱することは避けられないこと，③公共図書館では"図書館に働くすべての職員が同様の役割を果たすことが求められたということが，広義の解釈の背景となっている"と解説されているが，この説明では専門的職員において他の職員と異なる役割はないことになり，専門的職員と他の職員と異なる役割がないにもかかわらず"専門的職員"の職名が存在していることが矛盾になることである。

以上の矛盾や混乱を回避するために，本書では引用の場合を除いて"図書館員"という用語を用いない。第1章の"3 用語の定義"にしたがって，図書館専門職員，図書館職員の用語を使い分けることにする。

上記で示した調査研究委員会による"専門職としての司書職制度確立"から"図書館員の専門性の上に立った司書職制度の確立"への用語の変化は，①当

初の"専門職としての司書職制度確立"をめざす運動から離脱し，②すべての館種の"図書館員"を対象とする"図書館員の専門性"を自分たちで考え，その"図書館員の専門性"にもとづいて司書職制度を確立する方針へ転換したことを示すと考えられる。

調査研究委員会は同じ「図書館員の専門性とは何か：委員会の中間報告」で，"専門職制度"を"専門職独自の生活圏の要求"であると述べた[59]。専門職制度を"専門職独自の生活圏の要求"と捉えた場合，専門職の生活の視点から専門職制度を要求することになる。しかし，専門職の典型としての医者や弁護士の例を考えた場合，その専門職制度は医者や弁護士の生活圏の要求とは切り離して検討されるべきことは明らかである。専門職およびその専門職団体の社会に果たす役割や機能が専門職制度を規定し，形成するのである。

"司書資格等の有無によらない混成集団である日本図書館協会が，あらゆる館種，母体の図書館員が専門職として社会に認知されるためにできること"および"専門職独自の生活圏の要求"としての"専門職制度の確立"という調査研究委員会の考え方から，調査研究委員会の方針は，図書館で働くすべての職員だれもがその生活圏の要求として"専門職として社会に認知される"ことを目指す方針であったと推定される。

「図書館員の専門性とは何か：いまこそ協会の出番」から「図書館員の専門性とは何か（最終報告）」（1974）に至る調査研究委員会の論稿の内容分析から，次の調査研究委員会の方針や姿勢が抽出された。図書館での情報提供サービス拡充の取り組みを牽制し，資格・教育の改革に取り組むことなく現行の司書資格・教育を堅持し，公共図書館の"図書館員"の権利保護・地位向上を目的として自分たちの考える"図書館員の専門性"にもとづく司書職制度の確立を追求することである。したがって，少なくとも当時の日図協調査研究委員会は室伏，岩猿の言う意味で図書館専門職を志向しつつあったとはいえなかった。

第二に，国立大学図書館専門職員の実態に関する論稿の分析結果を述べる。

国立大学図書館専門職員を対象とする司書官制度案が当時提案されていた。昭和46年（1971）10月，国立大学図書館協議会司書職制度調査研究班主査の深川恒喜は「大学図書館専門職制度実現のための問題点と方策の展望（昭和46年10月18日）」（1971）で，司書官制度案の提案が実現しない理由に言及した。

①国立大学の図書館専門職員に司書官に登用しうる人物が少ないこと，②国立大学図書館の若干の"司書系"職員は本気になって専門職制の実現を考える気風に欠けること，③図書館職員の"専門系"にある人々のなかには自身が"専門系"である意識に欠け，専門職の必要性，責任，業務内容のあり方についての認識が乏しい人物のいること[60]，④一部の図書館専門職員から階層的な司書官の設置に反対の声も出されていること，⑤大学事務局その他一般職のなかからは専門職独立の積極的支持が乏しく，"司書系"の者がやっている程度のことならば職場内研修や講習で間に合うという考え方が大学内，大学図書館内に根強いことである[61]。

　深川の論稿の内容からは，当時，国立大学の図書館専門職員が総体として"専門職を志向"しつつあったとはいえない状況であったことが分かる。

　昭和47年（1972），横浜国立大学附属図書館の団野弘之は「司書職制度研究ノート抄（1）」（1972）で，この司書官制度案とからめる形で①国立大学図書館へ教官を導入すること（東北大学，一橋大学，神戸大学では，当時すでに教官を図書館に配置していたことが示された），②司書官制度案が実現しなかった場合には国立大学図書館専門職員を対象とする職級上の優遇措置による別の待遇改善方法を取ることを提示した[62]。

　司書官制度案の提案によって，国立大学図書館協議会（旧国立大学図書館長会議）は『大学図書館の業務分析』の後も国立大学図書館専門職員のみを対象として，より高度な専門職員の職位を作ろうとしたことが分かる。また，団野が司書官制度案が実現しなかった時のために別の待遇改善策も提示したことから，"専門職としての司書職の確立"の考え方には自らの待遇改善を追求する考え方が未分化のまま含まれていたことが分かる。

　岩猿は「史的展望」（1977）で，館長会議の国立学校設置法施行規則の改正運動が待遇改善運動であったと捉え，これに対して館長会議による大学図書館の業務分析が"専門職としての司書職制度の確立"を目指した取り組みであったと評価した[63]。しかし深川や団野の論稿をみる限り，少なくとも大学図書館の業務分析後の司書官制度案の時においても，国立大学図書館専門職員は自分たちの待遇改善のために"専門職としての司書職制度の確立"を図ろうとする意識から十分に脱却できていなかったと考えられる。

団野による国立大学図書館専門職員を対象とする待遇改善方法の検討は，当
時国家公務員であった国立大学図書館専門職員が自分たちの待遇改善をどのよ
うに志向したのかを示している。こうした当事者による待遇改善策の検討は，
大学行政を担う文部省が全国の国立大学の設置管理者でもあったことと，大学
行政・国立大学管理者としての文部省担当官と国立大学図書館関係団体の専門
職員が人事交流のある同じ国家公務員であったことによって可能となったと考
えられる。

　深沢の報告と団野の論稿から抽出された国立大学図書館専門職員の実態と国
立大学事務局・一般職員の図書館専門職員への評価，図書館専門職員の待遇改
善志向によって，少なくとも当時の国立大学図書館専門職員の一部は専門職を
志向していなかったことが分かる。大学図書館専門職員が専門職になることを
志向しつつあったのは，主に大学図書館の近代化運動や大学図書館の業務分析
に取り組んだ一部の大学図書館長（教授），事務局長・部長等の大学図書館関
係者であった。日本の大学図書館専門職員が総体として専門職となることを志
向しつつあったのではなかった。

　以上の通り，当時の司書職の実態を示す論稿からは，少なくとも当時の日図
協調査研究委員会と一部の国立大学図書館専門職員には，アメリカ等の専門職
論の基準にもとづく専門職を志向するよりも生活圏の要求や待遇改善を志向す
る傾向が強かったと考えられる。

　なお，図書館専門職員の待遇はその生活圏の要求や待遇改善の要求からでは
なく，基準と評価で測られる専門職化の度合いによって，それにふさわしい待
遇が適用されるべきであった。では，アメリカ等の専門職論の基準からみると，
当時の日本の図書館専門職員はどう評価されたのかについて補足説明する。

　室伏，岩猿，調査研究委員会三者の基本的考え方は，"専門職"という用語
の定義は異なっていたものの，いずれも図書館専門職員が"専門職"であるべ
きだと考えていた点で共通していた。これに対して，昭和41年（1966），明治
大学図書館司書長の奥村藤嗣[64)65)]は「大学と図書館員」（1966）で，司書職が
専門職であるべきだとか，司書職が教育職員に属すべきだという主張は図書館
の内側からのみ唱えられた希望的観測にすぎないと述べた[66)]。図書館関係者で，
このように自分たちの主張の意味を客観的に見極めようとする意見は少なかっ

第 3 章　どのような大学図書館専門職員の論議が展開されてきたのか

た。

　昭和 45 年（1970）11 月，北海道大学教育学部助教授の市川は「図書館員の専門職性」（1970）で，アメリカ等の専門職論の研究結果にもとづいて日本の図書館専門職員を評価し[67]，日本の司書職は専門職ではないし，準専門職である学校教員の水準にも及ばないことを指摘した。その理由として，①図書館専門職員の養成水準が低いこと，②基礎科学が無いこと，③仕事が専門分化していないこと，④専門職の 3 要件（専門技術を要すること，仕事の結果が人を傷つけ易いこと[68]，専門職団体による自主規制があること）を満たしていないこと，⑤図書館の種類・規模，図書館専門職員の仕事・社会的役割が多様であるために統一的な帰属意識が成立しにくいこと，⑥日図協は施設の組織体か図書館職員の団体か不明確であることなどを挙げた。さらに，図書館専門職員は専門職でなければならないのか，もしそうだとすればその理由は何なのかという点が，図書館専門職員自身の手によって明らかにされなければならないことを指摘した。

　市川は専門職論の基準から見て，図書館専門職員が準専門職である日本の教師よりも低い水準にあることを示した。低い評価の理由には，日図協が施設の組織体か，図書館職員の団体か不明確であることも含まれていた。市川の評価によって日図協が職能団体ないし専門職団体といえないことが指摘されたといえる。さらに図書館専門職員は，自分たちが専門職でなければならない理由を自分で明らかにしなければならないことが示された。

　今日に至るまで，図書館専門職員は専門職であるべきだ，あるいは専門職であると論じた論稿は多くあった。しかし，本書の調査の及ぶ限りでは，図書館専門職員が専門職でなければならない理由を明らかにした論稿は見られなかった。準専門職の水準にも満たないという図書館専門職員に対する評価をふまえた上で "専門職としての司書職制度の確立" を論じた論稿は，"第 3 期　情報専門職論議期" 前期で紹介する大城善盛の論稿を除いてなかった。

（2）労働問題の解決手段としての専門職論

　司書職の専門職志向論と異なる立場・基本的考え方に立つのが日図協調査研究委員会であった。日図協が『市民の図書館』（1970）で理論化した貸出中心

83

主義はこれから見ていくように，すべての館種の図書館に影響を及ぼした[69]。その影響の一部は，昭和45年（1970）に日図協が設置した調査研究委員会の方針，論稿，言動を通じて図書館・図書館学関係団体と関係者に及んだ。

調査研究委員会の考え方が『市民の図書館』の貸出中心主義にもとづくものであることは，「図書館員の専門性とは何か　その現実と課題—社会教育法改正に関連して—：　続・委員会の中間報告」（1971）で，調査研究委員会が述べた『市民の図書館』への評価内容から推察できる[70]。

> 日本図書館協会は，『中小都市における公共図書館の運営　1963』『市民の図書館　1970』等，中小図書館員にとって運営の方針となり，またはかりしれない自信を与えた画期的な手引書を出した（後略）

昭和45年（1970），調査研究委員会は「図書館員の専門性とは何か：委員会の中間報告」（1970）で，利用者からの "どのような資料に対する要求にもこたえる責任" のみを，国民の知る権利，知的自由，図書館を利用する権利等，公共図書館における民主主義の基盤を支える基本的機能と結びつけて示した[71]。この考え方は，公共図書館のもつ機能のうち図書の貸出しなど，資料提供の機能のみに重点を置く貸出中心主義の考え方を表していると考えられる。

しかし，例えばレファレンスサービスの拡充による情報提供の機能の高度化，地方政治・行政情報，地域の住民活動情報などの提供促進も国民の知る権利，知的自由，図書館を利用する権利等への保障に結びつき，公共図書館の機能の発達に深く関係したサービスであるといえる。資料提供の機能のみに重点を置いた貸出中心主義は，貸出サービスのみに突出することによって，結果として図書館における情報提供サービスの発達を抑制させる面があったと考えられる。このことから，貸出中心主義は，国民の知る権利，知的自由，図書館を利用する権利等への保障において，むしろ情報提供サービスからの十全な保障に停滞と遅延を生じさせる影響をもたらしたという批判が成立しうる。

なお，調査研究委員会は日本の図書館の現状を量質ともに遅れていると捉えたにもかかわらず，方針としては量的拡大のみに言及し，質的な改革，向上に言及しなかった[72]。このことは図書の貸出冊数等の量的拡大を指標にする貸

第3章　どのような大学図書館専門職員の論議が展開されてきたのか

出中心主義の傾向と無関係ではなかったと推察される。

　貸出中心主義にもとづく調査研究委員会が"専門職としての司書職の確立"
論議で取った立場・基本的考え方は，労働問題の解決手段としての専門職論で
あった。

　昭和 45 年（1970）5 月，調査研究委員会は「図書館員の専門性とは何か：い
まこそ協会の出番」（1970）で，"専門職制度は待遇改善の手段ではないが，専
門性の堅持が条件改善の一つのより所となる"[73]と述べた。ここで調査研究委
員会は専門職制度に取り組む意義を"図書館員"の"待遇改善の手段"や"条
件改善"との関係と結びつけて考えていたことが分かる。つまり調査研究委員
会は①専門職制度の取り組みを通じて"図書館員の専門性"を"堅持"する行
為が，"図書館員"の"条件改善"のより所になることを指摘し，②調査研究
委員会にとっては"図書館員"の"条件の改善"を図る時のより所を獲得する
ことが，少なくとも専門職制度に取り組むひとつの動因となっていたことが分
かるのである。

　昭和 45 年（1970）11 月，調査研究委員会は「図書館員の専門性とは何か：
委員会の中間報告」（1970）で，待遇・勤務条件，人員不足，配置転換，臨時
職員の増加等の"図書館員"の問題は，公共図書館ばかりでなく館種をこえた
"図書館員"全体の社会的地位の向上がないかぎり真の解決にはならないと述
べた。全館種において"図書館員"の専門性の上に立った司書職制度確立の方
向を見出すことが"図書館員"の待遇，勤務条件，人員不足，配置転換，臨時
職員の増加等の労働問題を真に解決する道であろうという見解を示したのであ
る[74]。この見解には，司書職制度の確立を"図書館員"の労働問題の解決手
段として期待する調査研究委員会の考え方が表れている。

　しかし"図書館員"の労働問題の解決のために"図書館員の専門性"が制度
的に確立される必要があるという主張は自らの労働条件の向上を望む"図書館
員"を別として，図書館の外部にいる人々にとっては受け入れられない主張で
あった。図書館専門職員が専門職でなければならない理由を図書館専門職員が
自分で明らかにしなければならないことが市川によってすでに指摘されていた
が，調査研究委員会の主張の中身は図書館の外部にいる人々が納得できる理由
でなかったため，専門職でなければならない理由を自ら明らかにしたことには

85

ならなかったと判断される。

　貸出中心主義および労働問題の解決手段としての専門職論の立場を取った調査研究委員会は，さらに図書館利用者の要求に応えることが図書館員の職務であるという考え方（以下，図書館利用者の要求至上主義という）や他館種との関係における公共図書館中心の考え方（以下，公共図書館中心主義という）を取った。

　昭和45年（1970），調査研究委員会は「図書館員の専門性とは何か：委員会の中間報告」（1970）で，"図書館員"には利用者からの"どのような資料に対する要求にもこたえる責任"があるという見解を示した[75]。この考え方は，調査研究委員会における図書館利用者の要求至上主義の考え方を表しているといえる。

　ただし，調査研究委員会の図書館利用者の要求至上主義は，利用者の要求のうち資料の要求のみに応え，情報の要求には応えなかったところに特徴がある。この偏りは調査研究委員会の貸出中心主義を反映したものと考えられる。後で述べるように，調査研究委員会は，県立図書館等による利用者の情報要求に応える活動に対しては牽制する行動をとったのであった。

　グッドは，"The Librarian: from Occupation to Profession?"（1961）で，利用者の要求に何でも応えることが図書館の役割であると捉える考え方は，①ライブラリアンが利用者に仕える事務員と化すことによってライブラリアンの自律性を弱め，②商業ベースで同じこと（図書の販売等）を行っている業界関係者との競合関係をつくり出すことを指摘した。その結果，本来のライブラリアンの使命と役割を放棄することにつながり，専門職化と逆の状況をつくり出すことを警告した[76]。つまりグッドによれば，日本の公共図書館における図書館利用者の要求至上主義は，図書館専門職員の専門職化の推進と逆の効果をもたらすとともに書店，出版者等との軋轢を引き起こす可能性のある考え方なのであった。

　昭和45年（1970）11月，調査研究委員会は「図書館員の専門性とは何か：委員会の中間報告」（1970）で，大学・専門図書館のサービス向上は図書館界全体のレベルアップにつながらないという理由から，公共図書館を図書館界全体の発展を示すバロメーターと位置付けた[77]。しかし大学・専門図書館から

みれば，公共図書館のサービスの発展が自己の図書館のレベルアップに直接つながらないことは同じであった。このような理由で，公共図書館を図書館界全体の発展を示すバロメーターと位置付けた公共図書館中心主義の論理は説得力のある論理とはいえなかった。

調査研究委員会の公共図書館中心主義から派生する問題として，調査研究委員会は国民の知る権利の保障を実現させる目的を，公共図書館のみならず大学・専門図書館等すべての図書館の目的と位置付けたことが挙げられる[78]。しかし，大学図書館は大学の教育研究活動のために図書館機能を十分発揮させることを主たる目的として設置された図書館である。このことは大学図書館が学校教育法（昭和22年3月29日法律第26号）第52条の"大学の目的"のもとで運営される図書館であることを考えれば明らかである。大学が国民の権利保障まで視野に入れて大学図書館を含む大学解放に取り組むことは必要である。しかし，大学図書館が第一義的に国民の権利保障を目的として設置された図書館であるということはできない。専門図書館は専門図書館を設置した企業・団体等の親機関の内部組織として存在し，親機関から課された機能を十分に発揮させることが目的となる。やはり，専門図書館が国民の権利保障を目的として設置された図書館であるということはできない。大学・専門図書館を含むすべての図書館の目的を，国民の知る権利の保障を実現させる公共図書館の目的に集約したことは適切でなかったといえる。

以上が，"専門職としての司書職の確立"論議の主要な論者であった岩猿，室伏，調査研究委員会の立場・基本的考え方であった。次にこれら三者を中心に，専門職の定義・内容がどのようなものであったかを示す。

3.2.2.3　専門職の定義・内容

（1）栄誉のシンボル論

昭和40年（1965），室伏は「司書職論に関する序説」（1965）で，専門職は栄誉の称号，シンボルであり，その職業の倫理における評価の表現であると定義した[79]。しかし，なぜそのように定義するのかについて説明しなかった。

室伏は専門職を栄誉のシンボルと捉え，栄誉のシンボルの役割を①ある職業集団が自己の職業を専門職とすることの正当性，合理性を支えるイデオロギー

として機能すること，②"職業人の自治権"の合理性を支持するものであることと捉えた。

　ここでは専門職の自治権ではなく，"職業人の自治権"と説明されたことが注目される。専門職の自治権であれば，その職業に自治権を認めることには合理性がある。しかし，単なる職業人が専門職と同じ自治権を主張しても，一般にそこに合理性は認められない。それにもかかわらず専門職という栄誉のシンボルを，"職業人の自治権"の合理性を支持するイデオロギーだと捉えたのである。つまり，"職業人"が栄誉のシンボルとしての専門職というイデオロギー機能を利用して，社会から専門職として認知されていない職業までが専門職と称する正当性，合理性を主張することをそれは意味する。

　専門職という"栄誉のシンボル"が，職業人による専門職としての自治権の主張を正当化するためのイデオロギーであるならば，専門職という言葉は実態がなく，正当性，合理性の認められない言葉にすぎなくなる。室伏の専門職＝栄誉のシンボル論は矛盾に陥っており，一般に通用しない論理であったといえる。

　次に，調査研究委員会の"図書館員の専門性"の定義・内容について述べる。

（2）"図書館員の専門性"論

　昭和45年（1970）5月，調査研究委員会は「図書館員の専門性とは何か：いまこそ協会の出番」（1970）で，"専門職制度"における"専門性"の基本的要件を次のように捉えた[80]。①国民の知る権利にこたえる知的・精神的な活動であること，②確立された学問と，標準化された技術が存在し，その習得のために長期の専門教育と訓練が必要であること，③個人の専門的判断と責任において仕事をするという職務上の自律性があること，④資料をよく知り，資料に対する一定の価値判断能力をもつこと，⑤固有の倫理原則をもち，奉仕の精神で行われ，これに対して高い社会的評価と待遇が与えられること，⑥免許・養成などについての自主的規制能力（権）をもち，倫理要綱を実施する総合的な自治組織としての職能団体を形成していることである。

　4年後の昭和49年（1974）3月，調査研究委員会は「図書館員の専門性とは何か（最終報告）」（1974）で，"利用者の要求に応える専門性の内容であり，か

第3章　どのような大学図書館専門職員の論議が展開されてきたのか

つ，専門職としての司書職制度を実現するために必要な館種を越えた共通の尺度としての図書館員の専門性"を利用者を知ること，資料を知ること，利用者と資料を結びつけることの3点と規定した[81]。ただし，"図書館員の専門性"での"図書館員"という用語は図書館で働くすべての図書館職員という意味で使用された可能性がある。

平成13年（2001），図書館情報大学教授の薬袋秀樹は『図書館運動は何を残したか：図書館員の専門性』（2001）で，調査研究委員会の最終報告における専門性の考え方の限界や問題点として，①専門職の要件全体を検討したのではなく一部の事項についてのみ検討したこと，②検討された一部の事項はあり方の検討にとどまりそれ以外のことは検討されなかったこと，③最終報告の"図書館員の専門性"の三つの要件（利用者を知ること，資料を知ること，利用者と資料を結びつけること）は専門職性の一つの専門技術性の内容を規定したものであること，④上記専門性の三つの要件の内容には不十分な事項が含まれていたことを指摘した[82]。

当初，調査研究委員会は"専門職としての司書職制度確立"をめざす方針のもとに6項目を挙げた。そこでは司書が専門職になるために必要な条件として"確立された学問""長期の専門教育と訓練"が挙げられており，アメリカ等の専門職論における専門職の条件を参照した形跡が見られる。しかし「最終報告」では，"利用者の要求に応える専門性の内容であり，かつ，専門職としての司書職制度を実現するために必要な館種を越えた共通の尺度としての図書館員の専門性"を自分たちで考え，その"図書館員の専門性"にもとづいて司書職制度を確立する方針が取られた。この方針のもとで検討された結果，"図書館員の専門性"の内容が利用者を知ること，資料を知ること，利用者と資料を結びつけることの3項目に絞られたと考えられる。この3項目はアメリカ等の専門職論が規定する専門職制度の条件とは無関係な内容であった。調査研究委員会は①アメリカ等の専門職論と無関係な内容で，なぜこれらの3項目を"図書館員の専門性"と考えるのか，②自分たちが考える"専門職としての司書職制度"の具体的な内容はどのようなものであるのかについて説明しなかった。

「最終報告」で挙げられた"図書館員の専門性"の"利用者を知ること"では，"利用者の要求に応える図書館員の専門性"がうたわれた。しかし科学的

89

な調査方法にもとづいた利用者の要求調査が必要であることには言及されなかった。調査研究委員会の一連の論稿では利用者の要求に関する科学的調査・分析を行ったという言及はなかった。このため，調査研究委員会の主張する利用者の要求の内容は科学的調査にもとづかない恣意的な内容であった可能性があることを否めない。

また「最終報告」では，"図書館員の専門性"の検討過程で，公共図書館ばかりでなくすべての館種の利用者の要求が検討されたのかどうかは説明されなかった。それにもかかわらず，調査研究委員会の考える"図書館員の専門性"は"館種を越えた共通の尺度としての図書館員の専門性"であると規定された。このことは，特に公共図書館以外の館種の図書館関係団体や関係者に対して説明や根拠が不十分であったことを示している。

以上のことから，調査研究委員会の専門職の定義・内容に十分な妥当性があったとはいえないと判断される。

調査研究委員会が考えた"図書館員の専門性"の特徴は，①現状を超えることのない"図書館員の専門性"，②専門職と専門家および専門職性と専門性の概念の混同，③分業にともなう専門性の否定にあると考えられる。これら三つの特徴について述べる。

第一の特徴として，調査研究委員会は「図書館員の専門性とは何か：委員会の中間報告」(1970) で，"図書館員"の専門性を検討するにあたって①利用者が求める"図書館員"の専門性とは何か，②現職の"図書館員"は業務遂行上専門性が必要と考えているかという二つの問いを立てた[83]。つまり，調査研究委員会の考える"図書館員の専門性"は図書館利用者が要求する"図書館員の専門性"および現職の"図書館員"が業務上必要と考える"図書館員の専門性"の許容範囲内で検討されたといえる。このことから，調査研究委員会の考える"図書館員の専門性"の内容は，当時の公共図書館利用者や"図書館員"の現状にもとづき，現状を超えることのない"図書館員の専門性"になったと考えられる。

調査研究委員会が"図書館員の専門性"を検討するにあたって図書館利用者の要求と現職図書館職員の業務上の必要性に目を向けたことは，調査研究委員会における図書館利用者の要求至上主義の考え方，"図書館員"の労働問題の

第3章　どのような大学図書館専門職員の論議が展開されてきたのか

解決手段として "専門職としての司書職制度の確立" を捉える方針にもとづいた行動と捉えられる。

第二の特徴として，調査研究委員会は専門職としての司書職制度を論じるのに，司書職の専門職性ではなく専門性について検討したことが挙げられる。ここに，専門職と専門家，専門職性と専門性の混同が見られる。この専門職に関する概念の混同の問題を，市川，岩猿の専門職論を参照しながら説明する。

市川は『専門職としての教師』（1969）で，専門職と専門家の意味の違いを次のように説明した[84]。

> プロフェッショナル（professional）とは，アマチュアに対する言葉であり，素人に対する玄人を意味する。これに対し，専門職はプロフェッション（profession）の訳であり，トレイド（trade）に対比される。つまり，生計の資をうるための職業に対し人間精神の内面にかかわり学問的素養を要する職業の意であって，これに対するアマチュアは存在しない。

市川は，原語である英語の profession と professional の意味を対比させることによって，専門職と専門家の意味の違いを明らかにした。岩猿は「大学図書館の職員制度」（1972）で，専門職性と専門性の内容の違いを次のように説明した。

> 専門職は標準化された技術に通ずるだけでなく，自らの仕事に潜在的に含まれている問題を，他との関わりの中に理解し，その解決に向いうる能力を必要とするような人でなければ果たせないような職種である。（中略）資料を単に一定の標準化された技術のもとで取扱うかぎり，司書は専門家ではあっても，専門職ということはできない[85]。（中略）「標準化された技術」の習得といっても，その技術を単に適用するだけのことを教える教育であれば，それは専門家になるための職業教育とはなりえても専門職を育てる教育とはなりえない。専門職とは，単に技術の適用に終始するのではなく，状況に応じて，自律的な判断が可能であり，必要とあれば，標準化された技術を改変していく能力を期待されるものでなければならないから

91

である[86]。

　岩猿は自律的判断や技術を改革する能力の観点から，専門職の仕事の水準と専門家の仕事の水準における本質的な違いを明らかにしたといえる。日本では司書職の専門職性の内容として分類・目録などの技術が挙げられることが多かった[87]。しかし，市川，岩猿の上記の説明にもとづくと，分類・目録などの技術は専門家の仕事の水準にはあっても，専門職の仕事の水準にあるとはいえないのであり，したがって分類，目録などの技術は司書の専門職性に該当しないといえる。

　調査研究委員会は"専門職としての司書職の確立"を目的として司書職の"専門性"を検討した。しかし，検討結果である司書職の"専門性"の内容は"専門職としての司書職の確立"という目的に対応していなかったのである。

　昭和45年（1970）5月，調査研究委員会は「図書館員の専門性とは何か：いまこそ協会の出番」（1970）で，分業に伴う技術的専門性や熟練自体が"専門性"ではないと規定した[88]。他方，市川，岩猿によれば分業に伴う技術的専門性や熟練こそが専門家の専門性であると判断されるのである。ただし市川，岩猿の場合，この専門性は専門家の専門性であって専門職の専門職性とは区別される。

　第三の特徴として，調査研究委員会は市川，岩猿の専門職・専門家論とは異なる主張を展開したことが挙げられる。分業に伴う専門的業務と非専門的業務の分離に反対し，役職の"疑似専門性などの現実から専門性の鋳型を求めるべきではない"と主張したのであった[89]。つまり，①分業化された現実を"単純労働""複雑労働"と捉えて単純か複雑かの区別をつけたが，"複雑労働"に専門性を認めることに反対し，専門・非専門の分離は認めなかったこと，②役職者，すなわち管理職の業務を"疑似専門性"と捉え，そこに一般職員と管理職の業務内容の高低を認めない傾向があり，管理業務の専門性を認めなかったことである。

　調査研究委員会は分業に伴う業務内容の専門化そのものを認めず，業務の困難度の高低によって専門性の有無を判断する考え方を拒否したと考えられる。調査研究委員会の考え方の主眼は分業に伴う専門性の発生を認めないことによ

って，単純労働も含めたすべての図書館業務に携わる "図書館員" に専門性を認めることにあったと推察される。調査研究委員会は図書館の仕事のうち "事務的に見える仕事のなかにも個人の判断と責任において行われる場合が多い" と述べた[90]。館長会議の大学図書館の業務分析に典型的な図書館業務を専門的業務と非専門的業務に分ける考え方に反対し，非専門的業務にも個人の判断と自律性を認めることによって，そこに専門性があると捉えようとしたと考えられる。

調査研究委員会は自分たちの考えた "図書館員の専門性" を "真の専門性の見地" とうたった。しかし，市川，岩猿の専門職性や専門性の見方と対立する自分たちの見方が，なぜ "真の専門性の見地" であるのかは説明しなかった。

以上が調査研究委員会の "図書館員の専門性" 論であった。次に "図書館員の専門性" 論と対立した，アメリカ大学図書館のライブラリアンの制度を参考にする岩猿の考え方を取り上げる。

（3）アメリカ大学図書館のライブラリアンの制度を参考にする考え方

昭和47年（1972）2月，京都大学附属図書館事務部長の岩猿は「大学図書館の職員制度」（1972）で次の見解を示した[91]。①アメリカのライブラリアンの歴史的研究から，専門職としての司書職を目指すためには司書職が資料の提供者から情報そのものの提供者に転換する必要があるといえる。②標準化された高い技術の上に立つ者が専門家であるのに対して，専門職は標準化された技術に通ずるだけではなく自らの仕事に潜在的に含まれている問題を他との関わりの中に理解し，その解決に向かいうる能力が要求される。③司書を養成するための教育は最低4年制の大学課程で行われるべきであり，さらに大学院修士および博士課程で実施される必要がある。④司書の教育は職業教育に終始してはならない。⑤図書館学の十分な開拓があって大学院課程も可能になる。外国の図書館学を技術論としてのみ移入していたのでは，日本の図書館学の開花は期待しえない。⑥司書職は技術論への埋没，現場の非専門的業務への埋没から脱却し，専門的業務を明確にし，専門的業務に重点を置く必要がある。司書の専門職制を現実につき崩している現場の貧困さを改善することが大切である。⑦単なる技術屋は専門職性を有する者とはあいいれない。

岩猿は情報の提供サービスを重視し，標準化された技術と非専門的業務に埋没する司書職の現場の貧困から脱却し，専門職性の水準の仕事をすることを主張した。専門職性には，仕事に潜在的に含まれている問題を解決する能力が含まれると説明した。専門職のための教育を可能にするのは，図書館学の十分な発展と4年制大学や大学院での専門教育であることを指摘した。これらの事項はいずれも調査研究委員会の考え方や方針と対立するものであった。調査研究委員会は貸出中心主義および労働問題の解決手段としての専門職の考え方にもとづき，情報の提供サービスを抑制させ，単純労働を含めた全ての図書館業務に専門性を認め，現状を超えることのない"図書館員の専門性"にもとづくすべての"図書館員"のための"専門職としての司書職の確立"を目指したのであった。

　昭和47年（1972）11月，調査研究委員会は「図書館員の専門性とは何か：委員会の中間報告・Ⅲ」（1972）で，岩猿の「大学図書館の職員制度」（1972）の内容を批判し，①岩猿は"資料を知っている"だけでは専門職とはいえないとする立場から論旨を進め，"資料を知っていること"の重点をレファレンスワークのサブジェクト・スペシャリストの活動においたこと[92]，②"いわゆる情報サービスの能力を「資料を知っていること」の中身の最高のものとして，考えておられるならば，これは［調査研究］委員会の見解と異なるものである"[93]と述べた。

　岩猿がアメリカのライブラリアンの歴史的研究から得た知見をもとに"専門職としての司書職制度の確立"の観点から資料提供サービスよりも情報提供サービスを重視する考え方を示したのに対して，調査研究委員会は明確な理由と根拠を示すことなく，岩猿の見解に反対を表明したといえる。

　以上が三者の専門職の定義・内容であった。次にこれら三者の立場・基本的考え方および専門職の定義・内容の違いから，図書館専門職の中心となる職務に関する見解がどのような対比を見せるのかを示す。

3.2.2.4　専門職の中心となる職務
（1）知識活用の学問・技術論
　昭和40年（1965），室伏は「司書職論に関する序説」（1965）で，図書館の仕

第3章　どのような大学図書館専門職員の論議が展開されてきたのか

事の中核は知識活用の学問であり，技術であると述べた[94]。しかし，図書館の仕事には学問でなく，技術でないものが多く含まれる。実際の図書館の仕事は多くの単純労働を含み，様々な水準の仕事の集合体である。この実態をさしてどのような意味で図書館の仕事の中核が学問であり，技術であるのかを室伏は説明しなかった。

グッドは "The Librarian: from Occupation to Profession?"（1961）で，アメリカのライブラリアンの基盤となる知識が総合的で科学的な原理を形成していないことなどを理由に挙げて，ライブラリアンは専門職とはいえないと評価した[95][96]。グッドの見解では，アメリカのライブラリアンが大学院で学修した図書館情報学は専門職の基盤となりうる学問の水準に達していないことになる。室伏はグッドのこの見解に関して言及，反論しないまま，図書館の仕事の中核は知識活用の学問であり，技術であると述べた。室伏のいう学問・技術は専門職の基盤となりうるのか，もしそうであるのならどのような理由においてであるのかについて説明が不十分であった。

専門職の中心となる職務に関する室伏の考え方には①学問・技術および精神・モラルを重視したこと，②標準化された技術を専門職の技術として捉えたことに特徴がある。

室伏は，「司書職論に関する序説」（1965）で，司書職は司書職の学問性，技術性，奉仕性が専門職の水準まで高められた時にはじめて真の司書と呼ぶことができると述べた。しかし，室伏の言う専門職の水準とはどういう状態を指すのか説明されなかった。

また，司書職が専門職として確立されるためには，真の専門職としての精神とモラルを持つことが必要であると指摘したが，何が真の精神やモラルであるのかを論じなかった。さらに，真の精神とモラルをもてば司書職が専門職として確立されるのか，他に条件はないのかということについても説明がなかった。司書職が専門職として確立されるための課題として室伏が挙げた項目は，室伏が専門職の精神や倫理の説明が不十分であると批判したアメリカの専門職論における専門職の定義や基準等で挙げられた項目とほとんど同じ内容であった。

昭和41年（1966），室伏は「図書館員の専門職性とは何か」（1966）で "標準化された技術" に言及し，司書職はその学問性と技術を専門職における水準の

95

学問や標準化された技術として創造した時に専門職としての地位を確立できると述べた[97]。司書職が専門職の地位を確立するための要件の一つとして"標準化された技術"が挙げられたのである。

　他方，岩猿の専門職論によれば，標準化された技術は専門家の水準の技術ではありえても，それだけでは専門職の水準の技術とはいえないのであった。専門職においてはむしろ標準化された技術を改革し，さらに高度化させることが求められるのである。標準化された技術そのものは専門職ではなく専門家の水準の技術と位置付けられる。アメリカ等の専門職論を参照した岩猿の観点からみると，室伏にあっては専門職と専門家における技術の水準の違いに混乱があったと言わざるをえない。もしもアメリカ等の専門職論と異なる専門職論を唱えるのであれば，室伏は自説の専門職論について説明する必要があった。

　室伏の知識活用の学問・知識論に対して，調査研究委員会は資料の提供・整理業務を専門職員の中心となる職務と捉えた。

（2）資料の提供・整理業務を中心とする考え方

　昭和49年（1974），調査研究委員会は「図書館員の専門性とは何か（最終報告）」（1974）で，専門性の基本的要件の一つ"資料を知ること"について次のように述べた[98]。

　　　資料の内容としての情報そのもののサービスは比較的少数の専門研究者のために，特定の主題領域を守備範囲とする専門情報機関によって開発されてきたものであって，（中略）図書館は（中略）あくまでも資料自体の蓄積と提供を主体とするものであろう。このことは公共図書館だけではなく，大学の中央図書館についても妥当する。

　このように調査研究委員会は公共図書館のみでなく大学図書館でも，主要な機能は情報の提供ではなく資料の提供にあると捉えた。

　調査研究委員会は同じ論稿で，"人と資料を結びつけること"に関して"専門性の特殊な舞台が整理から参考業務や機械化に移ったとする見方はきわめて一面的なものにすぎない，標準化された技術の習得は専門性の必要条件である

96

第3章　どのような大学図書館専門職員の論議が展開されてきたのか

が，一般性を踏まえた上での自館に最適な資料組織化の創造にこそ専門性の本質がある”という見解を示した[99]。ここで調査研究委員会は情報の提供や機械化を重視する考え方を批判し，“図書館員の専門性”の本質が整理業務にあると捉えた。

　資料の提供と情報の提供を二者択一の選択肢であるかのような思考の枠組みで捉え，資料の提供を常に優位に置く調査研究委員会の考え方は近代的図書館の考え方として特異である。図書館では資料の提供も情報の提供も必要なサービスであり，両方の機能はともに発展，向上させていかなければならないためである。二者択一で優位を競わせ，常に資料の提供・整理業務を優位に置く考え方は，情報化社会の大学や社会のニーズに対応して情報提供サービスの高度化に取り組もうとする図書館専門職員の活動を牽制する論理として働いた。調査研究委員会の論稿には，図書館における情報提供サービスの発展を抑えようとする発言がたびたび現れた。ここに貸出中心主義の考え方とそこからもたらされる主張の政治的働きとの関係が現れる。貸出中心主義を維持・発展させるためには，常に資料提供・整理業務の職務を優位に位置付け，機械化に抵抗し，情報提供サービスの拡充の取り組みを抑制する政治的な行動を必要としたことが推察される。

　昭和41年（1966），奥村は「大学と図書館員」（1966）で，職員の問題は大学図書館の基本問題であると位置付けた上で，①近代化・合理化の観点からは大学図書館の整理部門の運営管理方法が最も遅れていること，②印刷カードを使えば整理部門業務の主なものは必要がなくなることを指摘した[100]。このように奥村は大学図書館の整理部門の現状を批判し，コピーカタロギングの推進，整理業務の近代化・合理化を図るべきことを示した。

　ここで，当時の大学図書館における参考業務と整理業務の投入人員の差をみる。『昭和41年度　大学図書館実態調査結果報告』をもとに算出すると，大学図書館参考業務に携わった専任職員数は，1大学あたり平均で国立1.2人，公立0.1人，私立0.4人であった。国私立大学で整理業務担当の専任職員数は参考業務担当の職員数の10倍，公立大学で30倍であった。平均すれば，当時の大学図書館では整理業務に多くの人員が投入され，情報提供サービスである参考業務はほとんど行われていなかったのである[101]。

97

他方，昭和45年（1970）以降に貸出中心主義の影響下にあった日図協関係団体は，大学図書館においても，専門職員の専門性の中心を資料の提供・整理業務に置くと主張した。整理部門を大学図書館の専門性の中心に置き，多くの人員をこの業務にあてることは，結果として情報提供サービスの発展を抑制させる影響を及ぼしたと考えられる。

　日図協関係団体の貸出中心主義の考え方に対して奥村の考え方は，昭和41年（1966）の早い時点で，逆に結果として情報提供サービスの発達を促進させる効果が見込める意見であったといえる。整理業務に投入していた相当の人員をコピーカタロギングによって削減し，その余剰人員を情報提供サービスに投入することが可能となるためである。

　大学図書館専門職員の中心となる職務を資料の提供・整理業務と捉え，情報提供サービスの取り組みを抑制させる調査研究委員会の考え方に関連する事項として，大学図書館と公共図書館の情報提供サービスにおける専門性の高低の否定が挙げられる。

　昭和47年（1972）11月，調査研究委員会は「図書館員の専門性とは何か：委員会の中間報告・Ⅲ」（1972）で，大学図書館や専門図書館で求められる情報提供のための処理技術は館種の差異による技術の特徴であって，大学・専門図書館と公共図書館とにおける専門性の高低ではないという見解を示した[102]。

　それより6年前の昭和41年（1966），奥村は「大学と図書館員」（1966）で，大学図書館の業務と公共図書館の業務とを混同する風潮に言及した。①公共図書館の参考業務と大学図書館のそれとが無批判に混同される傾向があること，②特に，公共図書館の参考業務と大学図書館の参考業務を種類の違いだけで，内容に差はないという公共図書館関係者の考え方があることを指摘したのである[103]。大学図書館関係者は調査研究委員会の捉え方と異なる見解をもっていた。大学図書館専門職員に求められる知識・技術は学問上の専門領域に関わるものであるため，公共図書館司書職に求められる知識よりも高度な知識・技術が求められると考えていたのである。したがって公共図書館のための司書資格では大学図書館の職務遂行に不十分であり，より高度な司書資格が必要であると判断されていた[104][105]。

　これまで述べてきた室伏，調査研究委員会の考え方に対して，岩猿の考え方

第3章　どのような大学図書館専門職員の論議が展開されてきたのか

は図書館専門職員の教育的働きを重視する考え方であった。

（3）教育的働きを重視する考え方

　昭和47年（1972）12月，岩猿は「アメリカの大学図書館における academic status の問題」（1972）で，アメリカのライブラリアンが academic status を獲得した歴史的要因が①ライブラリアンの事務的，技術的，管理的な働きではなく教育的な働きにあったこと，②ライブラリアンが大学教員に匹敵する専門教育を受けた上で図書館の教育的機能を高いレベルで遂行したことにあったことを，論拠を示しながら指摘した[106]。

　その8カ月後の昭和48年（1973）8月，岩猿は「日本の大学図書館における職員問題」（1973）で，日本におけるアメリカ図書館の技術の輸入について，①戦後日本の図書館界はアメリカ図書館における技術の発展の歴史的条件をふりかえることがなく，日本の図書館が立っている文化的・社会的基盤の相違を考えずに，技術を単なる技術として直輸入してきたこと，②コンピュータ化に関わる新しい技術が日本の図書館に混乱をひきおこしている理由は，日本の図書館学の未発達，その結果としてのアメリカ図書館学の成果の未消化にあったことを指摘した[107]。岩猿はアメリカと日本の図書館の歴史的過程を見渡したうえで，日本の図書館の現場と図書館学をこのように批判したのであった。この経緯を見ると，岩猿は「アメリカの大学図書館における academic status の問題」（1972）の研究から得られた知見によって，図書館技術の取り込み方の背後にある歴史・文化・社会への認識不足を批判する視点を得たと推察される。

　岩猿はアメリカ大学図書館のライブラリアンにおける専門職化の歴史過程の研究から，日本の大学図書館専門職員が専門職になることを志向するための指針として，①大学図書館専門職員の教育的働きを促進すること，②大学図書館専門職員が大学教員に匹敵する大学院での専門教育を受けた上で，大学図書館で高度な教育的機能を発揮することを導き出した。

　以上が専門職の中心となる職務に関する岩猿の見解であった。

　次に，立場・基本的考え方，専門職の定義・内容，専門職の中心となる職務におけるこれら三者の見解の相違から，"専門職としての司書職の確立"のために取るべき方針についてどのように見解が分かれたのかをみる。

99

3.2.2.5 "専門職としての司書職の確立"のために取るべき方針

(1) 司書職の教育制度の改革

昭和48年（1973）3月，日図協図書館学教育部会長の室伏武は「司書職制度論」（1973）で，司書職制度の中核をなすのは司書資格であり，資格の付与に際しては司書の教育制度が問題となることを指摘した[108]。そして，①司書の教育制度は学部・大学院課程をもった図書館学部に限定すること，②この原則を実現させるために，現行の司書・司書補・司書教諭の課程・講習を廃止すること，③司書課程・司書講習を廃止するために司書資格基準を制定し，司書課程へ免許制を導入することを骨子とする教育制度の改革方針を発表した。

室伏の打ち出した改革方針の特徴は，司書を養成する課程を学部・大学院課程をもった図書館学部に限定するというあるべき理念や原理から出発し，原理を現実の教育課程に直接適用して司書課程・司書講習を廃止する方針を提案したことにある。室伏がこの論稿を執筆した昭和48年（1973），学部・大学院課程をもった図書館学部は日本のどこにも存在しなかった。慶應義塾大学は文学部のなかに図書館学科があったのであり，図書館学部ではなかった。その修士課程は昭和42年（1967）に設置されたばかりであった。図書館短期大学が図書館情報大学に昇格するのは昭和54年（1979）であり，図書館情報大学に修士課程が設置されたのは，昭和59年（1984）であった。

司書課程・司書講習を廃止する方針を提起するにあたって，室伏は現行の司書課程・司書講習を成立させている法令，各大学の教育活動，学生や教員への対応策，並びに図書館学の学部・大学院を設置できるだけの図書館学の学問としての水準，教員の質と量，個別の大学の承認を得る手続き等，想定される具体的な問題への対応策を示さなかった。

調査研究委員会は司書講習廃止論に対して，司書講習は司書職制度確立のためにはマイナス面が多いことも事実ではあるが，廃止した場合のその後の見通しはあるのかという疑問を昭和45年（1970）に示していた[109]。室伏の改革案は，この疑問に答えていなかった。

室伏が"専門職としての司書職の確立"のために取るべき方針として，司書の教育制度の改革を挙げたのに対して，調査研究委員会は現行の司書資格・教育を堅持し，情報化への取り組みを牽制する方針を取った。

第3章　どのような大学図書館専門職員の論議が展開されてきたのか

（2）現行の司書資格・教育の堅持と情報提供サービスへの牽制

　昭和46年（1971）11月，調査研究委員会は「図書館員の専門性とは何か
その現実と課題—社会教育法改正に関連して—：続・委員会の中間報告」
（1971）で，現行の図書館法（昭和25年4月30日法律第118号）の堅持だけでな
く，社会教育法（昭和24年6月10日法律第207号）改正の動きに対して検討し
ていく必要があり，社会教育関係者，利用者とともに運動を進めるという方針
を表明した[110]。ここに現行の図書館法を堅持するという調査研究委員会の方
針を認めることができる。現行の図書館法を堅持する方針は，司書資格・教育
を現状のままで維持する方針を含んでいた。

　さらに調査研究委員会は，自分たちの考える"図書館員の専門性"と異なる
考え方の制度改革案には阻止行動を取ることを方針とした。昭和45年（1970）
11月，調査研究委員会は「図書館員の専門性とは何か：委員会の中間報告」
（1970）で，調査研究委員会の考える"図書館員の専門性が無視されるような"
制度案や事態については，これを阻止するための行動をとることを日図協の役
割と捉えた[111]。自分たちの考える"図書館員の専門性"を侵すような点がな
いかという観点から，種々の館種の図書館で試みられていた改革案を監視して
いく姿勢が打ち出されたのであった。

　ここで調査研究委員会が守ろうとした"図書館員の専門性"の中身はこれま
で検討してきた通り，貸出中心主義にもとづく資料の提供・整理業務中心の職
務内容，"図書館員"の生活権の要求や労働問題の解決手段として"専門職と
しての司書職制度の確立"を目指すための"専門性"であった。さらに"図書
館員の専門性"は公共図書館の利用者の要求と"図書館員"の業務遂行上にお
ける必要性の範囲内に設定された現状を超えることのない専門性という特徴を
もち，その教育面では現行の司書資格・教育の堅持を内容とするものであった。

　調査研究委員会が考える"図書館員の専門性"を無視するような事態のなか
に，県立図書館での情報提供サービス拡充の取り組みも含まれていた。調査研
究委員会はこうした取り組みを牽制する記述を含む論稿を次々と発表した。例
えば，昭和46年（1971）11月，調査研究委員会は「図書館員の専門性とは何
か　その現実と課題—社会教育法改正に関連して—：続・委員会の中間報告」
（1971）で，県立図書館の"情報化に対応すべく調査図書館をめざす傾向"を

101

問題として指摘した[112]。調査研究委員会は，県立図書館の“情報化に対応すべく調査図書館をめざす傾向”の中味の大半が“科学技術（産業）関係のもので，これらの資料を要求する利用者とは何であろうか”と疑問を呈した。“一部にある情報処理の技術こそが専門性であるとの考え方”を問題と捉え，“情報化の進む中で，調査図書館，資料センターを志向する図書館が増えつつあるが，現状では公共図書館に利用者が要求するものは，郷土資料，教育や生活に関する資料が主流をなしている”と牽制し，県立図書館の取り組むべきサービスは資料提供にあることを主張した。

　ここで調査研究委員会は，科学技術や産業に関する情報提供の対象は一般の公共図書館の主流をなす利用者ではないだろうという推測によって，情報化に対応しようとする県立図書館を批判した。この論理は，図書館利用者の要求には何でも応える図書館利用者の要求至上主義の考え方と矛盾している。この矛盾から，調査研究委員会にとっての利用者の要求とは図書等の資料の要求に限定されていたことが分かる。利用者の情報の要求に応えることは含まれていなかったのである。さらに調査研究委員会の論稿では，利用者の情報の要求への取り組みは必要ないと判断できるだけの具体的根拠やデータは示されなかった。

　『市民の図書館』（1970）で確立された貸出中心主義は，調査研究委員会の方針と行動によって貸出中心主義をすべての種類の図書館で維持させようとする力として働いた。情報化という時代の変化に対応して情報提供サービスを拡充させようとする県立図書館等の取り組みを牽制し，図書館における情報化への対応に影響を及ぼした[113]。

　昭和47年（1972）12月，調査研究委員会は「図書館界の動向：図書館員の問題に関連して」（1972）で，9月の全国委員会で話し合われた図書館全体の動向について“情報化社会”という言葉が明確な概念規定なしに喧伝され，企業で情報処理技術にたけた職員を重く用いる傾向，情報処理技術が図書館学教育，専門図書館，大学図書館，県立図書館でも重点課題とされる傾向があると報告した。調査研究委員会はこの傾向を“公共図書館にとっては存立理由にまでかかわる本質的な問題である”[114]と捉えた。貸出中心主義に立つ調査研究委員会にとっては，情報処理技術の重視の傾向が公共図書館の存立理由にかかわる本質的な問題と捉えられたことが分かる。貸出か情報提供かという二者択一の

102

第3章　どのような大学図書館専門職員の論議が展開されてきたのか

思考の枠組みを設定した上で，常に貸出しのみを選択する貸出中心主義の考え方は，情報提供サービスの充実や情報処理技術の重視の傾向と相容れない考え方であったのであり，貸出中心主義に立つ限り，情報提供サービスの拡充を牽制し，抑制する力として働かざるをえなかったのである。

　以上が調査研究委員会における"専門職としての司書職の確立"のために取るべき方針であった。最後に岩猿における"専門職としての司書職の確立"のために取るべき方針について述べる。

（3）図書館学と理論および図書館学教育の高度化

　昭和47年（1972）7月，岩猿は「戦後の大学図書館における職員の問題：司書職制度確立運動を中心に」（1972）で，図書館学教育，研究の進むべき方針を次のように示した。①図書館学の問題は，要は図書館専門職員を養成する機関で高いレベルで教えなければならない程の図書館学の内容があるかどうかの問題である。②専門職は一定の技術の上に成り立つのであるが，単に技術だけに終わるのではなく，その技術を支え，さらには従来の技術を改革していく深い理論体系がなければならない。単なる技術以上に，図書館専門職員の文化的・社会的役割そのものを豊かにするような図書館学教育の展望を開いていく図書館学が追究されなければならない。③図書館の現場が図書館専門職員の高度な養成を必要とする，しないにかかわらず，図書館学の教育はその深められた図書館学の研究に相応した教育レベルを取らざるを得ない。司書職を専門職として確立しようとするかぎり，結局，図書館学の研究を深めることから始めなくてはならない。④深い内容の図書館学研究なくして，また，それが不可能であるならば，換言すれば，司書職の担う文化的・社会的役割が深い図書館学的追究を成り立たせないほど底が浅く，貧弱なものであるならば，司書職は専門職に到底なり得ないであろう[115]。

　岩猿は，司書職の専門職化のためには，非専門的業務に埋没した司書職の現場における仕事の水準の低さにかかわらず，また，現場が高度な図書館専門職員の教育を必要とする，しないにかかわらず，①図書館学研究は従来の図書館の技術を改革していく深い理論体系を構築し，②図書館学教育は高い水準の教育を実施していく方針を取るべきことを示した。岩猿のこの見解は，貸出中心

主義を取る公共図書館専門的職員の現場，および，非専門的業務に埋没し専門家の水準の技術である整理業務の専門性に固執する大学図書館専門職員の現場への批判にもとづいていたと捉えられる。

　図書館専門職員の専門職化のためには，その基盤となる学問である図書館学の水準が問われており，図書館学が高度に発展することが不可欠であるという岩猿の考え方は，奥村，深川，安西にも見られた。

　昭和 41 年（1966），奥村は「大学と図書館員」（1966）で，①専門職としての司書職に関する問題は従来の日本の図書館学のあり方が当面の問題として提起されなければならないこと，②図書館学の理論が弱いこと，③研究・学識の積み重ねで図書館学の内容を満たしていくことが“司書職の専門職化”につながることを指摘した[116]。昭和 46 年（1971）6 月，国立大学図書館協会司書職制度調査研究班主査の深川は，国立大学図書館の司書官制度の成案[117][118] のなかで，図書館情報学における大学院修士・博士課程の設置を専門職としての司書職制度の確立と結びつけて提案し，要求した。昭和 47 年（1972）7 月，安西は司書官制度案について，この提案は図書館学の博士課程の必要性を明記した点で画期的なものといえると評価した[119]。

3.2.3　まとめ

　昭和 39 年（1964）から昭和 49 年（1974）の“第 2 期　専門職論議期”における“専門職としての司書職の確立”論議の展開を以下にまとめる。

　専門職に関する立場・基本的考え方では，室伏，岩猿によって司書職が専門職を志向しつつあるという考え方が提起された。他方，調査研究委員会によって“図書館員”の労働問題の解決手段として“専門職としての司書職の確立”をめざす考え方が示された。この対比によって，双方の立場・基本的考え方が根底から異なっていたことが分かる。

　専門職の定義・内容では，室伏が栄誉のシンボル論，調査研究委員会が自分たちの考える“図書館員の専門性”論，岩猿がアメリカ大学図書館のライブラリアンの制度を参考にした情報提供サービスを中心とする専門職論を展開した。

　専門職の中心となる職務では，室伏が知識活用の学問・技術，調査研究委員会が資料の提供・整理業務，岩猿が教育的働きをそれぞれ中心となる職務と捉

第3章　どのような大学図書館専門職員の論議が展開されてきたのか

えた。

　専門職の定義・内容と専門職の中心となる職務では，調査研究委員会と岩猿が資料の提供・整理業務中心か，情報の提供・教育的働き中心かで対立した。

　"専門職としての司書職の確立"のために取るべき方針では，室伏が司書の教育制度の改革，調査研究委員会が現行の司書資格・教育の堅持と情報提供サービスへの牽制，岩猿が図書館学とその理論および図書館学教育の高度化を方針として示した。ここでは，室伏と調査研究委員会が司書の教育制度の改革と現行の司書資格・教育の堅持で対立した。

　こうして，"第2期　専門職論議期"のすべての館種を対象とした"専門職としての司書職の確立"論議は相互の考え方の対立が明確になり，専門職化に関する統一見解を生むことなく終わった。これ以降は館種ごとに課題に取り組まれることが多くなった。

3.3　第3期　情報専門職論議期：昭和49年（1974）〜平成22年（2010）

3.3.1　背景

　"第3期　情報専門職論議期"の背景では，（1）情報通信技術の高度化，（2）大学・学術情報流通行政の取り組み，（3）大学図書館における専任職員数の減少・非専任職員数の増大・業務委託の拡大について概観する。

3.3.1.1　情報通信技術の高度化

（1）業務の機械化・情報のデジタル化・システムのネットワーク化：昭和49年（1974）〜平成6年（1994）

　昭和49年（1974）頃から業務の機械化，情報のデジタル化，システムのネットワーク化が普及し，学術情報システム・ネットワークを可能にする技術が整備された[120]。

　森岡祐二によれば，昭和50年代前半（1970年代後半）の日本の大学図書館における機械化の特色は，オンラインリアルタイム方式の処理システム，バーコード・OCR（Optical Character Recognition）等の新しい入力方式の採用，閲覧システム等での操作性の向上にあった。昭和50年代後半（1980年代前半），全国ネットワークシステムによる一元化をうたった学術情報システム構想が注

105

目を集めた。他方，大学図書館の機械化は逆に多元化の方向に進んでいた[121]。

昭和 55 年（1980），国立大学附属図書館にコンピュータが導入され，昭和 56 年（1981）には国立国会図書館が JAPANMARC（Machine-readable Cataloging）の提供を開始した。昭和 55 年（1980）前後から，大学図書館の目録はカード目録から OPAC（Online Public Access Catalog）へ転換した[122]。

そして昭和 60 年（1985），学術情報センターの総合目録データベース（NAC-SIS-CAT）を用いた目録情報の登録が開始された[123]。昭和 61 年（1986 年），東京大学文献情報センターが改組されて学術情報センターが設置された。昭和 62 年（1987），学術情報センターで学術情報ネットワークの運用と情報検索サービスが開始され[124]，各大学でも目録作業システムの整備，OPAC の導入が実施された[125]。大学図書館での OPAC の導入は平成 2 年（1990）頃から急速に増加し，5 年後にはほとんどの大学に普及した[126]。

平成 4 年（1992）4 月，学術情報センターは，図書館間相互貸借（ILL：Inter-Library Loan）システムと学術情報ネットワークシステム（SINET：Science Information Network）の運用を開始した[127]。

（2） その他の動向：昭和 60 年（1985）〜平成 6 年（1994）

昭和 60 年（1985）に CD-ROM（Compact Disc Read Only Memory）の規格が発表された[128]。大学図書館への OPAC の導入が急増した平成 2 年（1990）頃から情報検索の代行，各種 CD-ROM の利用者への提供が開始された[129]。これ以降，利用者教育を始める大学図書館が急速に増加し，平成 7 年頃（1990 年代半ば）には大学図書館の一般的な職務として定着した。大学図書館での OPAC の導入と CD-ROM 等でのデータベースの提供によって，これらに関する利用者教育が必要になったためと考えられる[130]。

情報通信に特に発展をもたらした技術に，PDF（Portable Document Format）の規格公開と WWW（world wide web）の普及が挙げられる。平成 6 年（1994），Adobe 社が PDF の規格を公開するとともに，表示・印刷アプリケーションの無料配布を開始した。PDF の利用によって，研究室や自宅で冊子体とほとんど同じ品質で論文等が印刷できるようになり，この頃から既存の雑誌の電子化が急速に進んだ[131]。また WWW（world wide web）によって，世界規模で情

報資源がネットワーク化され，誰でもアクセスできるようになった[132]。平成2年から平成7年頃（1990年代前半）にかけて開始され普及した新しいサービスには，他に，最新雑誌の目次データベース・サービス，目次データベース・サービスと原文献入手サービスを結びつけたサービス[133]，電子ジャーナルの提供があった[134]。

（3）情報通信技術の高度化：平成7年（1995）～平成22年（2010）

平成7年（1990年代半ば）以降における情報通信技術の動向の特徴は，情報通信技術がさらに高度化したことである。

平成7年頃（1990年代半ば）以降，インターネットの普及によって世界規模での学術情報ネットワークが形成され，各大学はOPACとインターネットを接続してそれぞれのOPACを世界に公開した[135]。平成8年（1996）4月には学術情報センターと国立国会図書館とのILLの接続サービスが開始された[136]。平成7年から平成11年頃（1990年代後半）までに，次の新しいサービス・技術・規格が開始された。二次文献情報サービス（書誌・目録・抄録誌・索引誌等の二次文献資料をデジタル化，データベース化して提供するサービス），国際標準化機構（ISO: International Organization for Standardization）による印刷版雑誌と同じ国際標準逐次刊行物番号（ISSN: International Standard Serial Number）の電子ジャーナルへの付与[137]，アメリカ出版協会（Association of American Publishers）による論文単位の流通を可能にする識別子，デジタルオブジェクト識別子（DOI: Digital Object Identifier）の公開[138][139]，国際標準化機構によるISO11620の発行である[140]。ISO11620は，図書館が提供するサービスや諸活動の品質，有効性，効率性を評価することを目的とした経営ツール指標を定めた国際規格をさす[141]。

平成12年（2000）4月には学術情報センターを廃止・転換する形で，国立情報学研究所が設立された[142]。平成12年（2000）以降に開始された新しいサービスや技術には，リンクリゾルバ製品，国立情報学研究所による学術文献・情報検索システム（NACSIS-IR）Web版[143]，サーチエンジン等の無料サービス提供会社Googleによる Google Print（後の Google Books）および Google Scholar，国立情報学研究所による学術コンテンツ・ポータル（GeNii）および学術

情報ネットワーク（SINET3）[144]，ウェブ・スケール・ディスカバリーサービス製品がある。

　リンクリゾルバは，一定の書誌情報があるとその書誌情報でインターネット上に表示されている資源（フルテキスト）を探し出し，フルテキストへリンクでつなぐシステムである[145][146]。Google Print（後のGoogle Books）は，紙媒体の図書をデジタル化し，フルテキストのデジタル情報を使って出版物の内容を検索できるようにした無料サービスである。著作権によっては一部フルテキストも見られるようになっている[147]。Google Scholar は，論文等の学術情報のサーチエンジンであり，フルテキストがインターネット上に公開されているものはフルテキストも見られるようになっている[148]。ウェブ・スケール・ディスカバリーサービスは，ウェブスケールでの学術資料・情報の書誌情報とフルテキスト，eジャーナル，eブック，その他のデジタル・コンテンツを単一の検索窓で検索し，検索結果を"関連度"順に表示するサービスである[149]。

3.3.1.2　大学・学術情報流通行政の取り組み

（1）学術情報システム・ネットワークの構築：昭和 49 年（1974）～平成 6 年（1994）

　NIST 構想が示された後の昭和 49 年（1974）頃から平成 6 年（1994）頃にかけて，業務の機械化，情報のデジタル化，システムのネットワーク化が普及した。こうした技術の進展を受けて，学術情報システム・ネットワークが策定，整備された[150]。

　昭和 51 年（1976），文部省学術国際局情報図書館課が「学術情報政策の現状と課題」（1976）で，学術情報流通体制の整備が非常に遅れている現状とその要因を報告し，大学図書館の改善を含む当面の基本的施策を示した[151]。昭和53 年（1978）11 月の文部大臣から学術審議会への諮問に対して昭和 55 年（1980）1 月，「今後における学術情報システムの在り方について（答申）」（1980）が提出された[152]。この答申で，学術情報システムは資源の共有を基調としたネットワーク構造とし，学術情報に関わる各機関はシステム全体の一翼を担うものと位置付ける方針が示された。この学術情報システム・ネットワークを構成する主な機関として，大学その他の教育・研究機関の図書館が挙げられた。

第3章　どのような大学図書館専門職員の論議が展開されてきたのか

　他方，森岡によれば，学術情報システム・ネットワーク構想の推進に批判的な議論も存在した。図書館の現場の電算化に伴う業務環境の悪化や，労働強化につながるのではないかという懸念を代弁するもの，国家による情報の集中管理体制が利用者間の差別の拡大につながるといった制度としての問題点を指摘するものなどであった[153]。

　平成4年（1992）7月，学術審議会は「21世紀を展望した学術研究の総合的推進方策について（答申）」で，学術研究情報流通体制の整備に関して①学術研究情報ネットワークの高度化・国際化，②大学図書館等の機能強化，③データベース充実の方策を提言した[154]。この答申を受けて，平成5年（1993）12月，学術審議会学術情報部会が「大学図書館機能の強化・高度化の推進について（報告）」（1993）をまとめた[155]。この報告の第3章「学術研究情報ネットワークを活用した大学図書館機能の充実と大学図書館間協力等の促進」では，次の7項目の検討結果が報告された。①学内情報システムにおける図書館の役割，②ILLシステムの利用拡大に伴う本館・分館等の役割，③図書館と情報処理センター等との協力，④大学図書館間の連携協力，⑤大学以外の学術研究機関および公共図書館との連携協力，⑥国際的連携協力，⑦電子図書館的機能の整備充実である[156]。

　これらの項目のなかでは，特に⑦電子図書館的機能の整備充実が注目される。電子図書館機能は，情報通信技術の高度化によって初めて可能になった大学図書館の新しい情報提供サービス機能を意味したためである。

（2）大学設置基準における大学図書館機能と専門的職員の目的・設置の規定追加

　大学行政の動向として挙げられるのは，昭和59年（1984），臨時教育審議会（以下，臨教審という）が設置されたことである。昭和61年（1986）4月，臨教審は第2次答申で，"個性重視の原則に立って，生涯学習への移行を主軸とする教育体系の総合的再編成"[157]を目指すことをうたい，改革するべき事項を提言した。それらの事項のうち高等教育機関の教育研究に関しては，大学設置基準の改善，大学院の飛躍的充実と改革，ユニバーシティ・カウンシルの創設が提言された[158]。

昭和 62 年（1987），この臨教審の第 2 次答申に沿って大学審議会が設置された[159]。平成 3 年（1991）2 月，大学審議会は「大学教育の改善について（答申）」を提出し[160]，大学図書館改革の方針として①“大学の教育研究活動を遂行する上で，附属図書館が本質的な役割を果たしていることを考慮すれば，附属図書館に関する現行規定は必ずしも十分なものとは言い難く，この際，施設・設備，職員，機能等様々な側面から附属図書館に関する大綱的な基準を定めることが適当である”こと，②“図書館の機能を強化するためには，司書のほか，コンピュータによる情報処理，データベース・サービス，古文献・専門分野別文献処理等を担当する専門職員を適切に配置することが重要であり，このような観点から，専門的職員その他の図書館専任職員の配置が必要である旨の規定を新たに設ける”ことが示された[161]。この答申で初めて，大学図書館の機能を大学設置基準に盛り込む方針が示されたのである。さらに，大学図書館の機能を発揮させるために必要な知識・技術・能力を有する大学図書館専門的職員の設置の必要性に関する規定も新規に定められることになった。

　「大学教育の改善について（答申）」の提言を具体化するために，平成 3 年（1991）6 月，大学設置基準の一部が改正・公布され（改正平成 3 年 6 月 3 日文部省令第 24 号），同年 7 月 1 日から施行された[162]。同年 6 月 24 日付の文部事務次官通知では，大学設置基準改正の趣旨が次のように説明された[163]。“今回の改正の趣旨は，個々の大学が，その教育理念・目標に基づき，学術の進展や社会の要請に適切に対応しつつ，特色ある教育研究を展開し得るよう，大学設置基準の大綱化により制度の弾力化を図るとともに，生涯学習の振興の観点から大学における学習の多様化を図り，併せて，大学の水準の維持向上のため自己点検・評価の実施を期待するものであ”る[164]。大学図書館に関する規定では，“大学における図書館の重要性にかんがみ”，座席と図書・学術雑誌の量的規準が廃止され，代わりに大学図書館の機能および専門的職員の目的・設置が定められた。

（3）国公立大学の法人化

　大学組織のあり方に大きな変化をもたらしたのは，平成 16 年（2004）の国公立大学の法人化であった。この年，国立大学法人法（平成 15 年 7 月 16 日法

律第 112 号）の施行によって，国立大学は国ではなく国立大学法人が設置する大学となった。国立大学法人法の施行にともなって国立学校設置法（昭和 24 年 5 月 31 日法律第 150 号）が廃止され，国立学校設置法第 6 条で規定されていた "国立大学に附属図書館を置く" という明治以来の規定がここで廃止された[165]。全ての国立大学が法人化され，国立大学は自主的，自律的な運営と裁量の幅がより広がった。同時期に公立大学の法人化も進められた。

（4） 自己点検・評価，第三者評価活動に関する動向

平成 7 年（1995）以降，私立大学図書館関係団体による自己点検・評価活動の取り組みが行われた。平成 7 年（1995），私立大学図書館協会（以下，私図協という）は私立大学図書館の自己点検・評価活動を開始させる前に私立大学図書館のあるべき姿を明確にする目的で，新私立大学図書館改善要項策定委員会を設置した。同年発足していた私図協自己点検・評価法ガイドライン作成委員会は「新私立大学図書館改善要項」の策定を待って，翌平成 8 年（1996）から作業を開始した[166]。

平成 11 年（1999）9 月，私図協総会で，「私立大学図書館　自己点検・評価ガイドライン」が可決された[167]。このように大学の自己点検・評価活動の進展にともなって，私立大学図書館活動の自己点検・評価方法についても検討，実施されるようになった[168] [169] [170]。

平成 16 年（2004）から，学校教育法の一部改正（平成 14 年 11 月 29 日法律第 118 号）によって，大学は自己点検・評価の実施と公表に加え，文部科学大臣の認証を受けた評価機関による第三者評価を定期的に受けることになった[171]。こうして大学の自己点検・評価の構想は平成 3 年（1991）の大学設置基準改正（改正平成 3 年 6 月 3 日文部省令第 24 号）によって実現し，臨教審答申にもとづいた "大学審議会に受け継がれ，基本的には自己点検評価から第三者評価へ，さらには評価の結果を国の資源配分に結び付けていくという方向へ展開されていった"[172]。

(5) 大学図書館に関する行政方針の明確化：平成7年（1995）〜平成22年（2010）

　平成7年（1995）以降の大学・学術情報流通行政の特徴は，大学図書館に関する行政方針の明確化にあるといえる。大学教育および学術情報流通に関する諮問機関の答申・報告において，大学・学術情報流通に関する行政方針の一部に①大学図書館が大学の教育研究活動を支える重要な学習環境基盤および学術情報基盤であることを学内で明確に位置付けること，②高度に専門的な職務に従事する大学図書館専門職員を大学図書館に設置することが挙げられ，明確にされたのである。

(5)-1　学術審議会：平成8年（1996）

　平成8年（1996）7月，学術審議会は「大学図書館における電子図書館的機能の充実・強化について」（1996）で，情報通信技術の進歩，学術情報システムの進展，世界的なネットワークの出現・普及によって学術情報を的確・迅速に提供し，研究成果を国内外へ発信するための体制に関して，大学図書館の機能を早急に強化することが必要であるという認識を示した[173]。なぜなら，大学図書館が学術研究情報の主要な生産拠点である大学の基盤的施設であり，学術情報の集積機能と発信機能双方において大学図書館が果たすべき役割が極めて大きいからであった。そして学術情報ネットワークの結節点としての各大学図書館がもつ機能を飛躍的に向上させるためには，電子図書館化が大学図書館全体にとっての課題となること，電子図書館機能の強化に取り組む際は紙媒体資料の収集・保存および提供といった大学図書館の基本機能との調和を図りながら推進されるべきであることを指摘した。電子図書館的機能の整備の方策としては，①資料の電子化の推進，②コンピュータシステム，情報ネットワーク，情報関連機器等，施設・設備の整備，③研究開発の推進，④組織体制の整備，⑤図書館専門職員の研修の充実，⑥情報リテラシー教育への支援，⑦著作権への対応の7項目を建議した。

(5)-2　大学審議会：平成9年（1997）〜平成12年（2000）

　平成9年（1997）12月，大学審議会は「高等教育の一層の改善について（答

112

申）」を文部大臣に提出し，大学設置基準（改正平成3年6月3日文部省令第24号）の大綱化や大学による自己点検・評価活動の開始以降の改革の状況を踏まえながら，現状の問題点や今後の方向について審議した結果を報告した[174]。そして，高等教育を一層改善するための方策として①高等教育全体のシステムにおける個々の大学の位置付けを明確にすること，②バランスのとれた体系的なカリキュラムを構成すること，③学習効果を高める工夫をすること，④教育活動の評価の在り方を明確にすること，⑤学生の流動性（選択の幅）を高める工夫をすること，⑥高等教育の改革を進めるための基盤を確立することを提起した。

平成10年（1998）10月，大学審議会は「21世紀の大学像と今後の改善方策について：競争的環境の中で個性が輝く大学（答申）」で，21世紀初頭の社会状況を "知" の再構築が求められる時代と捉え，大学改革の基本理念を "個性が輝く大学" に設定した。そして，大学の個性化を目指す改革方策として①課題探求能力の育成，教育研究の質の向上，②教育研究システムの柔構造化，大学の自律性の確保，③責任ある意思決定と実行，組織運営体制の整備，④多元的な評価システムの確立，大学の個性化と教育研究の不断の改善，⑤高等教育改革を進めるための基盤の確立等を挙げた[175]。

平成12年（2000）11月，大学審議会は「グローバル化時代に求められる高等教育の在り方について（答申）」で[176]，世界の状況を社会・経済・文化のグローバル化，国際的な流動性の高まり，科学技術の爆発的な進歩，社会の高度化・複雑化・急速な変化と捉えた。過去の知識や技術のみでは対処できない新たな諸課題が生じており，これに対応していくため，新たな知識や専門能力を持った人材が求められていると指摘した。そして，今後，日本の高等教育機関が世界に開かれた高等教育機関としてその役割を十分に果たしていくために，高等教育の国際的な通用性・共通性の向上と国際競争力の強化を目的として①グローバル化時代を担う人材の質の向上に向けた教育の充実，②科学技術の革新と社会，経済の変化に対応した高度で多様な教育研究の展開，③情報通信技術の活用，④学生，教員等の国際的流動性の向上，⑤最先端の教育研究の推進に向けた高等教育機関の組織運営体制の改善と財政基盤の確保の視点に立って改革を進めることが重要であると提起した。

平成 12 年（2000）の大学審議会の答申で提起された上記の五つの事項のうち，大学図書館の機能やサービスに深く関わってくるのは，①グローバル化時代を担う人材の質の向上に向けた教育の充実，および，③情報通信技術の活用であると考えられる。大学図書館専門職員の行う情報リテラシー教育の活動と大学図書館の場としての新しい機能であるインフォメーションコモンズ・ラーニングコモンズ[177]の学習支援機能，リンリゾルバやウェブスケール・ディスカバリー等の情報通信技術の活用が代表的な事項と考えられる。

（5）-3　科学技術・学術審議会学術分科会研究環境基盤部会学術情報基盤作業部会：平成 18 年（2006）

平成 18 年（2006）3 月，科学技術・学術審議会学術分科会研究環境基盤部会学術情報基盤作業部会は「学術情報基盤の今後の在り方について（報告）」で次の事項を報告した[178]。(1) 今後の方向性として最先端学術情報基盤が不可欠であるという認識を重視し，その実現に向けて整備計画図書館や国家的観点からのハイ・パフォーマンス・コンピューティングの在り方を示した。(2) 大学図書館に対して，①各大学の教育研究の特徴に合わせたハイブリッド図書館像を検討すること，②大学図書館の戦略的な位置づけを明確にすること，③電子化への積極的な対応を実施すること，④今後の電子化を踏まえて大学図書館のサービス機能を強化すること，⑤大学図書館サービスの強化を担う人材を育成・確保すること，⑥大学図書館と社会・地域との連携の推進に一層取り組むことを求めた。(3) 日本における学術情報の発信の在り方として，研究成果情報の受・発信の国際的なアンバランス状態を解消すること，学術雑誌の一層の品質向上を図ること，適正な論文評価を図ること，オープンアクセス運動やアーカイブ化を図ることの必要性を指摘した。(4) 学術情報基盤に関する共通認識として，①学術情報基盤はライフラインとしての性格を持つこと，②大学等は学術情報基盤に関わる総合的な基本戦略を持ち，大学図書館は大学の教育研究活動を支える重要な学術情報基盤であることを学内で明確に位置付け，共通経費化の推進等による安定的な財政基盤を確立することが必要であること，③最先端学術情報基盤の実現，機関リポジトリへの積極的な取り組みが求められること，④学術情報基盤の充実・発展のためには，情報基盤センター等の職員，

大学図書館の職員，学協会で学術雑誌刊行に携わる職員等の人材が重要な基盤であり，これら職員の育成・確保，専門性を考慮したキャリアパスの構築，モティベーションの維持・向上などが必要であることを指摘した。

この科学技術・学術審議会学術分科会の報告において，大学図書館は大学の教育研究活動を支える重要な学術情報基盤であること，大学が学内で大学図書館を明確に位置付けること，大学図書館等の学術情報基盤の充実・発展のためには大学図書館専門職員等の育成，確保，専門性を考慮したキャリアパスの構築等が必要であることが明確にされたといえる。

文部科学省の「平成18年度学術情報基盤実態調査結果報告」（2006）によれば，国公私立大学図書館の約7割が大学図書館の組織・人員面の課題として"専門性を有する人材の養成，確保"を挙げた[179]。"専門性を有する人材の養成・確保"が多くの大学図書館で課題となっていることは①答申等で提起された大学図書館改革を実施するためには，改革を担える専門知識・能力を有する専門職員の配置が必要であること，②情報通信技術の高度化に対応した専門性を有する大学図書館専門職員が十分に養成されていないことを反映したものであると推察される。

(5)-4　筑波大学の文部科学省先導的大学改革推進委託事業：平成19年 (2007)

平成19年（2007）3月，筑波大学は，文部科学省先導的大学改革推進委託事業として実施した調査研究の報告書「今後の『大学像』の在り方に関する調査研究（図書館）報告書：教育と情報の基盤としての図書館」（2007）を発表した。

この報告書では，第一に，大学図書館が大学の教育基盤および学術情報基盤として捉えられ，今後における大学図書館の在り方は次の方向に展開していくと判断された。①教育基盤としての役割期待の拡大（教育プログラムと関連する情報・資料の確保，情報リテラシー教育，図書館による学習支援，ハイブリッドな学習場所の提供），②教育研究に必要な情報は印刷媒体と電子媒体のハイブリッドな状態になること，デジタル化のさらなる急速な進展，旧来の学術情報システムの変容の促進（シームレスなサービスを実現するハイブリッド図書館の展開，資料のデジタル化の進展），③大学の学術情報の確保と発信双方を受け持つ組織

としての大学図書館の学術情報基盤機能，図書館におけるコンテンツ管理とコンテンツの利用サービスへの取り組み（電子情報管理，機関リポジトリ，ネットワーク・ライブラリーの構築），④大学改革にともなう各種機能の再編のなかで，上記の新たな図書館の役割に沿った組織整備（マネージメントの確立，革新的な組織構成，他組織との連携強化），⑤図書館専門職員におけるこれらの新しい職務への取り組み（主題専門の図書館専門職員，情報リテラシー教育の講師，リエゾン・ライブラリアン，デジタル情報等を管理する図書館専門職員等）である[180]。リエゾン・ライブラリアンは，教員とパートナー関係を築きながら活動するライブラリアンをいう[181]。

　第二に，大学設置基準（改正平成3年6月3日文部省令第24号）第38条第3項に関しては，大学図書館専門的職員の規定に加えて，今後の専門職員の資格やあるべき姿についての何らかの基準を設定することおよび職員の育成についても言及することが望ましいと報告された。

　第三に，認証機関の基準では，各大学の自己点検・評価，並びに認証機関による第三者評価のいずれにおいても，大学図書館が教育研究に的確に寄与しているかの判断を行う必要があること，その際，施設・設備やコレクション利用等の図書館活動の実績を指標にするだけでなく，それが学生・教員のニーズに適合していたか，図書館専門職員はどのような学習支援・研究支援を行ったかを評価のポイントとして強調する必要のあることが指摘された[182]。

　以上の報告内容で注目されるのは，①大学改革を担う大学図書館専門職員の資格・基準・職員の育成について，大学設置基準に定めることが望ましいと指摘されたこと，②各大学の自己評価および認証機関評価の基準に，大学図書館が教育研究に適確に寄与しているかの判断ができるような基準設定の必要性が指摘されたこと，③情報通信技術が高度化した段階での，大学図書館の教育基盤および学術情報基盤機能を支える図書館専門職員の新しい職務は主題専門の図書館専門職員，情報リテラシー教育の講師，リエゾン・ライブラリアン，デジタル情報等を管理する図書館専門職員等であると指摘されたことである。この報告書で，大学図書館専門職員に期待される新しい職務は，教員とパートナー関係を築くことができる情報専門職の水準の職務であることが示されたためである。

第3章　どのような大学図書館専門職員の論議が展開されてきたのか

（5）-5　科学技術・学術審議会学術分科会研究環境基盤部会学術情報基盤作業部会：平成 22 年（2010）

　科学技術・学術審議会学術分科会研究環境基盤部会学術情報基盤作業部会は，平成 18 年（2006）の「学術情報基盤の今後の在り方について（報告）」の後に大学図書館の整備について検討し，平成 22 年（2010）12 月，「大学図書館の整備について（審議のまとめ）：変革する大学にあって求められる大学図書館像」を公表した[183]。

　この審議のまとめでは第一に，社会全体における電子化の進展，学術情報流通の高度化，大学の財政・制度面を含む環境変化を背景に，大学図書館の従来からの基本的機能に加えて新しく求められる機能に，①ラーニングコモンズ，レファレンスサービス等による学生への学習支援，②情報リテラシー教育，e-ラーニングの取り組み等教育活動への直接関与，③研究者に対する研究活動に即した支援と知の生産への貢献，④電子ジャーナル等電子情報資源を含むコレクション構築と，ディスカバリーサービスのような適切な情報へのナビゲーション，⑤他機関・地域との連携や国際対応の機能のあることが明確にされた。

　第二に，大学図書館の組織・運営体制に関する方針としては，①大学の情報戦略にイニシアチブを発揮し，中・長期の将来計画を策定すること，②大学図書館の戦略的な位置付けを役員会・全学へアピールすること，③図書館長の学内の地位を向上させ，図書館長専任制を導入すること，④独自の点検・評価システムを導入，定着させること，⑤財政基盤を確立させることが示された。

　第三に，業務の効率化と人件費の削減が求められる大学では，専任職員と臨時職員が担うべき業務と外部委託に委ねることが可能な業務との区分けを考慮した大学図書館の業務体制のあり方を模索することも一つの方法であること，および大学図書館の業務の中核となる部分には，専門的な能力を有する人材が必要であることが指摘された。

　第四に，大学図書館における急速な電子化の進展にともなう変化と技術の進歩を背景として，大学図書館専門職員のこれまでの知識と見識のみでは対応できない状況であること，学術情報を駆使して学習，教育，研究に，より積極的に関与する専門家としてその必要性を学内にアピールし，従来の事務職員とは異なる職種と位置付けを実現させ，大学内の様々な情報管理業務に関与してい

117

くべきであることを示した。

　第五に，今日の大学図書館職員に求められる資質・能力は，①学生・教員との接点として機能すること，②学術情報流通の仕組みに詳しいこと，③学術情報基盤の構築ができること，④学習支援のために教育研究の専門分野に関する知識があること，⑤情報リテラシー教育で，教員との協力の下に適切なプログラム開発ができること，⑥教員・学生とのコミュニケーションを図りながら，教育課程の企画・実施に関わること，⑦研究支援において必要な情報資源へリンクするナビゲーション機能およびディスカバリー機能を強化することなどの能力であることを明らかにした。

　第六に，大学図書館の現職職員の育成では，研修会への参加，海外研修などの実施が考えられること，大学間の連携，キャリアパスの形成が重要であることが指摘された。

　ここに，大学図書館専門職員のこれまでの知識と見識のみでは対応できない状況であることが指摘され，高度に専門職化された大学図書館専門職員の設置を実施することが，行政の取るべき方針として明確にされたといえる。さらに注目されることは，大学図書館の戦略的な位置付けの大学へのアピールによる地位向上，図書館長専任制の導入，大学図書館独自の自己点検・評価システムの導入・定着，大学図書館財政基盤の強化，大学図書館職員の現職者向けキャリアパスの形成を実現することが要請されたことである。敗戦直後から指摘されてきた大学図書館の組織・財政・人員上の問題のほとんどが，この審議のまとめで明確にされ，問題の解決が行政と個々の大学に求められたことによって，大学図書館を取り巻く状況は新しい大学図書館改革の段階に入りつつあると考えられる。

　以上のことから，平成 7 年（1995）から平成 22 年（2010）に大学行政の取るべき方針が大学図書館機能の高度化であることが明確にされたといえる。そして，機能の高度化を実現するためには高度な知識・技術をもつ情報専門職の教育と配置を実施する必要のあることが，行政のみならず大学，大学図書館，図書館情報学関係団体と関係者に示されたといえる。

　さらに注目されることは，敗戦直後，組織・体制面では改革されなかった大学や大学図書館が，“第 3 期　情報専門職論議期”である昭和 49 年（1974）か

第3章　どのような大学図書館専門職員の論議が展開されてきたのか

ら平成22年（2010）の36年間をかけて，個性重視の原則にもとづく生涯学習
政策への転換，大学設置基準の大綱化，大学図書館機能およびその専門的職員
の目的・設置規定の大学設置基準への追加，大学の自己点検・評価活動の導入，
国公立大学の法人化，学部における"教養教育"の理念の提示，大学の第三者
評価の導入等を通じて，アメリカ型に近い大学組織・体制へと組織改革が実施
されてきたことである。

3.3.1.3　専任職員数の減少・非専任職員数の増大・業務委託の拡大

　"第3期　情報専門職論議期"の平成7年（1995）以降の特徴として，専任
職員数の減少，非専任職員数の増大，業務委託の拡大が挙げられる。

　日本の大学図書館ではパートタイマー・派遣職員等の非専任職員が増員され，
平成7年（1995）以降，専任職員数が減少した。その後に少子化問題，大学財
政の逼迫等によりコスト削減が緊急の課題となったため，平成12年（2000）
頃から，特に私立大学図書館で業務委託が急速に導入され[184]，専任職員，臨
時職員ともに削減された。この動向に関する統計データの推移は，第2章の
"3.1　大学図書館職員数の推移"を参照願う。

　平成19年（2007），牛崎進は「アウトソーシングと大学図書館論」（2007）で，
大学図書館専門職員の専門職化が停滞したまま業務委託が進行する原因として，
敗戦後に大学教員に新しい大学教育制度や大学図書館の重要性について教育し
なかったことを挙げた[185]。平成20年（2008），作野誠は「専任職員と委託ス
タッフの連携による効果的なサービスの提供：愛知学院大学医科歯科・薬学図
書館情報センターにおけるガイダンス実施の例」（2008）で，①業務委託によ
って大学図書館の当該業務に関する人材育成の機会が失われること，②大学図
書館における業務委託の進行と大学図書館専門職員の資格・基準・教育の不明
確さとが連動している可能性のあることを示唆した[186]。同年，佐藤翔，逸村
裕は「大学図書館における外部委託状況の量的調査」（2008）で，業務委託の
拡大に関する質問紙調査の結果から，①平成19年（2007）の時点で大学図書
館での業務委託は積極派と消極派の二極化が進んでいること，②都市部の中規
模私立大学でもっとも業務委託が進んでいることを指摘した[187]。

　岩猿は「大学図書館員の育成と図書館学教育」（1973）で，①アメリカの大

119

学図書館では業務分析にもとづく専門職業務からの非専門職業務の分離によって，図書館職員における専門職の占める比率を低くおさえる傾向があること，②日本の大学図書館では司書資格をもつ者の比率は年々高くなっていくのに，アメリカでは専門職の比率は低くなるというきわだった対照を示していることを指摘した[188]。

　岩猿のこれらの指摘については，次の二つの事項に留意する必要がある。

　第一に，日本の大学図書館では専門的業務からの非専門的業務の分離が十分に実施されず，むしろ専任職員と非専任職員という身分の分化によって，あるいは業務委託の導入によって，人件費削減問題の解決のみに焦点が当てられる傾向にあったと考えられる。身分の分化と業務委託の導入だけでは，大学図書館専門職員の専門職化という課題の解決には必ずしもつながらず，大学図書館専門職員の業務分析を通じての専門職化の課題は，教育体制の整備の課題とともに取り残されたかたちとなった。

　第二に，司書資格を付与する日本の司書課程・司書講習と，修士以上の学位を付与するアメリカ大学図書館のライブラリアンの図書館情報学課程とは相当な隔たりがある。アメリカの大学図書館職員における図書館情報学等の修士以上の学位をもちファカルティ・ステータスを有するライブラリアンの比率が低く抑えられる傾向と，日本の司書資格をもつ者の比率が高くなる傾向とは，同列に並べて比較できない内容であった。

3.3.2　論議の展開

　以上を背景として，"第3期　情報専門職論議期"における論議の展開を示す。全ての館種の図書館を対象として論議が展開された"第2期　専門職論議期"とは異なり，"第3期　情報専門職論議期"では大学図書館のみを対象として論じられることが多くなった。

　"第3期　情報専門職論議期"の論議に特に影響を与えた事象として，情報通信技術の高度化が挙げられる。本書では情報通信技術の高度化の度合いを基準にして，第3期を昭和49年（1974）から平成6年（1994）までの前期と平成7年（1995）から平成22年（2010）までの後期に分けて論稿を分析する。

　"第3期　情報専門職論議期"前期の背景の特徴として，①全国の大学図書

第3章　どのような大学図書館専門職員の論議が展開されてきたのか

館，研究機関等を構成要素とする学術情報システム・ネットワークが構築・整
備されたこと，②大学図書館の機能および大学図書館専門的職員の目的と設置
が初めて大学設置基準（改正平成3年6月3日文部省令第24号）に定められたこ
とが挙げられる。

　前期の主要な論者は，岩猿・大城，原田勝・永田治樹，光斎重治・日本図書
館協会であった。検討の結果，"第3期　情報専門職論議期"前期の論議の展
開における主要な事項として，（1）大学図書館専門職員の専門職化の課題，
（2）アメリカ大学図書館のライブラリアンとの比較，（3）大学図書館機能の改
革の必要性，（4）現職の大学図書館専門職員をそのままで専門職と捉える考え
方，（5）日図協における司書資格・教育の方針転換を抽出した。これら五つの
事項に沿って論議の展開の内容を分析する。

3.3.2.1　論議の展開前期：昭和49年（1974）～平成6年（1994）

（1）大学図書館専門職員の専門職化の課題

　大学図書館専門職員の専門職化の課題については，主に岩猿，大城によっ
て"Philosophy of Librarianship"，主題専門家，大学図書館の専門職専任館長論，
図書館学と情報学の関係・日本の図書館現場への批判・歴史や理論研究と政策
論との関係が論議された。

（1）-1　"Philosophy of Librarianship"

　昭和52年（1977）3月，関西大学文学部の岩猿は「Philosophy of librarian-
ship について」（1977）で，歴史上，図書館学成立の媒介となった"philosophy
of librarianship"の概念に着目し，"philosophy of librarianship"がライブラ
リアンの本質の自覚，図書館学の形成，専門職としてのライブラリアンの成立
に不可欠な役割を果たしたことを指摘した[189]。しかし，"philosophy of librar-
ianship"の意味，定義は明らかにされなかった。

　昭和52年（1977）6月，ミシガン大学図書館の大城は「アメリカにおけるラ
イブラリアンシップの発達：大学図書館司書の専門職化研究（1）」（1977）で，
アメリカのライブラリアンの専門職化過程にライブラリアンシップの学問化が
深く関わったことを指摘した[190]。しかし，大城もライブラリアンシップの意

121

味，定義を示さなかった。

　昭和52年（1977）の同時期に，岩猿と大城はそれぞれ，欧米の大学図書館
ライブラリアンの専門職化や図書館学の形成に "philosophy of librarianship"
の概念形成が深く関わったことを示した。両者の研究によって，日本では逆に
"philosophy of librarianship" に相当する概念の存在しないことが明確にされ
たといえる。ただし，両者の研究では "philosophy of librarianship" の意味，
定義が解明されず，今後の課題として残された。

（1）-2　主題専門家 （subject specialist/ Information Officer）

　昭和53年（1978）10月，岩猿は「プロフェッションとしての大学図書館員
の問題」（1978）で，"資料を知る" 専門職としての大学図書館専門職員の課題
に焦点を当て，①アメリカの大学図書館では主題専門家（subject specialist）が
主題領域の研究者とは異なる別個の活動領域を発展させたこと，②この主題専
門家の活躍が，ライブラリアンの専門職化に大きく貢献したことを指摘した[191]。
さらに，日本の大学図書館の主題専門家の発展を妨げている要因として，①開
架式閲覧方法でないこと，②業務部門が機能別に編成され，組織体の組織原理
が官僚制構造をとっていることを挙げた。

　岩猿によれば，官僚制構造では下位の者は委譲された権限の範囲内において
のみ行動することを期待されるため，自律的な "プロフェッション" を含む組
織体の原理としては適当でなく，官僚制構造が主題専門家の発展を妨げる面が
あった。アメリカ大学図書館ではこの組織問題に，図書館の意思決定のいろい
ろな段階に "プロフェッション" のライブラリアンを積極的に参加させる対応
策の取られていることが紹介された。他方，昭和30年代後半（1960年代）か
ら日本の国立大学図書館に導入された部課長制は官僚制の強化を意味するため，
専門職化と矛盾する組織改正であったと評価された。

　平成元年（1989）12月，斎藤陽子は「英国の大学図書館における主題専門
制」（1989）で，イギリス大学図書館での主題専門制の組織形態を分析し，①
1960年代から主題専門制による主題専門員の配置がどのように進められたの
か，②情報量の増大，情報技術の進展につれて1960年代後半に主題専門家
（Information Officer）がどのように配置されたのかを明らかにした[192]。斎藤は，

Information Officer のような大学図書館の主題専門家はそれまでの主題専門員のように直接利用者の要求に応えるだけでなく，主題分野の情報の範囲，性格，利用形態等に関する知識を情報の収集，処理，加工，検索等の技術に反映させていく役目を負うものであったことを示した[193]。

　なお，ここでは，イギリスに関する事項であるため，日本の元号の表記は割愛した。

　"第2期　専門職論議期" の昭和40年代後半（1970年代前半）に見てきたように，調査研究委員会は貸出中心主義の考え方にもとづいて資料の提供・整理業務を図書館業務の中心と捉え，情報提供サービスへの取り組みを牽制した。しかし，斎藤が示した昭和30年代後半以降（1960年代以降）のイギリス大学図書館での主題専門員や Information Officer による情報提供サービスの展開や発展の経緯と日本の状況を対比させると，イギリスの大学図書館で情報提供サービスの発展，高度化が図られていた時期に，日図協調査研究委員会は日本のすべての館種の図書館を対象に資料提供と整理業務中心の方針を取り，情報提供サービスの拡充を抑制したことが分かる。貸出中心主義の方針は，情報通信技術の高度化に対応した大学図書館改革の動きを抑制させる力となって影響を及ぼしたことが推察される。

（1）-3　大学図書館の専門職専任館長論

　昭和57年（1982）5月，岩猿は「大学図書館長論」（1982）で，日本の大学図書館における教授兼任館長制の現状に対して，究極的には専門職専任館長制にするべきこと，その方針の上で当面取るべき施策は教授専任制を目指すことであると指摘した。教授専任制の実現によって，大学図書館専門職員が教授となった上で専門職専任図書館長となる道を拓こうとしたのであった[194]。

　"1-1　専門職論議準備期" で見てきたとおり，大学図書館の教授兼任館長制の問題は戦後早くから指摘されていた。岩猿の指摘は教授兼任館長制をどのように改革して，大学図書館専門職員による専門職専任館長制に移行させていくかを示唆したものであった。他方，日本の大学図書館が究極的には専門職専任館長制へ移行するためには，司書資格の付与を目的とする教育水準では不十分であることは明らかであった。しかし，岩猿はこの論稿で，日本の大学図書館

123

専門職員が館長に相応しい資格，教育，学位，見識をもたず，そのための教育が欠如している問題については論じなかった。

昭和 57 年（1982）5 月，京都産業大学図書館の大城は「大学図書館における司書の専門性」(1982) で，当時の大学図書館の世界的動向を踏まえ，大学図書館長制の問題を視野に入れて，司書の専門性の中に大学図書館の運営管理分野の知識・技術も加えるべきことを指摘した[195]。しかし，運営管理の知識・技術の具体的内容には言及しなかった。

(1)-4 図書館学と情報学の関係・日本の図書館現場への批判・歴史や理論研究と政策論との関係

昭和 63 年（1988），岩猿は「わが国における図書館学教育の諸形態と問題点」(1988) で，図書館学と情報学との関係について①両者は独立の学問であってどちらかが他の学問の一部というような関係ではなく，相互に重なり合う領域を持つとともに重なり合わない分野をそれぞれが持っていること，②図書館学教育の分野にいかに情報学をとり入れていくかが，図書館学教育のカリキュラム構築の上で重要な問題であることを指摘した[196]。

平成 5 年（1993），岩猿は「日本における図書館学の歩み」(1993) で，図書館の現場が図書館学の歴史研究，理論研究の成果を無視する傾向を批判した[197]。そして，研究と現場の関係について①研究と現場は常に対等の緊張関係をもつべきであること，②現場における運動論は歴史や理論研究に基づく必要があること，③歴史や理論研究は運動論の手段として御用学問化されるのではなく，運動論を批判，修正しうるものでなければならないことを指摘した[198]。図書館の現場が図書館学の歴史研究，理論研究を無視する傾向とは，具体的には，日図協やその関係団体の貸出中心主義等の運動論が図書館学の歴史や理論研究にもとづかず，それらの研究成果を反映させてこなかったことを含むと推察される。

また岩猿は同じ論稿で，図書館学の歴史・理論研究と政策論との関係について，①図書館学は社会科学の一分野であること，②したがって社会科学である図書館学は歴史研究，理論研究，政策論の三分野が相互に緊密な関係を保って発展していくべきであること，③歴史や理論研究に支えられない政策論はたん

なる思いつきやイデオロギー論に終わる危険性があること，④政策論の媒介によって歴史や理論研究は観点や理論の修正を迫られることを示した。

　以上の岩猿の指摘は，日本の図書館の現場と図書館学に対する批判を含んでいた。批判の内容は図書館学という学問の基本的位置づけから論じた図書館の現場と図書館学の関係における問題であった。そして，関係を改善するために必要な考え方を示唆した。

（2）アメリカ大学図書館のライブラリアンとの比較

　"第3期　情報専門職論議期" 前期では，大城がアメリカ大学図書館のライブラリアンと日本の大学図書館司書職を比較して論議した。なお，これから取り上げる一連の論稿で大城はアメリカのライブラリアンに "大学図書館司書" の用語を用いているが，本書ではその用語の定義により "ライブラリアン" の用語を用いる。また，大城は "専門職化" の用語も用いているが用語の定義が必ずしも明確でなく，本書の専門職化と同じ意味では用いていない可能性がある。このため，大城の論稿でこの用語が用いられた時は "専門職化" と引用符を使って表記する。

（2）-1　"専門職化" の比較

　昭和52年（1977）6月，ミシガン大学図書館の大城は「アメリカにおけるライブラリアンシップの発達：大学図書館司書の専門職化研究（1）」（1977）で，アメリカにおけるライブラリアンシップの学問化の観点からライブラリアンの "専門職化" 過程を示した。その上で，アメリカと日本を比較すると，昭和50年（1975）頃の日本の大学図書館司書の状況はウィリアムソン報告が提出された大正9年から昭和4年（1920年代）のアメリカ大学図書館職員の状況に相当すると指摘した[199]。ライブラリアンシップの学問化の観点から日米の図書館職員の状況を比較することによって，大城は日本の大学図書館司書の "専門職化" の度合いを指摘することができたといえる。

　大城はアメリカにおけるライブラリアンシップの学問化の研究結果から，日本の課題として多数の大学に図書館学科を設置することを挙げた。しかし，図書館学科の設置を可能にするためにはどのような条件が必要なのかという問題

には言及しなかった。

　また，アメリカと比較して，日本にはカーネギー財団やアメリカ図書館協会に匹敵する団体がなく，アメリカのライブラリアンシップの学問化過程に重要な役割を果たした諸団体と日本の関係団体を同列には論じられなかったといえる。しかしこうした条件の違いが，日本の大学図書館司書の“専門職化”過程にどのような影響を及ぼしたのかについて大城は言及しなかった。

（2）-2　待遇の比較

　昭和53年（1978）3月，京都産業大学の大城は「アメリカにおける大学図書館司書の待遇の変遷：大学図書館司書の専門職化研究（2）」（1978）で，大学図書館には専門的業務と非専門的業務があることを示し，その認識に立った上で業務分析をするべきであると指摘した[200]。大城の見解は館長会議や岩猿と同様の見解であり，調査研究委員会の見解とは対立する立場であった。

　さらに大城は待遇の観点からアメリカのライブラリアンと日本の大学図書館司書を比較して次の事項を指摘した[201]。

　第一に，昭和20年代後半から昭和30年代前半（1950年代）のアメリカ大学図書館のライブラリアンと昭和40年代後半から昭和50年代前半（1970年代）の日本の大学図書館司書の待遇がほぼ同じ水準にあることを示した。その上で両者を比較して，①学術情報量の膨大さと専門司書の需要と供給のアンバランスという点は両者に共通していたこと，②アメリカの大学ではライブラリアンへの需要を満たすためにライブラリアンの待遇を改善し，有能なライブラリアンの獲得に努めたこと，③日本の大学ではこれに相当する動きがなかったことを指摘した。

　第二に，専門司書の需要に対する日米の対応の違いをもたらした要因として①日本に有能な大学図書館司書を供給する教育機関がほとんどなかったこと，②図書館学が修士レベルの学問にまで発達していなかったこと，を挙げた。

　大城は日米の比較から，日本の大学図書館司書の“専門職化”における二つの教育問題を導き出したといえる。大学図書館専門職員の教育体制の欠如と図書館学の水準の低さである。

第3章　どのような大学図書館専門職員の論議が展開されてきたのか

（2）-3　日本の大学図書館専門職員の評価

　昭和54年（1979）9月，大城は「『専門職』に関する一考察：大学図書館司書の専門職化研究（3）」（1979）で，アメリカのライブラリアンと日本の大学図書館司書を比較し，日本の大学図書館司書がアメリカでの専門職の水準に及ばず，準専門職の水準にも達していないことを指摘した[202]。この論稿で日本の大学図書館司書の"専門職化"の水準がアメリカのライブラリアンの水準と比較して，専門職でも準専門職でもないことが示されたのである。

　本書の大学図書館専門職員に関する論稿調査では，日本の大学図書館司書の水準を評価した論稿は，市川と大城の論稿だけであった。市川は，「図書館員の専門職制」（1970）で，日本の図書館専門職員が，教師の水準である準専門職よりもさらに低い水準にあることを指摘した。市川と大城の評価はほぼ一致したことになる。

　大城は，準専門職よりもさらに低い水準にある日本の大学図書館専門職員を"専門職化"するためには，教育を改革することと職能団体を形成することが必要であること，現行の司書講習をもとに司書職の"専門職化"を図る方針は適切でないことを指摘した[203]。これは現行の司書課程・司書講習を大学図書館専門職員の専門教育と捉える日図協調査研究委員会の方針への批判と考えられる。

　なお，大城のこの論稿では，専門職がprofessionの訳語と定義された。ただし，司書の用語の定義は示されず，アメリカのライブラリアンにも日本の大学図書館司書と同じ"司書"の用語を用いた。

　昭和55年（1980）1月，大城は「『準専門職』とアメリカの大学図書館司書：大学図書館司書の専門職化研究（4）」（1980）で"準専門職"の概念を導入し[204]，日本の司書職はまず"準専門職"を目指すべきこと，あるいは"準専門職"を経由した後に専門職を目指すべきことを提起した。この論稿で，日本の司書職とアメリカ等のライブラリアンとの比較による評価・位置付けにもとづいて，日本の司書職はまず準専門職の水準を目指すべきであるという指針が初めて導き出されたといえる。

　さらに，欧米流の専門職論が日本にはそのまま当てはまらないことを大城は指摘した。日本の司書の"専門職化"を検討する際にはアメリカ等の専門職論

127

をそのまま当てはめるべきではないという指摘は，図書館技術のみを直輸入してきた日本の図書館の現場を批判し，図書館技術の背後にある社会・歴史・文化の違いを認識する必要性を指摘した岩猿の考え方と共通する面があった。

（2）-4　大学図書館司書に必要な専門性

　昭和 57 年（1982）5 月，大城は「大学図書館における司書の専門性」（1982）で，当時の大学図書館の世界的動向を踏まえた上で，次の事項を指摘した[205]。①日本の分類目録が主題アプローチ用目録としてその機能を果たしているか疑問であること，②国際的な目録界は MARC（machine readable cataloging，機械可読目録）[206] 時代であり，日本の大学図書館も将来手作業による目録作成は廃止され，コンピュータを利用した MARC もしくはオンライン・カタログになること，③目録担当者には分類や目録の本質的機能の理解と同時に，目録の標準化，MARC，ネットワークの意義の理解が求められること，④レファレンスサービス担当者にはコミュニケーション理論や心理学の知識が要求されること，⑤利用者を知り大学図書館サービスを深化させるためには，利用者を科学的に調査・分析するための高度な専門的知識と技術が必要であることである。

　本書の調査の及ぶ限りでは，大城は情報通信技術の高度化によって大学図書館司書の専門性に新しく加えられた知識・技術の内容を国際水準に照らして初めて具体的に示したといえる。大城が示した大学図書館司書に求められる専門性の内容は，図書館の問題調査研究委員会がすべての館種の図書館を対象にして検討した "図書館員の専門性" の内容（利用者を知ること，資料を知ること，利用者と資料を結びつけること）とは水準も質もまったく異なる内容であった。大城が示した国際水準での大学図書館司書の専門性に照らすと，調査研究委員会の示した "専門職としての司書職" における "図書館員の専門性" は，少なくとも大学図書館においては役に立たない内容であったといえる。

　大城によって示された大学図書館司書に求められる専門性の内容で，他に注目される事項は次の 3 点である。

　第一に，利用者を知るためには利用者を対象とする科学的な調査・分析が必要であること，科学的な調査・分析のためには質的量的調査法等の高度な専門知識と技術を要することである。図書館情報学研究者による図書館を対象とす

第3章　どのような大学図書館専門職員の論議が展開されてきたのか

る科学的な調査・分析は日本でも行われてきた。しかし，現職の図書館司書に
よる科学的な調査・分析が実施されることは少なく，その必要性が図書館関係
者に認識されてきたことを示す論稿は他に見つからなかった。本書の調査の及
ぶかぎりでは，現職の図書館司書による利用者を対象とする科学的な調査・分
析の必要性が大城のこの論稿で初めて明確に指摘されたといえる。

　第二に，レファレンスサービス担当者には図書館情報学のレファレンスサー
ビスに関する知識・技術だけでなく，コミュニケーション理論や心理学の知識
が要求されることである。こうした他の学問領域の内容を図書館情報学の教育
カリキュラムに取り込むことの必要性が指摘されたのである。

　第三に，大学の1時間の講義に対して求められる2時間の予習・復習など，
学修方法の理解の上に立って，①学生の自主学習のためには学生が図書館の利
用法に習熟することが必須条件であること，②このニーズに応えるために大学
図書館司書が文献探索法・調査法の講義を行うべきであることを指摘したこと
である。ここで大城は，大学教育における学生の自主学習の位置付けや重要性
を踏まえた上で，自主学習の場としての大学図書館機能を示した。そして，学
生の自主学習のためには学生が図書館利用法・資料収集法に習熟することが必
須であることから，大学図書館司書が学生に文献探索法・調査法等の講義を行
うべきであることを指摘した。つまり大学図書館専門職員が教育的機能を担う
べきであることの論拠が示されたのである。

　岩猿はアメリカ大学図書館のライブラリアンに関する歴史的研究の成果にも
とづいて，大学図書館専門職員の専門職化のためには図書館専門職員が教育的
職務を担う必要のあることを指摘した。大学図書館の機能を発揮するためには
大学図書館専門職員が教育的機能を担う必要のあることの論拠が大城のこの論
稿で示されたことは，岩猿の見解を補強する意味をもつといえる。

　以上がアメリカ大学図書館のライブラリアンと日本の大学図書館司書の比較
に関する論議であった。次の大学図書館改革の必要性では，主に原田勝，永田
治樹が論議した。

（3）大学図書館改革の必要性

　"第3期　情報専門職論議期"前期の特徴は図書館業務の機械化が進み，シ

ステムのネットワーク化が図られたこと，OPAC,・CD-ROM・データベースが導入されたことである。この変化に対応するため，学術情報センターを中心に日本の学術情報システム・ネットワークや電子図書館プロジェクトが構築され，各大学図書館で多様な情報提供サービスや利用者教育が実施された。こうした大学図書館機能の変化にともなって，大学図書館専門職員に求められる知識・技術・能力も変化した。情報提供サービス，教育的職務，学術情報基盤システムの構築を担うことのできる新しい能力が求められたのである。

変化する環境への対応が求められるなかで，学術情報システム・ネットワークや電子図書館構築の推進者が，情報通信技術の高度化に対応するために大学図書館機能を高度化させる改革や改革のために大学図書館専門職員の能力の高度化が必要であることを論稿や講演で関係者に説明した。主な論稿には，原田勝による「大学図書館の将来」(1990)[207]，「情報ネットワークの進展と大学図書館」(1994)[208]，永田治樹による「OPACの展開：次世代の図書館像を求めて」(1991)[209]，「大学図書館における自己点検・評価の枠組みと尺度について」(1994)[210] 等がある。

以上の論議は，いずれも大学図書館専門職員の専門職化を図る観点からの論議であった。これに対して，現職の大学図書館専門職員を現状のままで専門職とみなす考え方があった。この考え方は，大学図書館専門職員の専門職化の推進に取り組まないで現状維持のままにおくことによって，結果として，専門職化を停滞させる効果をもたらす考え方であったといえる。

（4） 現職の大学図書館専門職員を専門職とみなす考え方

中部大学の光斎重治は「いま，求められる司書とは：大学図書館の立場から」(1988)[211] および「大学設置基準の大綱化と図書館の専門的職員」(1993)[212] で，次の特徴ある見解を述べた。

第一に，光斎は"専門職"を"プロフェショナル"と言い換えており，専門職を定説である profession の訳語ではなく，professional の訳語と捉えた。しかし，自分が考える専門職＝プロフェショナルの定義を示さなかった。このため，光斎がこれらの用語で具体的に何を意味したのかが明確でなかった。

光斎は一部の優れた整理技術を持つ大学図書館の専門家をさして，"従来か

第3章　どのような大学図書館専門職員の論議が展開されてきたのか

らも専門職的な司書は存在した"213) と述べた。しかし本書の用語の定義によるならば，ここでは "専門職的な司書" ではなく "専門家の司書" と記述するべきであった。整理技術は専門職の水準の技術ではなく専門家の水準の技術であるためである。このように光斎の考え方には専門家と専門職，専門性と専門職性の概念の混同が見られ，専門職は専門家とは異なること，専門家の技術では専門職は務まらないことが十分認識されていなかったことが分かる。

　第二に，光斎が "専門職＝プロフェショナル" の司書の要素として示したものは，日本の現職の大学図書館専門職員が行っていた業務のうちの資料提供・整理業務と重なっていた。光斎は "専門職＝プロフェショナル" の要素としてレファレンスサービス，利用者教育等の情報提供や教育的職務に関わるサービスには言及しなかった214)。したがって光斎によれば，"専門職（プロフェッショナル）としての司書の要素" は資料提供・整理業務に携わる現職の大学図書館専門職員の業務と同じであったことになる。

　「大学設置基準の大綱化と図書館の専門的職員」(1993) では，"われわれの感覚では，大学図書館の司書は当然専門職であって" と述べ215)，光斎は現職の大学図書館専門職員の業務の水準をそのままで専門職の水準と捉えた。

　大学設置基準改正の方針を定めた大学審議会大学教育部会の「大学教育の改善について（答申）」(1991) には，"[大学] 図書館の機能を強化するためには，司書のほか，コンピュータによる情報処理，データベース・サービス，古文献・専門分野別文献処理等を担当する専門職員を適切に配置することが重要であり，このような観点から，専門的職員その他の図書館専任職員の配置が必要である旨の規定を新たに設ける"216) という論述が含まれていた。光斎は，答申の上記論述にもとづく大学設置基準の改正を "特に新しいことを要求しているのではなく，大学図書館司書の専門性を改めて確認したと理解すべきものと思われ，われわれの業務が authorize されて成文化したと見るべきである"217) と解釈した。

　しかし，上記の論述は情報通信技術の高度化などにともない，司書以外にも専門的職員が必要であることを指摘し，その具体例を示したものと解釈される。そう解釈する理由は，論述の中に "司書のほか" という文言があるためである。この文言から，情報通信技術の高度化などにともない新たに必要になった大学

131

図書館機能であるコンピュータによる情報処理，データベース・サービスなど
は司書課程・司書講習の枠組みで教育された大学図書館"司書"だけでは十分
に強化できないと大学審議会大学教育部会が考えたと解釈できる。

　現職の大学図書館専門職員をそのままで"専門職＝プロフェショナル"であ
ると捉え，大学図書館専門職員の現状を追認する光斎の考え方は，現職の公共
"図書館員"が業務上必要と考える専門性の範囲内で"図書館員の専門性"を
検討した調査研究委員会の考え方と同質の内容であったといえる。両者の考え
方は，いずれも現状を超えることのない"専門性"の考え方であった。こうし
た現状の追認は図書館専門職員の専門職化を停滞させる影響をもたらしたと考
えられる。なぜなら，大学図書館専門職員の専門性として新しい知識・能力・
技術が求められていたこの時期に，現状の職務がそのままで"専門職＝プロフ
ェショナル"として追認されたためである。この追認は，大学図書館専門職員
が大学や社会から求められていた新しい能力を認識し，身に付ける機会を狭め
る影響を及ぼしたと考えられる。

　第三に，光斎は「大学設置基準の大綱化と図書館の専門的職員」(1993)[218]
の最後の部分で，努力こそが専門職の証であるという考え方を示した。この考
え方には大学図書館専門職員の努力する姿，これだけやっているという心情な
どで専門職の証を示そうとする精神論の傾向がみられる。こうした"努力する
姿"の有無で専門職かどうかを判別する考え方は，日本社会の人間関係や組織
を動かしていく文化の一面といえる。しかし，努力を専門職の証と捉える精神
論は，第三者からみると通用しない考え方であったといわざるをえない。一般
に，当人がどんなに努力しても，専門職の資格をもたず，その仕事の水準が専
門職の定義の水準に達しなければ専門職とは認められないためである。

　以上が，光斎による現職の大学図書館専門職員を専門職とみなす考え方であ
った。

　次に，日図協における司書資格・教育に関する方針の転換について述べる。
調査研究委員会は，平成2年（1990）の時点でも司書資格をもつ者の比率を大
学図書館"専門職"の指標と捉えていた。他方，平成4年（1992），調査研究
委員会によるこうした司書資格・教育を堅持する方針を転換させようとする動
きが日図協の内部から起こった。

第3章　どのような大学図書館専門職員の論議が展開されてきたのか

（5）日本図書館協会における司書資格・教育の方針転換

　平成2年（1990）12月，日図協調査研究委員会は「『大学図書館員実態調査』の報告」（1990）を公表した。この調査は『日本の図書館　1989』の付帯調査として実施されたもので，昭和61年（1986）4月から平成元年（1989）3月までの日本の大学図書館職員の採用・異動等に関する悉皆調査であった[219]。

　調査研究委員会はこの調査の報告で，「大学図書館員実態調査」の"司書資格をもつ者の異動"に関する設問の意図が，"われわれ［調査研究委員会］が考える「専門職」をめざす一つの"里程標"・「司書有資格者」ということが異動の際どれほど考慮されているか"[220]をみることにあったと説明した。さらにこの調査報告の最後で，"わが国の大学図書館では，その職員構造に深刻な事態がおき，なお進行している。図書館職員はふえているのに司書資格をもつ者が減っているという現象はその最たるもので，このほか今回の調査では扱わなかったが，定員外職員，アルバイト，派遣職員もふえている"[221]と結論した。

　以上の報告内容から，調査研究委員会は情報化が進んだ平成元年（1990）の時点でも，大学図書館職員のうち司書資格をもつ者の比率を大学図書館"専門職"の指標として用いていたことが分かる。

　同じ頃，原田や永田は機械化，デジタル化，システムのネットワーク化に対応した大学図書館機能の改革の必要性を指摘していた。昭和43年（1968）の改定以来，教科内容が改訂されないままの司書資格を大学図書館の"専門職"の資格とみなす調査研究委員会の考え方では，当時の大学図書館に要請されていた機能やサービスの改革を大学図書館専門職員が担うことは困難であった。

　このような状況にあって，平成4年（1992）9月，日図協常務理事，『図書館雑誌』編集委員長の酒川玲子は「司書資格等の要件拡大をめざす：生涯学習審議会答申の投げかけたもの」（192）と題する記事を『図書館雑誌』に公表した[222]。その記事で，①平成4年（1992）7月30日付で，新聞各紙が生涯学習審議会の答申「今後の社会の動向に対応した生涯学習の振興方策について」に関して報道したこと，②そのなかで，司書資格を定めた法令から資格取得の基準である大学卒の規定をできる限りなくす方向で，生涯学習審議会が検討を始めたことを『朝日新聞』が報じたこと[223]，③光華女子大学教授の森耕一はこの新聞発表の直後に『図書館雑誌』編集委員会へ意見を寄せたことを伝えた。

133

同じページに公表された森の意見は①公立図書館の司書・司書補における職務内容の限局，資格の安直な付与という危機的状況，②日図協が図書館法（昭和25年4月30日法律第118号）の司書よりも水準の高い専門職制度確立の方策を直ちに検討することの提案，③日図協による検定試験と専門職制度を検討する委員会設置の必要性の緊急な訴えという内容であった[224]。

酒川の記事と森の意見の公表は，平成4年（1992）の時点で日図協の一部の理事や関係者から現行の司書資格・教育よりも高度な資格・教育の制度を創ろうとする動きが起きたことを示す点で注目される。この動きは，調査研究委員会による司書資格・教育を堅持するそれまでの方針と対立する動きであった。

なお，森の提案では“専門職制度”という用語が用いられたが，その意味内容は説明されなかった。

次に“第3期　情報専門職論議期”後期における論議の展開を分析する。

3.3.2.2　論議の展開後期：平成7年（1995）～平成22年（2010）

平成7年（1995）9月，京都産業大学図書館の横山桂は「大学図書館とその専門的職員」（1995）で，もはや専門職とは何かについて論議する段階ではなく，専門職制度を実現させる段階であることを指摘した[225]。横山のこの発言は“第3期　情報専門職論議期”後期の開始年を象徴するものであった。この発言の背景には，インターネット等の普及によるそれまでとは質の異なる情報通信技術の高度化に対応した大学図書館機能の高度化と高度化を担える情報専門職の設置に対する大学，行政，社会からの要請があったと考えられる。

“第3期　情報専門職論議期”後期の日本社会で，図書館情報学等の専攻課程の大学院で修士以上の学位を取得し，高度な知識・技術・能力を要する職務に就く図書館専門職員を情報専門職と呼ぶことは，アメリカ等で同様の学位を取得し，高度な知識・技術・能力を要する職務に就くライブラリアンをinformation profession/ professionalと呼ぶこととそれほどかけ離れていないと考えられる。そこで平成7年（1995）以降の後期では，修士以上の学位の取得と高度な知識・技術・能力を要する職務の遂行という二つの要件を満たす日本の大学図書館専門職員にも情報専門職の用語を用いることにする。

第3期の“3.3.1　背景”で指摘した状況のなかで，平成7年（1995）以降の

第 3 章　どのような大学図書館専門職員の論議が展開されてきたのか

論議がどのように展開したのかを示すために論稿の内容を分析した。その結果，論議された主な事項として，（1）大学図書館専門職等の定義，（2）現行の資格等の実態，（3）大学図書館専門職員の教育，（4）設置・教育の体制を整備する必要性を抽出した。これら四つの事項ごとに論議の展開を示し，最後に前期と後期の内容をまとめる。

（1）大学図書館専門職等の定義

"第 3 期　情報専門職論議期"後期では，大学図書館専門職等の定義はアメリカ大学図書館の情報専門職の水準に匹敵させたものが主流となった。

（1）-1　アメリカ等のライブラリアンのプロフェッショナル・ステータス

平成 7 年（1995）9 月，図書館情報大学図書館情報学部の永田は「人的資源経営（図書館における人材育成計画の設計）：Fielden レポートの指摘」（1995）で，図書館専門職を職業団体と教育機関とが連携して制度を確立しているアメリカ等のプロフェッショナル・ステータスであると定義した[226]。この定義の場合，図書館専門職になるための専門教育は大学院修士以上の教育課程である Library School で実施され，その修了生が図書館に設置される。図書館専門職である上級ライブラリアンの職位にはこの資格とキャリアが要件となる[227]。

医者や弁護士を専門職の典型とする従来のアメリカの専門職論では，グッドの論稿にみられたようにアメリカのライブラリアンは専門職ではないと評価されることがあった。これに対して永田の定義では，図書館専門職は Library School 等での大学院修士以上の学位をもち，プロフェショナル・ステータスにあるライブラリアンである。永田の定義を適用すると，今日の日本の大学図書館専門職員のうちにも少数ではあるが図書館専門職に相当する者が存在する。つまり，大学図書館専門職員が図書館情報学等の大学院で修士以上の学位を取得し，所属する大学でアメリカ大学図書館のプロフェッショナル・ステータスに相当する地位を獲得した場合がその例であるといえよう。

平成 11 年（1999），慶應義塾大学文学部教授の髙山正也は，「電子図書館時代における大学教育と図書館の教育支援」（1999）で，図書館・情報リテラシー教育が電子化された大学図書館と職員の専門職化を大きく発展させる可能性

135

があると述べた[228]。また，大学図書館専門職員が教授会の承認を経て情報リ
テラシー教育を担当するために求められる条件は①修士以上の学位をもつこと，
②査読誌への掲載論文が数点あること，③優れた人物で識見があることである
と指摘した。

　大学図書館専門職員が大学教授会の承認を得て情報リテラシー教育を行うた
めには，大学教員と同じ水準の学位，研究業績，識見が求められることを髙山
は指摘した。髙山が指摘した条件は，永田による図書館専門職の定義と同等の
条件であった。次に述べる長澤はアメリカの新しいライブラリアン像であるブ
レンディッド・ライブラリアン（Blended Librarian）を紹介した。

　平成 19 年（2007）8 月，長崎大学教育機能開発センターの長澤多代は「情報
リテラシー教育を担当する図書館員に求められる専門能力の一考察：米国ウエ
イン州立大学の図書館情報学プログラムが開講する『図書館員のための教育方
法論』の例をもとに」（2007）で，平成 12 年以降（2000 年代）のアメリカに現
れた，大学で情報教育を担当するブレンディッド・ライブラリアンという新し
いライブラリアン像を紹介した[229]。ブレンディッド・ライブラリアンとは図
書館および情報に関する技能に加えて，授業設計や教育工学に関する知識，指
導のための諸資源とその開発・普及の動向に関する知識を兼ね備えたライブラ
リアンを意味した[230]。その教育水準はアメリカの Library School で修士以上
の学位を有するレベルと同じになる。

　他方，司書資格をもつ大学図書館員が"専門職"であると定義する論稿が，
第 3 期の後期でも見られた。

（1）-2　現行の司書資格等をもつ大学図書館職員

　平成 7 年（1995）9 月，横山は「大学図書館とその専門的職員」（1995）で，
専門的職員の用語を司書・司書補の資格をもつ大学図書館職員であるか，国家
公務員試験"図書館学"合格者で国立大学図書館の業務に従事している者であ
ると定義した[231]。この専門的職員の定義では，公共図書館のための司書・司
書補資格が大学図書館専門的職員の資格として扱われ，大学図書館専門的職員
の資格に司書ばかりでなく司書補も含まれた。司書補は，司書を補佐する職位
であり，専門的職員の水準の職務に従事しているといえるかどうか検証する必

136

要がある。また，大学図書館の業務に従事する者のうち司書・司書補資格をもつ者のみでなく，国立大学図書館職員で国家公務員試験の"図書館学"合格者も専門的職員と定義した。この定義によって横山は，国公私立大学図書館の現職者で司書資格等をもつ者すべてを専門的職員であると定義したといえる。つまりこの定義は，日本の大学図書館専門職員の資格の現状を追認した定義であると捉えられる。

横山はこの論稿で，現行の大学図書館業務に専門性がある証として，大学図書館とその業務が図書館館情報学の研究対象となっていること，現職の大学図書館専門職員が図書館情報学の図書や雑誌に多く執筆していること，図書館に特有の業務はすべて知的な業務であることを挙げた。しかし，学問の研究対象になることが対象そのものに専門性があることの証明にはならない。また，現職の大学図書館専門職員による論稿の水準を評価しなければ専門性がある証とはいえず，図書館に特有の業務には多くの単純労働が含まれるため，図書館に特有の業務がすべて知的な資料・情報に"関わる"業務であることを理由に，それらの業務のすべてが知的業務であるとはいえない。

横山は現行の司書資格は現実の需要を満たすには不十分であり，より高度な資格・教育が必要だと指摘した。しかし，自己が定義した大学図書館専門的職員の資格のどこがどのような理由で，現実の需要を満たすには不十分であるのかは説明しなかった。横山は現職の大学図書館専門的職員の専門性や資格が不十分であるという認識はあったが，その理由を明確に把握していなかったと推察される。

平成10年（1998）12月，文教大学越谷図書館の鈴木正紀は「私立大学図書館員の『異動』に関する覚え書き：大学職員の専門性と大学図書館員」（1998）で，"司書有資格者"を大学図書館の"専門職"と捉えた[232]。この論稿によって，平成10年（1998）の時点でも，司書資格が大学図書館"専門職"の資格であると一部で捉えられていたことが分かる。この事例は"第2期　専門職論議期"以降の日図協調査研究委員会や光斎の考え方を受け継いでいるものと捉えられる。

昭和39年（1964）から開始された国立学校図書専門職員採用試験では，それまでと異なり受験資格から司書資格が除かれた。昭和39年（1964）以降，

国立大学図書専門職員採用試験は，公共図書館のための司書資格から独立した採用試験になったのである。これに対して公私立大学では採用試験の受験資格となりうる資格が無く，国立大学におけるような採用試験時の"図書館学"の専門試験もないまま今日に至っている。このため公私立大学では，昭和39年（1964）以降も大学によっては大学図書館専門職員の募集・採用の際に司書資格を受験・応募資格等として代用することが引き続き行われていた。

　以上のことから，司書資格を大学図書館"専門職"の資格と捉える鈴木の考え方の背景には，第一に，司書資格を大学図書館"専門職"の資格と捉える日図協調査研究委員会等の考え方の影響，第二に，大学図書館専門職員の資格がなかったため公私立大学図書館専門職員の採用の判断基準がないという制約された状況があったと推察される。

　平成7年（1995）9月，鈴木は「大学図書館の職員問題　―専門職制度はなぜ成立しないのか？」（1995）で，"専門職"として評価されるべき大学図書館の"図書館員"は"図書館の仕事を大学職員のキャリアの一つとみなす人は含んでおらず，程度の差はあれ，大学における図書館の機能を理解し，その仕事に情熱を持ちかつ仕事を長く続けたいと思っている人，そのために継続的な研修・努力を惜しまない人を指している"という見解を示した[233]。

　鈴木による専門職として評価されるべき大学図書館の"図書館員"とは，本人の主観的な情熱・努力を判断基準としたものであることが読み取れる。"第3期　情報専門職論議期"前期の光斎と同様に仕事に向かう精神・姿勢を基準として，"専門職"として評価されるべき"図書館員"であるかどうかを判別する精神論の考え方である。アメリカの専門職論の見地から見ると，本人の姿勢や努力を"専門職"の判別基準とみる考え方は特異である。professionという意味での専門職制度では客観的な基準や資格が設けられ，専門職の要件を満たさなければ本人にどれだけ情熱や努力の姿勢があっても専門職とは見なされないためである。

　鈴木のこの論稿では，現職の大学図書館職員の知識・技術・能力が，専門職の水準と比べてどのくらい隔たりがあるのかという観点からは何も意見が述べられなかった。現職の大学図書館専門職員の知識・技術・能力の問題に言及されなかったことは，専門職の判別基準を本人の姿勢や努力においたことと無関

第 3 章　どのような大学図書館専門職員の論議が展開されてきたのか

係ではなかったと考えられる。

　鈴木はこの論稿で，大学“図書館員”の他部署への配転を認めることは論理的には大学“図書館員”を専門職でないと認めることになると指摘した[234]。しかし，専門職を profession の訳語として捉えるのであれば，日本では大学図書館専門職制度が成立しておらず，このため大学図書館専門職は存在しないことになる。したがって，日本の大学図書館専門職員が自らを“専門職”と認めようと認めまいと，現実には専門職でないために専門職として扱われないことになる。

　鈴木は同じ論稿で，何十年にもわたって大学図書館専門職員の専門性について議論しておきながら，なぜ専門職制度が成立しないのかという問いを立てた[235]。専門職を profession の訳語として捉えるのであれば，専門性について議論しても専門職制度が成立しない理由の一つに，専門性と専門職性とは異なることが挙げられる。専門職制度を成立させるためには，少なくとも専門職性について議論する必要があった。専門性と専門職性，専門家と専門職の混同がここにも見られるといえる。

　次に，大学図書館専門職員の現行の資格等の実態に関する論議を，司書資格と国立大学図書館の学術司書制度試案に分けて述べる。

（2）大学図書館専門職員の資格の実態
（2）-1　司書資格

　平成 8 年（1996），金沢医科大学図書館の向田厚子は「医学図書館員をめぐる法規上の問題」（1996）で，司書資格は公共図書館以外の図書館専門職員の資格にはなり得ないことを指摘した[236]。この指摘は司書資格をもつ大学図書館職員を大学図書館“専門職”と捉えた日図協調査研究委員会や光斎らの考え方を批判する内容と捉えられる。

　さらに向田のこの論稿では，医学医療系大学図書館関係団体は大学図書館全体で専門職制度の確立を目指すことに見切りをつけ，独自の専門職制度の確立を目指す方針を取りつつあることが示された。

　平成 16 年（2004），髙山は「情報専門職制確立に向けての動向：司書資格の見直しと主題専門性基盤の必要性」（2004）で，①社会が要請する情報専門職

139

の能力と司書資格で養成される能力が乖離していること，②情報専門職に求められる能力は従来と異なり，単なる事務・行政職ではなく高度専門職・研究職として情報に付加価値を付けてサービスが提供できる能力であることを指摘した[237]。

　高山の見解によれば，社会が要請する情報専門職の能力は高度専門職・研究職の能力であるため，司書課程・司書講習では教育できない能力であった。したがって，社会が要請する情報専門職の能力と司書課程・司書講習で教育される能力が乖離している問題状況を解決するためには，図書館専門職員を対象とする大学院での継続・専門教育体制を整備する必要があった。研究能力は，大学院で教育される能力であるためである。

　平成 19 年（2007）9 月，近畿大学短期大学部の川原亜希世，大阪大谷大学の中道厚子，甲南大学の馬場俊明，大阪大谷大学の前川和子，京都産業大学の横山桂は「近畿大学図書館における司書採用の現状：就職の可能性を広げるために」（2007）で，①平成 7 年から平成 17 年頃（1990 年代後半から 2000 年代半ば）において司書資格を有する臨時職員が大学図書館サービスを維持した側面のあったこと，②近畿地区の大学図書館で司書資格をもつ者を専任職員として積極的に採用しない理由は大学当局の方針によることが大きかったことを指摘した[238]。この調査結果から，少なくとも一部の大学当局では司書資格を大学図書館専任職員の資格として認めていなかったと考えられる。

　平成 21 年（2009）12 月，株式会社クレオテックの田中康雄は「大学図書館の業務委託の将来展望」（2009）で，大学図書館の業務委託を請け負う会社の立場からは，特定の図書館業務を評価できる能力認定試験の結果が受託企業のレベルを示す一つの判断材料となることを指摘した[239]。田中の論稿から，臨時職員・業務委託会社社員のための大学図書館業務の職能を示す試験として，図書館業務に関する能力認定試験が機能していた面のあったことが分かる。

（2）-2　学術司書制度試案

　平成 10 年（1998）2 月，京都大学教育学部図書室の竹村心は「噂の学術司書制度試案：国立大学図書館職員制度の確立をめざして」（1998）で，学術司書制度が必要な理由は，大学図書館専門職員の仕事の特質は真理の探究と国民に

第3章　どのような大学図書館専門職員の論議が展開されてきたのか

等しく教育を受ける権利を保障するための社会的機関である大学図書館での労働であり，図書館専門職員個々人の責任において働くことにあると指摘した。したがって大学図書館専門職員の制度は専門職制度でなければならないと竹内は結論づけた[240]。

　学術司書制度が国立大学図書館に必要な上記の理由は，次の点で疑問が残る。

　第一に，国立大学図書館専門職員の仕事の特質が"個々人の責任において働くこと"にあるのを理由にその職員制度が専門職制度でなければならないと主張された。しかし，専門職制度の要件は仕事の自律的判断の他にもあるが，他の要件には言及されなかった。

　第二に，国家公務員による官僚制組織の側面をもつ国立大学の組織下において，国立大学図書館専門職員の仕事が"個々人の責任において働く"特質をもつという主張の根拠が示されなかった。

　第三に，国立大学図書館専門職員の制度が専門職制度でなければならないことを理由に，学術司書制度が必要であると説明されたが，学術司書制度は専門職制度といえるのか，学術司書制度が専門職制度確立の全体構想においてどのような位置付けにあるのかが不明であった。さらに竹内は，案における専門職制度の定義を示さなかった。"国際的な水準から見劣りする国立大学図書館専門職員の仕事の現状"を"学術司書制度"によってどのように改革できるのか，竹内のいう専門職制度にどこまで近付けられるのかが説明されなかった。

　なお，学術司書制度試案で学術司書の職位を適用する対象は国立大学図書館専門職員のうちの"国立大学図書館職員採用試験Ⅱ種図書館学"合格者であると説明された。このことから，国立大学図書館関係団体は平成10年（1998）の時点でも，大学図書館専門職員の専門職化の課題を国立大学図書館のみを対象として検討していたことが分かる。

　次に，大学図書館専門職員の教育に関する論議を現行の教育の実態と大学図書館情報専門職等に求められる教育内容に分けて述べる。

（3）大学図書館専門職員の教育
（3）-1　現行の教育の実態

　平成8年（1996），向田は「医学図書館員をめぐる法規上の問題」（1996）で，

141

日本医学図書館協会が「継続教育大綱」の検討を実施し，専門性の確立を目指した独自の継続教育に取り組んできたことを指摘した[241]。日本医学図書館協会は大学の医学部・医科大学等の図書館・分館・室等から構成される団体である[242]。日本では大学図書館専門職員の教育が欠如していることから，人の命に関わる情報を扱うため特に高度で緻密な専門性を求められる医学医療系大学図書館の団体が，団体の枠組みのなかで独自に継続・専門教育に取り組まざるをえなかったと考えられる。

なお，向田の論稿では専門職・専門職制度と専門性の用語が使用され，専門職性の用語は用いられなかった。

平成8年（1996）3月，白百合女子大学の宮部頼子は「大学図書館の管理運営：専門職館長の問題をめぐって」（1996）で，大学図書館機能の拡張と深化の観点から，大学図書館が教授兼任館長制から専門職員専任館長制へ改革されることの必要性を述べた[243]。そして，大学図書館専門職員が図書館長になれない要因として，図書館長に相応しい実力のある人材がいないこと，図書館長になりうる人材を養成するための教育が実施されていない問題を指摘した。大学図書館専門職員が図書館長になれない要因として，図書館長になりうる資格者の不在が指摘された先例に，うえのによる「大学図書館の二つの問題」（1955）がある。宮部は人材の不在に加えて，大学図書館専門職員が大学図書館長になるための教育の欠如を指摘した。なお，この論稿では専門職の用語の定義が示されなかった。

平成16年（2004），髙山は「情報専門職制確立に向けての動向：司書資格の見直しと主題専門性基盤の必要性」（2004）で，司書の教育が低水準である原因および情報サービス専門職の養成・研修の改革を阻む要因が日本固有の風土にあることを指摘した[244]。髙山が日本社会に固有な風土に目を向けたことは，図書館技術をアメリカから直輸入するのではなく，文化，歴史，社会への認識を深めるべきだと指摘した岩猿に連なる考え方であると捉えられる。なお，髙山は情報サービス専門職という用語を用いたが，用語の定義は示されなかった。

平成17年（2005）11月，筑波大学大学院図書館情報メディア研究科の永田は「大学図書館における情報専門職の知識・技術の体系：LIPER大学図書館

第 3 章　どのような大学図書館専門職員の論議が展開されてきたのか

調査から」（2005）で，大学図書館専門職員に関する 8 大学の訪問調査および
全大学図書館への質問紙調査の結果から，大学図書館専門職員における企画力，
コミュニケーション能力の必要性が現職の大学図書館専門職員によって指摘さ
れたこと，研修が体系づけられていない問題があること，人事異動・人員削
減・アウトソーシングの組織運営が研修に大きな影響を及ぼすこと，資格・ス
キルアップに対する評価が十分に行われず，キャリアパスがなく，大学図書館
専門職員としてのアイデンティティの不在やゆらぎの見られることを報告し
た[245]。

　永田のこの調査報告で，資格がなく，資格・スキルアップ等の自己開発に対
して適切な評価が行われず，キャリアパスがないという大学図書館専門職員の
現状の問題が指摘された。

　平成 18 年（2006）9 月，私図協図書館運営戦略研究分科会は「大学図書館の
戦略的業務外部委託について」（2006）で，私立大学での業務委託の拡大と専
任職員の削減を背景とする大学図書館の全面委託が業務と人材の空洞化を招く
恐れのあることを指摘した。この懸念の対策として，極端な大学図書館専任職
員の削減を見送らせるために，学習・教育・研究を支援する大学図書館に脱皮
する方策を提示した[246]。

　この論稿で業務委託などによる大学図書館専任職員の削減を見送らせる対策
として，私立大学図書館が学習・教育・研究支援サービスを担う図書館へ脱皮
する必要性が示された。平成 18 年（2006）における私図協図書館運営戦略研
究分科会の考え方は，私立大学図書館専任職員の労働問題の解決手段として図
書館運営の戦略を考え，学習支援や情報提供サービス主体の大学図書館へ転換
する必要性を指摘したものであった。しかし，昭和 35 年から昭和 45 年（1960
年代）の大学図書館の近代化運動で，大学図書館機能の向上を図るために大学
図書館専門職員の設置が必要であるという見解がすでに現れていた。私立大学
図書館専任職員の労働者としての立場を守るために大学図書館サービス改革の
必要性を指摘したこの論稿は，私図協の少なくとも一部の図書館専門職員が大
学図書館機能を向上させる目的から大学図書館機能の改革を担えずにいた状況
を示しているといえる。

　戦後の日本では，大学図書館専門職員の労働者としての待遇改善を求める運

143

動と大学図書館機能の向上を目的とする専門職員の専門職化が分けられず混同して取り組まれる傾向があった。この論稿は，平成18年（2006）の時点でのそのような事例と捉えられる。こうした事例の背景には，戦後，大学図書館専門職員の継続・専門教育が欠如したままであることが一つの要因になっていると考えられる。この論稿からは，学習・教育・研究支援サービス主体の大学図書館に改革されるためには，現職の大学図書館専門職員の専門職化を目的とする継続・専門教育の体制整備が必要であると推察される。

（3）-2　大学図書館情報専門職に求められる教育内容

　平成7年（1995）9月，永田は「人的資源経営（図書館における人材育成計画の設計）：Fieldenレポートの指摘」（1995）で，情報通信技術の高度化に対応する大学図書館機能の改革方法として電子図書館構想があること，図書館利用者の情報利用への対応こそが図書館の基本的役割として確認されるべきことを指摘した[247]。平成9年（1997）3月，図書館情報大学教授の原田は「電子図書館の進展と図書館専門職員の役割」（1997）で，①情報提供サービスが必要であること，②情報提供サービスができる専門家を養成するための教育改革が必要であること，③大学図書館専門職員の"専門職"としての役割は普遍であるが役割を果たすための手段が変化していること，④大学図書館と公共図書館では必要な知識・資格が違うことを指摘した。なお，この論稿では専門職と専門家の用語が混同して用いられた[248]。他に，大城が「ネットワーク時代の大学図書館員の専門職化と専門職制」（1997）で情報提供サービスを中心とする考え方を示し，情報提供サービスを担える専門家の養成を目的とする教育改革の必要性を指摘した[249]。

　なお，永田，原田，大城の考え方に反対する意見も存在した。平成9年（1997）1月，名城大学附属図書館の酒井信は「大学図書館員の専門性と専門職制度」（1997）で，資料提供サービスにこそ大学図書館専門職員の専門性が発揮されるべきだと述べた[250]。なぜそうなのかという理由は示されず，大学図書館における情報提供サービスの必要性は検討されなかった。酒井の考え方は，"第2期　専門職論議期"の日図協調査研究委員会，"第3期　情報専門職論議期"前期における光斎等の考え方と同様の内容であったといえる。

第3章　どのような大学図書館専門職員の論議が展開されてきたのか

平成 12 年（2000）以降，一部の私立大学で大学図書館の業務委託の拡大と大学図書館専門職員の専門職化が同時に進められる傾向がみられた。平成 13 年（2001）2 月，慶應義塾大学三田メディアセンター，大妻女子大学非常勤講師の加藤好郎は「専門職としての大学図書館員の現状と将来」（2001）で，大学 "図書館員" の育成・養成を可能にするためにはアウトソーシングを活用する必要があることを指摘した[251]。慶應義塾大学の図書館の特徴は所属する "図書館員" の一部を "専門職" と位置付けていることである。ただし，"専門職" の定義は示されなかった。

平成 12 年（2000）以降に慶應義塾大学の業務委託および大学図書館運営の担当者が挙げた大学図書館 "専門職" に必要とされる能力は，問題解決型の能力[252]，大学図書館の発展のための新戦略に耐えうる国際感覚をもったリーダーとしての能力[253]，部下の育成・管理ができ，視野が広くバランスの取れた少数精鋭としての能力[254] であった。

平成 16 年（2004），立教大学図書館の牛島進は「変革期における大学図書館経営」（2004）で，大学図書館では情報リテラシー教育に重点を置きアウトソーシングを活用する必要があること，アウトソーシングを活用するためには大学図書館経営に関する体系的教育を受けた人材が必要となること，大学院以外に大学図書館経営に関する体系的外部研修がない場合はその体系的教育もアウトソーシングする必要があることを指摘した[255]。なおこの論稿では，大学図書館経営に関する体系的教育を大学院で学修することを視野に入れなかった理由は示されなかった。

平成 19 年（2007）8 月，長澤は「情報リテラシー教育を担当する図書館員に求められる専門能力の一考察：米国ウエイン州立大学の図書館情報学プログラムが開講する『図書館員のための教育方法論』の例をもとに」（2007）で，次の事項を指摘した[256]。

第一に，アメリカの一州立大学の図書館情報学大学院課程における "図書館員のための教育方法論" という科目に着目してこの事例の分析等を行った結果，情報リテラシー教育を担当するライブラリアンに求められる専門能力は情報リテラシー，教育方法論，教育工学に関する知識・技術，およびコミュニケーション能力であった[257]。

145

第二に，平成18年（2006）の時点で，日本の大学の図書館情報学課程では，
"図書館員のための教育方法論"に相当する科目が存在しなかった。

　長澤は，アメリカの図書館情報学大学院課程の事例を参考に，情報リテラシ
ー教育を担当する大学図書館専門職員に求められ，隣接科学から取り込むべき
専門能力を示した。そして，日本の図書館情報学のカリキュラムでは，少なく
とも"図書館員のための教育方法論"に相当する科目がなかったことから，そ
のような能力を育成するための専門教育が行われていないことを明らかにした。

　次に，大学図書館の点検・評価活動に関する主な論議を示し，適切な点検・
評価活動のためには大学図書館専門職員にどのような能力・知識・技術が求め
られるのかを検討する。

　第一に，平成8年（1996）10月，永田は「大学図書館におけるサービス経
営：顧客満足のマーケティング」（1996）で，新しく拡大されたマーケティン
グの定義と手法に着目し[258]，大学図書館の対外的説明責任，アカウンタビリ
ティを果たすためには利用者のニーズに合致したと評価されるサービスを提供
しなければならないこと，大学図書館サービスが効果的・効率的に行われてい
るかどうかの実績をデータで示す必要があることを指摘した。

　永田は，今日における大学図書館の役割は図書というメディアの提供ではな
く情報の提供であると述べた上で，求められる大学図書館サービスとは図書・
雑誌等とそれ以外のメディアによる多様な情報提供サービス，所蔵する情報と
外部へアクセスする情報の多元化したサービス，情報の発見から入手に至るま
での利用のシナリオに沿った統合された情報サービスであることを示した[259]。

　また大学図書館は巨視的な観点からみれば，学術情報の流通過程にあって情
報を収集・組織化・提供する機能であるが，それは単なるノード［中継点，分
岐点］ではなく，固有のオーディエンス（サービスの対象である利用者）を持つ
システムとして各オーディエンスの要求の調整という役割を果たすことを指摘
した[260]。

　さらに，①大学経営の成果が厳しく問われるようになった状況の変化を踏ま
えて経営戦略を選択していくために，大学のような非営利組織でもマーケティ
ングの認識が高まったこと，②このような動向を反映して全米マーケティング
協会は昭和60年（1985）に，日本マーケティング協会は平成2年（1990）にマ

第 3 章　どのような大学図書館専門職員の論議が展開されてきたのか

ーケティングの定義を拡大し，"個人と組織の目標を達成する交換を創造するため，アイディア，財，サービスの概念形成，価格，プロモーション，流通を計画・実行する過程である"と再定義したこと[261]，③大学図書館のマーケティングのポイントは顧客（利用者）が求める情報や支援サービスを効果的・効率的に提供することであり[262]，そうしたサービス経営に必要なのは求められているサービスを常に把握し，開発するマーケティング・マネジメントの態勢であること，④顧客満足モデルの作成や対応戦略策定のためには顧客（利用者）の意向を十分に把握した調査（マーケティング・リサーチ）が前提となることを指摘した[263]。

　第二に，平成 12 年（2000）3 月，日本福祉大学付属図書館の杉山誠司は「私立大学図書館における経営改革としての自己点検・評価活動」（2000）で ISO 図書館パフォーマンス指標[264]に着目し，①私立大学図書館の自己点検・評価の問題は評価の質の面と評価の結果を改善に結びつける政策的仕組みの必要性にあること，② ISO 図書館パフォーマンス指標が対象にしているのは出力系の指標（図書館サービス・情報サービスの指標）なので量的達成度が分かり図書館評価に有効であること，③ ISO 図書館パフォーマンス指標は客観性のある国際基準として定められ，指標を向上させるための指針が記述されている項目もあり，自己点検を見据えた規格になっていること，④自己点検・評価，図書館パフォーマンス指標を利用したデータ収集・分析の課題は私立大学図書館経営に関する改善の課題を私立大学図書館関係者に突きつけていることを指摘した[265]。

　第三に，平成 12 年（2000）7 月，鶴見大学図書館の四方田均は「大学図書館の自己点検・評価手法の問題：私立大学図書館のガイドライン作成をふりかえって」（2000）で，図書館の評価方法としての達成度測定を紹介した[266]。四方田によれば，大学図書館ではこれまで財源は設置機関である大学から供給を受け，非営利組織として産出物が見えにくく，公共財的性格のために実績を問われることをまぬがれてきた[267]。大学図書館の統計は，投入の基準（予算，職員，蔵書等）と算出の基準（入館者数，貸出冊数，整理冊数，相互貸借などの業務統計数）がそれぞれ個別に記録され，有機的な相互機能は不問にされたままであり，失敗や成功の介在する余地はなく，ただ結果として設置機関に報告することに

147

終始してきた[268]。

　これに対して従来とは違った図書館の評価方法である達成度測定では，達成実績は図書館によるサービス提供の有効性，サービス提供に際しての資源投入の効率性として表しうる。さらに現時点での実績の将来の目標と過去の実績への比較・対比による何をするべきかという価値判断と，実行している手段の再調整が不可分である。達成度測定は図書館の目的と機能を関連させ，それに見合うデータを付加的に収集し加工することになり，測定する材料には客観的数値のみならず統計以外にもインタビューやアンケート調査などが採り入れられるのであった[269]。

　大学図書館の点検・評価活動に関する以上の論議から，大学図書館で適切な点検・評価活動を行うために大学図書館専門職員にマーケティングや量的質的調査法等の科学的な調査分析の能力・知識・技術の求められることが分かる。

　次に，大学図書館専門職員の設置・教育の体制整備に関する論議を，大学図書館専門職員の大学図書館間の異動の検討，自己責任による国際水準での能力開発と労働市場創出・キャリアパス創設，資格・能力開発に関する総合政策を立案する統合組織，大学図書館とその専門職員に関する第三者評価基準の検討に分けて述べる。

（4）大学図書館専門職員の設置・教育の体制を整備する必要性
（4）-1　大学図書館専門職員による大学図書館間の異動の検討

　平成7年（1995）9月，鈴木は「大学図書館の職員問題：専門職制度はなぜ成立しないのか？」（1995）で，"大学図書館は一個の組織体として評価され，大学図書館員は一人の専門職として評価される。そのうえで（できれば設置主体を超えて）大学図書館員が図書館間を異動できるようになったとき，専門職制度は確立したといえるのであろう"という見解を示した[270]。

　専門職制度確立の条件は大学図書館専門職員が図書館間を異動できるようになることだけではなく，他にも要件があると考えられる。しかしここでは，要件の問題はおき，大学図書館の設置主体を超えた大学図書館専門職員の異動に鈴木が言及したことに注目する。なぜなら，日本で大学図書館専門職員の設置を検討する時，それはすなわち大学の職員組織や人事制度との整合性について

第3章　どのような大学図書館専門職員の論議が展開されてきたのか

検討することに他ならず，この整合性をすべての設置主体，すなわち国公私立
大学で確保するには大学図書館の設置主体を超えた専門職員の図書館間異動の
検討が視野に入れられる必要があるためである。

　大学図書館の設置主体を超えた専門職員の図書館間異動は，特に私立大学で
課題となる。国立大学図書館では法人化される前までは全国の国立大学図書館
が異動範囲であり，法人化後は全国を7ブロックに分けて採用試験等が実施さ
れている。公立大学図書館では，各自治体によって状況の違いはあるが，自治
体内での異動が可能であったと考えられる。これに対して私立大学図書館では，
通常，異動の範囲は一つの大学法人内に限定されてきた。こうした人事制度上
の制約があるために大学図書館専門職員の専門職化の過程では，大学図書館情
報専門職の労働市場を創出する課題の一部として，大学図書館間の異動が一つ
の検討課題になると考えられる。

（4）-2　自己責任による国際水準での能力開発と労働市場の創出・キャリアパスの創設

　平成 17 年（2005）4 月，髙山は「情報サービス分野における情報プロフェッ
ショナルの専門性と自己開発」（2005）で，従来の終身雇用制下でのキャリア
向上は今日では望めなくなったこと，社会が要請する情報プロフェッショナル
には自己開発・責任による国際水準での能力開発が求められること，国際水準
の情報プロフェッショナルを養成するための教育が必要なこと，自己責任での
能力開発という先行投資を図書館専門職員にさせるためには，その投資が回収
できるだけのビジネスモデルを提示する必要があることを指摘した[271]。

　髙山はこの論稿で，大学図書館専門職員が情報専門職になるために必要な課
題を示したといえる。すなわち，国際水準での情報専門職を目指す自己開発と
その自己投資が回収できるだけのビジネスモデルの形成である。このビジネス
モデルが意味するものは，日本における情報専門職の労働市場の創出とキャリ
アパスの創設と考えられる。

　なお，この論稿では，情報プロフェッショナルという用語が用いられた。こ
の用語は information professional に相当するため用語の意味が明確である。

149

（4）-3　資格・能力開発に関する総合政策を立案する統合組織

　平成 14 年（2002），薬袋は「図書館専門職員の資格認定試験制度」（2002）で，図書館界全体の課題として資格の問題を検討するための統合的機関設置の必要性を指摘した[272]。平成 17 年（2005），髙山は「情報サービス分野における情報プロフェッショナルの専門性と自己開発」（2005）で，図書館サービスの部分的，断片的な諸資格の統合を目指す関係者の意識や運動の必要性を指摘した[273]。平成 21 年（2009），中央大学職員の梅澤貴典は「大学図書館員の役割と必要とされるスキル」（2009）で，今日の日米大学図書館の比較から，大学図書館専門職員の能力開発を目的とする総合政策の必要性を指摘した[274]。

　以上の見解はともに，大学図書館専門職員の資格・能力開発の課題を検討するうえで，広い視野から総合して検討する統合組織の設置，および資格・能力開発に関する総合政策の立案の必要性を指摘したものといえる。

（4）-4　大学図書館とその専門職員に関する第三者評価基準の検討

　平成 20 年（2008），大阪大学附属図書館の平元健史，片山俊治は「国立大学法人図書館職員の人事関連制度の萌芽—国立大学図書館協会人材委員会の検討と取り組み—」（2008）で，①学校教育法改正（平成 14 年 11 月 29 日法律第 118 号）にもとづき大学は文部科学大臣が認証する評価機関の実施する評価を受けることが義務付けられたこと，②評価機関が示す基準は各大学にとっても重要な意味をもつこと，③したがって評価基準の中で専門的能力や主題知識を備えた大学図書館専門職員の設置について示されることは大学における図書館専門職員の位置付けに少なからぬ影響を持つものであり，この点について検討していく必要があることを指摘した[275]。

　平元，片山の指摘の通り，平成 16 年（2004）における大学の第三者評価制度の導入は，大学図書館にとって重要な意味をもつといえる。なぜなら，すべての大学が第三者評価基準にもとづいて第三者評価活動に取り組むことが求められるため，第三者評価基準の内容によっては大学図書館機能の高度化や大学図書館情報専門職の設置推進への契機が生まれる可能性があるためである。その前提として，個々の大学図書館で情報専門職が自己点検・評価活動に主体的に取り組み，より高い水準での機能やサービスの高度化を実施し，大学図書館

第3章　どのような大学図書館専門職員の論議が展開されてきたのか

機能の改革の効果を科学的調査・分析方法によって報告し，広く広報すること
が求められる。

3.3.3　まとめ

3.3.3.1　前期

　昭和49年（1974）から平成6年（1994）の"第3期　情報専門職論議期"前
期では，大学図書館業務の機械化，ネットワーク化，学術情報の電子化が進み，
学術情報システム・ネットワークや電子図書館の構築に取り組まれた。

　論議の展開では，まず岩猿によって大学図書館専門職員の専門職化に関する
論稿が引き続き発表された。岩猿は，主題専門家や教授専任館長制に関する示
唆，図書館の現場が図書館学や理論を無視する傾向への批判，社会科学の一分
野としての図書館学における歴史・理論研究と政策論とのあるべき関係などを
論じた。主題専門家に関しては，斎藤がイギリスの大学図書館における経緯を
研究し，その結果から同時期のイギリスのライブラリアンの方針と日本の調査
研究委員会の方針について対比が可能となった。

　その後，大城がアメリカ大学図書館のライブラリアンと日本の大学図書館司
書とを比較する観点から研究を発表し，①日本の大学図書館専門職員が専門職
の水準になく，準専門職の水準にもないこと，②まずは，大学図書館専門職員
の準専門職化が目指されるべきであることを指摘した。

　原田や永田は，情報通信技術の高度化にともなう大学図書館機能の改革の必
要性を大学図書館関係者に説明し，呼びかけた。

　他方，光斎は現職の大学図書館専門職員をそのままで"専門職"と捉えた。
光斎の考え方では，情報通信技術の高度化に対応した大学図書館改革に取り組
まれる余地はほとんどなかったと判断される。この意味で，光斎の考え方は調
査研究委員会の考え方と同様に，大学図書館専門職員の専門職化を現状のまま
停滞させる影響を及ぼしたと考えられる。

　調査研究委員会は，大学図書館職員における司書資格をもつ者の比率を，自
分たちが考える大学図書館"専門職"の指標と捉えた。司書資格を専門職の資
格とみなす調査研究委員会の考え方では，情報通信技術の高度化に対応した大
学図書館機能やサービスの改革に取り組むことは困難であった。

151

生涯学習審議会答申における司書資格の要件を軽減化する方針を阻止するために，平成4年（1992），日図協の理事や関係者から現行の司書資格よりも高度な"専門職制度"や検定試験を検討するべきであるという見解が公表された。この見解は，日図協調査研究委員会による現行の司書資格・教育を堅持する方針と反対の方針を意味した。

3.3.3.2　後期

　平成7年（1995）から平成22年（2010）の"第3期　情報専門職論議期"後期では，情報通信技術の高度化および大学の教育研究における国際競争力向上の必要性を背景に，大学図書館は従来の機能から新しく高度な機能を実施するための改革を大学，行政，社会から要請されるようになった。こうした大学図書館機能を発揮させるために，大学図書館に情報専門職を設置する必要性が指摘された。以上のことから，"第3期　情報専門職論議期"後期では，大学図書館専門職等の定義，現行の資格等の実態，大学図書館専門職員の教育，設置・教育の体制を整備する必要性について論議された。

　"第3期　情報専門職論議期"の後期では，大学図書館専門職等の定義はアメリカの情報専門職に匹敵させたものが主流となった。

　司書資格の教育課程は大学図書館の新しい機能を担う情報専門職に求められる教育課程との隔たりが大きくなった。情報専門職の水準での教育は大学院での図書館情報学等の専門課程であるという見解が多くを占めるようになった。

　一部の論稿では①現職の大学図書館専門職員がそのままで"専門職"であること，②大学図書館専門職とは司書資格をもつ大学図書館職員であること，③大学図書館業務の中心は資料提供サービスと整理業務にあることが引き続き主張された。

　情報専門職に求められる教育内容では，大学図書館専門職員が大学図書館長になるための教育，大学図書館経営の体系的教育，情報リテラシー教育，教育方法・教育工学，心理学，コミュニケーション学等の知識，マーケティングや量的質的調査法等の技法，コミュニケーション能力，問題解決型能力，国際感覚，部下の育成力等が挙げられた。また，紙媒体・電子媒体両方の知識・技術等に加えて，授業設計や教育工学に関する知識・能力等を兼ね備えた新しいラ

第3章　どのような大学図書館専門職員の論議が展開されてきたのか

イブラリアン像としてブレンディッド・ライブラリアンの概念が紹介された。

　大学図書館専門職員の資格・教育の体制が整備されていない状況に対して，設置主体を越えた大学図書館間異動の可能性の検討，大学図書館専門職員による国際水準での自己開発に見合った労働市場の創出とキャリアパスの創設，大学図書館専門職員の資格・能力開発に関する総合政策の立案，これに取り組む統合組織の立ち上げ，大学の第三者評価基準における大学図書館と専門職員の評価基準規定を検討する必要性が指摘された。

4　まとめ：論議の展開の整理

4.1　論議の特徴

　戦後日本の大学図書館専門職員に関する論稿は，査読付き学術論文を除く多くの論稿では用語の定義が行われず，概念をあいまいにしたままで論じられた。本来，専門職は profession の訳語であった[276]。しかし，全般に専門職，専門家，専門職員，司書職，図書館員，専門性，専門職性等の用語の概念に混同を含む論稿が多かった。このため，論議で相互の論理がかみ合わず，緻密な批判が困難となる傾向があった。

　第2期の"専門職としての司書職の確立"論議から"第3期 情報専門職論議期"前期の半ばまでは，アメリカのライブラリアンと日本の司書職とに同じ"司書職"という用語を用いる例が散見され，アメリカにおけるライブラリアンの状況と日本の司書職の状況が混同されて論じられる傾向があった。また，図書館専門職員の専門職化の観点からみると重要な知見を含む岩猿，大城等の論稿の後に，かれらの知見を踏まえた上で論議を積み上げる研究はほとんど行われなかった。

　他方，図書館専門職員の労働問題の解決や待遇改善を目的として図書館専門職員の司書職の確立等を目指した考え方は，一般に図書館・図書館関係団体の外部の組織や社会に受け入れられない傾向があった。受け入れられない理由は，労働問題の解決や待遇改善の手段として自分たちの職種を専門職とみなそうとする考え方は主観的で妥当性がないと判断されたためであった。

　以上のことから，日本での図書館専門職員に関する論稿の特徴として，①用

153

語の定義が十分に行われなかったこと，②過去の知見を積み上げて論議を発展，深化させなかったこと，③図書館専門職員の専門職化が必要な客観的な理由を明らかにできなかったことが挙げられる。

次に，第1期から第3期までの論議の展開を整理する。

4.2　論議の展開の整理

戦後日本の大学図書館専門職員に関する論稿を分析し，論議の展開を検討した結果，論議全体を見ると，①戦後の新しい大学の理念，教育研究のあり方から大学図書館機能の向上と専門職員の設置は当初から一貫して必要とされてきたこと，②情報通信技術の高度化と大学の国際競争力向上の必要性に対応して大学図書館機能を向上させるために，大学図書館専門職員設置の必要性は平成7年（1995）以降，情報専門職設置の必要性に転換したことが分かった。

大学図書館専門職員に関する個別の問題は，次の五つの事項に整理することができた。

第一に，戦後の大学図書館は多くの場合，戦前の帝国大学の組織体制，帝国大学附属図書館の位置付け，教授兼任館長制を踏襲し，それらの踏襲されたことが今日まで大学図書館とその専門職員に影響を及ぼしている。

第二に，昭和40年代後半（1970年代前半）の全館種を対象とした"専門職としての司書職の確立"論議では，貸出中心主義にもとづく"図書館員"の労働問題の解決手段としての専門職論とアメリカのライブラリアンの歴史的経緯や制度を参考にした専門職論とが対立した。この対立は，図書館における資料の提供・整理業務中心の考え方と情報提供・教育的職務中心の考え方との対立となってその後も続いた。

第三に，平成7年（1995）以降，情報通信技術の高度化および大学の教育研究における国際競争力向上の必要性に起因する大学，行政，社会からの要請に対応するために，大学図書館専門職員に関して，①従来の資料提供・整理業務中心の考え方では要請に対応できず，現行の司書資格では不十分であること，②大学図書館専門職員が情報専門職を目指して自己開発するようにするためには，大学図書館情報専門職の設置，労働市場の創出，キャリアパスの創設が必要であること，③大学図書館情報専門職の設置のためには，情報専門職を育成

第 3 章　どのような大学図書館専門職員の論議が展開されてきたのか

するために大学院での専門教育体制の整備が必要であること，④総合政策を立
案する統合組織の形成が必要であることが示された。

　第四に，その他に指摘された事項として，大学図書館専門職員における設置
主体を越えた図書館間異動の可能性の検討，情報専門職の水準の知識・技術・
能力を教育するために隣接科学分野の内容の図書館情報学への取り込み，大学
図書館やその専門職員に関する第三者評価基準の検討の必要性が挙げられる。

　第五に，大学図書館専門職員の資格・教育の欠如した状態が当初から今日ま
で続いているのが実態である。

　大学図書館専門職員の歴史的研究における以上の基礎研究の結果をふまえて，
まず第 4 章で，大学図書館専門職員の設置に関する歴史的研究を行う。設置は
大学図書館専門職員の専門職化に関わる要因の一つであるためである。

注・引用文献

1 ）　日本私立大学協会図書館学文献目録編纂委員会編『図書館学文献目録』日
　　本私立大学協会，1971, 257p.

2 ）　深井人詩・目黒聡子共編，日本図書館学会監修『図書館情報学研究文献要
　　覧 1970-1981』日外 アソシエーツ，1983, 563p.

3 ）　日本図書館学会編集委員会編『図書館情報学研究文献要覧 1982-1990』日
　　外アソシエーツ，1993, 768p.

4 ）　「図書館情報学研究文献要覧」編集委員会編『図書館情報学研究文献要覧
　　1991-1998』日外アソシエーツ，2008, 724p.

5 ）　岩猿敏生「日本における図書館学の歩み」『Library and Information Sci-
　　ence』No. 31, 1993, p. 135.

6 ）　同上論文，p. 139.

7 ）　日本図書館情報学会用語辞典編集委員会編『図書館情報学用語辞典』（第
　　3 版）丸善，2007, p. 170.

8 ）　同上論文，p. 136.

9 ）　東京大学附属図書館「歴代館長／図書館年表」
　　http://www.lib.u-tokyo.ac.jp/koho/gaiyo/history.html　（参照 2011-07-27）.

10）　長期研究計画調査委員会，学術体制委員会，科学者待遇問題委員会，学術
　　交流委員会，人文社会科学特別委員会「大学図書館の近代化について（提
　　案）」『大学図書館の業務分析』日本図書館協会，1968, p. 152.

11）　科学技術会議『諮問第 1 号「10 年後を目標とする科学技術振興の総合的
　　基本方策について」に対する答申』（昭和 35 年 10 月 4 日）1960, p. 7.

155

12) 同上書，p. 216-222.

13) 同上書，p. 223-235.

14) 日本学術会議「大学図書館の整備拡充について（勧告）」昭和36年5月13日）『勧告・声明集　第2集』日本学術会議，1963, p. 74-75.

15) 小倉親雄「国公立大学図書館」『図書館界』Vol. 11, No. 2, 1959.8, p. 86.

16) 丸山悦三郎「大学の封建制と大学図書館」『図書館雑誌』Vol. 49, No. 7, 1955.7, p. 206-211.

17) うえの・すすむ「大学図書館の二つの問題」『図書館雑誌』Vol. 49, No. 7, 1955.7, p. 217-219.

18) 藤田豊「『大学図書館』論：名もなき図書館長の憂い」『図書館雑誌』Vol. 58, No. 11, 1964.10, p. 486-488.

19) 丸山悦三郎（1955），前掲論文，p. 206-207

20) 同上論文，p. 206-211.

21) 同上論文，p. 210-211.

22) 藤田豊（1964），前掲論文，p. 487.

23) 同上論文，p. 488.

24) 同上論文，p. 488.

25) うえの・すすむ（1955），前掲論文，p. 217.

26) 同上論文，p. 217-218.

27) 同上論文，p. 218-219.

28) 藤田豊（1964），前掲論文，p. 486-487.

29) 日本学術会議「大学における図書館の近代化について（勧告）」（昭和39年11月17日）『勧告・声明集 第3集』日本学術会議，1967, p. 52-55.

30) 小西和信「日本の学術情報政策を考えるために」『カレントアウェアネス』No. 296, 2008.6, p. 18.
http://current.ndl.go.jp/ca1667　（参照 2012-03-04）.

31) 竹内比呂也「学術情報政策と大学図書館」『図書館界』Vol. 60, No. 5, 2009.1, p. 334-343.

32) 森岡祐二「学術情報と大学図書館」『図書館界』Vol. 36, No. 5, 1985.1, p. 326.

33) 同上論文，p. 326.

34) 科学技術会議「科学技術情報の流通に関する基本的方策について（答申）」『わが国における学術情報政策に関する資料集』細谷新治編，一橋大学経済研究所日本経済統計文献センター，1971, p. 201-235.

35) 科学技術会議「科学技術会議の答申等について」
http://www.mext.go.jp/b_menu/shingi/kagaku/toushin.htm#alist
（参照 2012-02-18）.

36) 気谷陽子「学術情報システムのもとでの大学図書館サービスの展開」『日

第 3 章　どのような大学図書館専門職員の論議が展開されてきたのか

本図書館情報学会誌』Vol. 49, No. 4, 2003. 12, p. 138.

37)　学術審議会「学術振興に関する当面の基本的な施策について：学術審議会
　　　第 3 次答申」（学術審議会第 10 号　昭和 48 年 10 月 31 日）『学術月報』
　　　Vol. 26, 増刊号 No. Ⅲ , 1974. 1, p. 1-16.

38)　中央教育審議会「今後における学校教育の総合的な拡充整備のための基本
　　　的施策について（答申）」（昭和 46 年 6 月 11 日）
　　　http://www.mext.go.jp/b_menu/shingi/12/chuuou/toushin/710601.htm
　　　（参照 2009-08-01）.

39)　Goode, William, "The Librarian: from Occupation to Profession?" *The Li-
　　　brary Quarterly,* Vol. 31, No. 4, 1961.10, p. 306-320.

40)　Goode, William「司書職の専門化」["The Librarian: From Occupation to
　　　Profession?" *Library Quarterly*, Vol. 31, No. 4, 1961.10, p. 306-320.] 五味
　　　郁子訳『現代の図書館』Vol. 2, No. 1, 1964.3, p. 39-52.

41)　奥村藤嗣「大学と図書館員」『私立大学図書館協会会報』No. 44, 1965.6, p.
　　　51-63.

42)　室伏武「司書職論に関する序説」『図書館学会年報』Vol. 12, No. 1, 1965.8,
　　　p. 22-35.

43)　全国国立大学図書館長会議（1968），前掲書，209p.

44)　同上書，p. 17-18.

45)　同上書，p. 26.

46)　同上書，p. 26.

47)　市川昭午『専門職としての教師』明治図書出版，1969, 262p.

48)　記録では，高等学校に所属するものであることのみ報告されている。学校
　　　図書館関係者であるかどうかは不明である（「昭和 45 年度報告」『図書館
　　　雑誌』Vol. 65, No. 8, 1971.8, p. 418-419.）。

49)　同上記事，p. 418-419.

50)　日本図書館協会『市民の図書館』日本図書館協会，1970, 151p.

51)　室伏武「図書館員の専門職性とは何か」『図書館雑誌』Vol. 60, No. 1, 1966.1,
　　　p. 20-23.

52)　岩猿敏生「戦後の大学図書館における職員の問題：司書職制度確立運動を
　　　中心に」『大学図書館の管理運営：第 2 回日米大学図書館会議応募論文集』
　　　大学図書館国際連絡委員会編，大学図書館国際連絡委員会，1972c, p. 63-
　　　71.

53)　岩猿敏生「著者略歴」『日本図書館史概説』日外アソシエーツ，2007,（奥
　　　付のページ）.

54)　Goode, William（1961），op.cit, p. 307.

55)　図書館の問題調査研究委員会「図書館員の専門性とは何か：いまこそ協
　　　会の出番」『図書館雑誌』Vol. 64, No. 5, 1970a.5, p. 213.

157

56) 図書館員の問題調査研究委員会「図書館員の専門性とは何か：委員会の中間報告」『図書館雑誌』Vol. 64, No. 11, 1970b.11, p. 528-530.

57) 同上記事，p. 528-530.

58) 日本図書館情報学会用語辞典編集委員会（2007），前掲書，p. 179.

59) 図書館員の問題調査研究委員会（1970b），前掲記事，p. 528-530.

60) 深川恒喜「大学図書館専門職制実現のための問題点と方策の展望」（昭和46年10月18日）『大学図書館研究』Vol.2, 1973.8, p. 81.

61) 同上記事，p. 81.

62) 団野弘之「司書職制度研究ノート抄（1）」『大学図書館研究』Vol. 1, 1972.12, p.75-81.

63) 岩猿敏生「戦後の大学図書館における司書職制度問題に関する史的展望」『大学図書館研究』Vol. 11, 1977.10, p. 63-74.

64) 片山昭蔵「奥村藤嗣司書長の思い出：大学図書館資料蒐集を中心に」『大学史紀要・紫紺の歴程』Vol. 1, 1997.3, p. 17-19.
http://hdl.handle.net/10291/10530 （参照 2011-10-28）.

65) 髙橋美子「はじめに：奥村藤嗣司書長のこと」『蔵書の個性化をめぐって：図書館員の専門性と選書＝蔵書構築の関わりについて』
http://www.lib.meiji.ac.jp/openlib/issue/kiyou/no2/Etakahashi/node1.html （参照 2011-10-28）.

66) 奥村藤嗣（1965），前掲論文，p. 51-63.

67) 市川昭午「図書館員の専門職性」『図書館雑誌』Vol. 64, No. 11, 1970.11, p. 521-524.

68) 市川によって，専門職の3要件の一つに"仕事の結果が人を傷つけ易いこと"が挙げられている。その理由は，仕事の結果によっては人の生死さえ分けることのある医者や弁護士等の職業が社会から専門職として認知されてきたことをふまえて，アメリカ等の専門職論では，"仕事の結果が人を傷つけ易いこと"が専門職の要件の一つに挙げられてきたためである。

69) 『市民の図書館』が出版された昭和45年（1970）から36年後の平成18年（2006）に，「これからの図書館像：地域を支える情報拠点をめざして（報告）」（2006）が公表された。これからの図書館の在り方検討協力者会議によるこの報告書によって，公共図書館において，資料提供のみでなく情報の提供も重視するハイブリッド型図書館を目指す方針が，公共図書館の行政方針として初めて明確にされたと考えられる（これからの図書館の在り方検討協力者会議『これからの図書館像：地域を支える情報拠点をめざして（報告）』文部科学省生涯学習政策局，2006.
http://www.mext.go.jp/component/b_menu/shingi/toushin/_icsFiles/afieldfile/2009/09/16/1243331_2.pdf （参照 2012-05-27）.）.

70) 図書館員の問題調査研究委員会「図書館員の専門性とは何か　その現実と

第3章　どのような大学図書館専門職員の論議が展開されてきたのか

課題—社会教育法改正に関連して—：続・委員会の中間報告」『図書館雑誌』Vol. 65, No. 11, 1971.11, p. 584.

71）図書館員の問題調査研究委員会（1970b），前掲記事，p. 528-530.

72）同上記事，p. 528-530.

73）図書館員の問題調査研究委員会（1970a），前掲記事，p. 213.

74）図書館員の問題調査研究委員会（1970b），前掲記事，p. 528-530.

75）同上記事，p. 528-530.

76）Thus "serving" the reader means "helping" him, learning his wishes and satisfying them. This comes dangerously close to the position taken by a minority of librarians, that their duty is to give the people what they want. In such a conception not only must the librarian—a clerk serving his customers—compete with commercial entertainment, but he yields a central meaning of service, the commitment to run personal risks in order to fulfill a high obligation to the society, to educate the reader and the public (Goode, William (1961), op.cit, p. 316-317).

77）図書館員の問題調査研究委員会（1970b），前掲記事，p. 528-530.

78）同上記事，p. 528-530.

79）室伏武（1965），前掲論文，p. 22-35.

80）図書館員の問題調査研究委員会（1970a），前掲記事，p. 213.

81）図書館員の問題調査研究委員会「図書館員の専門性とは何か（最終報告）」『図書館雑誌』Vol. 68, No. 3, 1974.3, p. 104-111.

82）薬袋秀樹『図書館運動は何を残したか　図書館員の専門性』勁草書房, 2001, p. 41-72.

83）図書館員の問題調査研究委員会（1970b），前掲記事，p. 528-530.

84）市川昭午（1969），前掲書，p. 12.

85）岩猿敏生「大学図書館の職員制度」『図書館学会年報』Vol. 17, No. 2, 1972a.2, p. 4.

86）同上論文，p. 6.

87）例えば，次の論稿が挙げられる。板寺一太郎「司書職優遇の根拠」『図書館雑誌』Vol. 58, No.7, 1964.6, p. 325-327.

88）図書館員の問題調査研究委員会（1970a），前掲記事，p. 213.

89）同上記事，p. 213.

90）図書館員の問題調査研究委員会（1970b），前掲記事，p. 530.

91）岩猿敏生（1972a），前掲論文，p. 2-8.

92）図書館員の問題調査研究委員会「図書館員の専門性とは何か：委員会の中間報告・Ⅲ」『図書館雑誌』Vol.66, No. 11, 1972a.11, p. 548-551.

93）同上記事，p. 548.

94）室伏武（1965），前掲論文, p. 22-35.

95) "I doubt that it is possible to identify the fund of principles or generalizations—the science—which solves it [the problem of no clear-cut conception of what professional librarians should be doing]," Goode, William (1961), op.cit, p. 312.

96) "The key elements are to prevent its knowledge base from being sufficient for full professional status" (Goode, William (1961), op.cit, p. 313).

97) 室伏武 (1966), 前掲論文, p. 20-23.

98) 図書館員の問題調査研究委員会 (1974), 前掲記事, p. 108.

99) 同上記事, p. 108.

100) 奥村藤嗣 (1965), 前掲論文, p. 51-63.

101) 利根川樹美子『大学図書館の司書職法制化運動：昭和 25 年 (1950) – 昭和 41 年 (1966) における実態と意味』(修士論文) 筑波大学, 2007, p. 78-80.

102) 図書館員の問題調査研究委員会 (1972a), 前掲記事, p. 548-549.

103) 奥村藤嗣 (1965), 前掲論文, p. 51-63.

104) 板寺一太郎 (1964), 前掲論文, p. 325-327.

105) 昭和 47 年 (1972) 12 月, 横浜国立大学附属図書館の団野弘之は,「司書職制度研究ノート抄 (1)」のなかで, 公共図書館の資格である司書・司書補は, 大学図書館の専門職の資格として認められない理由を次の方法で指摘した (団野弘之 (1972), 前掲記事, p. 75-81.)。大学図書館の専門職に必要な知識・技術を具体的に示し, それらが公共図書館司書職の職務より学術的, 専門的であるという意味でより高度な内容であることを具体的に示したのである。ただし, 団野が示した, 大学図書館の専門職に必要な知識・技術は, 当時の大学図書館専門職員の職務遂行に求められる知識・技術を示したものであった。それらが, 専門職の資格の要件を満たすかどうかについては検討されなかった。市川や岩猿の分析では, 当時の大学図書館専門職員の職務は, 専門職の水準には達していないと評価されていた。市川や岩猿の評価にもとづけば, 団野が示した知識・技術は, 大学図書館の専門家の知識・技術として公共図書館のそれよりも高度であるとはいえても, 専門職の知識・技術とはいえない内容であった。

106) 岩猿敏生「アメリカの大学図書館における academic status の問題」『大学図書館研究』Vol. 1, 1972b.12, p. 3-12.

107) 深川恒喜「司書官制度提言の基本的資料と読者へのお願い」『大学図書館研究』Vol. 2, 1973.8, p. 65.

108) 室伏武「司書職制度論」『図書館界』Vol. 24, No. 6, 1973.3, p. 251-257.

109) 図書館員の問題調査研究委員会 (1970b), 前掲記事, p. 528-530.

110) 図書館員の問題調査研究委員会 (1971), 前掲記事, p. 583.

111) 図書館員の問題調査研究委員会 (1970b), 前掲記事, p. 528-530.

第3章　どのような大学図書館専門職員の論議が展開されてきたのか

112)　図書館員の問題調査研究委員会（1971），前掲記事，p. 583.

113)　同上記事，p. 584.

114)　図書館員の問題調査研究委員会「図書館界の動向：図書館員の問題に関連して」『図書館雑誌』Vol. 66, No. 12, 1972b.12, p. 619.

115)　岩猿敏生（1972c），前掲論文，p. 71.

116)　奥村藤嗣（1965），前掲論文，p. 51-63.

117)　深川恒喜「国立大学図書館協議会の司書官制度の提案について」『図書館雑誌』Vol. 66, No. 1, 1972.1, p. 30-33.

118)　深川恒喜（1973），前掲記事 p. 70-77.

119)　安西郁夫「大学図書館員の養成と研修」『大学図書館の管理運営：第2回日米大学図書館会議応募論文集』大学図書館国際連絡委員会編，大学図書館国際連絡委員会，1972, p. 77-78.

120)　国立情報学研究所「NII について」
　　　http://www.nii.ac.jp/about/history/ （参照 2011-07-29）.

121)　森岡祐二（1985），前掲論文，p. 326.

122)　上田修一「日本の大学図書館の OPAC の現状」『図書館学会年報』Vol. 41, No. 2, 1995.6, p. 81.

123)　気谷陽子（2003），前掲論文，p. 143, 144.

124)　国立情報学研究所「NII について」，前掲 Web ページ.

125)　上田修一（1995），前掲論文，p. 82.

126)　同上論文，p. 83.

127)　国立情報学研究所「NII について」，前掲 Web ページ.

128)　同上論文，p. 143.

129)　原田勝「大学図書館と情報ネットワーク」『大学と学生』No. 344, 1994a.3, p. 11.

130)　廣田とし子，上田修一「大学図書館における電子情報源の利用者教育調査」『Library and information science』No. 33, 1995, p. 87.

131)　気谷陽子（2003），前掲論文，p. 145.

132)　原田勝「情報ネットワークの進展と大学図書館」『静脩』Vol. 31, No. 1, 1994b.6, p. 2. http://hdl.handle.net/2433/37255 （参照 2011-09-24）.

133)　永田治樹「大学図書館におけるサービス経営：顧客満足のマーケティング」『大学図書館研究』No. 50, 1996.10, p. 74.

134)　森岡倫子「電子ジャーナル黎明期の変遷：1998 年から 2002 年までの定点観測」『Library and Information Science』No. 53, 2005, p. 20, 21-22.

135)　上田修一（1995），前掲論文，p. 83.

136)　国立情報学研究所「NII について」，前掲 Web ページ.

137)　森岡倫子（2005），前掲論文，p. 23.

138)　気谷陽子（2003），前掲論文，p. 146.

161

139)　森岡倫子（2005），前掲論文，p. 23.

140)　「図書館パフォーマンス指標の改訂版が発行される」『カレントアウェアネス‐E』No. 137, 2008.10.
　　　http://current.ndl.go.jp/e846　（参照 2012-02-12）.

141)　International Organization for standardization（ISO），ISO 11620
　　　http://www.iso.org/iso/iso_catalogue/catalogue_ics/catalogue_detail_ics.htm?csnumber=37853　（参照 2012-02-12）.

142)　国立情報学研究所「沿革」
　　　http://www.nii.ac.jp/about/overview/history/　（参照 2013-05-21）.

143)　気谷陽子（2003），前掲論文，p. 147.

144)　国立情報学研究所「NII について」，前掲 Web ページ.

145)　Ex Libris, "SFX: the Open URL link resolver and much more"
　　　http://www.exlibrisgroup.com/category/SFXOverview　（参照 2012-02-24）.

146)　永田治樹「大学のミッションと図書館：これからのサービスモデル」『私立大学図書館協会会報』No. 127, 2007.3, p. 148.

147)　Perez, Juan Carlos, "In Google Book Settlement, Business Trumps Ideals." *PC World*.
　　　http://www.pcworld.com/article/153085/article.html（参照 2013-01-05）.

148)　Assisi, Francis C. "Anurag Acharya Helped Google's Scholarly Leap", *IN-DOlink*.
　　　http://www.indolink.com/SciTech/fr010305-075445.php（参照 2013-01-05）.

149)　宇陀則彦「ディスカバリーサービスに関する少し長いつぶやき」
　　　http://www.dl.slis.tsukuba.ac.jp/DLjournal/No_43/2-uda/2-uda.pdf（参照 2013-04-30）.

150)　国立情報学研究所「NII について」
　　　http://www.nii.ac.jp/about/history/　（参照 2011-07-29）.

151)　文部省学術国際局情報図書館課「学術情報政策の現状と課題」『文部時報』No. 1202, 1977.7, p. 60-64.

152)　学術審議会「今後における学術情報システムの在り方について（答申）」（学術審議会第 23 号，昭和 55 年 1 月 29 日）学術審議会，1980.1.
　　　http://web.keio.jp/~uedas/sip/sip5.html　（参照 2012-01-05）.

153)　森岡祐二（1985），前掲論文，p. 328.

154)　学術審議会『21 世紀を展望した学術研究の総合的推進方策について（答申）（平成 4 年 7 月 23 日）p. 11-12.

155)　学術情報部会「大学図書館機能の強化・高度化の推進について（報告）」（平成 5 年 12 月 16 日）
　　　http://wwwsoc.nii.ac.jp/anul/j/documents/mext/houkoku.html　（参照 2012-

第 3 章　どのような大学図書館専門職員の論議が展開されてきたのか

01-14).

156)　原田勝（1994a），前掲論文，p. 10-12.

157)　臨時教育審議会『教育改革に関する第二次答申（付　参考資料）』（昭和 61 年 4 月 23 日）臨時教育委員会，1986, p. 2.

158)　同上書，p. 79.

159)　大学審議会「大学教育の改善について（答申）」（平成 3 年 2 月 8 日）『大学の多様な発展を目指して Ⅰ：大学審議会答申集』高等教育研究会編，ぎょうせい，1991, p. 10.

160)　同上書，p. 10.

161)　同上書，p. 29.

162)　高等教育研究会編『大学の多様な発展を目指して Ⅲ：設置基準の解説と Q&A』ぎょうせい，1994, p. 1.

163)「大学設置基準の一部を改正する省令の施行等について」（平成 3 年 6 月 24 日文高大第 184 号文部事務次官通知）
http://www.mext.go.jp/b_menu/hakusho/nc/t19910624001/t19910624001.html　（参照 2012-01-10).

164)　同上 Web ページ．

165)　平元健史，片山俊治「国立大学法人図書館職員の人事関連制度の萌芽：国立大学図書館協会人材委員会の検討と取り組み」『図書館雑誌』Vol. 102, No. 3, 2008.3, p. 156.

166)　杉山誠司「私立大学図書館における経営改革としての自己点検・評価活動」『現代の図書館』Vol. 38, No. 1, 2000.3, p. 10.

167)　杉山誠司（2000），前掲論文，p. 10.

168)　永田治樹（1996），前掲論文，p. 73-81.

169)　永田治樹「図書館の顧客評価・成果評価」『図書館界』Vol. 56, No. 2, 2004.7, p. 81-84.

170)　永田治樹「大学評価と図書館評価」『情報の科学と技術』Vol. 55, No. 12, 2005.12, p. 541-545.

171)　学校教育法の一部を改正する法律（平成 14 年 11 月 29 日法律第 118 号）第 69 条の 3 および 附則第 1 条の 1.

172)　喜多村和之『現代の大学・高等教育　教育の制度と機能』玉川大学出版部，1999, p. 213.

173)　学術審議会「大学図書館における電子図書館的機能の充実・強化について（建議）」（平成 8 年 7 月 29 日）
http://wwwsoc.nii.ac.jp/anul/j/documents/mext/kengi.html　（参照 2012-02-01).

174)　大学審議会「高等教育の一層の改善について（答申）」（平成 9 年 12 月 8 日）.
http://www.mext.go.jp/b_menu/shingi/12/daigaku/toushin/971201.htm

163

（参照 2012-02-15）.

175) 大学審議会「21 世紀の大学像と今後の改善方策について：競争的環境の中で個性が輝く大学（答申）」（平成 10 年 10 月 26 日）.
http://www.mext.go.jp/b_menu/shingi/12/daigaku/toushin/981002.htm
（参照 2012-02-15）.

176) 大学審議会「グローバル化時代に求められる高等教育の在り方について（答申）」（平成 12 年 11 月 22 日）.
http://www.mext.go.jp/b_menu/shingi/12/daigaku/toushin/001101.htm
（参照 2012-02-17）.

177) 永田治樹「インフォメーションコモンズ・ラーニングコモンズ：新たな学習環境（場）の提供」『図書館雑誌』Vol. 103, No. 11, 2009.11, p. 746-749.

178) 科学技術・学術審議会 学術分科会 研究環境基盤部会 学術情報基盤作業部会「学術情報基盤の今後の在り方について（報告）」（平成 18 年 3 月 23 日）.
http://www.mext.go.jp/b_menu/shingi/gijyutu/gijyutu4/toushin/06041015/020.pdf （参照 2012-03-04）.

179) 文部科学省「平成 18 年度学術情報基盤実態調査結果報告 3《大学図書館編》〔2〕11. 11-1 組織・人員面 ORGANIZATION AND STAFF」
http://www.mext.go.jp/b_menu/toukei/001/index20/08032421/001/028.htm （参照 2013-12-27）.

180) 筑波大学「今後の『大学像』の在り方に関する調査研究（図書館）報告書：教育と情報の基盤としての図書館」2007, p. 92.
http://www.kc.tsukuba.ac.jp/div-comm/pdf/future-library.pdf （参照 2012-02-26）.

181) 鎌田均「『エンベディッド・ライブラリアン』：図書館サービスモデルの米国における動向」
http://current.ndl.go.jp/ca1751 （参照 2014-01-26）.

182) 同上 Web ページ, p. 93.

183) 科学技術・学術審議会 学術分科会 研究環境基盤部会 学術情報基盤作業部会「大学図書館の整備について（審議のまとめ）：変革する大学にあって求められる大学図書館像」（平成 22 年 12 月）
http://www.jaspul.org/event/monka_20110712_matome.pdf （参照 2011-07-29）.

184) 鈴木正紀「大学図書館の業務委託：業務の外部化問題はわれわれに何を突きつけているのか」『図書館雑誌』Vol. 97, No. 3, 2003.3, p. 163.

185) 牛崎進「アウトソーシングと大学図書館論」『情報の科学と技術』Vol. 57, No. 7, 2007.7, p. 320-324.

186) 作野誠「専任職員と委託スタッフの連携による効果的なサービスの提供：

愛知学院大学歯科・薬学図書館情報センターにおけるガイダンス実施の例」『館灯』No. 46, 2008.3, p. 47-52.

187) 佐藤翔, 逸村裕「大学図書館における外部委託状況の量的調査」『Library and Information Science』No. 60, 2008, p. 1-27.

188) 岩猿敏生「大学図書館員の育成と図書館学教育」『Library and Information Science』11, 1973.12, p. 74-75.

189) 岩猿敏生「Philosophy of Librarianship について」『図書館学』Vol. 30, 1977.3, p. 11-16.

190) 大城善盛「アメリカにおけるライブラリアンシップの発達：大学図書館司書の専門職化研究 (1)」『図書館界』Vol. 28, No. 5, 1977.1, p. 183-190.

191) 岩猿敏生「プロフェッションとしての大学図書館員の問題」『図書館雑誌』Vol. 72, No. 10, 1978.10, p. 504.

192) 斎藤陽子「英国の大学図書館における主題専門制」『社会教育学・図書館学研究』No. 13, 1989, p. 31-42.

193) 同上論文, p. 38.

194) 岩猿敏生「大学図書館長論」『図書館界』Vol. 34, No. 1, 1982.5, p. 88-93.

195) 大城善盛「大学図書館における司書の専門性」『図書館界』Vol. 34, No. 1, 1982.5, p. 77-82.

196) 岩猿敏生「わが国における図書館学教育の諸形態と問題点」『文化学年報』Vol. 37, 1988.3, p. 20.

197) 岩猿敏生 (1993), 前掲論文, p. 133-142.

198) 同上論文, p. 139-140.

199) 大城善盛 (1977), 前掲論文, p. 183-190.

200) 大城善盛「アメリカにおける大学図書館司書の待遇の変遷：大学図書館司書の専門職化研究 (2)」『図書館界』Vol. 29, No. 6, 1978.3, p. 233-244.

201) 同上論文, p. 233-244.

202) 同上論文, p. 236-242.

203) 大城善盛「『専門職』に関する一考察：大学図書館司書の専門職化研究 (3)」『図書館界』Vol. 31, No. 3, 1979.9, p. 236-242.

204) 大城善盛「『準専門職』とアメリカの大学図書館司書：大学図書館司書の専門職化研究 (4)」『図書館界』Vol. 31, No. 5, 1980.1, p. 331-339.

205) 大城善盛 (1982), 前掲論文, p. 77-82.

206) 日本図書館情報学会用語辞典編集委員会 (2007), 前掲書, p. 234.

207) 原田勝「大学図書館の将来」『静脩』特集号, 1990.2, p. 1-14. http://hdl.handle.net/2433/37832, （参照 2011-09-24）.

208) 原田勝 (1994b), 前掲論文, p. 1-6.

209) 永田治樹「OPAC の展開：次世代の図書館像を求めて」『情報の科学と技術』Vol. 41, No. 6, 1991.6, p. 457-462.

210) 永田治樹「大学図書館における自己点検・評価の枠組みと尺度について」
『私立大学図書館協会会報』No. 101, 1994.1, p. 104-134.

211) 光斎重治「いま，求められる司書とは：大学図書館の立場から」『図書館
界』Vol. 40, No. 2, 1988.7, p. 53-56.

212) 光斎重治「大学設置基準の大綱化と図書館の専門的職員」『大学図書館研
究』Vol. 41, 1993.3, p. 17-22.

213) 同上論文，p. 17-22.

214) 光斎重治（1988），前掲論文，p. 53-56.

215) 光斎重治（1993），前掲論文，p. 17-22.

216) 大学審議会（1991），前掲書，p. 10-41

217) 光斎重治（1993），前掲論文，p. 17-22.

218) 同上論文，p. 17-22.

219) 図書館員の問題調査研究委員会「『大学図書館職員実態調査』の報告」『現
代の図書館』Vol. 28, No 4, 1990.12, p. 256-267.

220) 同上記事，p. 265.

221) 同上記事，p. 267.

222) 『図書館雑誌』編集委員会「司書資格等の要件拡大をめざす：生涯学習審
議会答申の投げかけたもの」『図書館雑誌』Vol. 86, No. 9, 1992.9, p. 670.

223) 「図書館司書ら資格要件「大卒」をなくす方向へ」『朝日新聞』（東京版）
1992.7.30, 1 面

224) 森耕一「図書館がダメになる」『図書館雑誌』Vol. 86, No. 9, 1992.9, p. 670.

225) 横山桂「大学図書館とその専門的職員」『現代の図書館』Vol. 33, No. 3,
1995.9, p. 162-169.

226) 永田治樹「人的資源経営（図書館における人材育成計画の設計）：Fielden
レポートの指摘」『専門図書館』No. 155, 1995, p. 46-54.

227) 同上論文，p. 46.

228) 髙山正也「電子図書館時代における大学教育と図書館の教育支援」『関西
大学図書館フォーラム』No. 4, 1999, p. 7-12.

229) 長澤多代「情報リテラシー教育を担当する図書館員に求められる専門能力
の一考察：米国のウエイン州立大学の図書館情報学プログラムが開講する
「図書館員のための教育方法論」の例をもとに」『大学図書館研究』No. 80,
2007.8, p. 79-91.

230) 同上論文，p. 87.

231) 横山桂（1995），前掲論文，p. 162-169.

232) 鈴木正紀「私立大学図書館員の「異動」に関する覚え書き：大学職員の専
門性と大学図書館員」『図書館雑誌』Vol. 92, No. 12, 1998.12, p.1059-1061.

233) 鈴木正紀「大学図書館の職員問題：専門職制度はなぜ成立しないのか？」
『現代の図書館』Vol. 33, No. 3, 1995.9, p. 170-178.

第 3 章　どのような大学図書館専門職員の論議が展開されてきたのか

234) 同上論文，p. 173.

235) 同上論文，p. 170-178.

236) 向田厚子（1996），前掲論文，p. 199-202.

237) 高山正也（2004），前掲論文，p. 52-60.

238) 川原亜希代，中道厚子，馬場俊明，前川和子，横山桂「近畿地区大学図書館における司書採用の現状：就職の可能性を広げるために」『図書館界』Vol. 59, No. 3, 2007.9, p. 188-199.

239) 田中康雄「大学図書館の業務委託の将来展望」『JUNTO CLUB（西日本図書館学会大分県支部会誌）』No. 10, 2009.12, p. 1-4.
http://bud.beppu-u.ac.jp/xoops/modules/xoonips/detail.php?id=jc01001,（参照 2011-09-24）.

240) 竹内心「噂の学術司書制度試案：国立大学図書館職員制度の確立をめざして」『図書館雑誌』Vol. 92, No. 2, 1998.2, p. 91-93.

241) 向田厚子「医学図書館員をめぐる法規上の問題：専門職制度の確立に向けて」『医学図書館』Vol. 43, No. 2, 1996.6, p. 199-202.

242) 特定非営利活動法人日本医学図書館協会「会員館一覧（2013.10.29 現在）」http://plaza.umin.ac.jp/~jmla/jmlalink/index.html　（参照 2014-01-10）.

243) 宮部頼子「大学図書館の管理運営：専門職専任館長の問題をめぐって」『現代の図書館』Vol. 34, No. 1, 1996.3, p. 21-26.

244) 高山正也「情報専門職制確立に向けての動向：司書資格の見直しと主題専門性基盤の必要性」『同志社大学図書館学年報』No. 30, 2004, p. 52-60.

245) 永田治樹「大学図書館における情報専門職の知識・技術の体系：LIPER 大学図書館調査から」『図書館雑誌』Vol. 99, No. 11, 2005.11, p. 774-776.

246) 図書館運営戦略研究分科会「大学図書館の戦略的業務外部委託について」『私立大学図書館協会会報』No. 126, 2006.9, p. 108-115.

247) 永田治樹（1995），前掲論文，p. 46-54.

248) 原田勝「電子図書館の進展と図書館専門職員の役割」『学術月報』Vol. 50, No.3, 1997.3, p. 244-248.

249) 大城善盛「ネットワーク時代の大学図書館員の専門性と専門職制」『大学の図書館』Vol. 16, No. 4, 1997.4, p. 62-63.

250) 酒井信「大学図書館員の専門性と専門職制度」『大学の図書館』Vol. 16, No. 1, 1997.1, p. 120-121.

251) 加藤好郎「専門職としての大学図書館員の現状と将来」『現代の図書館』Vol. 39, No. 1, 2001.3, p. 38-44.

252) 同上論文，p. 38-44.

253) 加藤好郎「慶應義塾図書館が 21 世紀に目指すもの：専門職としての図書館員」『大学図書館研究』No. 60, 2001.2, p. 24-28.

254) 加藤好郎「大学図書館における専門職の育成：その研修の実際」『大学図

書館研究』No. 71, 2004.8, p. 11-16.

255) 牛崎進「変革期における大学図書館経営」『専門図書館』No. 208, 2004.11, p. 19-27.

256) 長澤多代（2007），前掲論文，p. 79-91.

257) 同上論文，p. 88.

258) 永田治樹（1996），前掲論文，p. 73-81.

259) 同上論文，p. 73-74.

260) 同上論文，p. 74.

261) 同上論文，p. 75.

262) 同上論文，p. 75.

263) 同上論文，p. 80-81.

264) International Organization for standardization（ISO），Library Performance Indicators（International standard, ISO 11620 .Information and documentation），1998
http://www.iso.org/iso/catalogue_detail.htm?csnumber=19552 （参照 2013-11-17）.

265) 杉山誠司（2000），前掲論文，p. 10-14.

266) 四方田均「大学図書館の自己点検・評価手法の問題：私立大学図書館のガイドライン作成をふりかえって」『専門図書館』No.182, 2000.7, p. 6-12.

267) 同上論文，p. 6.

268) 同上論文，p. 7.

269) 同上論文，p. 7-9.

270) 鈴木正紀（1995），前掲論文，p. 170-178.

271) 髙山正也「情報サービス分野における情報プロフェッショナルの専門性と自己開発」『情報の科学と技術』Vol. 55, No. 4, 2005.4, p. 178-182.

272) 薬袋秀樹「図書館専門職員の資格認定試験制度」『病院図書館』Vol. 22, No. 3, 2002, p. 116-120.

273) 髙山正也（2005），p. 178-182.

274) 梅澤貴典「大学図書館員の役割と必要とされるスキル」『IDE 現代の高等教育』No. 510, 2009.5, p. 67-72.

275) 平元健史，片山俊治（2008），前掲記事，p. 158-159.

276) Goode, William（1961），op.cit, p. 306-320.

第4章 法制化による大学図書館専門職員の設置はなぜ実現しなかったのか

1 本章の目的と方法

　大学図書館の司書職法制化運動は，法制化によって大学図書館専門職員の設置を目指した運動であった。岩猿の「史的展望」(1977) に代表される大学図書館専門職員の設置に関する先行研究を検討した結果，①大学図書館の司書職法制化運動とその結果がその後の大学図書館専門職員の設置に影響を及ぼしたこと，②この運動の時期以外にはいくつかの小規模な事例を除いて大学図書館専門職員の設置に関する運動に取り組まれなかったことが分かった。これらの先行研究に依拠して，大学図書館専門職員の設置に関する分析対象期間を，大学図書館の司書職法制化運動が取り組まれた昭和 27 年（1952）から昭和 40 年（1965）に設定する。そして，法制化による大学図書館専門職員設置の提案がいずれも実現しなかった要因を検討するために，まず運動の経緯および関係団体と行政機関の交渉の経過と内容を分析する。次に分析結果をもとに提案の実現を妨げた複合要因を検討し，その中から根本的要因を抽出する。

　本章の研究では，主要な先行研究である岩猿の「史的展望」[1] で取り上げられなかった資料も調査し，特に館長会議の活動を示す一次資料として『全国国立大学図書館長会議議事要録』（以下，『議事要録』という）を用いる。他に『図書館雑誌』に掲載された日本図書館協会総会，全国図書館大会（以下，全図大会という）の大学図書館部会等の議事録・活動報告，『私立大学図書館協会史』における私立大学図書館協会総会等の公式記録を調査し，この運動に関わる資料を網羅的に収集して検討する。

表 4-1　大学に関する主な法令とその公布・制定時

法令の内容	法令	公布・制定時
学校教育の基本規定	日本国憲法	昭和 21 年 11 月 3 日公布
	教育基本法	昭和 23 年 3 月 29 日法律第 25 号
	学校教育法	昭和 22 年 3 月 29 日法律第 26 号
	学校教育法施行規則	昭和 22 年 5 月 23 日文部省令第 11 号
大学の設置主体別規定	国立学校設置法	昭和 24 年 5 月 31 日法律第 150 号
	国立学校設置法施行規則	昭和 24 年 6 月 22 日文部省令第 23 号
	地方教育行政の組織及び運営に関する法律	昭和 31 年 6 月 30 日法律第 162 号
	私立学校法	昭和 24 年 12 月 15 日法律第 270 号
大学の基準	大学設置基準	昭和 31 年 10 月 22 日文部省令第 28 号
教育公務員の規定	教育公務員特例法	昭和 24 年 1 月 12 日法律第 1 号
他館種の図書館に関する法律	図書館法	昭和 25 年 4 月 30 日法律第 118 号
	学校図書館法	昭和 28 年 8 月 8 日法律第 185 号

　岩猿は大学図書館の司書職法制化運動の主要なリーダーの一人であり，「史的展望」でこの運動の始まりから終わりまでを論述した唯一の人物である。岩猿には「史的展望」以外にこの運動に関する論稿および大学図書館専門職員の専門職化に関する論稿が多くある。そこで雑誌記事 60 数点，単行書 10 点余りを数える岩猿の著作[2]のうち，この運動の実践面と研究・理論面に関する文献 29 点を検討する。

　他に行政文書，統計調査，法規文献，大学図書館関係者・行政関係者・日本学術会議等の関連文献，教育行政学や高等教育政策領域の関連文献を調査する。大学や大学図書館に関する法令の一次資料としては，制定時の法令を参照する。分析対象期間が昭和 27 年（1952）から 40 年（1965）であり，諸法令の制定時に重なっているか近いためである。分析対象期間が本章と同じである第 5 章でも同様に制定時の法令を参照することとし，表 4-1 に大学に関する主な法令とその公布・制定時を示した。

　「史的展望」は館長会議の視点から論述されたものである。これに対して本章では，館長会議とは異なる視点からの運動や取り組みの存在を明らかにし，司書職法制化運動の歴史的経緯や時期区分を，館長会議以外の関係団体・行政

第 4 章　法制化による大学図書館専門職員の設置はなぜ実現しなかったのか

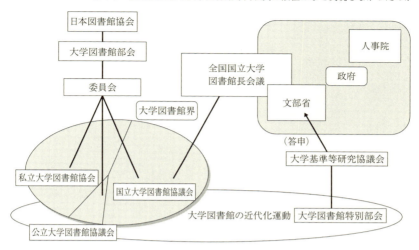

図 4-1　大学図書館の司書職法制化運動に関わった団体・行政機関の相互関係図
出典：筆者作成

組織を含めたより多様な視点から示す。「史的展望」で触れられていない一部の事象を補い，誤記を修正し，注で示す。

2　司書職法制化運動の概要

大学図書館の司書職法制化運動では，関係団体や行政機関の関係者が相互に交渉しながら，別個に活動した。運動における関係団体や行政機関の相互関係や作用は複雑であった。そこでまず，運動に関わった主体と運動の主な経緯を述べる。

2.1　関係団体と行政機関

分析結果をもとに，大学図書館の司書職法制化運動に関わった関係団体と行政機関の相互関係をまとめて図 4-1 に示した。

この運動に関わった団体や行政機関は次の通りである。① 日本図書館協会大学図書館部会は，国公私立大学図書館で構成される日図協内の組織である。

171

表 4-2　関係団体・行政機関・職員名等とその略称

名　称		略　称
団体・行政機関名	近畿地区国公立大学図書館協議会	近畿地区協議会
	私立大学図書館協会	私図協
	全国国立大学図書館長会議	館長会議
	全国図書館大会	全図大会
	日本図書館協会大学図書館部会	日図協大学図書館部会
	大学基準等研究協議会大学図書館特別部会	（無）
	文部省	（無）
	人事院	（無）
職員名	国立学校図書専門職員	図書専門職員
	国立大学図書館専門職員	図書館専門職員
試験・制度等	国立学校図書専門職員採用試験	図書専門職員採用試験
	国立学校図書専門職員採用試験の制度	図書専門職員採用試験制度
	国立大学図書館専門職員採用試験	図書館専門職員採用試験
	国立大学図書館専門職員採用試験要綱	採用試験要綱
書名等	『全国国立大学図書館長会議議事要録』	『議事要録』
	「戦後の大学図書館における司書職制度問題に関する史的展望」	「史的展望」

出典：筆者作成

② 全国国立大学図書館長会議は，全国の国立大学図書館長（教授職）・事務長等と文部省の係官とが毎年一堂に会し，様々な問題について協議する組織であった。③ 国立大学図書館の基本組織は各地区ブロックで構成される国立大学図書館協議会であった（昭和 32 年（1957）までは国公立大学図書館協議会という

第 4 章　法制化による大学図書館専門職員の設置はなぜ実現しなかったのか

名称で，公立大学が含まれていた）3）。④ 公立大学図書館の基本組織は国公立大学図書館協議会であったが，昭和 32 年（1957）から，公立大学図書館協議会という団体に変わった4）。⑤ 私立大学図書館の基本組織は私立大学図書館協会である。⑥ 大学図書館特別部会は，文部大臣の諮問機関である大学基準等研究協議会に設置された部会であった。⑦ 文部省は国公私立大学図書館行政の主管者であり，国立大学図書館の設置管理者でもあった。⑧ 人事院は国立大学図書館職員（国家公務員）の人事に関わった。

　本章で用いる団体・職員名等とその略称のリストを表 4-2 に示す。

2.2　運動以前

　昭和 23 年（1948）から昭和 27 年（1952）は，大学図書館の司書職法制化運動の前史となる時期である。図書館法改正の取り組みは，図書館法（昭和 25 年 4 月 30 日法律第 118 号）を改正し，公共図書館の規定に加えて学校図書館，大学図書館の規定も盛り込むことを目的とした。したがって，大学図書館の司書職法制化運動の一部に加えてよい内容であった。しかし本章では，図書館法改正の取り組みを大学図書館の司書職法制化運動に加えず，その前史，“運動以前”で取り上げる。その理由は，図書館法改正の提案が日図協の委員会で検討されず，運動としての広がりをもたなかったこと，本項 “運動以前” における職階制による司書職制度確立の取り組みと同時期に取り組まれたことによる。

　昭和 23 年（1948）頃から国家公務員の職階制を目指す動きが本格化した5)6)。翌年 8 月に「司書職列職級明細書（最終案）」が人事院から提示された7)8)。職階制とは “職務の種類” と “複雑と責任の度” にしたがって，官職を職種・職給のグループに分類する人事制度である9)。人事院の動きに呼応して，職階制を通じての司書職制度の確立に初めて取り組まれた10)。昭和 25 年（1950）5 月，日図協大学図書館部会は国立大学図書館職員からなる司書職専門委員会を設置した11)。昭和 27 年（1952）5 月，「『国家公務員司書職の専門職としての確定』速報」（1952）の記事が『図書館雑誌』に掲載された12)。しかし，職階の制度化の取り組みそのものが停滞したため，結局確定に至らなかった。

　その間，京都図書館協会大学部会が，昭和 26 年（1951）4 月の『図書館雑誌』や 5 月の日図協総会を通じて，図書館法（昭和 25 年 4 月 30 日法律第 118 号）の

173

改正を提案した。大学図書館と学校図書館の機能および大学図書館"専門職員"と学校図書館"司書教諭"の規定を図書館法に設けるという内容であった[13)14)]。1年前から職階制への取り組みがあり，二つの活動が併存していた[15)]。図書館法改正の提案は大学図書館の関係団体にある程度の影響を及ぼしたが[16)]，日図協や大学図書館部会で取り組まれず[17)]，その後，学校図書館法（昭和28年8月8日法律第185号）が単独で成立した。

　次に大学図書館の司書職法制化運動の主な経緯を述べる。

2.3　運動の主な経緯

　昭和27年（1952）の私図協総会で，学校教育法（昭和22年3月29日法律第26号）を改正し，"司書"の文言を加える提案が承認された。これが最初の司書職法制化運動となった。翌年からこの運動は，日図協大学図書館部会が設置した委員会で取り組まれることになった。委員会は文部省と交渉したがうまく進まなかった。そのような状況のなかで，国立大学図書館長会議が昭和29年（1954）に発足した。

　館長会議発足当時，国立大学図書館職員は司書・司書補の資格を持つ者から選考採用されていた。選考採用とは，国家公務員採用試験（競争試験）ではなく選考によって採用する制度である[18)]。昭和33年（1958），館長会議は国立学校設置法施行規則を改正し，"司書職員"の文言を加える提案を承認し，文部省に要望した。文部省はこの提案に難色を示した。同じ頃，人事院が前述の選考採用を認めなくなった。

　昭和34年（1959），日図協大学図書館部会が大学図書館に関する改善綜合委員会を設置した。この委員会は「大学図書館法要項草案」の起草に取り組んだ。

　昭和37年（1962），人事院は文部省に国立大学図書館専門職員採用試験要綱（以下，採用試験要綱という）の改正を申し入れた。この試験を国家公務員採用試験に組み入れる案を館長会議が承認し，人事院に要望した。この要望に沿う形で国立学校図書専門職員採用試験制度が次年度から実施された[19)20)]。

　昭和35年（1960）から東京大学附属図書館長を務めた岸本英夫は，大学図書館の近代化運動を推進した。大学図書館の近代化運動とは，主にアメリカの大学図書館を参考にして日本の大学図書館の近代化や改革を目指した運動であ

第 4 章　法制化による大学図書館専門職員の設置はなぜ実現しなかったのか

る[21)22)23)]。昭和 39 年（1964）から岸本の後任を伊藤四十二が務め，同年伊藤は大学基準等研究協議会大学図書館特別部会の主査となった。翌年，この部会が大学設置基準（昭和 31 年 10 月 22 日文部省令第 28 号）を改正し，大学図書館の 1 章を加えることを提案した。しかし，起草委員会で見送られた。

3　時期区分

　本章の分析対象期間は，学校教育法改正運動が起きた昭和 27 年（1952）から大学設置基準改正の提案が見送られた昭和 40 年（1965）までとする。前節の運動の主な経緯にもとづいて，運動の主体の視点から大学図書館の司書職法制化運動の分析対象期間を次の四つの時期に区分する。(1) は私図協および日図協大学図書館部会中心，(2)，(3) は館長会議中心，(4) は大学図書館特別部会中心である。(3) の時期には，館長会議による国立学校設置法施行規則改正の運動と並行して，日図協大学図書館部会が「大学図書館法要項草案」の起草に取り組んだ。

第 1 期　学校教育法改正運動：昭和 27 年（1952）～昭和 30 年（1955）
第 2 期　国立学校設置法施行規則の改正運動　前期
　―改正の提案の承認まで：昭和 30 年（1955）～昭和 33 年（1958）
第 3 期　国立学校設置法施行規則の改正運動　後期
　―国立学校図書専門職員採用試験制度の成立まで：昭和 33 年（1958）～昭和 39 年（1964）
第 4 期　大学設置基準改正の取り組み：昭和 39 年（1964）～昭和 40 年（1965）

4　運動の経緯および関係団体と行政機関の交渉

　本節では大学図書館の司書職法制化運動の経緯，および関係団体と行政機関の交渉の経過と内容を示す。

175

4.1　第1期　学校教育法改正運動：昭和 27 年（1952）～昭和 30 年（1955）

4.1.1　運動目的の転換

　昭和 25 年（1950）4 月に図書館法（昭和 25 年 4 月 30 日法律第 118 号）が公布された。国家公務員の職階の制度化を目指す動きが停滞し，昭和 28 年（1953）8 月の学校図書館法（昭和 28 年 8 月 8 日法律第 185 号）の公布が目前に迫った頃[24)25)]，大学図書館の司書職法制化運動が起こった[26)27)]。

　昭和 27 年（1952）11 月の私図協総会で，和田吉人（東洋大学附属図書館，私図協関東部会代表）が学校教育法（昭和 22 年 3 月 29 日法律第 26 号）に"司書"の文言を加える法改正を提案した。その研究のために司書職法制化委員会が設置された[28)]。この件は昭和 28 年（1953）6 月に私図協によって全図大会大学図書館部会に提案された。大学図書館の制度を確立するためには大学図書館司書の資格を明確にすることが必要である[29)]ことが提案の理由であった。具体的な資格の内容には言及されなかった。

　提案は国公私立大学を対象とする内容であったため，三者の選出委員からなる大学図書館職員制度改善促進実行委員会が設置された[30)]。委員長（斎藤敏日本大学図書館長）および委員の所属は，国立 4 名，公立 2 名，私立 4 名の計 10 名だった[31)]。国公私立大学図書館が初めて協同で運動に取り組んだ。

　この委員会では，委員が文部省の係官と交渉した。しかし，"学校教育法は，教育のあり方を中心に定めたものだから，その中に職員としての司書を入れるのはおかしい"と係官から指摘され，代わりに国立学校設置法施行規則の改正等が示唆された[32)]。運動が停滞するなか，館長会議が昭和 29 年（1954）10 月に発足した[33)]。昭和 30 年（1955）1 月の実行委員会と係官の交渉の結果，運動の目的が国立大学図書館職員の待遇改善に変更され，当面は法改正によらないで，委員会と文部省が人事院と交渉することに決まった[34)]。同年 5 月の全国図書館大会全体会議で，この件が報告された[35)]。同年 8 月に委員が改選され，委員会は国立大学中心の構成に変更された[36)]。

　したがって，学校教育法改正運動は昭和 30 年（1955）で終わり，それ以降は国立大学図書館職員の待遇改善運動になったと考えられる。その後，文部省と交渉する場がこの委員会から館長会議に移った[37)]。

4.1.2 文部省の姿勢

　前述のとおり，文部省は学校教育法（昭和22年3月29日法律第26号）改正の提案が法律の趣旨から適切でないと指摘した。国立学校設置法施行規則（昭和24年6月22日文部省令第23号）の改正には前向きな姿勢を見せた。文部省には，国立大学図書館のみを対象として応対する傾向が見られた。

4.2 第2期 国立学校設置法施行規則の改正運動 前期―改正の提案の承認まで：昭和30年（1955）～昭和33年（1958）

4.2.1 改正の提案の承認

　館長会議の発足以降，国立大学図書館の様々な要望がこの組織を通じて文部省に提出された。司書職法制化運動もその一環であった。

　館長会議は，待遇改善の問題を解決するために司書職制度の確立を図るという方針を立て[38]，昭和31年（1956）10月に，近畿地区国公立大学図書館協議会[39][40]（以下，近畿地区協議会という）に研究・立案を委嘱した[41][42]。昭和32年（1957）4月に実施された給与法の改正によって，国立大学図書館職員は，級別定数上一般職員と別枠になった。10月には，近畿地区協議会が報告・案「司書職の確立について」を館長会議に提出した[43]。案は，国立大学図書館の司書職法制化を目的とし，国立学校設置法施行規則を改正して"司書職員"の文言を加える内容であった[44]。

　昭和33年（1958）6月の全図大会大学図書館部会では，大学図書館の司書資格の問題に取り組むために，大学図書館司書職に関する調査委員会が設置された。近畿地区協議会は10月の館長会議に「司書職の確立について」の一部訂正を提出した。館長会議はこれを文部省に要望することを承認した[45]。

4.2.2 司書・司書補資格をめぐる動き

4.2.2.1 館長会議の要望とその措置

　昭和30年（1955）11月の文部省事務次官宛て通知で，人事院は司書・司書補資格を用いた国立大学図書館職員の選考採用を認めた[46][47]。翌年3月の人事院通達では，特殊資格職員初任給基準表に両資格の職種が加えられ，初任給が引き上げられた[48]。

初任給の引き上げによって待遇改善が進んだが，新任の者と現職者の間に給与上の不均衡が生じた[49]。昭和31年（1956）10月の館長会議でこの問題が取り上げられ，資格や研修等について，①独自の級別資格基準表の設定，②司書資格の法文化，③資格内容の検討・研修科目の設定，④司書講習よりも高度な講習の実施という協議題が提出された[50]。"司書資格の法文化"という提案は，法改正，または新しい法律の制定を必要とする提案だった。

文部省大学学術局大学課長の春山順之輔は，司書に法的な根拠を与えることは"他の官職との関係上非常にむずかしい"と述べた[51][52]。提案者は，図書館専門職員の一部が教育公務員として扱われることを要望した[53]。これに対して春山は"大学図書館の機構を解剖，研究し，進んで具体的な案を立て，文部省にその予算を要求するよう"求めた。館長会議は近畿地区協議会にこの案件を委嘱した[54]。

半年後の昭和32年（1957）4月に，給与法が改正された[55][56][57]。その概要は，①図書館職員は級別定数上一般職員と別枠とすること，②図書館職員の等級区分は行政職俸給表（一）の8等級から4等級までとすること，③級別定数上の図書館職員は司書・司書補資格を持ちかつ図書館業務に従事する者，または，これと同等以上の職務に従事していると図書館長が認めた者とすることであった。

給与法の改正によって，級別定数上図書館職員となる要件の一部に，司書・司書補の資格が準用された。準用とは，ある事項に関する法規を，類似する他の事項に必要な修正をして適用することである[58]。こうして，司書職法制化によらないで待遇改善が実施され，図書館職員は役職者でなくても4等級まで昇級できるようになった。司書を法令で規定するのが困難だったため，級別定数上一般職員と別枠にするという実施可能な方法が取られたと考えられる。その結果，着任時には特殊資格職員で，その後は一般職員に組み込まれるという矛盾が解消された[59]。

昭和32年（1957）5月の文部省人事参事官宛て通知[60]で，人事院は，選考採用してよい官職の一つとして図書館学に関する知識・能力・技術または経験を必要とする官職を挙げた。昭和30年（1955）11月の通知では司書・司書補の資格名を挙げたが，この通知では，知識，能力等の内容を示しただけで，資

第4章　法制化による大学図書館専門職員の設置はなぜ実現しなかったのか

格名を挙げなかった。人事院の見解では，昭和32年度（1957）の国家公務員採用試験以前は，司書・司書補資格を用いた選考採用が認められていた[61]。

4.2.2.2　改正の提案と資格の準用

人事院は，昭和32年（1957）8月付け選考採用の官職名リストから"図書館学"を除いた[62)63)]。

近畿地区協議会は，報告・案「司書職の確立について」を同年10月の館長会議に提出した[64]。これには，第一案と第二案があった。"第一案　司書職の確立について「国立学校設置法施行規則」のみの改正を要求する方法"では司書・司書補資格を準用し，国立学校設置法施行規則に職員名"司書職員"を加える改正が提案された[65]。資格を準用する根拠として，図書館職員の特殊資格職員初任給基準表における司書・司書補資格の準用の事実が挙げられた。ただし，第一案は便宜的な解釈を適用したものにすぎないと評価され，適切な形に改める必要があると予想されていた。本来は国立大学のみではなく，国公私立大学すべてを対象に検討されるべきであるという見解も示されていた[66]。"第二案　学校教育法および大学設置基準とともに国立学校設置法施行規則の改正を要求する方法"は，提案ではなく参考資料として提出された[67)68)]。

報告・案「司書職の確立について」は，司書職を早く法制化できる方法として，法律の改正よりも国立学校設置法施行規則の改正が提案されたものであった[69]。この提案に対して東京学芸大学が，①資格の内容を不問にして枠を先に決めるのは本来と逆であること，②大学図書館司書の資格への司書資格の準用は，大学図書館専門職員が公共図書館専門職員より"プラスアルファ"の資格を持つという前提と矛盾することを述べ，反対した[70]。

このように待遇改善を求めて司書職法制化を検討し，早く実現できる方法を優先する意見（以下，国立学校設置法施行規則の改正を求める意見という）が一方にあり，他方に，大学図書館司書の資格の内容を不問にするべきではないとし，まず資格の検討を求める意見（以下，大学図書館司書の資格の法制化を求める意見という）があった。

昭和33年（1958）5月の文部省人事担当部課長宛て通知で，人事院は国立大学図書館職員を国家公務員採用試験の対象官職とし[71]，特殊資格職員初任給

179

基準表から司書・司書補資格を削除した[72]。先の「司書職の確立について」の第一案では，司書・司書補資格を準用する根拠として人事院が両資格を準用している事実が挙げられた。他方，人事院の見解では，①昭和"33年度国家公務員採用試験以降"司書・司書補資格の準用による選考採用が認められなくなり[73]，その結果，図書館職員は国家公務員採用試験によって採用されなければならなくなったこと，②しかし実際にはそれだけでは欠員の補充が困難だったため，各国立大学が人事院の承認を得て，国家公務員採用試験とは別に選考採用を行っていたと説明された[74]。人事院の見解にもとづけば，国立学校設置法施行規則改正の提案で用いられた人事院による司書・司書補資格の準用という根拠は，昭和33年度（1958）国家公務員採用試験以降，該当しなくなったと解釈される。

近畿地区協議会が「司書職の確立について」の一部訂正を昭和33年（1958）10月の館長会議に提出した。第一案や第二案の内容に訂正はなかった。これを文部省へ要望することが承認された[75][76]。言い換えれば，ここで国立学校設置法施行規則の改正を求める意見が承認されたのである。

図書館法（昭和25年4月30日法律第118号）は公共図書館について定めた法律であった。人事院は昭和33年度（1958）に方針を転換し，司書・司書補資格の準用を認めなくなった。国立学校の図書館には図書館法（昭和25年4月30日法律第118号）が適用されない[77]ことが最大の理由であったと推察される。人事院の考え方に立つならば，司書・司書補資格の準用を前提とする国立学校設置法施行規則改正の提案はその妥当性を問われることになる。

4.3　第3期　国立学校設置法施行規則の改正運動　後期—国立学校図書専門職員採用試験制度の成立まで：昭和33年（1958）〜昭和39年（1964）

4.3.1　運動の停滞

4.3.1.1　館長会議と行政機関の関係

昭和34年（1959）10月の館長会議に，"司書職の確立のため国立学校設置法施行規則の改正方要望の件について"と題する協議題が提出された[78]。館長会議は，国立大学図書館職員が選考採用の対象官職から外された原因を大学図書館の司書職に法的根拠がないためと捉え[79]，その後も国立学校設置法施行

第4章　法制化による大学図書館専門職員の設置はなぜ実現しなかったのか

規則の改正を繰り返し要望した。

　文部省は司書職の確立について"法令にはないが出来るならば実現したい"[80]と述べた。しかし，国立学校設置法施行規則の改正には難色を示し続けた。その理由として，"他の職種との関連があり，（中略）司書だけの優遇はむづかしい"[81] ことなどを挙げた[82)83)84]。

　図書館職員が選考採用の対象官職からはずされたため，国家公務員採用試験の合格者から採用しなければならなくなったが，これが困難であった。昭和35年（1960）1月以降，国立大学はそれぞれ文部省作成の採用試験要綱にもとづいて，司書・司書補資格をもつ者を試験した上で選考採用するようになった[85)86]。なお，岩猿は同年4月刊行の「国立大学図書館専門職員採用試験について」（1960）で，国立大学図書館職員の採用試験を改めて資格認定試験制度にすることを示唆した[87]。

　人事院任用局企画課長の飯野達郎は「国立学校図書専門職員の任用等について」（1971）で，採用試験要綱にもとづく試験の問題点を挙げている。①受験応募者数が少ないこと，②試験問題，採点方法等が安易に流れる傾向にあること，③国家公務員採用試験の合格者と同等の資質のある者が選別できるかどうか疑われることであった[88]。

4.3.1.2　大学図書館部会の運動形態の変化

　館長会議が国立学校設置法施行規則の改正へ方針を転換すると，大学図書館の関係団体は徐々に大学の設置主体別に活動するようになった。公私立大学は，日図協大学図書館部会の委員会を通じて司書職法制化運動に取り組んでいたが，その活動内容が国立大学中心の取り組みに変化していった。

（1）大学図書館司書職に関する調査委員会

　昭和33年（1958）6月の全図大会大学図書館部会に二つの協議題が提出され，大学図書館司書職に関する調査委員会が設置された[89]。二つの協議題とは"大学図書館の司書資格に必要な学科目の研究のために委員会設置の件"（村上清造，富山大学附属図書館）と"［国立］大学図書館長の司書資格認証に対する共通基準設定調査委員会設置の件"（大佐三四五，京都学芸大学附属図書館）であった。

181

大学図書館司書職に関する調査委員会の委員長（岩猿敏生，京都大学附属図書館）
および委員の所属は国立7名（提案者2名を含む），公立2名，私立4名の計13
名だった[90][91]。翌昭和34年（1959）5月26日の日図協総会大学図書館部会お
よび5月28日の全図大会大学図書館部会で，岩猿が活動報告を行い，前述の
2件について委員会案を発表した[92][93]。後者の報告で岩猿は，委員会の存続
を希望すると発言し，その理由として，前年に国立大学の特殊資格職員初任給
基準表から司書・司書補の資格が外され，司書は専門職という考え方を人事院
が否定したことを挙げた。

（2）大学図書館に関する改善綜合委員会

昭和34年（1959）5月の全図大会大学図書館部会に，協議題"大学図書館法
案の調査および起草特別委員会の設置について"（大佐三四五）他が提出された。
岩猿からの委員会の存続を希望する意見，村上からの日本学術会議へ要望書を
提出する件と合わせて取り組むために，大学図書館司書職に関する調査委員会
の次の委員会である大学図書館に関する改善綜合委員会が設置された[94][95]。
主査（岩猿，大佐，村上）および委員の所属は，国立7名（主査3名を含む），
公立2名，私立6名の計15名だった。主査ごとに三つの委員会に分けられ，
全委員が三つの委員会の問題に取り組むことになった[96]。

昭和35年（1960）9月，この委員会の関東部会が開かれ，運動方針が検討さ
れた。その結果，司書職に関する件（岩猿委員会）については，①国立学校設
置法施行規則の改正が司書職を明確にするために一番適当な方向と考えること，
②司書の資格に関しては国立大学の採用試験要綱の改善に努めること，「大学
図書館法要項草案」（以下，「要項草案」という）の件（大佐委員会）については，
①大佐試案は大佐を中心に関西側でも討議すること，②大学図書館に関する審
議会の文部省での設立が望ましいことが決まった[97]。

このように岩猿委員会が国立学校設置法施行規則の改正に，大佐委員会が
「要項草案」の作成に取り組むことになった。昭和36年（1961）5月の日図協
総会大学図書館部会で，以上の方針が報告された。司書職に関する件では岩猿
が報告し，運動の中心を国立大学に置くと最後に述べた[98]。

前述の通り大学図書館法案の起草が提案され，委員会で取り組まれることに

第4章　法制化による大学図書館専門職員の設置はなぜ実現しなかったのか

なった。大佐の執筆による「要項草案」が関東部会に提出された。大佐は昭和
36年（1961）3月に定年で退職したが[99]，「要項草案」は同年5月の日図協大
学図書館部会で報告され，8月の『図書館雑誌』に掲載された[100][101]。内容は，
国公私立大学を対象とし，大学図書館とその職員等を規定し，"大学図書館司
書"の設置を定めるものだった。資格，養成，認定等の事項は文部省で別に定
めることとした。これは文部省令で定めることを想定したものと考えられる。

（3）大学図書館改善総合委員会

昭和36年（1961）11月の全図大会大学図書館部会で，大学図書館に関する
改善綜合委員会の次の委員会である大学図書館改善総合委員会が設置された。
委員長（岩猿）および委員の所属は国立7名，公立3名，私立4名の計14名
だった[102]。岩猿が提案した司書職に関する調査研究と並んで，大佐が執筆し
た「大学図書館法要項草案」についても引き続き検討することになった[103][104]。

「要項草案」については，"私大は，法で拘束されるのをきらう"など検討に
否定的な意見も出されたが，最終的には取り組むことが承認された[105]。しか
し実際には，人事院による採用試験要綱の改正申し入れに対して，同委員会関
西委員会が案を作成することになり，「要項草案」は取り組まれることなく終
わった。

（4）部会委員会の性格の変化

昭和36年（1961）6月，日図協大学図書館部会委員会は委員会の性格を連絡
調整機関と位置付ける方針を取った[106]。これは① それまでのような実行委員
会の活動形態をとらず，国公私立大学別に活動すること，② 部会委員会は委
員会・団体間の連絡や調整を行うことを意味したと考えられる。次に述べるよ
うに，部会委員会の性格をめぐってその後部会委員会と部会参加者の間に見解
の相違が生じた。

同年11月の全図大会大学図書館部会では，部会委員会を連絡調整機関と位
置付ける方針に反対する意見が出された。大学図書館を整備するための施策を
実施する文部省に，公私立大学図書館も対象とするよう文部省に要望する運動
を求める意見が国立大学図書館職員から出された[107]。昭和37年（1962）5月

183

の日図協総会大学図書館部会では，一転して協議題が何もなく，前任委員が欠席したため来会の挨拶がなく，一般経過報告への質問もなかった。そして，大学図書館課の設置を求める要望書を文部省へ提出するにあたって，部会における"関係団体の提携のしかた"について疑問を表明する意見が出された[108]。

こうした部会参加者の言動は，国公私立大学別に活動する部会委員会の方針に反対する姿勢を表していると捉えられる。

4.3.1.3　大学図書館法制定への反対意見

当時の運動に停滞をもたらしたもう一つの事象として，私立大学図書館関係者の一部から，大学図書館法制定の提案に反対する意見のあったことが挙げられる。

昭和43年（1968）8月31日に開催されたパネルディスカッション「大学図書館の専門職について」で奥村は，"大学のこの問題［大学図書館への専門職の設置］は法律によってきめるべきものではないという考えでもって，私は大学図書館法の成立には正面から反対の立場に立っておるものですから，それは現在そのままになっておるわけです"と発言した[109]。奥村は大学図書館法制定に反対する理由について，"私は大学図書館法というものに反対しておりますのは，大学の自主管理，これの一環として，法律でもって決められるべきものではない，この考え方なのです"[110]と説明した。

奥村のこの発言によって，①当時，大学図書館法制定の提案に反対意見が存在したこと，②大学図書館の専門職の設置を法律で定める提案が反対された理由は，"大学の自主管理"すなわち大学の自治の観点からであったことが分かる。

4.3.2　大学図書館司書の資格をめぐる動き

4.3.2.1　資格検討の示唆

昭和36年（1961）10月の館長会議で，文部省大学学術局大学課長の村山松雄が，"特別の俸給表を適用するためには，教員，医師，海事職，医療職などのように，特別の資格免状が必要となる。司書職と，その資格要件としての免許状について検討してみれば，方向づけができるのではないかと思う"と発言

した[111)112)]。特別の資格免状とは，教育職員免許法にもとづく教諭の免許状，医師法による医師の免許，船舶職員法にもとづく海技免状，保健婦助産婦看護婦法による看護婦・看護士免許等を指した。いずれも国家資格であった。

この示唆に対して東京大学は，次年度の研究集会で大学図書館司書の資格について検討することを提案した。次に京都大学が，従来の方針を再確認して国立学校設置法施行規則の改正を文部省に要望することを提案し，後者が承認された[113)]。このように，館長会議は国立学校設置法施行規則の改正を求める意見のみを取り上げる傾向にあった。

4.3.2.2　人事院の改正申し入れへの対応

昭和36年（1961）11月に，大学図書館改善総合委員会が設置された。館長会議による国立学校設置法施行規則改正の取り組みが停滞するなか，人事院は文部省に，採用試験要綱の改正を申し入れた。昭和37年（1962）9月のことであった[114)]。

この申し入れに対して，大学図書館改善総合委員会関西委員会が案を作成し，翌月の館長会議に提出した[115)116)117)118)]。

案の検討過程の概要を以下に示す[119)]。①一般職の国家公務員上級採用試験と比較して，国立大学図書館専門職員の採用試験および教養試験が安易なものとなっている。②国立大学図書館専門職員の試験制度はA. 現行の採用試験，B. 資格試験，C. 試験区分に図書館学を設ける国家公務員採用試験の3種類が考えられる。③現行の試験制度にはA. 試験を実施する大学間に試験の難易差があること，B. 合格者を採用できるのは試験を実施した大学に限られること，C. 試験を実施する大学の負担が大きいことの欠点がある。したがって，現行の採用試験ではなく，全国統一の試験である国家試験によるべきだという結論に達した。④国家試験には資格試験と一般職の国家公務員採用試験の2種類がある。司書職全体を専門職化するためには資格試験制度によるべきだ。しかし，資格試験制度はA. 図書館法（昭和25年4月30日法律第118号）との関係，B. 公共図書館側の意見を聞く必要，C. 資格試験と採用試験という二重の負担について検討しなければならない。⑤"委員会は，他の種類の国家試験すなわち国家公務員採用上級試験および中級試験の試験区分の一つとして，図書館学を

入れることを早急に実現されるべき理想と考えた。以上の結論をもって，昭和37年10月の館長会議での討議に臨んだ"。

4.3.2.3　資格検討の打診

　昭和37年（1962）10月の館長会議で，大学課長の村山から "緊急協議題 図書館専門職員採用試験の改正について" が提出された。人事院が採用試験要綱の改正を申し入れた直後のことであった[120]。そこで村山が "専門職として，人事院の試験官職の中に入れてしまってはどうか。この際，司書専門職制の確立にすゝむべき受入素地が各大学にあるかどうか承り度い" と尋ねた[121]。

　当時の図書館専門職員は，特殊資格職員の扱いから国家公務員採用試験の対象官職の扱いに変えられていた。これを前提に村山の問いかけの意味を考えると，司書・司書補資格の準用による選考採用が人事院によって停止されたのを受けて，今後，人事院が図書館専門職員の試験を実施することについての打診と解釈できる。その際，"司書専門職制の確立にすゝむ" かどうかがさらに打診された。人事院が司書・司書補資格の準用を認めないのは明白であるため，司書専門職制の確立に進む際には，そのための資格を検討する他なかったと推察される。

　この打診に対して，まず，大学図書館の近代化運動を推進していた東京大学が，当分従来通りとし，将来，資格試験の実施を希望すると述べた[122][123]。次に岩手大学が，現行の試験は採用試験なのか資格試験なのかと質問した。現行では資格試験と採用試験の両方の性格をもつが，"この機会に両者に区別した方がよいか意見を承り度い" と村山が回答した[124]。村山の前言からの文脈を考えると，これは司書専門職制の確立のために，現行の試験を資格試験と採用試験に分けることについて打診したと解釈できる。この時，図書館専門職員は，採用試験とは別に資格試験を実施する方針を選択するかどうか，初めて問われたといえる。

　岩手大学が東京大学の意見に賛成し，次に岩猿が発言した。そこには試験区分に図書館学を加えることによって，国立大学図書館専門職員の採用試験を国家公務員採用試験に組み入れる内容が含まれていた[125]。なお長い発言なので，本章の論旨と直接関係のない部分を省略して示す。

第 4 章　法制化による大学図書館専門職員の設置はなぜ実現しなかったのか

京大（岩猿）　日本図書館協会大学図書館改善総合委員会の関西委員会の
一委員として参考までに述べたい。専門職制確立には司書の任用形式が重
要な影響を及ぼすので，この観点から（中略）討議を行った。その結果従
来の「準ずる試験」の利点としては，（中略）しかし反省すべき点としては，
（中略）従ってこの点で人事院から異議が出るのも当然ではないかとの意
見であった。（中略）意見としては，（1）人事院の行う一般の上級，中級，
初級の公務員試験の区分の中に，「図書館学」の科目を入れる。（2）資格
検定試験を実施し，建築士のような形で，例えば司書1級，2級，3級の
ように資格を国家試験で定める。

　岩猿はここで関西委員会の意見として，国家公務員採用試験の初級および資
格検定試験にも言及している。しかし，後の大学図書館部会への報告ではこれ
ら2点に言及していない[126]。この後，主に議事進行についての討議があり，
図書館専門職員採用試験に関する小委員会が設置された[127]。その日の午後に，
小委員会から"司書を専門職として正式に人事院の試験官職の中に入れるよう
人事院に要望し，司書職制の確立を促進する"という原案が提出された[128]。
これは資格試験と採用試験を分けずに現状のままとし，村山の打診のうち，図
書館専門職員を正式に人事院の試験官職の中に入れるという部分についてのみ
要望したことを意味する。
　検討の結果，館長会議がこの原案を承認した[129]。同年12月，館長会議は
「第9次全国国立大学図書館長会議　要望事項」を提出し，教官系職員と事務
系職員の給与の格差拡大，図書館職員の教官系への転出，有能な人材の採用難
の問題を挙げ，図書館の健全な発展のために早急に司書職制度を確立し，待遇
改善の実をあげるよう要望した[130]。
　こうして大学図書館司書の資格を検討することなく，国立大学図書館専門職
員の採用試験を，国家公務員採用試験に組み入れる方針が取られた。なお同様
の意見が九州地区の発言として，昭和35年（1960），昭和36年（1961）の『議
事要録』に1件ずつ見られた[131) 132]。
　人事院からの採用試験要綱の改正申し入れに対して，日図協大学図書館改善

187

総合委員会関西委員会が案を検討した際，司書職制度について"なぜ確立しなければならないか？　安易に確立すればかえって足かせになるのではないか，どんな形で確立するかが問題"[133]になった。この点は，昭和37年（1962）11月の全図大会大学図書館部会で，岩猿から報告された。

4.3.3　国立学校図書専門職員採用試験制度の成立

　昭和37年（1962）11月の全図大会大学図書館部会で，岩猿が大学図書館改善総合委員会について報告した[134]。これ以後，司書職法制化運動に関連する記事は日図協大学図書館部会の議事録や活動報告等に見られなくなる。

　人事院は館長会議の要望に沿う形で，昭和38年度（1963）から国立学校図書専門職員採用試験を全国一律に実施した[135][136]。その際，受験資格から司書・司書補資格が除かれた[137]。この制度は国立大学図書館のみを対象として人事院が行う国家公務員採用試験の一種であった。したがって，司書職法制化による資格制度と比べて過渡的な制度と位置付けられる。

　館長会議は昭和39年（1964）9月に司書職制度に関する特別委員会を設置し，大学図書館の業務分析に着手した。業務分析は大学図書館の実態に即して司書職を専門職として確立するための基礎研究と捉えられていた[138]。これは，待遇改善を目的とした国立学校設置法施行規則改正の運動と異なる性質の取り組みであったといえる。

　大学図書館改善総合委員会（実質的には，その関西委員会）[139]は，大学図書館の業務分析を援助し[140][141][142]，昭和40年（1965）5月に活動を終了した[143]。この委員会では，運動の中心を国立大学に置く方針がそれまでよりも徹底されていた。

　公私立大学図書館による独自の取り組みは，昭和33年（1958）6月の私図協総・大会で設置された，研修，及び司書職に関する委員会の取り組みの他は見られなかった[144]。この委員会の設置目的は"私学諸団体で行われている図書館研修会の一本化の推進，並びに司書職制度確立に関する調査・研究・立案"であった。足立正夫（法政大学図書館）が委員長を務めた。同委員会は，昭和35年（1960）に『私立大学図書館司書職実態調査』[145]を，昭和38年（1963）に『私立大学司書職制度に関する調査・研究報告　前篇　調査資料篇』[146]を刊

第 4 章　法制化による大学図書館専門職員の設置はなぜ実現しなかったのか

行した。後者は，アメリカ図書館のライブラリアンの制度を詳細に調査・研究したものである。同委員会は設置目的に立案を含んでいたが立案することなく，昭和 39 年（1964）5 月の私図協総・大会で報告するとともに解散した[147]。

　私図協の取り組みは一時的な活動にとどまった。この委員会が解散した時期は，国立学校設置法施行規則改正の運動が収束し，人事院によって国立学校図書専門職員採用試験制度が開始された時期と重なっている。

　以上のことから，昭和 37 年（1962）から昭和 39 年（1964）にかけて，司書職法制化運動の収束と図書専門職員採用試験制度の成立によって，国公私立大学が協同して司書職法制化運動に取り組む基盤が消失したと判断する。

4.4　第 4 期　大学設置基準改正の取り組み：昭和 39 年（1964）～昭和 40 年（1965）

　岸本英夫は昭和 35 年（1960）から昭和 39 年（1964）まで東京大学附属図書館長を務め[148]，大学図書館の近代化運動を推進した。後任の伊藤四十二は昭和 39 年から昭和 44 年（1969）まで在任した[149]。伊藤は文部大臣の諮問機関である大学基準等研究協議会に，大学図書館特別部会の設置を提起した。これが昭和 39 年 4 月に承認され，伊藤がこの部会の主査を務めた[150]。同年 10 月に開催された館長会議の『議事要録』には，"大学設置基準［改正］の立場では，国立大学設置法の改正だけでは駄目で，学校教育法を改正しなければ設置基準にも［改正を］乗せられぬときいているので，その問題も将来考えなくてはなるまい"という伊藤のものと推定される発言があった[151]。

　このように，大学設置基準改正の提案は大学図書館の近代化運動とつながりをもつ取り組みであった。

　次に大学図書館特別部会の活動の概要を述べる[152)153]。昭和 40 年（1965），同部会は「大学図書館設置基準要項（答申）」を作成した。主な内容は，①中央図書館，分館，各学部図書館等，大学内のすべての図書館を総括したものとして大学図書館を規定したこと，②大学図書館の研究・教育支援の機能のほかに，"総合的教養の場"としての機能を加え，諸機能を十分に発揮させるための諸規定を設けたこと，③大学図書館の機能を十分に発揮させるために"図書専門職員"の設置を定め，その職務・能力・研修の機会の確保を規定したこと

189

であった。資格には言及されなかった。この要項を文部省の行政指導の基準として扱う方針がとられた。

部会はこの要項をもとにして，大学設置基準（昭和31年10月22日文部省令第28号）に大学図書館の1章を設ける改正を提案した。しかし，行政，法律の専門家が起草委員会で反対し見送られた。理由は，学校教育法（昭和22年3月29日法律第26号）に大学図書館の規定がないことだった[154]。

5 まとめ：提案が実現しなかった要因

本節では関係団体と行政機関の交渉の特質，運動の意義と限界を検討し，法制化による大学図書館専門職員の設置の提案が実現しなかった要因を示す。

5.1 関係団体と行政機関の交渉の特質

5.1.1 館長会議と行政機関の拮抗関係

人事院は館長会議の待遇改善の要望を司書職法制化によらない形で実施した。館長会議が司書・司書補資格の準用を前提とする国立学校設置法施行規則の改正を要望する直前に，人事院は司書・司書補資格の準用を認めない方針に転換した。文部省は他の職種との扱いの均衡を保つことなどの理由で，国立学校設置法施行規則の改正に取り組まなかった。人事院が両資格の準用を認めなくなると，文部省は採用試験要綱を実施して選考採用を続けられるようにし，資格試験の検討を館長会議に示唆した。館長会議は資格試験を検討することなく，司書・司書補資格の準用を前提とする国立学校設置法施行規則の改正を求め続けた。採用試験の水準の低さを主な理由として，人事院が文部省へ採用試験要綱の改正を申し入れると，文部省は館長会議に司書専門職制の確立・資格試験の検討を打診した。これに対して館長会議は採用試験を国家公務員採用試験へ組み入れる方針を承認して，人事院に要望した。

5.1.2 委員会活動における館長会議の影響

日図協大学図書館部会の実行委員会は，当初，国公私立大学図書館が協同して共通の目的に取り組んだ。館長会議が発足し，文部省との交渉の場が実行委

第 4 章　法制化による大学図書館専門職員の設置はなぜ実現しなかったのか

員会から館長会議に移行した。国立大学図書館は館長会議を通じて交渉を続け，公私立大学図書館は文部省と直接交渉する場を失った。

　館長会議が国立学校設置法施行規則の改正に方針を転換すると，日図協大学図書館部会の委員会は国立大学図書館の課題を検討する傾向を強め，運動の中心を国立大学図書館に置くようになった。なお，大学図書館部会は，国公私立大学協同の実行委員会による運動体から大学設置主体別に運動する組織体に変化した。

5.2　意義と限界

　大学図書館の司書職法制化運動の提案は法令の改正や起草によって大学図書館専門職員を"司書""司書職員""大学図書館司書""図書専門職員"の文言で位置付けることを目指したが，いずれも問題があり実現は困難であった。そのような状況のなかで，国立学校図書専門職員採用試験制度が成立した。この制度の成立によって，国立大学に図書専門職員の任用の枠組[155]が形成された。試験区分"図書館学"で国家公務員採用試験に合格し，かつ，"専門的図書業務"に携わる者という枠組みであった。館長会議は司書職法制化に代わる過渡的な制度を実現することができたといえる。公私立大学図書館では資格や採用試験に関するいかなる制度もない状態がその後も続いた。

　以上の経緯から，戦後の大学図書館専門職員の設置の観点から見て大学図書館の司書職法制化運動と，運動の結果成立した国立学校図書専門職員採用試験制度の成立は，その後の大学図書館専門職員の設置の実態に影響を与えた分岐点であったことが分かる。

　他方，「大学図書館法要項草案」と大学設置基準改正の提案は国公私立大学図書館を対象とし，大学図書館全体の立場から策定されたものであった。これらの提案では，大学図書館の機能，遂行される職務，専門職員とその設置等が規定された。大学設置基準改正の提案は「大学図書館設置基準要項（答申）」の内容がもとになっていた。この要項で注目されるのは，①大学図書館の機能を十分に発揮させるために専門職員を設置する考え方を明確にしたこと，②大学図書館の行政指導の基準としてこの要項を用いる方針を文部省が取ったこと[156]の2点である。ただし，資格の内容，認定方法等に関する具体的な提案

191

は行われなかった。問題の解決を図るための団体による継続した運動にはならなかった。

5.3 要因

本節では，法令，教育，その他の面から，大学図書館における司書職法制化の提案の実現を妨げた複合要因を検討する。

5.3.1 法令上の要因

5.3.1.1 提案の経緯

日図協大学図書館部会の委員会は当初，国公私立大学協同の学校教育法改正運動に取り組み，国公私立大学を対象として"司書"の文言を加えることを提案した。提案のなかで資格を明確にすることの必要性を指摘したが，資格の具体的な内容には言及しなかった。文部省との交渉が停滞するなかで，学校教育法改正運動は国立大学図書館職員の待遇改善運動に転換した。

館長会議は「司書職の確立について」で示された国立学校設置法施行規則改正の提案を承認した。国立大学のみを対象とし，司書・司書補資格の準用を前提にして"司書職員"の規定の追加を求めた。

日図協大学図書館部会の大学図書館に関する改善綜合委員会では，岩猿が主査を務める委員会が国立学校設置法施行規則の改正に取り組み，大佐が主査を務める委員会が「大学図書館法要項草案」の起草に取り組む方針が取られた。「要項草案」の内容は国公私立大学を対象とし，"大学図書館司書"の設置を規定し，資格の内容，認定方法等は文部省で別に定めるものだった。次の大学図書館改善綜合委員会でもこの課題に取り組むことが決まったが，大学の自治の観点から反対意見があり，委員会で検討されることなく終わった。国立学校設置法施行規則の改正には，他の専門的職員との均衡の問題等を理由に文部省は取り組まなかった。代わりに人事院による国立学校図書専門職員採用試験の制度が成立した。

大学基準等研究協議会大学図書館特別部会は「大学図書館設置基準要項（答申）」を策定し，これをもとに大学設置基準（昭和 31 年 10 月 22 日文部省令第 28号）の改正に取り組んだ。基準要項の内容から，提案は国公私立大学を対象と

第4章　法制化による大学図書館専門職員の設置はなぜ実現しなかったのか

するもので、"図書専門職員"の設置、職務内容、能力、研修の機会の確保の規定が含まれたと推察される。しかし、起草委員会で、学校教育法（昭和22年3月29日法律第26号）に大学図書館の規定がないことから反対意見が出され、見送られた。

こうして、日図協大学図書館部会の委員会、館長会議、大学図書館特別部会が法令の改正や起草を提案したが、いずれも実現しなかった。

以上の経緯を踏まえて、提案の実現を妨げた法令上の要因を検討する。

5.3.1.2　提案の実現を妨げた法令上の要因

いずれの提案にも法令上の問題が指摘された。しかし、運動の関係者によってこれらの問題は十分に検討されなかった。具体的には次の法令上の事項である。

①国立学校設置法施行規則改正の提案に対して、文部省は他の専門的職種との関連から司書だけを優遇できないことを指摘した。

②学校教育法（昭和22年3月29日法律第26号）や大学設置基準（昭和31年10月22日文部省令第28号）の改正の提案に対して、行政や法律の専門家は、法律の趣旨や規定から適切でないことを指摘した。

③国立学校設置法施行規則（昭和24年6月22日文部省令第23号）の改正の提案に対して、人事院は司書・司書補資格の準用を認めなかった。

④「大学図書館法要項草案」の起草に対して、一部の私立大学図書館関係者は"大学の自主管理"すなわち大学の自治の観点から、大学図書館専門職員の設置を法律で定めることに反対した。

5.3.2　教育上の要因

5.3.2.1　資格検討の経緯

館長会議の内部には、大学図書館司書の資格の法制化を求める意見もあった。昭和32年（1957）10月の館長会議で、東京学芸大学附属図書館は資格の内容を不問にするべきではないと発言した。昭和35年（1960）4月に刊行された論稿で、岩猿は資格認定試験制度の検討を示唆した。昭和36年（1961）10月の館長会議で、東京大学附属図書館は大学図書館司書の資格の検討を提案した。

193

文部省は司書専門職制の確立・資格試験の検討について館長会議に示唆・打診し，理解と協力の姿勢を示していた。大学図書館の近代化運動のなかで，昭和39年（1964）11月，日本学術会議は「大学における図書館の近代化について」と題する勧告を内閣総理大臣に提出した[157]。そこには基本的な将来計画に盛り込むべき要綱として，"専門職員"の設置，"専門職制の確立"が挙げられていた。

他方，館長会議が承認した「司書職の確立について」では，本来は，国公私立大学図書館すべてを対象として検討する必要があると指摘されていた。しかし，国立学校設置法施行規則改正の提案が承認されて以降，国立大学図書館専門職員の待遇改善がより重視され，国立学校設置法施行規則の改正を求める意見が優勢を占めた。大学図書館司書の資格の法制化を求める意見は少数派だったと考えられる。

資格の検討はすべての大学図書館に関わる問題であり，館長会議や私図協が資格を検討するには，大学図書館全体の立場に立つことが必要であった。しかし，当時優勢を占めたのは大学設置主体別の立場に立った考え方であり，特に国立大学を中心とする考え方であった。

次に資格と資格を付与するための教育との関係を分析したうえで，当時の大学図書館専門職員の教育の実態を示す。

5.3.2.2　大学図書館専門職員の教育の欠如

司書職法制化運動では，司書職法制化の提案を実現させるためには大学図書館司書の資格を創設することが必要であった。その理由として，①大学図書館司書の資格として図書館法（昭和25年4月30日法律第118号）による司書資格を準用することは，人事院が認めなかったこと，②文部省は資格試験の検討を館長会議に示唆・打診した際に，大学図書館司書の免許・免状の制度によって"司書専門職制の確立"が可能になる見解を示したこと，③大学図書館司書の資格は，その職務の違いから公共図書館のための司書資格と異なる内容であるべきだという認識が当時の大学図書館関係者にあったことが挙げられる。

したがって，大学図書館の司書職法制化の提案を実現させるためには国公私立大学図書館全体を対象とし，大学図書館司書の資格の内容，認定方法等を具

第 4 章　法制化による大学図書館専門職員の設置はなぜ実現しなかったのか

体的に検討するとともに，大学で大学図書館司書の資格付与を目的とする教育
の体制整備が必要であった。資格の法制化と資格を付与するための教育の体制
整備の必要性は，図書館法（昭和 25 年 4 月 30 日法律第 118 号）における司書資
格の規定と，この規定にもとづく大学での司書課程・司書講習の実施との関係
をみれば明らかである。

　しかし，大学図書館専門職員の教育の実態に目を向けると，第 3 章で見てき
たとおり，当時もそれ以降も大学図書館専門職員のための大学教育はほとんど
実施されていなかった。中心を占めていたのは公共図書館司書職のための司書
課程・司書講習であった。大学図書館司書の教育を担う図書館学専門の大学教
員は大学院課程で育成される。しかし，当時，図書館学の専攻課程をもつ大学
院はごくわずかであった。

5.3.3　その他の要因

　提案の実現を妨げたその他の要因として，次の四つの事項が挙げられる。

①大学設置者の違いによって運動が三つに分かれ，大学図書館全体の統一した
　運動が困難となる傾向があった。当初は国公私立大学が協同して運動したが，
　その後，運動の主体が分裂し，司書職法制化の対象範囲が細分された。

②運動の目的には待遇改善と司書職法制化という二つの要素が含まれ，どちら
　が優位になるかによって方針が転換した。国立学校設置法施行規則改正の運
　動には，目的としては待遇改善を求め，具体的な目標としては司書職法制化
　を目指す考え方が見られた。

③国公私立大学の行政を担う文部省が，全国の国立大学の設置管理者でもあっ
　た。文部省は関係団体との話し合いや大学図書館を整備する施策の実施過程
　で，国立大学のみを対象とする傾向があった。

④大学図書館の関係団体に国立大学を中心とする考え方があった。日図協大学
　図書館部会の委員会では，運動の中心を国立大学に置く方針が取られ，実施
　された。

　③，④の事象の根底には，戦前の帝国大学を中心とする考え方にもとづいた
大学設置主体別の考え方があったと考えられる。

195

5.3.4　根本的要因

　ここでは，司書職法制化の提案が実現しなかった複合要因のうち何が根本的であったかを検討する。根本的要因を決定する方法として，特定の要因から生じる問題が解決されなければ他の要因による問題がすべて解決されても提案の実現が不可能であったことが明らかな場合に，その特定の要因を根本的な要因であったと捉える方法を用いる。この方法によって，法令上の問題と大学図書館専門職員の教育の欠如を根本的要因として抽出した。

　法令上の問題が大学図書館の司書職法制化の提案が実現しなかった根本的要因であった理由を説明する。法令の制定によって大学図書館専門職員の設置を目指す司書職法制化の提案にあっては，法制化という手段を取ったところに特徴がある。この場合，仮に，その他の要因から生じた問題がすべて解決したとしても，法令上の問題が解決されないかぎり法制化できないことは明らかである。したがって提案は実現しなかったと考えられることがその理由である。

　次に，大学図書館専門職員の教育の欠如がもう一つの根本的要因であった理由を説明する。大学図書館の司書職法制化の提案は，法制化によって大学図書館専門職員の設置を目指す提案であった。法制化によって専門的職員の設置を目指した前例として，公共図書館を対象とする図書館法（昭和25年4月30日法律第118号）の制定が挙げられる。図書館法では，公共図書館の専門的職員である司書，その資格である司書資格，および資格を付与するための教育が定められた。図書館法と司書資格・教育との関係を検討した結果，大学図書館の司書職法制化の提案を実現するための条件整備として，①大学図書館司書の新しい資格を定めること，②大学図書館司書の資格を定めるために，その資格付与を目的とする大学での教育体制を整備することが必要であったことが分かった。したがって，大学図書館司書の資格の創設を前提とする司書職法制化の提案にあっては，仮に他の要因から生じる問題がすべて解決し，特に法令上の問題がすべて解決したとしても，大学での教育体制を整備できなければ大学図書館司書の資格付与が不可能となり，司書職法制化の提案の実現は困難であった。大学で大学図書館司書の教育体制が整備されることによって初めて，大学図書館司書の資格が付与できるのである。

　当時の大学における図書館学の教育研究の状況を検討すると，大学図書館司

第 4 章　法制化による大学図書館専門職員の設置はなぜ実現しなかったのか

書の教育を大学で実施することは困難であったことが分かった。なぜなら，①
大学における大学図書館司書の教育の実績がほとんどなく，②大学図書館司書
を教育する大学教員の養成機関が欠如していたためである。つまり，大学図書
館司書の教育体制の整備に不可欠であった図書館学を専門領域とする大学院が
ほとんど存在しなかったのである。大学図書館の司書職法制化運動は昭和 27
年（1952）から昭和 40 年（1965）に取り組まれた。これに対して，図書館学の
修士課程が慶應義塾大学大学院に設置されたのは昭和 42 年（1967），同博士課
程が創設されたのは昭和 50 年（1975）であった。図書館情報大学に図書館情
報学の修士課程が創設されたのは昭和 59 年（1984），同博士課程の創設は平成
12 年（2000）であった。大学図書館の司書職法制化運動の時期には，図書館学
の大学院での本格的な教育研究は未だ行われていなかった。

　以上の研究結果をふまえて，法制化による大学図書館専門職員の設置を妨げ
た二つの根本的要因の構成要素を解明するために，第 5 章で大学関係法令の特
性が大学図書館専門職員の設置を妨げた要因を，第 6 章で大学図書館専門職員
の教育のうち継続・専門教育が欠如している要因を包括的に分析する。

注・引用文献

1）　岩猿敏生「戦後の大学図書館における司書職制度問題に関する史的展望」
　　『大学図書館研究』Vol. 11, 1977.10, p. 63-74.
2）　次のデータベースで検索した結果である。
　　CiNii: NII Scholarly and Academic Information Navigator（国立情報学研
　　究所論文情報ナビゲータ）http://ci.nii.ac.jp/　（参照 2007-12-17）.
3）　小倉親雄「国公立大学図書館」『図書館界』Vol. 11, No. 2, 1959.8, p. 87.
4）　公立大学協会図書協議会「協議会概要」
　　http://wwwsoc.nii.ac.jp/pula/kyougikai.html　（参照 2009-08-05）.
5）　岩猿敏生（1977），前掲論文，p.64.
6）　昭和 23 年（1948）は，川手摂による職階制の歴史区分によれば，第 2 期
　　「構築期」の始まりの年にあたる（川手摂「職階制の「栄光」と挫折」『戦
　　後日本の公務員制度史』岩波書店，2005, p. 38.）。
7）　岩猿敏生（1977），前掲論文，p. 64.
8）　昭和 23 年（1948）頃，人事院の "担当部局が職階制の実現に向けて猛進
　　した"（川手摂（2005），前掲書，p. 38.）。
9）　同上書，p. 43-44.
10）　土井重義「昭和 25 年度日本圖書館協會　大學圖書館部會議事録要項」『図

書館雑誌』Vol. 44, No. 11.12, 1950.12, p. 248-249.

11) 同上記事，p. 249.

12) 「事務局通信」『図書館雑誌』Vol. 46, No. 5, 1952.5, p. 118.

13) 京都図書館協会大学部会「圖書館法の改正」『図書館雑誌』Vol. 45, No. 4, 1951.4, p. 76. なお，「史的展望」では図書館法改正の取り組みに触れられていない。

14) 西村貞雄「図書館法改正案についての意見」『図書館雑誌』Vol. 45, No. 8, 1951.8, p. 185-186. 図書館法 "改正案" についての反響がこの記事に見られる。

15) 村上清造「開かれた道を歩くものは誰か：司書職をめぐりて」『図書館雑誌』Vol. 45, No. 8, 1951.8, p. 184-185. 図書館法改正の取り組みと同時期のこの記事には，職階制の取り組みの模様が書かれている。

16) "官公私立に共通する解決する方策として，単行法として「大学図書館法」といつたようなものを設定したいという意向が，大学図書館人の間に起こっている。「学校図書館法」今更成立したのを見て，また「図書館法」改正の運動などにも影響を受けているようだ"（土井重義「大学図書館の一年」『図書館雑誌』Vol. 47, No. 12, 1953.12, p. 380.）。

17) 西村貞雄（1951），前掲記事, p. 185.

18) 飯野達郎「国立学校図書専門職員の任用等について」『現代の図書館』Vol.9, No. 2, 1971.6, p. 88.

19) 同上記事，p. 90.

20) 岩猿敏生（1977），前掲論文，p. 72.

21) 東京大学附属図書館「戦中・戦後の総合図書館」
http://www.lib.u-tokyo.ac.jp/sogoto/history/rekisi/showa.htm
（参照 2006-12-04）
なお，昭和 35 年（1960）年以降，大学図書館長（教授職）による大学図書館の近代化運動と大学図書館職員による司書職法制化運動とは，館長会議や日図協大学図書館部会の場で接点があった。「史的展望」では大学図書館の近代化運動について言及していない。

22) 東京大学附属図書館『大学図書館の近代化をめざして』東京大学附属図書館，1963, 123p.

23) 東京大学附属図書館『大学図書館の近代化をめざして 第 2 集』東京大学附属図書館，1964, 71p.

24) 岩猿敏生（1977），前掲論文，p. 65.

25) 川手摂（2005），前掲書，p. 57-75.

26) 小倉親雄（1959），前掲論文，p. 84.

27) 村上清造「大学図書館運動を推進させるもの」『図書館雑誌』Vol. 47, No. 10, 1953.10, p. 304.

第 4 章　法制化による大学図書館専門職員の設置はなぜ実現しなかったのか

28)　私立大学図書館協会史編纂委員会編『私立大学図書館協会史：東京私立大学図書館協議会より第十五回総会まで』私立大学図書館協会，1956，p. 73.

29)　「第 6 回全国図書館大会」『図書館雑誌』Vol. 47, No. 7, 1953.7, p. 253.

30)　同上記事，p. 254.

31)　「大学図書館職員制度改善促進実行委員会」『図書館雑誌』Vol. 49, No. 1, 1955.1, p. 32.

32)　大学図書館職員制度改善促進実行委員会の活動および文部省との交渉の概要を示す資料を，以下に示す。① 第 1 回実行委員会，昭和 28 年（1953）6 月 24 日，第 2 回実行委員会，28 年（1953）7 月 24 日（「大学図書館職員制度改善促進実行委」『図書館雑誌』Vol. 47, No. 8, 1953.8, p. 237.）。② 文部省学術局長宛て要望書「大学図書館職員制度改善促進について」（昭和 28 年（1953）7 月付け）（「大学図書館職員制度改善方促進について」『図書館雑誌』Vol. 47, No. 9, 1953.9, p. 277. ）。③ 大学課長と懇談会，昭和 28 年（1953）7 月 15 日（「大学課長と懇談会記録」『図書館雑誌』Vol. 47, No. 9, 1953.9, p. 277.）。④ 第 3 回実行委員会については，記録が見つからなかった。⑤ 東・西の国立大学図書館改善協議会，昭和 28 年（1953）9, 10 月開催，第 4 回実行委員会，昭和 28 年（1953）11 月 27 日，第 5 回実行委員会，昭和 28 年（1953）11 月 16 日（12 月 16 日の誤記と推定される）（「大学図書館職員制度改善促進実行委」『図書館雑誌』Vol. 48, No. 1, 1954.1, p. 24.）。⑥ 報告，昭和 29 年（1954）12 月 8 日，23 日，昭和 30 年（1955）1 月 10 日の協議，1 月 10 日の文部省大学課長補佐の床井との話し合い（「大学図書館職員制度改善促進実行委員会」（1955），前掲記事，p. 32.）。

33)『全国国立大学図書館長会議記録　昭和二十九年十月十一日』開催日 1954.10.11.（ページの記載無し。）この資料が第 1 回館長会議の議事要録にあたる。

34)　「大学図書館職員制度改善促進実行委員会」（1955），前掲記事，p. 32.

35)　「昭和 30 年度全国図書館大会全体会議」『図書館雑誌』Vol. 49, No. 8, 1955.8, p. 277.

36)　昭和 31 年度全国図書館大会」『図書館雑誌』Vol. 50, No. 7, 1956.7, p. 246.

37)　岩猿敏生（1977），前掲論文，p. 67.

38)　同上論文，p. 66.

39)　翌年館長会議に提出された「司書職の確立について」には，"近畿地区大学図書館協議会" とある（近畿地区大学図書館協議会「司書職の確立について」『大学図書館の業務分析』全国国立大学図書館長会議編，日本図書館協会，1968, p. 97.）。そこには，この研究・立案に携わった "委員館" について，次の記載がある。"近畿地区ではこれについて，本年［昭和 32 年（1957）］4 月 26 日奈良医科大学で開かれた地区協議会（国公立）にお

199

いて，京都大学，京都学芸大学，大阪大学，大阪市立大学，神戸大学，滋賀大学，奈良学芸大学，和歌山大学の図書館を委員館として選出し検討した"。

40)　小倉親雄によれば，32 年（1957）までは，国公立大学図書館協議会の名称で，国立と公立の大学図書館協議会は同一組織だった（小倉親雄（1959），前掲論文，p. 87.）。

41)　"近畿地区に委嘱した"（『第 3 次全国国立大学図書館長会議議事要録』開催日 1956.10.27, p. 3.）。

42)　"近畿地区大学図書館協議会に委嘱した"（岩猿敏生（1977），前掲論文，p.67.）。

43)　『第 4 次全国国立大学図書館長会議議事要録』開催日 1957.10.25, p. 4.

44)　近畿地区大学図書館協議会（1968），前掲記事，p. 99-101.

45)　『第 5 次全国国立大学図書館長会議議事要録』開催日 1958.10.29. p. 7.

46)　岩猿敏生（1977），前掲論文，p. 68.

47)　"次の各号の一に該当する官職への職員の採用については，当分の間，競争試験を行わないことに決定したので通知します。（中略）五　図書館法（昭和 25 年法律第 118 号）第 4 条に定める司書または司書補をもって補充しようとする官職"（人事院事務総長「職員の採用について競争試験を行わない官職について（通知)」(21-400, 昭和 30 年 11 月 1 日）

48)　岩猿敏生（1977），前掲論文，p. 66. なお，人事院広報情報室に照会した結果，昭和 31 年（1956）3 月の人事院通達は保管が確認できなかった。

49)　同上論文，p. 67.

50)　『第 3 次全国国立大学図書館長会議議事要録』（1956），前掲書，p. 2-3.

51)　同上書，p. 2.

52)　春山の役職，姓名については，次の文献を参照した。大蔵省印刷局編『職員録』（昭和 33 年版　上）大蔵省印刷局，1958, p. 463.

53)　『第 3 次全国国立大学図書館長会議議事要録』（1956），前掲書，p. 3.

54)　同上書，p. 3.

55)　岩猿敏生（1977），前掲論文，p. 67.

56)　"第 8 条　職員の職務の等級は，第 6 条第 4 項の職員の職務の等級ごとの定数の範囲内で，且つ，人事院規則で定める基準に従い決定する"（「給与法の改正に関する意見の申出」『人事院月報』Vol.7, No. 11, 1956.11, p. 2.）。

57)　"説明資料第 2　職務の等級の分類基準（案）1 行政職俸給表　（中略）4 等級　（中略）(6) 相当困難な専門的業務を行う職務（中略）5 等級　（中略）(7) 比較的困難な専門的業務を行う職務"（同上記事，p. 14-15.）

58)　竹内昭夫他編『新法律学辞典』（第三版）有斐閣，1989, p. 703.

59)　岩猿敏生（1977），前掲論文，p. 67.

60)　同上論文，p. 68. なお，人事院広報情報室に照会した結果，昭和 32 年

第 4 章 法制化による大学図書館専門職員の設置はなぜ実現しなかったのか

(1957) 5 月の人事院通知は保管が確認できなかった。

61) 飯野達郎 (1971), 前掲記事, p. 88.

62) 岩猿敏生 (1977), 前掲論文, p. 68.

63) 「現に有効な採用候補者名簿の対象となっていない官職について (通知)」に, "下記に該当する官職へは選考により採用することができます" とあるが, "下記" に, 司書・司書補や "図書館学に関する知識, 能力, 技術または経験を必要とする官職" の文言が見あたらない (人事院事務総局任用局長「現に有効な採用候補者名簿の対象となっていない官職について (通知)」(任企― 448, 昭和 32 年 8 月 27 日)。

64) 『第 4 次全国国立大学図書館長会議議事要録』 (1957), 前掲書, p. 4.

65) 近畿地区大学図書館協議会 (1968), 前掲記事, p. 99-101.

66) "司書職員としてのあるべき形は, (中略) これは単に国立大学のみの問題ではなく, 全国官公私立を含めての大学図書館の問題として大きく検討を要することがらである" "敢えてこれ [第 2 案] を添付せざるを得なかったのは, 司書職員についての前者 [第 1 案] の解釈は必ずしも大学図書館のあるべき形に結び付く現在の形ではなく, 人事院等において便宜的に図書館法の規定による司書, 司書補の定義を大学図書館員に適用したにすぎないものである限り, 早急に何等かの相応しい形に改める必要があるものと予想されるからである" (同上記事, p. 98.)。

67) 「司書職の確立について」によれば, 実際の提案内容は, 運動の対象を国立大学図書館とし, 国立学校設置法施行規則 (昭和 24 年 6 月 22 日文部省令第 23 号) を改正し「司書職」の文言を加えるというものであった (同上記事, p. 98.)。

68) 「史的展望」では, 「司書職の確立について」の内容を "「学校教育法」, 「国立学校設置法施行規則」および「大学設置基準」を改正して, 司書を明示するとともに, 司書の職務内容及び資格基準案までを示したもの" としているが, これは, 参考資料として報告に添付された方の内容である (岩猿敏生 (1977), 前掲論文, p. 67.)。

69) 『第 4 次全国国立大学図書館長会議議事要録』 (1957), 前掲書, p. 4.

70) 同上書, p. 4-5.

71) 同上書, p. 68. なお, 人事院広報情報室に照会した結果, 昭和 33 年 (1958) 5 月の人事院通知は保管が確認できなかった。

72) 岩猿敏生 (1977), 前掲論文, p. 69.

73) 飯野達郎 (1971), 前掲記事, p. 89.

74) 同上記事, p. 89.

75) 近畿地区大学図書館協議会 (1968), 前掲記事, p. 112-116.

76) 『第 5 次全国国立大学図書館長会議議事要録』 (1958), 前掲書, p. 7.

77) 飯野達郎 (1971), 前掲記事, p. 88.

78) 『第 6 次全国国立大学図書館長会議議事要録』開催日　1959.10.27, p. 2-3.

79) 岩猿敏生（1977），前掲論文，p. 69.

80) 『第 6 次全国国立大学図書館長会議議事要録』（1959），前掲書，p. 3.

81) 『第 7 次全国国立大学図書館長会議議事要録』開催日　1960.10.8, p. 3.

82) 昭和 34 年（1959）の館長会議で，文部省大学学術局大学課長の春山は，司書職の確立について 4 点の問題（司書職の資格，大学の他の職種との関連，司書職の定員，司書職の名称）を挙げ，"法令にはないが出来るならば実現したい"と回答した（『第 6 次全国国立大学図書館長会議議事要録』（1959），前掲書，p. 3.）。

83) 昭和 35 年（1960）の館長会議で春山は，司書職制度の確立と待遇改善の促進が困難な理由について，"他の職種との関連があり，待遇についても他と合せて考えられるので司書だけの優遇はむづかしい"と説明した（『第 7 次全国国立大学図書館長会議議事要録』（1960），前掲書，p. 3.）

84) 昭和 36 年（1961）の館長会議で文部省大学学術局大学課長の村山は司書職制度の確立が困難な理由として，"司書職の職務内容，職務の範囲についても見解が一致していない"こと，"図書館以外にも専門的な職種があるが，それらを分化せず，共通的な方向にもって行くべきだとの意見もある"ことを挙げた（『第 8 次全国国立大学図書館長会議議事要録』開催日 1961.10.13, p. 3-4.）。

85) 飯野達郎（1971），前掲記事，p. 89.

86) 「史的展望」で，"翌 35 年 1 月 21 日付こ［ママ］「国立大学図書専門職員試験要綱」が実施されることとなった"とあるのは，国立大学図書館専門職員採用試験要綱をさす（岩猿敏生（1977），前掲論文，p. 69.）。

87) 岩猿敏生「国立大学図書館専門職員採用試験について」『図書館雑誌』Vol.54, No. 4, 1960.4, p. 117.

88) 飯野達郎（1971），前掲記事，p. 90.

89) 「昭和 33 年度大会・総会をかえりみて」『図書館雑誌』Vol. 52, No. 9, 1958.9, p. 276-278.

90) 武藤重勝「大学図書館司書職に関する調査委員会」『図書館雑誌』Vol. 52, No. 10, 1958.10, p. 329.

91) 岩猿敏生（1977），前掲論文，p. 67-68.

92) 「社団法人日本図書館協会　昭和 34 年度総会議事録　大学図書館部会」『図書館雑誌』Vol. 53, No. 8, 1959.8, p. 340-341.

93) 「昭和 34 年度　全国図書館大会　議事録」『図書館雑誌』Vol. 53, No. 8, 1959.8, p. 271-272.

94) 同上議事録，p. 272-276.

95) 「史的展望」で，"34 年 6 月名古屋での全国図書館大会大学図書館部会では（中略）「大学図書館に関する改善綜合委員会」を設置することになっ

第 4 章　法制化による大学図書館専門職員の設置はなぜ実現しなかったのか

　た"（岩猿敏生（1977），前掲論文，p. 68.）とあるのは，正しくは"34 年
　5 月"である（前掲議事録（1959），p. 270.）。

96)　「昭和 34 年度事業報告」『図書館雑誌』Vol. 54, No. 8, 1960.8, p. 329.

97)　「昭和 35 年度事業報告」『図書館雑誌』Vol. 55, No. 8, 1961.8, p. 251.

98)　「社団法人日本図書館協会　昭和 36 年度総会議事録」『図書館雑誌』Vol.
　　55, No. 8, 1961. 8, p. 242-243.

99)　鞆谷純一「満鉄図書館と大佐三四五」『日本大学大学院総合社会情報研究
　　科紀要』No. 5, 2004, p.99. http://atlantic2.gssc.nihon-u.ac.jp/kiyou/pdf05/5-
　　88-99-tomotani.pdf　（参照 2009-08-28）

100)　「社団法人日本図書館協会　昭和 36 年度総会議事録」（1961），前掲議事録,
　　p. 242.

101)　「史的展望」では，"この〔大学図書館法案の〕問題は，委員会案が「図書
　　館雑誌」55 巻 8 号（p. 252-254）に発表されたが，そのままに終わってし
　　まった"とある（岩猿敏生（1977），前掲論文，p.70）。この案が掲載され
　　た巻号の刊行は昭和 36 年（1961）8 月である。

102)　岩猿敏生「大学図書館改善総合委員会報告」『図書館雑誌』Vol. 57, No. 8,
　　1963.8, p. 388.

103)　「日本図書館協会　創立 70 周年記念　全国大会議事録　東京　1961」『図
　　書館雑誌』Vol. 56, No. 2, 1962.2, p. 118-119, 136.

104)　「史的展望」では，"36 年 11 月の全国図書館大会大学図書館部会で，司書
　　職問題と大学図書館法問題について，さらに委員会で検討を続けるべきで
　　あるということで，「大学図書館改善総合委員会」を設置し，（後略）"（岩
　　猿敏生（1977），前掲論文，p. 70）とあるが，この委員会と，その前の委
　　員会である大学図書館に関する改善綜合委員会との関係に言及していない。

105)　全図大会大学図書館部会の議事録には，大学図書館に関する改善綜合委員
　　会の次の委員会である，大学図書館改善総合委員会の設置目的のひとつに
　　「大学図書館法案の作成」が掲げられたとあり，大学図書館改善総合委員
　　会は昭和 36 年（1961）11 月に設置された（「日本図書館協会　創立 70 周
　　年記念　全国大会議事録　東京　1961」（1962），前掲議事録，p. 119.）。
　　なお，「史的展望」では，同議事録における柄沢日出雄（慶應義塾図書館）
　　らによる大学図書館法案の検討への反対意見に言及している（岩猿敏生
　　（1977），前掲論文，p. 70.）。しかし，以下のように，そこには賛成意見も
　　あった。"武居権内［名古屋大学附属図書館］（中略）また，［大学図書館］
　　法についても，予算の独立と法の確立がないが故に，大学図書館は低迷し
　　ている。改善要項とは別に，何年かかっても実現したいと思う。　議長
　　［井本農一（お茶の水女子大学附属図書館）か高井望（玉川大学図書館）
　　かいずれかの発言］　私大側も重要な問題と考え，実態調査をしている。
　　武居権内　図書館雑誌 8 月号に，法の草案が発表されている。これを骨子

203

として進めて頂きたい。　柄沢日出雄　法について8月号にのったものは，大佐氏の草案で，これを委員で検討するわけには行かないので，発表して皆さんの意見を求めたのである。ここで世界のどこに大学図書館法があるか，お伺いしたい。私大は，法で拘束されるのをきらうし，現行図書館法の改正も容易なことではないようである。作るなら十分に審議をつくしてきめて頂きたい。（中略）加納正巳［東京学芸大学附属図書館］　提案者は，単独法でと考えていたようである。数年前，司書職について文部省と交渉したが，そこで話の出た［国立学校設置法］施行規則の改正も行われていない。法案作成をめざし，委員会を設置すべきである。　議長　大佐委員は，草案を作った。それを大佐委員会案として受けとりたい。何れにしても多くの問題を含むものであるから，時を要するものと思う。　雨宮祐政［東京医科歯科大学附属図書館］　議長の話の通りにしたい。他法との関連を考えた場合，公立大学では，地方自治法，地方財政法ともからみあう。この問題を今日の議題に提出したのは，直ちに法の成立をめざす為ではなく，これについての皆様の意見を伺うためである。最終的には，大学図書館法を作るという事にしたい。　武居権内　改善要項は改善要項，法案は，それとは別に，国公私を含めたものを一日も早く成立させるべきである。議長　法は，改善要項にも，学校教育法にも関係を生じる。委員に次の形で付託したい。　司書職については，委員会をもうけ更に審議を進めて頂く。　法についても細かく定めることをせず，委員会をもうけ，各館からの意見を今後も大いに聴して大綱をきめて行って頂く（拍手多数，賛成）"（「日本図書館協会　創立70周年記念　全国大会議事録　東京　1961」（1962），前掲議事録，p. 119）。

106)　「昭和36年度部会報告」『図書館雑誌』Vol. 56, No. 7, 1962.7, p. 334.

107)　「日本図書館協会　創立70周年記念　全国大会議事録　東京　1961」（1962），前掲議事録，p. 118-119.

108)　雨宮祐政（東京医科歯科大学附属図書館）は，文部省に大学図書館課を設置するよう要望する件について，昭和37年（1962）の日図協総会大学図書館部会で経過報告を行った。その直後に，以下の質疑があった。"氏名不明　大学図書館課を設置するという持っていき方がすっきりしない。私大図書館の総会でもこのようなことがのっておりましたが，関係団体の提携のしかたをおうかがいしたい。　雨宮　部会長のもとへ国公私の資料をもっていって話すということだ。　氏名不明　国公私別々に話すという形か。　雨宮　国立は館長会議主体ですので話し合っているが，思想としては一つの線にそって話すべきであるということでよくないか。"（「社団法人日本図書館協会　昭和37年度総会議事録」『図書館雑誌』Vol. 56, No. 7, 1962.7, p. 326.）

109)　三谷栄一他「大学図書館の専門職について」（私立大学図書館協会第29回

第 4 章　法制化による大学図書館専門職員の設置はなぜ実現しなかったのか

総大会［昭和 43 年 8 〜 9 月於東京］記録）『私立大学図書館協会会報』Vol. 51, 1968.12, p. 62.

110)　同上記事，p. 66.

111)　『第 8 次全国国立大学図書館長会議議事要録』(1961)，前掲書，p. 4.

112)　村山の役職，姓名については，次の文献を参照した。大蔵省印刷局編『職員録』（昭和 37 年版　上）大蔵省印刷局，1962, p. 453.

113)　『第 8 次全国国立大学図書館長会議議事要録』(1961)，前掲書，p. 4.

114)　岩猿敏生 (1963)，前掲記事，p. 388.

115)　① 大学図書館部会委員会や部会が設置した委員会の活動記録は，通常，『図書館雑誌』の「日本図書館協会総会議事録」の中の「事業報告」にも報告される。しかし，昭和 37 年度 (1962)（同年 5 月から翌年 4 月）については，この活動記録が見当たらない。② 昭和 37 年 (1962) 5 月 24 日に日図協総会大学図書館部会が開催され，岩猿敏生（京都大学附属図書館）が大学図書館改善総合委員会について報告を行ったが，議事録には "岩猿敏生（京都大）（報告―略）" とある。したがって，ここでの報告内容は不明である（「社団法人日本図書館協会　昭和 37 年度総会議事録」(1962)，前掲議事録，p. 326.）。③ 昭和 37 年度 (1962) の大学図書館改善総合委員会の活動については，昭和 37 年度全図大会大学図書館部会の議事録，館長会議のこの年の『議事要録』，岩猿の「大学図書館改善総合委員会報告」によった。④ 昭和 37 年 (1962) 9 月初旬，大学図書館改善総合委員会は，次のような行動をとった。"国立大学図書館専門職員の採用試験要項［正しくは "要綱"］が，人事院から改正意見を出されて，大幅に変更されようとしていることを知った。委員会としてはこの火急の事態に対処するため，司書の採用方法のあり方についての試案を早急にうち出す必要にせまられた。問題は直接には国立大学にのみ関係することであるが，従来の採用試験要項［正しくは "要綱"］が国立大学図書館職員の地位待遇の上に与えた影響の重要さを考えるとき，今後それがどのようになっていくかについて，深い関心をよせざるをえない。したがって，委員会としては，昭和 37 年 10 月 10 日から大阪大学で開催されることになっている国立大学図書館長会議までに，採用試験に関する委員会案をまとめるため，この問題に集中することにした。"（岩猿敏生 (1963)，前掲記事，p. 388.）。⑤ この年の『議事要録』のこの部分の記載については，本稿 "4.4.3.2　大学図書館司書の資格をめぐる動き" を参照。

116)　「史的展望」では，昭和 37 年 (1962) 10 月の館長会議で，大学図書館改善総合委員会関西委員会の案が示されたことに言及していない。"〔大学図書館改善総合〕委員会としては，37 年 11 月の全国図書館大会までに，さらに詳細に改善すべき点を検討して，委員会案を大学図書館部会に提案した" とある（岩猿敏生 (1977)，前掲論文，p. 71.）。

205

117) 昭和37年 (1962) 年11月の全図大会大学図書館部会の議事録には，大学
図書館改善総合委員会がこの大学図書館部会で"提案"ではなく"報告"
を行ったと記載されている（「昭和37年全国図書館大会記録」『図書館雑
誌』Vol. 57, No. 3, 1963.3, p. 130.）。

118) 「大学図書館改善総合委員会報告」には，大学図書館改善総合委員会は，
大学図書館部会で"報告した"とある（岩猿敏生（1963），前掲記事，p.
390.）。

119) 同上記事，p. 388-389.

120) 『第9次全国国立大学図書館長会議議事要録』開催日 1962.10.12, p. 5.

121) 同上書，p. 5. なお，「史的展望」では，昭和36年から昭和37年にかけて，
文部省が館長会議に，図書館専門職員の資格の検討について示唆・打診を
行ったことに触れられていない。

122) 同上書，p. 5.

123) 東京大学附属図書館「戦中・戦後の総合図書館」，前掲 Web ページ

124) 『第9次全国国立大学図書館長会議議事要録』（1962），前掲書，p. 5.

125) 同上書，p. 6. 岩猿は，ここで，関西委員会の意見として，国立大学図書
館専門職員採用試験の利点について次の点をあげている。"第1に，上級
試験合格者と同一の待遇が与えられ，司書の待遇改善には大きな効果があ
った。また第2に，全学の図書館職員を一括して「準ずる試験」を行うの
で，図書館長が，全学の図書館職員の人事管理面における発言を強化する
という点で効果があった。"

126) 館長会議では，関西委員会の意見として，国家公務員採用試験の初級およ
び資格検定試験について言及されたが，後の委員会報告ではこれらの点に
言及されていない。以下に，資料と要点を示す。① 館長会議の昭和37年
度（1962）の『議事要録』では，国家公務員採用試験の初級および資格試
験の一種である検定試験に言及されている（同上書，p. 6.）。② 岩猿によ
る「大学図書館改善総合委員会報告」（1963）では，"委員会としては，他
の種類の国家試験すなわち国家公務員採用上級試験および中級試験の試験
区分の1つとして，図書館学を入れることを早急に実現されるべき理想と
考えたのである。"と記され，国家公務員採用試験の初級および資格検定
試験について言及されていない（岩猿敏生（1963），前掲記事，p. 389.）。
③「大学図書館改善総合委員会報告」では，"資格試験制度については，
まだ考慮すべき余地が多い"との理由から，関西委員会は，国家試験のう
ち資格試験によらず国家公務員採用試験によるべきだと結論したと報告さ
れている（同上記事，p. 389.）。④ 37年度（1962）の『議事要録』と岩猿
の「大学図書館改善総合委員会報告」との記述の相違については，資料が
作成された時や場所，および，資料の性質の違いから，ここでは『議事要
録』の記載を採用した（今井登志喜『歴史学研究法』東京大学出版会，

第4章　法制化による大学図書館専門職員の設置はなぜ実現しなかったのか

1953, 148p.）。

127）　『第9次全国国立大学図書館長会議議事要録』（1962），前掲書，p. 6-7.

128）　同上書，p. 9.

129）　同上書，p. 10.

130）　『第9次全国国立大学図書館長会議　要望事項　文部省に対する要望事項　国立大学協会に対する要望事項』1962.12.24. p. 3.

131）　"九州地区：この採用試験は，近い将来は国家公務員試験中の司書職として全国的に行なうべきではないか"（『第7次全国国立大学図書館長会議議事要録』（1960），前掲書，p. 6.）。

132）　"議題26　国立大学図書館専門職員採用試験について　提案理由説明　九州大学（九州地区）：（中略）これを国家試験の中に盛り込む必要があると考える"（『第8次全国国立大学図書館長会議議事要録』（1961），前掲書，p. 6.）。

133）　「昭和37年全国図書館大会記録」（1963），前掲記事，p. 130.

134）　同上記事，p. 130.

135）　飯野達郎（1971），前掲記事，p. 90.

136）　「史的展望」には，"39年［1964］1月18日からは，（中略），「国立学校図書専門職員採用試験」が，人事院の直接行なう公務員試験のひとつとして実施されるようになった"とある（岩猿敏生（1977），前掲論文，p.71.）。

137）　飯野達郎「国立学校図書専門職員の任用等について」『現代の図書館』Vol.9, No. 2, 1971.6, p. 90.

138）　全国国立大学図書館長会議編『大学図書館の業務分析』日本図書館協会，1968, p. 17.

139）　昭和38年度（1963）から，大学図書館改善総合委員会の委員は関西委員のみとなった。その理由として，"過去2年間の経験をとおして関東側との通信連絡が事実上不可能に近く，十分なご意見をお聞きすることができないことがわか"ったという説明があった（「昭和38年度全国図書館大会記録」『図書館雑誌』Vol. 58, No. 5, 1964. 臨時増刊，p. 213. ）。

140）　「昭和41年度全国図書館大会記録」『図書館雑誌』Vol. 60, No. 12, 1966.12, p. 530.

141）　館長会議が設置した司書職制度に関する特別委員会が同会議に提出した報告，「特別委員会の議事の概要」に，次の記載が見られる。"第8回（昭和40年［1965］4月24日）1）　前回，本特別委員会の当面の作業を，「大学図書館の業務分析」におくことを申し合わせ，岩猿委員立案の「図書館の業務分析」につき今回もひき続き逐条検討した。（略）4）　本日の結果に基づき岩猿委員が「図書館の業務分析」の修正案を立案することとなった"（「司書職制度に関する特別委員会報告」『第13次（昭和41年度）館長会議第1回委員会　議事要録　附　司書職制度に関する特別委員会報告

大学図書館の業務分析　大学図書館員の研修について　物管法上の図書の取扱い（研究方針案）昭和41年4月』開催日 1966.4.25, p. 13.）。

142) "司書職制度に関する特別委員会，委員長，深川恒喜"から"国立大学図書館長会議委員長館，東京大学附属図書館長　伊藤四十二"宛の「司書職制度に関する特別委員会報告」（昭和41年（1966）4月25日）に，次の記載が見られる。"本委員会の事業につきまして，（中略）日本図書館協会大学図書館部会，とくに，同部会の大学図書館改善総合委員会（委員長岩猿敏生氏）等の関係各位が，きわめて精細な検討や厚意ある御協力を寄せられましたことを厚く御礼申し上げます"（同上記事，p. 13-14.）。

143) 「会勢一般報告　昭和41年度　大学図書館部会」『図書館雑誌』Vol. 60, No. 7, 1966.7, p. 299.

144) 私立大学図書館協会史編纂委員会編『私立大学図書館協会史II　第16回総・大会から第30回総・大会まで』私立大学図書館協会 1978, p. 68.

145) 私立大学図書館研修，及び司書職に関する委員会『私立大学図書館司書職実態調査』私立大学図書館協会，1960, 26, 17p.

146) 研修・司書職に関する調査・研究委員会関西委員会『私立大学司書職制度に関する調査・研究報告前篇　調査資料篇』私立大学図書館協会，1963, 146p.

147) 私立大学図書館協会史編纂委員会（1978），前掲書，p. 48, 69.

148) 東京大学附属図書館「History of University of Tokyo Library System　歴代館長，東京大学附属図書館年表」
http://www.lib.u-tokyo.ac.jp/koho/gaiyo/history.html　（参照 2009-08-28）

149) 同上 Web ページ.

150) 伊藤四十二「大学図書館に関する文部省令「大学設置基準」の改正ならびに「大学図書館設置基準要項」の作成について」『図書館雑誌』Vol. 59, No. 7, 1965.7, p. 258.

151) 『第11次全国国立大学図書館長会議議事要録』開催日 1964.10.15, p. 11. なお，「史的展望」では，大学設置基準改正の取り組みに触れられていない。

152) 伊藤四十二（1965），前掲記事，p. 258-261.

153) 大学基準等研究協議会「大学図書館設置基準要項（答申）」（昭和40年3月31日）『大学図書館の業務分析』全国国立大学図書館長会議編，日本図書館協会，1968, p. 138-139.

154) 伊藤四十二（1965），前掲記事，p. 261.

155) 飯野達郎（1971），前掲記事，p. 90.

156) 大学基準等研究協議会（1968），前掲記事，p. 138-139.

157) 日本学術会議「大学における図書館の近代化について（勧告）」（庶発第806，昭和39年11月17日）『勧告・声明集 第3集』日本学術会議，1967,

第 4 章　法制化による大学図書館専門職員の設置はなぜ実現しなかったのか

p. 52-55.

209

第5章　大学関係法令の特性はどのように大学図書館専門職員の設置を妨げたのか

1　本章の目的と方法

　第4章では，大学図書館専門職員の設置を目指した司書職法制化の提案がいずれも実現しなかった根本的要因に法令上の問題があったことを示した。しかし，提案と大学関係法令との矛盾とその直接的理由を明らかにしたにとどまった。本章では，昭和27年（1952）から昭和40年（1965）に取り組まれた大学図書館の司書職法制化運動で，大学図書館専門職員の設置を妨げた法令上の要因の構成要素を明らかにする。そのためにまず，他の種類の学校にはない大学関係法令の特性に着目し，第4章の提案内容を大学関係法令の観点から整理して示し，次に大学図書館専門職員の設置の観点から大学関係法令の特性について分析する。最後にそれらの結果をもとに司書職法制化の提案と大学関係法令の特性との関係を検討する。

　大学図書館の司書職法制化の提案に取り組んだ関係団体はいずれも，法制化によって司書職の設置を目指し，事務職員として位置付けられた大学図書館専門職員の状況を変えようとした。取り上げる法制化の提案は提案の主体も趣旨も異なるが，法制化によって司書職の設置を目指したことは共通している。本章ではこの共通点に着目して，四つの提案を合わせて分析する。

　本章では大学図書館の司書職法制化運動に関する諸資料のほか，大学図書館に関する大学関係法令の一次資料として，第4章と同様に制定時の法令を参照する。分析対象期間が昭和27年（1952）から昭和40年（1965）であり，諸法令の制定時に重なっているか近いためである（大学に関する主な法令とその公

第 5 章　大学関係法令の特性はどのように大学図書館専門職員の設置を妨げたのか

布・制定時については図 4-1 を参照）。

　大学関係法令の特性は，第一に大学関係法令そのものの特性，第二に大学図書館専門職員の設置の観点からみた大学関係法令の特性について検討する必要がある。

　第一の大学関係法令そのものの特性は，大学の自治の尊重が中心を占めると考えられる。なぜなら，大学の自治の尊重は他の種類の学校にはない，大学自らの判断を尊重する制度と慣行[1] であるためである。そこで，大学関係法令そのものの特性に関する参考資料として大学の自治に関する文献を調査し，その結果から特に本章の研究に関連する知見を含む次の 3 点を検討する。日本の大学自治制度の成立過程を明らかにした寺崎昌男の『日本における大学自治制度の成立』(1976)[2]，大学の法的地位と自治機構の研究から戦後日本の大学自治制度を評価した高木英明の『大学の法的地位と自治機構に関する研究』(1998)[3]，戦後初期の日本の教育改革期における大学制度の改革の特質を明らかにした鳥居朋子の『戦後初期における大学改革構想の研究』(2008)[4] である。

　他に，法令の基礎に関する文献および鈴木勲の『逐条　学校教育法』(2006)[5] 等の法令解釈に関する文献，高等教育・専門職等に関する文献を調査する。

　そして，法制化の提案内容および大学関係法令の特性について分析した結果から，法制化の提案内容と大学関係法令の特性との関係を検討するための観点を導き出し，それらの観点から検討する。

2　司書職法制化の提案内容

　本節では，第 4 章で明らかにした大学図書館の司書職法制化の提案内容を，大学関係法令の観点から整理して示す。

2.1　学校教育法の改正

　学校教育法改正の提案は学校教育法（昭和 22 年 3 月 29 日法律第 26 号）第 58条第 1 項 “大学には学長，教授，助教授，助手及び事務職員を置かなければならない” を改正し，ここに “司書” の文言を加える内容であった[6]。学校教育法改正の取り組みの終盤，昭和 30 年（1955）には① “学校教育法第 58 条に司

211

書の名称を入れる"こと，②学校教育法の改正にともない，国立学校設置法施行細則に"司書職員"を入れ，"司書職員"の扱いを教授，助教授，助手等の教育職員とすること，③"大学図書館基準［昭和27年6月17日大学基準協会決定］のなかに［②と同様の内容を］もりこませる"ことが提案された[7]。なお，②の国立学校設置法施行細則の具体的な提案内容は不明である。②と③は上位の法律である①の学校教育法改正の提案に付随する提案であるため，本節でまとめて示した。

提案の問題点として文部省大学課の係官から，①学校教育法（昭和22年3月29日法律第26号）は教育のあり方を中心に定めたものであるから，その中に職員としての"司書"の文言を入れるのは不適切であること[8]，②司書職法制化の実現を図るとしても，実質において，司書の設置の必要性を大学当局が認識し，実施するようにしなければならないこと[9]が指摘された。

2.2　国立学校設置法施行規則の改正

国立学校設置法施行規則改正の提案は，国立学校設置法施行規則（昭和24年6月22日文部省令第23号）第1条"各国立大学に学長，学部長，主事，教授，助教授，講師，助手，附属学校の長及び教員並びに教務職員，技術職員及び事務職員を置き，その定員は，別表第1による"の条文に"司書職員"の文言を加えるという内容であった[10]。図書館法（昭和25年4月30日法律第118号）で定められた司書・司書補資格を国立大学図書館"司書職員"の資格として準用することを前提とした。

提案では，大学図書館"司書職員"の資格は，①大学図書館司書を教員の資格を持つ者等と定義すること，②大学図書館"司書職員"の資格に，4年制大学の卒業，図書館法（昭和25年4月30日法律第118号）の規定による司書資格に必要な科目・単位の履修，大学図書館司書補としての3年以上の経歴，"特別研修"の受講を要件として盛り込むことと規定された。

提案の問題点として，大学課の係官が他の専門職員との扱いの均衡に問題が生じることを指摘した[11][12][13]。

第 5 章　大学関係法令の特性はどのように大学図書館専門職員の設置を妨げたのか

2.3　「大学図書館法要項草案」の起草

「大学図書館法要項草案」は大学図書館法の制定を目指し，大学図書館の機能，"図書館専門職員" の設置，"図書館専門職員" の具体的規定である "大学図書館司書" の設置・職務内容等を起草したものであった。資格・認定・教育体制等の必要事項は文部省令で別に定めることとした[14]。

提案の問題点として，大学図書館専門職員の設置を法律で定めることは大学の自主管理，すなわち大学の自治の観点から認められないという反対意見が私立大学図書館関係者から出された[15]。

2.4　大学設置基準の改正

大学設置基準改正の提案は大学設置基準（昭和 31 年 10 月 22 日文部省令第 28 号）に大学図書館の 1 章を設ける内容であった。提案のもとになった「基準要項」の要点は次の通りである[16)17)]。①大学図書館を，中央図書館，分館，各学部図書館等，大学内のすべての図書館を総括したものと捉えた。②大学図書館の機能は，教育・研究支援の機能および "総合的教養の場" の機能の 3 点とした。③これらの機能を十分に発揮させるための諸基準を設けた。④大学図書館の機能を十分に発揮させるために "専門職員" の設置を基準とした。⑤ "専門職員" の職務内容と研修の機会の確保を基準に含めた。

提案の問題点として，学校教育法（昭和 22 年 3 月 29 日法律第 26 号）に大学図書館の規定のないことが行政，法律の専門家から指摘された[18]。

2.5　まとめ

大学図書館における司書職法制化運動の四つの提案内容は，次の 3 点に整理することができた。

第一に，学校教育法改正および国立学校設置法施行規則改正の提案では，"司書" 等の文言を法令の条文に加えるとともに，"司書" 等を教員あるいは教員の資格を持つ者等として扱うことが目指された。第二に，「要項草案」の起草および大学設置基準改正の提案では，大学図書館を組織・機能と捉えた上で，そこへの専門職員の設置が提案された。第三に，資格の内容に関する具体的な提案は，国立学校設置法施行規則改正の提案でのみ見られた。そこでは，大学

213

図書館司書を教員の資格をもつ者等と定義した上で，資格の内容には，4年制
大学の卒業，図書館法（昭和25年4月30日法律第118号）で定められた司書資
格に必要な科目・単位の履修，大学図書館司書補としての3年以上の経歴，
"特別研修"の受講が盛り込まれた。

　以上が大学図書館の司書職法制化の提案を整理した事項である。次に，大学
関係法令の特性を分析する。

3　大学関係法令の特性

　本節では，まず大学図書館に関わる大学関係法令の概要を述べ，大学関係法
令そのものの特性である，大学自治の尊重の主な内容と歴史的経緯を示す。そ
して，大学の自治の尊重が，憲法を始め大学関係法令にどのような形で現れて
いるかを検討する。先に挙げた寺崎，高木，鳥居の著作の検討結果を参考にす
る。次に，大学図書館専門職員の設置の観点から大学関係法令の特性を分析す
る。

3.1　概要

　本項では，大学図書館に関わる大学関係法令や基準等を概観する。

　日本国憲法（昭和21年11月3日公布）が制定され，憲法にもとづいて教育基
本法（昭和22年3月29日法律第25号），学校教育法（昭和22年3月29日法律第
26号）が制定された。学校教育法のもとに，大学設置の際の最低基準として
大学設置基準（昭和31年10月22日文部省令第28号）が定められた。大学図書
館に関する基準も大学設置基準で定められた。

　大学に関する規定は，次の法律によって設置主体別に定められた。国立大学
は国立学校設置法（昭和24年5月31日法律第150号），公立大学は地方教育行
政の組織及び運営に関する法律（昭和31年6月30日法律第162号），私立大学
は私立学校法（昭和24年12月15日法律第270号）である。なお，平成16年
（2004）の国立大学法人法（平成15年7月16日法律第112号）の施行にともない，
国立学校設置法が平成15年（2003）に廃止された。同時期に，地方独立行政
法人法（平成15年7月16日法律第118号）が施行され，公立大学の法人化も進

第 5 章　大学関係法令の特性はどのように大学図書館専門職員の設置を妨げたのか

められた。

3.2　特性 1：大学の自治の尊重

3.2.1　主な内容

　日本国憲法（昭和 21 年 11 月 3 日公布）第 23 条で学問の自由が保障された。具体的には，学問の自由がすべての国民に保障されるとともに，学術の中心としての大学に保障されたと解釈されている[19]。教育基本法（昭和 22 年 3 月 29 日法律第 25 号）第 2 条では学問の自由を尊重することがうたわれ，その具体的内容に大学の教育研究活動における学問の自由の尊重が含まれた[20]。そして，大学に学問の自由の実質を確保するために，大学の自治が認められた[21]。以上が日本国憲法のもとでの学問の自由と大学の自治との基本的関係である。

　寺崎は明治 10 年（1877）から明治 20 年代末（1896）までの大学自治制度の成立に関する諸史料を分析，考察した。そして，大学の自治とは大学が自律して運営されることを保障するための法令における解釈の体系であり，その機構であると捉えた。日本の大学自治の制度と慣行には大学の教員の人事権のみでなく，学科課程の編成・学位資格の授与・大学内規の制定・施設や学生の管理等を含める見解を示した[22]。大学の自治の主な内容は，①教員の人事は大学の自主的決定に委ねられること，②教育研究は大学の自主的決定を経て定められた方針に従って行われることの 2 点と解釈される[23]。

　これらの見解と解釈から，大学の自治は教員の人事権のみでなく，教育研究の多様な事柄における大学の自己決定権を含むことが分かる。

3.2.1.1　教員の人事権の保障

　寺崎によれば，日本の大学自治の制度と慣行の原型は人事権を除いて明治10 年代（1877-1886）に芽生え，明治 20 年代（1887-1896）にほぼ完成された[24]。人事権を含めた大学の自治制度の原型は明治末から大正にかけて（1912 年前後）完成された[25]。

　戦後の大学自治の機構のうち，教授会の法的根拠は学校教育法（昭和 22 年 3月 29 日法律第 26 号）第 59 条であった[26]。そこでは，"大学には，重要な事項を審議するため，教授会を置かなければならない"と定められた。その他の大

215

学管理機関と国公立大学教員の人事の法的根拠は，次に示す教育公務員特例法（昭和24年1月12日法律第1号）第4条であった[27]。

> 第4条　学長及び部局長の採用並びに教員の採用及び昇任は，選考による
> 　ものとし，その選考は，大学管理機関が行う。
> 2　前項の選考は，学長については，人格が高潔で，学識がすぐれ，且つ，
> 　教育行政に関し識見を有する者について，大学管理機関の定める基準に
> 　より，学部長については，当該学部の教授会の議に基き，教員及び学部
> 　長以外の部局長については，大学管理機関の定める基準により，行わな
> 　ければならない。

　教育公務員特例法（昭和24年1月12日法律第1号）によって，国公立大学では，教員の人事は大学の自主的決定に委ねられることが保障された。私立大学には教育公務員特例法第4条の条項が直接適用されず[28]，私立大学における大学の自治は，①大学・教授会と設置者である学校法人とが一体として捉えられ，そこでは自律した組織と運営が確保されること，②国はその教育研究の自由を保障し，干渉しないことと解釈された[29]。

　以上の法令の解釈や機構が，昭和27年（1952）から昭和40年（1965）における教員の人事権の保障に関する主な内容であった[30]。

3.2.1.2　規定によらない自律した大学運営

　大学の自治は教員の人事権の保障に限定されるものではなく，より広く，学科課程の編成，学位資格の授与等に関する諸権限を含むものと考えられる。この観点から，学校教育法（昭和22年3月29日法律第26号）に大学の自治の尊重がどのように現れているのかをみる。そのために，小学校から高等学校までと大学との間で学校の目的，学校教育の目標に関する規定に差異があるかについて検討する。

　学校の目的，学校教育の目標は"第1章総則"（第1条から第16条）では触れられず，学校の種類ごとに定められた。小学校から高等学校までの学校の目的は，いずれも教育を施すことにあると定められた。教育を施す目的にもとづ

いて，学校教育の目標が各号を設けて詳細に規定された（第18条，第36条，第42条）。例として，小学校の場合の条文を以下に示す。

第17条　小学校は，心身の発達に応じて，初等普通教育を施すことを目的とする。

第18条　前条の目的を実現するために，左の各号に掲げる目標の達成に努めなければならない。

1　学校内外の社会生活の経験に基き，人間相互の関係について，正しい理解と協調，自主及び自律の精神を養うこと。

（中略）

8　生活を明るく豊かにする音楽，美術，文芸等について，基礎的な理解と技能を養うこと。

他方，“第5章　大学”の第52条（大学の目的）では，次に示す通り，教育を施すという言葉は用いられなかった。

第52条　大学は，学術の中心として，広く知識を授けるとともに，深く専門の学芸を教授研究し，知的，道徳的及び応用的能力を展開させることを目的とする。

このように大学の目的では“知識を授ける”あるいは“専門の学芸を教授研究”するという言葉が使われた。したがって，大学の目的には教育の他に研究も含まれることが分かる。続いて“知的，道徳的及び応用的能力を展開させることを目的とする”とあるため，大学での教育研究活動を通じて学生や教員の知的，道徳的及び応用的能力を働かせ，発揮させることが目指されていると読み取れる。つまり大学では，小学校から高等学校までのような詳細な教育目標は定められなかったのである。

大学では詳細な教育目標が定められなかった理由として，①大学では学問の自由の実質を確保するために，自ら決定した方針に従って教育研究が行われなければならないため，大学における教育目標の自己決定は大学の自治の一部を

217

構成すること，②大学の自治を尊重することが学校教育法（昭和22年3月29日法律第26号）に適用された結果，大学の教育目標は条文で詳細に定められなかったことが挙げられる。こうして，教育目標の自己決定権が大学に保障され，大学関係法令の規定によらない自律した大学運営が確保されたと解釈される。

3.2.2 歴史的経緯

高木は日本の大学の法制度について，次の事項を指摘した[31]。

第一に，戦前における大学の自治の慣行は主として教員が国家権力からの圧力に抵抗する形で発展した。この自治の慣行が戦後の大学改革で法制化され，国家等外部の権力に対しては，強力な大学の自治の体制が確立された。他方，大学の内部では管理・自治機構の改革と教員の意識改革が行われず，その結果，旧制大学の理念・制度が踏襲され，諸矛盾が生じた。この矛盾に対処するためには，大学が自己浄化・革新を行う装置を持ち，大学の自律した運営に伴いがちな独善性を積極的に排除する手立てを講ずる必要がある。

第二に，戦前，帝国大学と官立大学は国の非独立営造物（法人格のない営造物）と位置付けられた。営造物とは，国または公共団体が特定の社会公益のために権力の行使によらないで経営する人的・物的施設の全体を指す。戦後の司法解釈では，旧来の大学営造物論に代わる新たな理論や実定法による位置付けのない状態が続いた。このため，大学の自律した運営という観点からは国立大学の法人化論が注目される。

鳥居は大学の組織運営の自律を保障する様式や方法に着目し，戦後初期の日本の教育改革期における大学の組織運営改革の構想や実践の特質を解明した。大学制度の改革では，関係団体で行われた大学の自治機構の改革をめぐる議論を検討した。そして管理運営制度に関する法令上の規定において，国と機関（個々の大学）との関係が抜本的に変更されなかったことを明らかにした[32]。

以上の研究成果を総合すると，戦後の大学自治は戦前の国家権力の圧力に対する教員の抵抗の歴史を反映し，国家権力や大学の外部に対する，教員の人事権を含む大学の自治の体制として法的に確立されたといえる。しかし，大学内部の管理・自治機構としては十分に確立されず，法令上の規定において国と

第5章　大学関係法令の特性はどのように大学図書館専門職員の設置を妨げたのか

個々の大学との関係は抜本的に変更されなかった。大学を営造物と位置付ける戦前の司法解釈が戦後も踏襲されたことに，この矛盾は現われていた。大学の自律した運営の観点からみると，平成 16 年（2004）の国公立大学の法人化は国公立大学と国・地方公共団体との関係の変化という点で注目されるものであった。

3.3　特性2：大学図書館専門職員の設置の観点から見た特性

3.3.1　大学図書館の位置付け

高木，鳥居が指摘したように，日本の大学の自治は大学内部の管理・自治機構としては十分に確立されなかった。大学を営造物と捉える戦前の司法解釈が，戦後も踏襲された。この歴史的経緯を踏まえて，大学図書館の司書職法制化運動の時期に，大学関係法令では大学図書館や大学図書館専門職員をどのように位置付けていたのかをここで検討する。

学校教育法（昭和 22 年 3 月 29 日法律第 26 号 ）には，大学図書館について直接定めた条文はない。設備に関する条文があり，"第 1 章　総則"の第 3 条で，"学校を設置しようとする者は，学校の種類に応じ，監督庁の定める設備，編制その他に関する設置基準に従い，これを設置しなければならない"と定められた。

学校教育法施行規則（昭和 22 年 5 月 23 日文部省令第 11 号 ）では，"第 1 章総則"の第 1 条で，"学校には，別に定める設置基準に従い，その学校の目的を実現するために必要な校地，校舎，校具，体操場，図書館又は図書室その他の設備を設けなければならない"と定められた。ここでは，校具や体操場と並んで図書館や図書室が挙げられた。

以上の規定から，学校教育法（昭和 22 年 3 月 29 日法律第 26 号 ）およびその施行規則（昭和 22 年 5 月 23 日文部省令第 11 号）では，大学図書館は大学の設備として位置付けられたといえる。

国立学校設置法（昭和 24 年 5 月 31 日法律第 150 号）では，図書館について"国立大学に，附属図書館を置く"（第 2 章　国立大学，第 6 条）と定められた。国立学校設置法施行規則（昭和 24 年 6 月 22 日文部省令第 23 号）では，"大学において必要がある場合は，法律第 6 条に規定する図書館に分館を置くことがで

219

きる"（第1章　国立大学，第9条）と規定された。

　以上の規定から，国立学校設置法（昭和24年5月31日法律第150号）および
その施行規則（昭和24年6月22日文部省令第23号）では，国立大学図書館は
大学に付属する施設として位置付けられたといえる。

　大学設置基準（昭和31年10月22日文部省令第28号）では，"校地，校舎等
の施設"の章の中に，図書館に関して次の条文がある。

　　第10章　校地，校舎等の施設
　　（校舎等施設）
　　第37条　大学は，その組織及び規模に応じ，少なくとも次に掲げる施設
　　を備えた校舎を有するものとする。
　　　1　学長室，会議室，事務室
　　　2　研究室，教室（講義室，実験・実習室，演習室等とする。）
　　　3　図書館，医務室，学生自習室，学生控室

　第37条の規定から，大学設置基準（昭和31年10月22日文部省令第28号）
では，大学図書館は図書館という建物すなわち施設として位置付けられたとい
える。

　大学関係法令では，大学図書館は施設または設備（以下，施設・設備という）
の規定にとどまった。組織・機能としては規定されなかったのである。

3.3.2　大学図書館職員の位置付け

　ここでは大学関係法令における大学図書館職員の位置付けを検討する。

　学校教育法（昭和22年3月29日法律第26号）では，第1章で総則が定められ，
次に学校の種類ごとに第2章の小学校から第5章の大学までが定められた。大
学の職員に関する条文には次のものがある。なお，第58条には通常付される
項番号がないが，そのまま引用する。

　　第1章　総則
　　第7条　学校には，校長及び相当数の教員を置かなければならない。

220

第5章　大学関係法令の特性はどのように大学図書館専門職員の設置を妨げたのか

（中略）

第5章　大学

第58条　大学には学長，教授，助教授，助手及び事務職員を置かなければならない。

　大学には，前項の外，必要な職員を置くことができる。

　学長は，校務を掌り，所属職員を統督する。

　教授は，学生を教授し，その研究を指導し，又は研究に従事する。

　助教授は，教授の職務を助ける。

　助手は，教授及び助教授の職務を助ける。

　第7条および第58条ではいずれも，そこに挙げられた職名の職員を“置かなければならない”と定められた。つまり，条文に挙げられた職名の職員の設置は，必ず設置しなければならない大学の義務（以下，必置義務という）として規定されたものであった。

　総則の第7条にある通り，職員に関する規定の趣旨は教員の人的構成要素を定めることにあった[33]。教員以外の職員は事務職員か必要な職員のみが定められた。以上の規定から，学校教育法（昭和22年3月29日法律第26号）は教員を中心とする考え方にもとづいていた。図書館職員は事務職員か必要な職員かのいずれかに位置付けられたといえる。なお，教員の職名の職務内容は定められたが，事務職員と必要な職員の職務内容は定められなかった。

　学校のうち国立の大学・高等学校・各種学校は国立学校設置法（昭和24年5月31日法律第150号）で定められた。そこには，“各国立学校（附則第3項及び第5項に規定する学校を含む。）に置く職の種類及び定員については，文部省令で定める”（第5章　職員及び職，第13条）とある。職の種類は，文部省令である国立学校設置法施行規則（昭和24年6月22日文部省令第23号）第1章の次の条文で定められた。

国立大学

第1条　国立学校設置法（昭和24年法律第150号，以下法という。）第3条に規定する各国立大学に学長，学部長，主事，教授，助教授，講師，助手，

221

附属学校の長及び教員並びに教務職員，技術職員及び事務職員を置き，その定員は，別表第1による。

第2条　学長，教授，助教授及び助手は，学校教育法（昭和22年法律第26号）第58条に規定する職務に従事する。

2　講師は，教授又は助教授に準ずる職務に従事する。

3　教務職員は，大学で定める職にある者とし，教授研究の補助その他教務に関する職務に従事する。

4　技術職員は，この規則に定めるものを除く外，大学で定める職にある者とし，技術に関する職務に従事する。

5　事務職員は，この規則に定めるものを除く外，大学で定める職にある者とし，庶務，会計等の事務に従事する。

（中略）

第10条　国立大学の各学部，分校，附置の研究所，学部附属の研究施設及び図書館には，その規模に応じてそれぞれ事務部又は事務室を置くことができる。

2　事務部及び事務室の長は，それぞれ事務長及び事務主任とする。

3　事務長及び事務主任は，それぞれ事務職員をもって充てる。

国立学校設置法施行規則（昭和24年6月22日文部省令第23号）第1条には，条文に挙げられた種類の職を"置き，その定員は別表第1による"とある。"置き，"は，必置義務を示すものと考えられる[34)35)]。

国立学校設置法（昭和24年5月31日法律第150号）第13条，国立学校設置法施行規則（昭和24年6月22日文部省令第23号）第1条，第2条第5項および第10条の規定から，国立学校設置法と国立学校設置法施行規則では，図書館職員は事務職員と位置付けられたといえる。

大学設置基準（昭和31年10月22日文部省令第28号）では，"第3章　学科目制，講座制及び教員組織"で教員の組織および数が定められた。他に"第12章　雑則"の第42条，第43条で事務組織等について次のように定められた。

第12章　雑則

第5章　大学関係法令の特性はどのように大学図書館専門職員の設置を妨げたのか

（事務組織）

第42条　大学は，その事務を処理するため，専任の職員を置く適当な事務組織を設けるものとする。

（厚生補導の組織）

第43条　大学は，学生の厚生補導を行うため，専任の職員を置く適当な組織を設けるものとする。

　上記の他に教員以外の職員に関する規定はない。したがって，大学設置基準（昭和31年10月22日文部省令第28号）では，図書館職員の職務が事務であり，図書館の組織が事務組織であるとみなすのであれば，大学図書館職員は第42条で規定された事務組織に置かれた職員と解釈される。そのように解釈しない場合は，明確な位置付けをもたなかったことになる。

3.3.3　資格の内容

　本項では，大学関係法令における資格の内容を検討する。

　学校教育法（昭和22年3月29日法律第26号）では，"校長及び教員の免許状その他資格に関する事項は，監督庁が，これを定める"（第1章　総則，第8条）と規定された。

　大学設置基準（昭和31年10月22日文部省令第28号）では，教員の資格について次の条文がある。

第4章　教員の資格

（教授の資格）

第13条　教授となることのできる者は，次の各号の一に該当する者とする。

　　1　博士の学位（外国において授与されたこれに相当する学位を含む。）を有する者

　　2　研究上の業績が前号の者に準ずると認められる者

　　3　大学（旧大学令（大正7年勅令第388号）による大学を含む。以下本条，次条及び第16条において同じ。）において教授の経歴のある者

223

4　大学において助教授の経歴があり，教育研究上の業績があると認め
　られる者
　（中略）
（助教授の資格）
　第14条　助教授となることのできる者は，次の各号の一に該当する者と
　する。
　　1　前条に規定する教授となることのできる者
　　2　大学において助教授又は専任の講師の経歴のある者
　　3　大学において3年以上助手又はこれに準ずる職員としての経歴があ
　り，教育研究上の能力があると認められる者
　　4　修士の学位を有する者又は旧大学令による大学院に3年以上在学し
　た者で，教育研究上の能力があると認められる者
　（後略）

　学校教育法（昭和22年3月29日法律第26号）の第8条にある通り，資格の
規定の趣旨は，教員の資格を定めることにあった。教授，助教授等の資格は，
博士・修士の学位であった。他に，研究業績，教授の経歴，教育研究能力が挙
げられた。大学関係法令では，教員以外の職員の資格は定められなかった。

3.4　まとめ

　大学関係法令の特性として，次の四つの事項が挙げられる。
　第一に，憲法のもとで大学における学問の自由を保障するしくみとして，大
学の自治を尊重するための法解釈と機構が整備された。大学の自治を尊重しな
ければならないという点で，大学関係法令は大学以外の学校の法令と異なって
いた。第二に，日本では，大学の自治の尊重は教員の人事権の尊重を主体に確
立された。大学内部の管理・自治機構としては十分に確立されず，国と個々の
大学との関係は抜本的に変更されなかった。このため，大学関係法令は大学図
書館を施設・設備と位置付ける考え方を取り，組織・機能としては捉えられな
かった。第三に，大学関係法令における職員の設置に関する条文は教員を中心
とする考え方にもとづいていた。まず大学に必置義務のある教員の職名が定め

第5章　大学関係法令の特性はどのように大学図書館専門職員の設置を妨げたのか

られた。教員以外の職員は事務職員か必要な職員かのいずれかに入るべきものとして位置付けられた。第四に，大学関係法令において，資格を規定する目的は教員の資格を規定することであった。資格の内容は博士・修士の学位や教育研究能力を中心としたものであり，教員以外の職員の資格は定められなかった。

4　司書職法制化の提案と大学関係法令の特性

司書職法制化の提案内容と大学関係法令の特性の検討から得られた内容について，事項ごとに両者がどのような関係にあるかを点検した。その結果，両者の関係を検討するための観点は，①大学の自治の尊重と専門職員の設置，②教員を中心とする考え方と専門職員の職名，③大学図書館の組織・機能と専門職員の設置，④専門職員の定義と資格の事項に整理できた。

本節では，司書職法制化の提案内容と大学関係法令の特性との関係を，これら四つの観点から検討する。

4.1　大学の自治の尊重と専門職員の設置

学校教育法改正の提案内容は，学校教育法（昭和22年3月29日法律第26号）第58条第1項"大学には学長，教授，助教授，助手及び事務職員を置かなければならない"に"司書"の文言を加えるものであった。国立学校設置法施行規則改正の提案は，国立学校設置法施行規則（昭和24年6月22日文部省令第23号）第1条"各国立大学に学長，学部長，主事，教授，助教授，講師，助手，附属学校の長及び教員並びに教務職員，技術職員及び事務職員を置き，その定員は，別表第1による"の条文に"司書職員"の文言を加える内容であった。これらの条文は，挙げられた職名の職員の設置を大学の必置義務として規定するものであった。このため，条文のなかに"司書"や"司書職員"の文言を加えることは，それらの設置を大学の必置義務とする提案であることを意味した。

学校教育法（昭和22年3月29日法律第26号）第58条第1項および国立学校設置法施行規則（昭和24年6月22日文部省令第23号）第1条の条文は，大学の機能の根幹である教育研究活動に直接関与する教員の職名を中心とし，これに一般的な事務を行う事務職員の職名等を加えて定められたものと考えられ

225

る。そして，教員については職名，抽象的な職務内容，資格要件のみが法令で定められた。教員の設置の具体的な基準や判断は，個々の大学の教授会や管理機関に委ねられたといえる。学校教育法（昭和22年3月29日法律第26号）における事務職員，および国立学校設置法（昭和24年5月31日法律第150号）における教務職員，技術職員，事務職員については，職名と抽象的な職務内容のみが定められ，個別の職名や資格要件は定められなかった。

他方，大学図書館の専門職員は教員ではなく，3.3.2で検討した通り，法令上は事務職員か必要な職員として位置付けられていた。実際に従事している仕事は大学図書館の運営に関することであった。このような職務に従事する"司書"や"司書職員"の職名を上記の条文に加える提案は，事務職員等の職名の下にある個別の職名の設置を，個々の大学の判断が入る余地のない必置義務とすることを意味した。これは大学の自治を尊重しなければならない大学関係法令のあり方と矛盾するため，実現は困難であった。

次に，「大学図書館法要項草案」における専門職員の設置について検討する。起草された条文は以下の通りである。

第5条（職員）
　1．大学図書館に図書館専門職員及び事務職員を置く。
（中略）
第6条（大学図書館司書）
　1．大学図書館の専門的職務を担当させるため，大学図書館司書（以下「司書」という）を置かねばならない。

ここでは"図書館専門職員"や"大学図書館司書"を"置く"あるいは"置かねばならない"と起草され，大学の必置義務として提案された。したがって，学校教育法改正や国立学校設置法施行規則改正の提案の場合と同様に，大学の自治を尊重しなければならない大学関係法令のあり方と矛盾するため，実現は困難であった。

なお大学設置基準改正の提案では，専門職員の設置が必置義務として提案されたかどうかは不明である。

第5章　大学関係法令の特性はどのように大学図書館専門職員の設置を妨げたのか

　仮に大学図書館専門職員の設置が法制化された場合を想定すると，そこでは大学の自治が尊重されるために，専門職員の設置を大学の必置義務とすることはできない。したがって，実際に専門職員が設置されるためには少なくとも，個々の大学でそうすることが必要であると判断され，承認されなければならない。専門職員の設置が承認されるためには大学の経営を担う理事会，教授会等が，大学図書館の機能を十分に発揮させるために専門職員の設置が必要であることを認識する必要がある。この意味で，大学図書館専門職員の設置を求める大学図書館は司書職法制化の成否に関わらず，少なくとも大学へ働きかけ，大学の承認を得ることが必要であった。

4.2　教員を中心とする考え方と専門職員の職名

　学校教育法（昭和 22 年 3 月 29 日法律第 26 号）では，大学の職員について"大学には学長，教授，助教授，助手及び事務職員を置かなければならない"（第 58 条第 1 項）と規定された。この条文の大本となる総則では，"学校には，校長及び相当数の教員を置かなければならない"（第 7 条）と定められた。これらの条文の趣旨は，教員の人的構成要素について定めることにあると解釈され，ここには，学校教育法（昭和 22 年 3 月 29 日法律第 26 号）における教員を中心とする考え方が現れている。

　学校教育法（昭和 22 年 3 月 29 日法律第 26 号）第 58 条第 1 項では，教員以外の職員として事務職員のみが挙げられ，第 2 項に"大学には，前項の外，必要な職員を置くことができる"と規定された。例えば大学に設置される学校医は学校保健法（昭和 33 年 4 月 10 日法律第 56 号）で定められているが，学校教育法では必要な職員の中に含まれると解釈できる。

　学校教育法改正の提案内容は第 58 条第 1 項に"司書"の文言を加えるというものであった。しかし，教員の人的構成要素を規定する趣旨の第 7 条，および教員以外の職員を事務職員か必要な職員と捉える第 58 条第 1 項，第 2 項を考慮すると，この提案は学校教育法（昭和 22 年 3 月 29 日法律第 26 号）の教員を中心とする考え方と矛盾する内容であったといえる。

　国立学校設置法（昭和 24 年 5 月 31 日法律第 150 号）やその施行規則（昭和 24 年 6 月 22 日文部省令第 23 号）は，上位法令である学校教育法（昭和 22 年 3 月

227

29 日法律第 26 号）の趣旨にもとづいて定められた。国立学校設置法第 13 条には，"各国立学校（附則第 3 項及び第 5 項に規定する学校を含む）に置かれる職の種類および定員については，文部省令で定める"と規定された。文部省令である国立学校設置法施行規則第 1 条では国立学校に置く職の種類は，多様な教員の職名の他には教員の教育研究活動に直結した職務を担う教務職員・技術職員と学校教育法で規定された事務職員のみが定められた。

　国立学校設置法施行規則改正の提案内容は，国立学校設置法施行規則（昭和 24 年 6 月 22 日文部省令第 23 号）第 1 条に"司書職員"を加えるというものであった。しかし，この条文の趣旨は上位法令の趣旨に従って，教員の人的構成要素を規定することにあったと考えられる。他方，国立大学図書館は施設として捉えられ，国立大学の"附属図書館"と位置付けられていた。国立学校設置法（昭和 24 年 5 月 31 日法律第 150 号）とその施行規則（昭和 24 年 6 月 22 日文部省令第 23 号）では，国立大学図書館職員は図書館の事務部あるいは事務室に置かれる事務職員と規定された（国立学校設置法第 13 条，国立学校設置法施行規則第 1 条，第 2 条第 5 項および第 10 条）。このような規定の下で，国立大学図書館の専門職員に事務職員等の職名の下にある個別の職名として"司書職員"という新しい職名を設け，国立学校設置法施行規則第 1 条に加える提案は，上位法令である学校教育法（昭和 22 年 3 月 29 日法律第 26 号）第 7 条および第 58 条第 1 項，第 2 項の趣旨と矛盾する内容であったと考えられる。

　以上のことから，学校教育法（昭和 22 年 3 月 29 日法律第 26 号）や国立学校設置法施行規則（昭和 24 年 6 月 22 日文部省令第 23 号）に，教員の職名と並べて"司書"や"司書職員"の職名を加える提案は，教員を中心とする考え方をとる学校教育法と矛盾し，実現が困難であったと考えられる。学校教育法の趣旨に従うならば，教員以外の職員である大学図書館専門職員は法令上，大学自らの判断で置く"必要な職員"と解釈することが妥当であった。この場合，大学の自治の尊重とも矛盾しなかった。

　「大学図書館法要項草案」は日本国憲法（昭和 21 年 11 月 3 日公布），教育基本法（昭和 22 年 3 月 29 日法律第 25 号）の理念に基づく学校教育法（昭和 22 年 3 月 29 日法律第 26 号）の下位にあって，特別法に当たる法律を起草する提案であった。"職員"に関する条文（第 5 条）には，"大学図書館に図書館専門職

員及び事務職員を置く”と書かれ，職員は“図書館専門職員”と事務職員に分けられた。さらに第6条で，“図書館専門職員”の中身である“大学図書館司書”が定義された。「要項草案」は大学関係法令に対して特別法に当たる法律の草案であるため，草案のなかに専門職員設置の規定を加えても，大学関係法令の教員を中心とする考え方との間に矛盾が生じることはなかったと考えられる。

　大学設置基準（昭和31年10月22日文部省令第28号）では，教員以外の職員に関する規定として“雑則”における“事務組織”および“厚生補導の組織”に関する条文があるだけであった。いずれも組織の種類とともにその組織に設置する職員が規定された。“4.3　大学図書館の組織・機能と専門職員の設置”で詳しく検討する通り，大学図書館は大学関係法令においては施設・設備と位置付けられ，組織としては捉えられていなかった。このため“雑則”に大学図書館の組織やそこに設置される専門的職員に関する条文を加える提案は見送られたと推察される。

4.3　大学図書館の組織・機能と専門職員の設置

　大学は，相互に関連し合って大学全体を構成する各組織から成り立っている。各組織は機能を有する。機能とはそれら各組織の活動が全体の活動に対してなす貢献である[36]。したがって，大学図書館を組織として捉えるということは，大学に貢献するその機能も認めることを意味する。逆に，大学図書館を施設・設備としてのみ見て，組織として捉えないのであれば，大学に貢献する機能も認めないことになる。この施設・設備と組織・機能の観点から，大学関係法令の特性を検討する。

　日本の大学関係法令では，大学図書館は施設・設備と規定され，組織・機能とはみなされなかった。学校教育法（昭和22年3月29日法律第26号）では，図書館は設備に包括され，設備は学校の種類ごとの設置基準で定められた（第3条）。大学設置基準（昭和31年10月22日文部省令第28号）では，大学図書館が施設としてのみ位置付けられ，大学内の組織・機能としては捉えられなかった。

　大学図書館を施設・設備と位置付ける学校教育法（昭和22年3月29日法律

第26号）や大学設置基準（昭和31年10月22日文部省令第28号）の考え方にしたがった場合，大学図書館を組織・機能と捉える提案は，学校教育法および大学設置基準の規定の範囲を逸脱していると判断されたと考えられる。したがって，大学図書館が施設・設備としてのみ位置付けられるかぎり，学校教育法や大学設置基準で，大学図書館の組織・機能やその機能を十分に発揮させるために必要な専門的職員の設置を定めることは困難であった。

「大学図書館法要項草案」では大学図書館が組織・機能と捉えられ，組織の職務遂行に必要な大学図書館司書の設置が提案された。したがって「要項草案」は大学図書館を施設・設備とのみ位置付ける大学関係法令と矛盾する内容となり，実現は困難であった。なお，学校教育法改正および国立学校設置法施行規則改正の提案内容に，大学図書館を組織・機能と捉える考え方はみられなかった。

こうした大学関係法令の規定と対照をなすのが，大学設置基準改正の提案の基になった「大学図書館設置基準要項（答申）」であった。そこでは，大学内のすべての図書館を総括したものとして大学図書館が捉えられた。この考え方は図書館を施設・設備とのみ捉える考え方からは生まれない。大学内の組織・機能として図書館を捉えたときに初めて，複数の図書館をその組織・機能のもとに総括することができる。

大学図書館特別部会は，"現行文部省令の大学設置基準では，図書館をただ施設としてのみ捉え，（中略）総合した全学的な教育的および研究的見地からの考え方が全く欠如している"点を改め，昭和27年（1952）に大学基準協会が決定した大学図書館基準を"現時点ならびに将来あるべき姿のビジョンの観点から再検討し，（中略）全面的に改訂"[37]する考え方をとった。そして，大学設置基準改正の提案の基になった「大学図書館設置基準要項（答申）」をこの考え方にもとづいて策定した。

本項ではこの「基準要項」に注目する。なぜなら，それまで大学図書館が施設・設備としてのみ捉えられ，組織・機能と捉えられてこなかったことが，この「基準要項」で初めて明らかにされたからである。そして，大学関係法令の大学図書館の規定が根本から批判され，大学図書館に課せられた施設・設備としての法令上の枠組みや限界を超えて，大学図書館の組織・機能が肯定され，

現在および将来あるべきビジョンから大学図書館に必要とされる諸施策が提言されたのであった。そこには大学図書館専門職員の設置も含まれていた[38]。言い換えれば，組織・機能が認められずいわば無力化されていた大学図書館を根本から改革すること，機能の高度化のために必要な専門職員の設置を合わせて推進することを大学図書館特別部会は目指したのであった。

他方，中央教育審議会は昭和46年（1971）の答申で，大学の自治が社会で適切に機能するためには個々の大学が自らの社会的使命を自覚し，その機能を十分に発揮させるために努力することが求められるが，大学はこの責任を十分に果たしていないと大学を批判した[39]。このことから当時，大学の自治の享受と表裏の関係として大学の機能の十分な発揮が社会から求められていたといえる。

大学図書館は実態としては大学内の組織であったため，大学図書館の機能の十分な発揮も社会から要請されていたと考えられる。同時に組織・機能としての大学図書館は，大学関係法令によって制約を受けていたのである。

4.4 専門職員の定義と資格

"2　司書職法制化の提案内容"で示した通り，学校教育法改正および国立学校設置法施行規則改正の提案は，いずれも職員の設置を大学の必置義務と定める条文に"司書"や"司書職員"の文言を加える提案であった。そして，"司書"や"司書職員"を教員あるいは教員の資格を持つ者等として扱うことを目指した。したがってこれらの提案では，教員に相当する大学図書館司書の資格はどのような内容であったのかを検討する必要がある。

学校教育法改正の提案では資格の内容に言及されなかった。国立学校設置法施行規則改正の提案には資格の内容が具体的に示されたので，この点について本項で検討する。なお，「要項草案」の起草および大学設置基準改正の提案では資格の具体的な内容に言及されなかった。

4.4.1 資格の準用

国立学校設置法施行規則改正の提案では，大学図書館司書の資格が新たに規定されることがなかった。図書館法（昭和25年4月30日法律第118号）で定め

231

られた司書・司書補資格の準用が前提であった。両資格の準用を認めないという人事院の方針の転換によって，この提案は実現が困難になった。人事院が方針を転換した理由は，"国立学校の図書館には図書館法が適用されない"[40] という法令の解釈にあったと考えられる。

4.4.2 その他の資格の内容

　教員の資格は，学校教育法（昭和 22 年 3 月 29 日法律第 26 号）および大学設置基準（昭和 31 年 10 月 22 日文部省令第 28 号）で規定された。教授の資格要件は博士の学位を有する者，研究の業績が博士に準ずる者，大学で教授の経歴のある者等であった。助教授の資格要件は，教授となることのできる者，大学で助教授・専任講師の経歴のある者，修士の学位を有し，教育研究上の能力の認められる者等であった。大学設置基準（昭和 31 年 10 月 22 日文部省令第 28 号）第 13 条，第 14 条で学位や教育研究能力を中心に資格要件が規定されており，この点に教員の資格規定の特徴がある。

　他方，館長会議による「大学図書館における司書，司書補の資格を規定するための基本方針」（以下，「基本方針」という）では，大学図書館の司書が "教官としての資格や研究員的な能力をもつ司書"[41] と定義された。その上で，大学図書館司書の資格の内容が 4 年制の大学を卒業し，公共図書館の司書資格に必要な科目・単位を履修し，大学図書館司書補として 3 年の経験をもち，"特別研修" を受けることと決められた[42]。これは教員の資格と比較して，相当な隔たりのある困難度の低い内容であった。

　以上のように，館長会議の「基本方針」は，教員の資格や研究員の能力をもつ者という大学図書館司書の定義に資格の内容が対応しておらず，この点で矛盾していた。大学図書館司書の研究能力の定義は，その資格規定と整合している必要があった。

　さらに，館長会議の「基本方針」では，大学図書館司書の資格に求められる図書館学の基礎学力は，公共図書館のための司書資格に求められる図書館学の履修内容と決められた。しかし，大学図書館司書に求められる知識や学力の水準はその職務内容の違いから，公共図書館で求められる水準と異なることが当時認識されていた[43]。人事院もある時点から，司書・司書補資格の国立大学

第5章　大学関係法令の特性はどのように大学図書館専門職員の設置を妨げたのか

図書館専門職員への準用を認めない方針に転換した。したがって，「基本方針」における大学図書館司書の資格に求められる図書館学の基礎学力の内容は適切でなかったと考えられる。

学校教育法（昭和 22 年 3 月 29 日法律第 26 号 ）第 58 条によれば，教員の職務の根幹は教育と研究にあった。整理業務を中心とする当時の大学図書館専門職員の職務には，教育に関わる要素がほとんど含まれていなかった[44]。また，「基本方針」における大学図書館司書の資格要件には，当初，図書館学の研究業績が含まれていたが，後に "特別研修" の受講に代えられた[45]。このため，さらに適正さを欠く内容になったと考えられる。

5　まとめ：大学関係法令の特性上の要因

これまでの検討結果から，大学関係法令の特性が大学図書館専門職員の設置を妨げた要因として，次の五つの事項が挙げられる。

（1）専門職員の設置を大学の必置義務にできなかったこと

大学関係法令は，大学の自治の尊重と矛盾する内容であってはならなかった。大学図書館への専門職員の設置を必置義務とする提案には個々の大学の判断が入る余地がなく，この点で大学の自治の尊重と矛盾した。

（2）専門職員の設置には大学の承認を要したこと

大学図書館における専門職員の設置を求める大学図書館は，大学の自治を尊重する大学関係法令の下で，司書職法制化の成否にかかわらず，少なくとも大学へ働きかけ，大学の承認を得ることが必要であった。

（3）専門職員の職名の法令への追加は困難であったこと

大学関係法令は，学校教育法（昭和 22 年 3 月 29 日法律第 26 号）における教員を中心とする考え方にもとづいていた。このため，教員以外の職員である大学図書館専門職員は，その職名を条文に新たに加えるのではなく，法令上，大学自らの判断で置く "必要な職員" と解釈することが妥当であった。この場合，

233

大学の自治の尊重とも矛盾しなかった。

（4） 大学図書館の組織・機能は法令上認められなかったこと

　大学関係法令は大学図書館を施設・設備とのみ位置付ける考え方にもとづいていた。したがって，大学図書館を組織・機能と捉えた提案は認められなかった。大学図書館の機能を十分に発揮させるために専門職員の設置を求めた提案も同様に認められなかった。組織・機能としての大学図書館は，大学関係法令によって制約を受けていた。

（5） 専門職員の研究能力の定義は資格規定と整合させる必要のあったこと

　大学図書館専門職員を教員と同等の扱いとすることを提案した場合，大学図書館専門職員の研究能力の定義は教育研究能力を示す修士・博士の学位等の教員の資格規定と整合させる必要があった。

　本章では，法制化による大学図書館専門職員の設置の提案と大学関係法令の特性の間に存在した矛盾を包括的に抽出した。これによって，大学図書館専門職員の設置を妨げた大学関係法令の特性上の要因における構成要素を明らかにした。

　"3　大学関係法令の特性"で検討した通り，大学図書館専門職員の設置の観点からみると，大学関係法令の主な特性は教員の人事権の尊重を主体とする大学の自治の尊重，大学図書館を施設・設備とのみ位置付ける考え方，教員を中心とする考え方，修士・博士の学位および教育研究能力を中心とする教員の資格規定にあったと考えられる。大学図書館の司書職法制化の提案において，これら大学関係法令の特性が大学図書館専門職員の設置を妨げる要因として働いたといえる。逆にいえば，大学図書館の司書職法制化の提案では，大学図書館関係団体は大学関係法令の特性をふまえた上で提案する必要があった。しかし，大学図書館の司書職法制化運動では大学関係法令の特性が十分に把握されず，提案の問題点が指摘された際に大学関係法令の特性を考慮した検討や対応はほとんど行われなかった。

　なお，資格の内容を定める際は，大学図書館司書に求められる図書館学の知

第 5 章　大学関係法令の特性はどのように大学図書館専門職員の設置を妨げたのか

識・学力と公共図書館司書に求められるそれらとの違いを考慮する必要のあったことを付言する。

注・引用文献

1 ）　鈴木勲編著『逐条　学校教育法』（第 6 次改訂版），学陽書房，2006，p. 648.

2 ）　寺崎昌男『日本における大学自治制度の成立』（増補版）評論社，2000，460p.

3 ）　高木英明『大学の法的地位と自治機構に関する研究：ドイツ・アメリカ・日本の場合』多賀出版，1998. 6，360p.

4 ）　鳥居朋子『戦後初期における大学改革構想の研究』多賀出版，2008. 6，221p.

5 ）　鈴木勲（2006），前掲書，22，1132p.

6 ）　「大学図書館職員制度改善促進実行委」『図書館雑誌』Vol. 47，No. 8，1953.8，p. 237.

7 ）　「大学図書館職員制度改善促進実行委員会」『図書館雑誌』Vol. 49，No. 1，1955.1，p. 32.

8 ）　「大学図書館職員制度改善促進実行委」（1953），前掲記事，p. 237.

9 ）　「大学課長と懇談会記録」『図書館雑誌』Vol. 47，No. 9，1953.9，p. 277.

10）　近畿地区大学図書館協議会「司書職の確立について」『大学図書館の業務分析』全国国立大学図書館長会議編，日本図書館協会，1968，p. 99-101.

11）　『第 6 次全国国立大学図書館長会議議事要録』開催日 1959.10.27，p. 3.

12）　『第 7 次全国国立大学図書館長会議議事要録』開催日 1960.10.8，p. 3.

13）　『第 8 次全国国立大学図書館長会議議事要録』開催日 1961.10.13，p. 3-4.

14）　大佐三四五「大学図書館に関する改善綜合委員会　大学図書館法案，調査起草について」『図書館雑誌』Vol. 55，No. 8，1961.8，p. 252-254.

15）　「日本図書館協会　創立 70 周年記念　全国大会議事録　東京　1961」『図書館雑誌』Vol. 56，Vo. 2，1962.2，p. 119.

16）　伊藤四十二「大学図書館に関する文部省令「大学設置基準」の改正ならびに「大学図書館設置基準要項」の作成について」『図書館雑誌』Vol. 59，No. 7，1965.7，p. 258-261.

17）　大学基準等研究協議会「大学図書館設置基準要項（答申）」『大学図書館の業務分析』全国国立大学図書館長会議編，日本図書館協会，1968，p. 138-139.

18）　伊藤四十二（1965），前掲記事，p. 259.

19）　鈴木勲（2006），前掲書，p. 648.

20）　同上書，p. 648.

21) "大学での学問の研究とその成果の教授は，外部の政治的，経済的，社会的，宗教的諸勢力の干渉を受けることなく自由に，かつ，自主的に行われることが必要であるが，大学の自治は，これを保障するために認められた"（同上書，p. 648.）。

22) 寺崎昌男（2000），前掲書，p. 17.

23) 鈴木勲（2006），前掲書，p. 648.

24) 寺崎昌男（2000），前掲書，p. 341.

25) 同上書，p. 345.

26) 高木英明（1998），前掲書，p. 279-280.

27) 同上書，p. 279-280.

28) 鈴木勲（2006），前掲書，p. 649.

29) 同上書，p. 653.

30) 同上書，p. 648.

31) 高木英明（1998），前掲書，p. 244, 245, 253-254, 280-281, 310, 343, 344.

32) 鳥居朋子（2008），前掲書，p. 173.

33) 鈴木勲（2006），前掲書，p. 74.

34) 田島信威『法令入門』（第3版），法学書院，2008, p. 159, 160.

35) 鈴木勲『逐条　学校教育法』における次の条文の解釈を参照した（鈴木勲（2006），前掲書，p.50, 763.）。鈴木は，①学校教育法第5条"学校の設置者は，その設置する学校を管理し，法令に特別の定めのある場合を除いては，その学校の経費を負担する"の"負担する"を，"その経費負担を負うべきことを規定したものである"，②第108条の第5項"第2項の大学には，学科を置く"の"置く"を，"学科を置くこととされている"と解説し，主体がそのようにするべき義務と解釈している。

36) 猪口孝，大澤真幸，岡沢憲芙，山本吉宣，リード，スティーブン・R.（2000），『政治学事典』弘文堂，p. 228.

37) 伊藤四十二（1965），前掲記事，p. 258.

38) 利根川樹美子「大学図書館の司書職法制化運動：昭和27年（1952）～ 40年（1965）」『日本図書館情報学会誌』Vol. 56, No. 2, 2010.6, p. 113.

39) 「第3章　高等教育の改革に関する基本構想　第1　高等教育改革の中心的な課題」の「4　高等教育機関の自主性の確保とその閉鎖性の排除の必要性」。中央教育審議会「今後における学校教育の総合的な拡充整備のための基本的施策について（答申）」（昭和46年6月11日）
http://www.mext.go.jp/b_menu/shingi/12/chuuou/toushin/710601.htm
（参照 2009-08-01）

40) 飯野達郎（1971），前掲記事，p. 88.

41) 近畿地区大学図書館協議会（1968），前掲記事，p. 102.

42) 同上記事，p. 114.

第5章　大学関係法令の特性はどのように大学図書館専門職員の設置を妨げたのか

43)　『第4次全国国立大学図書館長会議議事要録』開催日 1957.10.25, p. 4-5.

44)　『昭和41年度　大学図書館実態調査結果報告』のデータをもとに算出すると，参考業務に携わる専任職員数は，1大学あたりの平均で，国立 1.2 人，公立 0.1 人，私立 0.4 人であり，国私立大学で，整理業務に携わる専任職員数の 10 分の 1，公立大学で 30 分の 1 にすぎなかったことが分かった。平均すれば，当時の大学図書館ではレファレンスサービスがほとんど行われていない状況であった（利根川樹美子『大学図書館の司書職制度確立運動：昭和 25 年（1950）-昭和 41 年（1966）における実態と意味』（修士論文）筑波大学，2007, p. 78-80.)。

45)　近畿地区大学図書館協議会（1968），前掲記事，p. 115.

第6章 大学図書館専門職員の継続・専門教育はなぜ欠如しているのか

1 本章の目的と方法

第4章では，大学図書館の司書職法制化の提案がいずれも実現しなかったもう一つの根本的要因が大学図書館専門職員の教育の欠如にあったことを示した。しかし，提案がいずれも実現しなかったことと教育が欠如していたこととの関係を明らかにしたにとどまった。これに対して本章では，大学図書館専門職員の教育が欠如している要因の構成要素を明らかにすることを目的とする。

まず，大学図書館専門職員の教育の欠如は司書職法制化運動の時期ばかりでなく戦後から今日まで一貫して続いていることに着目し，文献調査による分析対象期間を大学図書館の司書職法制化運動の時期だけではなく戦後から今日までに設定する。次に図書館専門職員の教育に初期教育・継続教育および専門教育の概念があることに着目し，これらの概念の相互関係と教育が欠如している実態を検討した。European Centre for the Development of Vocational Training（CEDEGOP）の "European Inventory- Glossary" および細谷俊夫，奥田真丈，河野重男，今野喜清編集代表の『新教育学大事典』（1990）によれば，継続・専門教育とは初期教育の後に続く教育であり，かつ "高等教育において学問的基礎工事が施された職業" を目指す教育である。検討した結果から第一に，司書課程・司書講習は図書館専門職員の教育における初期教育と位置付けられること，第二に，司書課程・司書講習は大学図書館専門職員の初期教育としても機能してきたと判断されること，第三に，したがって大学図書館専門職員の教育のうち欠如しているのは継続・専門教育であることを導き出した。以上のこ

とから，大学図書館専門職員の教育が欠如している要因の構成要素を検討するためには，大学図書館専門職員の継続・専門教育が欠如している要因を分析する必要のあることが分かった。

そこで本章の目的を，戦後から今日までにおける図書館専門職員の教育を改革する取り組みを分析対象とし，大学図書館専門職員の継続・専門教育が欠如している要因の構成要素を明らかにすることに設定する。

文献を調査するに際しては，"第3章　どのような大学図書館専門職員の論議が展開されてきたのか"で収集した昭和25年（1950）から平成21年（2009）までの論稿のうち，図書館専門職員の教育に関する論稿を再調査して抽出する。必要に応じて追加の文献調査を実施する。これらの調査結果をふまえて，取り組まれたあるいは取り組まれなかった教育改革の内容を基準として，本章の時期区分を示す。次に時期区分に沿って図書館専門職員の教育改革の経緯を分析し，その結果をもとに大学図書館専門職員の継続・専門教育が欠如している要因の構成要素を検討する。

2　時期区分

本節では，取り組まれたあるいは取り組まれなかった教育改革の内容を基準として，時期区分を設定する。分析対象期間は，図書館法（昭和25年4月30日法律第118号）が公布され，初期教育である司書課程・司書講習が開始された昭和25年（1950）から，図書館法施行規則の改正（平成21年4月30日文部科学省令第21号）によって"文部科学省令で定める図書館に関する科目"が定められ，個々の大学がより主体的に司書課程・司書講習のカリキュラムを設定できるようになった平成21年（2009）までとする。

分析対象期間を次の3期に区分する。第1期は，初期教育が開始された昭和25年（1950）から，日図協図書館学教育部会の図書館学教育改革試案（1972）が実現しないまま終わり，大学基準協会が図書館学教育基準を図書館・情報学教育基準へ改定し，この基準にもとづいて図書館情報大学が設立された昭和54年（1979）までとする。第1期では，図書館学教員が司書資格よりも高度な資格の創設およびすべての館種に関する教育内容のカリキュラムへの組み入れ

239

に取り組んだ。第2期は，そうした図書館学教員による教育改革の立案が行われなくなった昭和54年（1979）から，日図協が現行の司書資格・教育を堅持する方針から"充実"させる方針へ転換し，平成8年（1996）の司書講習科目の改定を経て，新しい司書講習科目への移行が30年ぶりに実施された平成10年（1998）までとする。第3期は，司書講習科目が改定され，情報化に対応した教育内容がカリキュラムに取り込まれた平成10年（1998）から，図書館法施行規則の改正（平成21年4月30日文部科学省令第21号）によって"文部科学省令で定める図書館に関する科目"が規定され，個々の大学がより主体的に司書課程・司書講習のカリキュラムを設定できるようになった平成21年（2009）までとする。第3期では情報通信技術の高度化，大学の国際競争力向上の必要性を背景に，医学医療系大学図書館や図書館情報学関係団体等が情報専門職を教育するための体制整備に個別に取り組んだ。

第1期　高度な資格と全館種の教育内容の追求：昭和25年（1950）〜昭和54年（1979）

第2期　司書資格・教育の"堅持"から"充実"への転換：昭和54年（1979）〜平成10年（1998）

第3期　情報専門職の教育の体制整備：平成10年（1998）〜平成21年（2009）

3　教育改革の取り組みの経緯

本節でまず，教育改革の取り組みの経緯を時期区分に沿って示す。

3.1　第1期　高度な資格と全館種の教育内容の追求：昭和25年（1950）〜昭和54年（1979）

3.1.1　司書講習の実施

昭和23年（1948）から昭和26年（1951）にかけて，文部省による教員向け再教育講習会，IFEL（Institute for Educational Leadership，教育指導者講習）の図書館学講習が開催された[1) 2) 3)]。昭和25年（1950），図書館法（昭和25年4月30日法律第118号）が公布され，公共図書館の専門的職員として司書・司書

第6章　大学図書館専門職員の継続・専門教育はなぜ欠如しているのか

補の資格と職位が定められた。司書資格取得の要件は、大学を卒業した者で、大学で図書館に関する科目を履修した者、または、文部大臣の委嘱を受けて大学が行う司書講習を修了した者、および司書補3年以上の経験者で司書講習を修了した者と定められた。司書講習科目は、必修科目が10科目11単位、選択科目が甲乙の類から各々2単位、計15単位以上と定められた。

　しかし、"大学で図書館に関する科目を履修"するための科目の内容は定められなかった。そのため、大学で開設される専門科目としての内容や教授方式は開設大学の自由であったが、履修による司書資格の付与のためには司書講習相当科目を設置する措置を取らなければならなかった[4]。

　昭和25年（1950）、大学基準協会は大学の図書館学専門課程および司書課程を対象とする図書館専門職員の養成基準である図書館員養成課程基準（昭和25年4月25日決定）を定めた。この基準では図書館専門職員を養成するための基準という立場から、4年制大学で必修科目20単位以上と選択科目が定められた[5][6]。選択科目に"大学図書館管理法"等が設定され、公共図書館ばかりでなく大学図書館を含む他の館種の科目が基準として示された。

　昭和26年（1951）には司書講習で教える指導者のために、東京大学および慶應義塾大学で講習が開催された[7]。また、文部大臣の委嘱による司書講習が昭和26年（1951）から始まった[8]。この司書講習は東北、東京、名古屋、京都、九州等の国立大学で開催されたが、昭和30年度（1955）で打ち切られた。それ以降は私立大学を中心に東洋、駒沢、鶴見女子短期、高知大学等で司書講習が実施された[9]。

　昭和29年（1954）、大学基準協会は大学図書館学科での教育を対象とする基準として、図書館学教育基準（昭和29年4月27日決定）を定めた。この基準では、"図書館学教育はあらゆる館種の図書館の機能達成及び活動に対して必要適切な学術を教授研究し、併せて社会の進展に資するための応用能力を展開せしめることを目的とする"[10]と大学の教育研究目的に立脚した図書館学教育の目的が定められた。

　昭和33年（1958）5月の時点で、履修の結果司書資格の得られる大学は11校（国立2校、公立1校、私立8校）であり、地域別では東京7大学、神奈川1大学、京都2大学、奈良1大学であった[11]。その他の地域には司書資格の得

241

られる大学がなかった。

3.1.2　教育の問題点と教育改革方針の提示

　図書館法（昭和 25 年 4 月 30 日法律第 118 号）公布から 3 年がたって以降，裏田武夫の「司書養成の問題点」(1953)，「専門図書館員の養成」(1954)，藤原茂の「図書館専門職員の質的向上を図るために」(1963) 等が公表された。司書講習の問題は，①教育内容・教育方法等の水準が低いこと，②教育内容が公共図書館のための教育中心であり，他館種の教育が実施されていないことなどにあると指摘された[12][13][14]。教育改革の方針として，①図書館学教育の内容を高めていくこと，②アメリカにおけるような "プロフェショナルスクール" の仕組みが必要であるため図書館学が図書館学科として独立すること，③文部省の図書館職員養成所を正規の学校にすること，④教育カリキュラムはあらゆる館種に共通して教える部分と館種別等に分化した教育内容とを合わせもたせること，⑤司書講習制度を廃し，免許制度と検定を併用することなどが示された。

　なお，慶應義塾大学三田情報センターの安西郁夫は「大学図書館員の養成と研修」(1972) で，昭和 25 年から昭和 34 年（1950 年代）の講習科目の内容を次のように評価した[15]。

　　　司書の資格を取得するために必要な講習の詳細は図書館法施行規則によって規定されたが，講習科目の内容は，公共図書館に密着したものであった。講習のみならず，本格的な養成機関である文部省図書館職員養成所と慶應義塾大学文学部図書館学科においても，昭和 25 年〜昭和 34 年のカリキュラムは公共図書館本位であったといえる。これは，戦後の図書館近代化運動が公共図書館主導のもとに推進されたからに他ならない。

　この安西の評価から，図書館学教員が全館種に関する教育内容の司書課程・司書講習のカリキュラムへの組み入れに取り組んだ理由の一つとして，当時の司書を教育するカリキュラム全般が公共図書館中心の内容であったことが考えられる。

3.1.3 教員による教育改革の取り組み

昭和33年（1958）6月の全国図書館大会では図書館教育者集会が開催され，図書館専門職員の教育問題を検討するために，日図協内に図書館学教育部会を設置することが目指された。同年7月の第6回日本図書館学会総会で，司書教育の問題点は①"現在の養成内容が図書館法に準拠するところが多く，従って公共図書館員養成の面に著しく偏っている"こと，②"養成の主体は，講習会形式を排除した大学またはそれと同等の機関によるべきである"ことにあると藤川正信が指摘した。藤川はそこで，図書館学科目案を発表した[16)17)]。同年，藤川は「図書館員養成の諸問題」（1958）で，必修科目と選択科目で構成される図書館専門職員教育の私案を公表した[18)]。私案での館種別教育の方針は①"館種別要求に応えるためには，各々の特徴を管理・運用の面で捉える"こと[19)]，②"必修科目を限定したのは，科目数を減らして時間数を増し，いかなる館種・主題分野を選んでもこれらに関する充分な知識を持てば基礎ができるという考えによった"ことであった[20)]。選択科目のγ群には"学術・調査図書館"の科目名が挙げられ，科目の内容は"［学術・調査図書館の］管理・運用"と記述された[21)]。

昭和34年（1959）5月，日本図書館協会総会で図書館学教育部会が設立された。図書館学教育部会では図書館専門職員の教育改革の提案を含む次の議題が提出された。

1．各大学に図書館学に関する講義を必置する件
2．司書・司書補講習再検討の件
3．司書教諭講習再検討の件
4．部会内に専門図書館職員養成に関する研究グループ設置の件
5．国立大学教育・学芸学部に図書館学8単位の講座を設置する件
6．図書館学教育の広報活動について

図書館学教員による教育に関する問題提起やカリキュラム改革私案の公表などを経て，図書館学教員組織である図書館学教育部会が日図協内に新設された。これによって図書館学教員が教育改革に取り組むための組織上の基盤ができた

といえる。

　昭和36年（1961），慶應義塾大学文学部図書館学科は学科開設10周年記念の行事に初代主任教授ギトラー（Gitler, R. L.）を招いた。図書館学研究集会を開催し，各地でフィールド・セミナーを開いた。集会やセミナーでは，図書館学教育の基準の問題が中心テーマとなった[22]。同年11月，全国図書館大会の大会決議によって"図書館学教育の改善刷新に関する陳情"を行うことが決定された。

　なお，同じ昭和36年（1961），菊池租が「司書講習『図書館通論』講義要綱について」（1961）で，司書講習の主たる目的は現職者の再教育から学生や新人職員の教育に事実上変化したことを指摘した[23]。菊池によれば，司書講習は開始から10年ほどで，当初の現職者の再教育の役割から学生や新人図書館職員の初期教育という新たな役割に移行し，機能していたといえる。

　昭和37年（1962）5月にアメリカ図書館協会のアシェイム（Asheim, L.）が来日した。同年6月，日図協図書館学教育部会は「図書館学教育の改善刷新に関する陳情」を文部大臣に提出した。陳情の内容は次の通りである[24][25][26]。

　　　1．図書館職員養成所を速やかに大学に昇格すること
　　　2．司書養成講習および司書教諭養成講習を改善すること
　　　2．図書館法（昭和25年4月30日法律第118号）でいう大学において履修する図書館に関する科目と単位数を決定すること
　　　4．38単位以上の図書館学専門課程を大学におくこと
　　　5．図書館学教育担当者の養成制度を充実させること
　　　6．各大学に図書・文献類および図書館の利用の科目を一般教養課程並びに専門課程において，必修単位として設置すること

　アシェイムの来日をきっかけに，翌昭和38年（1963）に図書館学教育セミナーが開催され，そこで日本の図書館学教育の現状の再認識とコア・カリキュラムについて意見が交換された。その後主に関東地区の在住者によって，5回の討議が重ねられた[27][28]。

第6章　大学図書館専門職員の継続・専門教育はなぜ欠如しているのか

3.1.4　図書館学教育改善試案：昭和 40 年（1965）

昭和 38 年（1963）5 月，日本図書館協会総会の決議にもとづいて，図書館学教育改善委員会が設置された（委員長，深川恒喜，東京学芸大学教育学部教授）。図書館学教育改善委員会の目的は，日本の図書館専門職員の望ましい教育方法やカリキュラムを立案することであった。委員会には公共図書館，大学図書館，特殊専門図書館，学校図書館の小委員会が設置された[29]。

昭和 39 年（1964）6 月，図書館学教育改善委員会は日図協総会に中間案を報告し，同年 10 月に中間報告についての所見を全国から収集した。収集された 70 件の意見等は図書館学教育改善委員会で検討され，さらに小委員会と日図協総会で検討された。小委員会ごとに「第二次中間報告」がまとめられ，その結果が昭和 40 年（1965）3 月の『図書館雑誌』に掲載された[30]。そして同年 9 月の『図書館雑誌』に「図書館学教育改善試案：図書館学教育改善委員会報告」が掲載された。こうして，図書館学教員による教育改革の取り組みは，「図書館学教育改善試案：図書館学教育改善委員会報告」に結実した。

図書館学教育改善試案（1965）で特筆されるべきことは，試案が館種別に検討されたことであった[31) 32)]。試案のカリキュラム編成では，コア科目に公共・大学・専門・学校図書館の特殊性ある科目をそれぞれ加えて，各館種の専門教育の課程を構成する方法が取られた。各館種の教育に共通するコア科目は次のように設定された[33]。

　　コアとなる共通的科目（必修，20 単位）
　　基礎部門（図書館学概論，2 単位，図書，図書館史，4 単位）
　　資料部門（図書館資料論，4 単位）
　　整理部門（資料組織論，4 単位）
　　管理部門（図書館経営，2 単位）
　　奉仕部門（図書館奉仕論，4 単位）
　　図書館学実習（2 単位）

試案における"大学図書館専門職員の養成に必要な図書館学教育の課程"では，次の科目とその解説が示された（特記科目以外は全て 2 単位）。

245

（1）　必修科目（30 単位）
1．理論および管理，8 単位（図書館学概論，図書館経営論，大学図書館管理論，図書・図書館史）
2．図書館資料論，10 単位（参考図書解題，4 単位，特殊資料，視聴覚資料，図書選択論）
3．図書館奉仕，4 単位（図書運用論，レファレンス・ワーク）
4．資料の組織，8 単位（資料分類法，4 単位，資料目録法，4 単位）
（2）　選択科目（8 単位）
1．文献改題，4 単位（人文科学，社会科学，科学技術資料のうち 2 科目）
2．ドキュメンテーション，2 単位
3．図書館建築，施設，2 単位
4．古文書学，2 単位
5．書誌学，2 単位
（3）　関連科目（各学問分野の概論，方法論，学説史等を選択履修する）
（4）　その他
1．語学
2．統計学

　委員会は，昭和 40 年（1965）5 月の日図協会総会にこの報告書を提出して活動を終了した。同年 6 月，『図書館学教育改善委員会報告』が日本図書館協会から刊行された[34]。

　こうして大学図書館専門職員の教育のカリキュラムが日図協図書館学教育改善委員会によって初めて詳細に検討された。このカリキュラムは必修科目だけで 30 単位と定めていたことから，当時必要単位数が 15 単位であった司書課程・司書講習での適用は難しかった。したがって，4 年制大学の学科等の図書館学専門課程を対象とするカリキュラム案であったと考えられる[35]。そう考えるのであれば，慶應義塾大学文学部図書館学科等，ごく一部の専門課程をもつ大学のみに適用可能なカリキュラム案であった。このカリキュラム案は実現しないまま終わった。

第 6 章　大学図書館専門職員の継続・専門教育はなぜ欠如しているのか

3.1.5　司書講習科目の改定：昭和 43 年（1968）

　昭和 42 年（1967）6 月，文部省は司書講習等の改善に関する会議の委員を次の 7 名に委嘱した。岡田温（図書館短期大学学長），裏田武夫（東京大学教育学部助教授），深川恒喜（東京学芸大学教授），藤川正信（慶應義塾大学文学部助教授），和田吉人（東洋大学社会学部助教授），上里美須丸（千葉県立中央図書館長），石井富之助（小田原市立図書館長）である。委員には，公共図書館以外の館種の教育内容が欠如していると指摘した裏田武夫，現行の教育内容が公共図書館司書の教育に著しく偏っていると指摘した藤川正信，および日図協図書館学教育改善委員会の主査を務め，館種別カリキュラム案である図書館学教育改善試案の立案に携わった深川恒喜が名を連ねていた。

　司書講習等の改善に関する会議では，昭和 42 年（1967）6 月から 12 月まで 7 回にわたって検討が重ねられ，最終的に 12 月に「司書講習等の改善に関することについて（報告）」が文部省社会教育局長木田宏宛てに提出された[36]。なお，この間の昭和 42 年（1967）10 月，日図協で図書館学教育研究集会が開催され，図書館学教育の関係者が意見を交換した[37]。

　「司書講習等の改善に関することについて（報告）」で注目されることは，第一に，図書館専門職員の教育に関して“図書館活動の最も基底をなす専門職員の養成並びにその資格認定については，（中略）今日の図書館活動を担当する専門職員に必要な知識，判断力，作業能力を与えるにはまことに不じゅうぶんなものであることを痛感するものである”“法律を改正して，現行「司書」より更に高度の知識・判断力・作業能力を有する専門職として「上級司書」（仮称）を規定することが絶対的に必要と思われる”と述べている点である[38]。

　司書講習等の改善に関する会議の委員たちにとって，司書の教育のもっとも大きな問題は，現行の司書資格と教育では，図書館専門職員に必要とされる知識，判断力，作業能力が与えられないことであった。図書館専門職員のためのより高度な資格と教育が“絶対的に必要”だという一致した現状認識があったのである。この現状認識は，司書課程・司書講習で司書資格を付与された図書館専門職員に，継続・専門教育の体制を整備することが必要であるという現状認識と言い換えることができる。

　そこで，司書講習科目の改定案では，将来の法律改正をともなう「上級司書

講習科目」別表Ⅱ（必修科目32単位，選択科目6単位，計38単位）が作成された。そして，この「上級司書講習科目」別表Ⅱの実現を前提として，現行の司書講習科目の改正案である別表Ⅰ（必修科目15単位，選択科目4単位，計19単位）が作成された。司書講習等の改善に関する会議はさらに，①専門職員としての司書を養成するため，国，公，私立大学の学部に図書館学科を設けられるよう文部省において考慮すること，②その際の科目ならびに単位数は「司書講習等の改善に関することについて（報告）」における司書講習科目の改正案である別表Ⅰおよび「上級司書講習科目」案である別表Ⅱを参考にして，大学規準協会設定の図書館学教育基準を下らないよう指導すること，③図書館専門職員の国家試験制度を検討することなどに留意するよう文部省に求めた[39]。

なお，委員の強い要望があったにもかかわらず，昭和43年（1968）6月の司書講習科目の内容と単位数の改定では，直ちに司書講習を大幅に高度なものに改定できなかった。一部の文部省係官が司書講習の高度化に反対したことを中島俊教が「改訂のねらいと留意点」（1968）で指摘した[40]。地域によっては現行の司書の設置さえ困難なところのあったことが理由であった。

注目されることの第二は，司書講習等の改善に関する会議の委員の顔ぶれには全館種に対応した教育の必要性を指摘した人物が複数含まれていたが，「司書講習等の改善に関することについて（報告）」では，全館種に対応した教育の必要性には何も言及されず，司書講習科目の改善案には他館種に関する科目名は挙げられなかったことである。

他館種に関する教育内容の必要性について言及がなかったことの理由は，他館種に関する教育内容は，社会教育局の所管外の事項であったためと考えられる。ここに，所管が館種ごとに分かれた日本の縦割り行政の制約が働いたといえる。

安西は「大学図書館員の養成と研修」（1972）で，昭和43年（1968）の司書講習の改定内容は，①文部省社会教育局が司書講習改善に関する会議から求めた意見にもとづいて改定されたものであるが，この改正の重要な点は4単位の増加にあるというよりはむしろ科目内容の変化にあること，②必修科目である甲群は図書館通論，図書館資料論，参考業務，同演習，資料目録法，同演習，資料分類法，同演習，図書館活動の9科目となり，公共図書館的色彩は消え，

第6章　大学図書館専門職員の継続・専門教育はなぜ欠如しているのか

館種を超えた機能別科目の集団に変貌したこと，③選択科目である乙群と丙群からも，"青少年の読書""社会教育"の2科目を除けば公共図書館を直接連想させる科目は消失したこと，④この改変は同会議に参加した教育機関側の意見を強く反映したものと見られることを指摘した。そしてこの改正は，"司書資格"の他館種への適用化・一般化への現実的な対応策であるといってよいであろうと評価した[41]。

　安西のこの評価にもとづくならば，司書講習等の改善に関する会議の委員は縦割り行政の制約のなかで，すべての館種に共通な科目を司書講習科目に整備することによって，全館種に対応した教育を整備しようとしたと捉えることができる。

　「司書講習等の改善に関することについて（報告）」にもとづいて，図書館法施行規則の一部改正の省令（昭和43年3月29日文部省令第5号）が公布され，昭和43年（1968）4月1日から施行された[42]。司書講習科目の改正内容は報告の別表Ⅰの内容に沿ったものであった。科目の編成が体系的に整備され，演習を重視する方針のもとに司書講習科目が改定された。資格の取得に必要な単位数は15単位から19単位以上に引き上げられた。内訳は，必須科目15単位，選択科目4単位以上であった[43]。

　以上のことからこの改定内容は，図書館学の教員等による教育改革の取り組みの内容，司書の設置・教育における地域格差の状況，日本の図書館行政が縦割り行政であった制約が反映されたものであったことが分かる。そして，現行の司書資格よりも高度な司書資格を後に法律改正で制定する前提に立って，司書講習科目が改定されたのであった。

　昭和43年（1968），司書講習等の改善に関する会議の委員の一人であった和田吉人（東洋大学社会学部教授，図書館学専攻主任）は「単位増による問題点：講座への受入れ組込み」（1968）で，4年制大学の図書館学専門課程や大学院の課程があってもなお司書講習が必要であることを認めた[44]。その理由は①他の分野を専攻した者が図書館の専門職員として働くために図書館学の知識を得る場合，②図書館学を開講していない大学の優れた学生が司書を目指す場合に，司書講習には専門課程にない利点があるためであった。

　戦後，一貫して司書講習の廃止論が主流を占めたなかで，司書講習の意義を

249

認め，その存続の必要性を述べた論稿は稀であった。

3.1.6 "高度な司書資格の追求"と"現行の資格の堅持"の対立

昭和 46 年（1971）に駒沢大学教授であり，昭和 43 年（1968）の司書講習科目の改正当時に文部省社会教育課長を務めた中島は「司書養成制度の現状と将来」(1971) で，改正後の教育内容は初歩的な図書館活動に従事する程度の人々を教育するに留まると評価した[45]。本格的な司書の資質と待遇の改善を図る問題は，昭和 43 年（1968）の司書講習科目改定では解決されないとみる中島の見解は，図書館専門職員の継続・専門教育の整備は未解決のままであるという現状認識と言い換えることができる。

また昭和 43 年（1968）の司書講習科目の改定は"本格的な司書"の教育を前提に行われたのであり，そのために必要な法改正については当時の文部省社会教育局長，木田の言質を得ていたこと，"法律の思いきった改正によって，司書資格の改善充実の目的が達成されること"を希求していたと中島は指摘した。さらに法改正をする場合はアメリカ等の図書館サービスの内容に匹敵するものを想定することが必要であり，全面的なものにならざるをえないと考えていたこと，現行の司書のレベルを上回る高度な専門職員の教育が必要であるという現状認識をもっていたことを伝えた[46]。図書館法施行規則の改正（昭和 43 年 3 月 29 日文部省令第 5 号）の時に，木田から"現在の図書館法は公共図書館法に過ぎない。図書館法というからには，すべての館種の図書館を含むものとすることができないであろうかというような積極的な提案さえ出ていた"と中島は証言した[47]。

したがって，社会教育局長の木田や社会教育課長の中島は，司書講習等の改善に関する会議の委員らとほぼ同じ現状認識に立っていたと考えられる。つまり，図書館専門職員の初期教育よりも高度な継続・専門教育の体制整備が必要であるという現状認識が共有されていたのであった。

他方，学校図書館司書の資格・教育の創設を目指す法案に対して日図協関係団体が反対の陳情を行ったことついて，中島は同じ論稿で次のように証言した[48]。当時，学校司書の資格の単位数を 19 単位とし，内容もできるだけ図書館法（昭和 25 年 4 月 30 日法律第 118 号）による司書の教育と近似させて，学校

司書と公共図書館司書との間の交流も可能にしようとする法案が出された[49]。この時日図協関係団体から"［公共図書館の］司書の地位を低くすることになるというので反対の陳情があって全く驚いた"。"筆者は，学校司書の向上を図り，さらに公共図書館の司書の向上を図るために，こんな時こそ，1級司書の早期実現を陳情し，そのための法改正を迫るチャンスであると考えていたが，［日図協関係団体の］余りの消極的姿勢に失望落胆せざるを得なかった"。

　第3章で見てきた通り，日図協が昭和45年（1970）に設置した図書館の問題調査研究委員会は貸出中心主義および労働問題の解決手段としての専門職論の立場に立ち，現行の司書資格・教育を堅持する方針を取っていた。自分たちの考える"図書館員の専門性"を無視するような内容の提案や事態であると調査研究委員会が判断した際には阻止行動を取ると公言し，図書館関係団体や関係者の改革案や言動に注意を向けていた。上記の中島の証言は，日図協関係団体が学校図書館司書の司書職法制化を目指した法案に対して反対の陳情を行ったこと，その理由が"［公共図書館］司書の地位を低くすることになる"という内容であったことを伝えている。中島の指摘は，当時の日図協関係団体の阻止行動を示す一つの事例と捉えられる。こうした日図協関係団体の言動は，公共図書館のみでなく他の館種の図書館における教育改革の取り組みにも大きな影響を及ぼしたことが分かる。

　以上の経緯から，①当時，現行の司書資格よりも高度な資格・教育の体制整備を実現させるために抜本的解決や法改正を求める人々がおり，これらの人々は公共図書館のみでなく大学図書館，学校図書館，専門図書館に関する教育内容の導入も視野に入れていたこと，②より高度な資格・教育の体制整備を求めた人々の中心は，図書館学教員と文部省社会教育局長・課長であったこと，③他方，当時の日図協関係団体は現行の司書資格・教育を堅持する方針を取り，公共図書館職員の地位の低下を招くと自分たちが考えた方針や提案に反対し，阻止する行動を取ったこと，④両者の方針が対立し，状況は停滞したことが分かる。

3.1.7　図書館学教育改善試案：昭和47年（1972）

　昭和47年（1972）6月，日本図書館協会図書館学教育部会（部会長，室伏武）

の図書館学教育基準委員会は図書館学教育改善試案（1972）を発表した[50]。この改善試案では，①司書講習等を廃止すること，②大学院課程での図書館学教育を目指して，まず司書課程を図書館学科へ移行すること，③司書資格を学歴と図書館学教育によって専門司書（図書館学で修士の学位を有する者），普通司書1級（図書館学専攻で学士を有する者），普通司書2級（図書館学専攻でなく学士を有する者），司書補（短期大学で図書館学を専攻した者）とすること，④法制化によってこの試案を実現させることが提案された。

　図書館員の問題調査研究委員会や図書館関係者からこの試案への疑問や批判が『図書館雑誌』等の誌上で公表された。批判は司書講習の廃止と教育レベルに対応させた司書資格のグレード化に集中した。

　昭和48年（1973）1月，調査研究委員会は「『図書館学教育改善試案』について」（1973）で，提案に対して次のように批判した[51]。

　第一に，"情報社会"での図書館利用者の"要求の高度化"という日図協教育部会の現状認識は，"児童の読書要求"と"技術者の情報要求"を"質の高低"として捉える考え方ではないかと疑問を述べた。この調査研究委員会の疑問は，第3章で分析した同委員会における分業に伴う業務内容の専門化やその困難度の高低を認めない考え方，および大学図書館と公共図書館の情報提供サービスにおける専門性の高低を否定する考え方からきていると考えられる。

　第二に，司書講習の廃止が実現できるか疑問であること，法改正は大学の自治に行政の干渉を招く恐れがあることを示し，司書講習存続の要求があることを指摘した上で，司書講習の廃止ではなく"協会としてより高度の資格認定を行う方法"の検討を提示した。

　ここでは昭和48年（1973）1月の時点で，調査研究委員会が"協会としてより高度の資格認定を行う方法"の検討に言及したことが注目される。ただしこの提案は日図協による私的資格認定を意味し，法制化による国家資格創設の提案とは異なる。したがって，"協会としてより高度の資格認定を行う方法"は"現行の司書資格・教育を堅持する方針"と両立可能な提案であった。第3章で指摘した通り昭和46年（1971）11月，調査研究委員会は「図書館員の専門性とは何か　その現実と課題—社会教育法改正に関連して—：続・委員会の中間報告」（1971）で，現行の図書館法（昭和25年4月30日法律第118号）を堅持

252

第6章　大学図書館専門職員の継続・専門教育はなぜ欠如しているのか

する方針を取っていた[52]。また，すでに本章で取り上げた通り，中島は「司書養成制度の将来」(1971) で，日図協関係団体が①学校図書館司書の資格・教育を創設する法案に反対する陳情を行ったこと，②その理由が公共図書館司書の地位を低くすると考えたためであったこと，③学校図書館司書の資格・教育を創設する法案の実現とともに，現行の司書資格よりも高度な資格の早期実現を迫る陳情の好機に際して，それとは反対の行動を取ったことを証言した。昭和48年 (1973) 1月に "協会としてより高度の資格認定を行う方法" に言及されたが，本書の調査の及ぶ限りでは，これに関する調査研究委員会の具体的提案は見つからなかった。

　少なくともここで指摘できることは① "協会としてより高度の資格認定を行う方法" は，日図協教育部会の司書講習廃止の提案に反対する意見の一部であり，調査研究委員会の方針の表明ではないこと，②現行の司書資格・教育を賢持しながら "協会としてより高度の資格認定を行う方法" を実施することが可能であったことである。

　第三に，グレード別司書資格の提案は，①司書資格を学歴と教育によって4段階に区別する方法であり，司書職制度の根幹に関わる問題であること，②必要なのは資格のグレード化ではなく司書資格をもつ者の比率の増大であること，③異なる学歴間で上位資格を取得する方法がなく，移行措置および図書館学以外の学問領域の学歴・教育の扱いが検討されていないことなどの問題が指摘された。

　第四に，教育内容等は①科目案の詳細な説明を行うこと，②公共図書館分野における教育科学・社会科学の成果の摂取を明記すること，③奉仕部門・経営部門の比重を増加すること，④有力大学のカリキュラムでは公共図書館関係の科目が弱いこと，⑤図書館学教育は技術的領域とともに意識・理念の領域を重視するべきことが指摘された。

　図書館学教育改善試案 (1972) に対する個人からの批判では，司書講習の廃止，グレード別司書資格の提案に対して調査研究委員会と同様な批判が見られたのに加えて，①図書館学教育基準委員会のメンバーが大学教員のみで現場の声が反映されていないこと，②学歴による身分制度は生涯教育の時代への認識を欠いていること，③図書館に関する専門科目の単位数が最大38単位で少な

253

いこと，④図書館での実習や図書館職員の現場体験を軽視していることが指摘された[53] [54] [55]。

図書館関係団体や関係者からの反対によって，試案はそれ以上進展しないまま終わった[56]。図書館学教育改善試案（1972）以降，図書館学教育部会は資格制度の改革の提案に取り組まなくなった[57]。こうして司書資格よりも高度な資格・教育の体制を整備することは実現しなかった。

昭和50年（1975），図書館学教育部会は『図書館学教授要目』（1976）[58] を決定した。『図書館学教授要目』は図書館学教育改善試案（1972）の教育課程案にもとづいて検討が重ねられ，決定されたシラバスであった[59]。

昭和52年（1977），大学基準協会は図書館学教育基準を図書館・情報学教育基準に改定した。図書館・情報学教育基準は，図書館情報学部または学科を対象とした基準であった。図書館情報学部または学科の目的は"図書館・情報学に関する学理および技術を教授し，あわせてその応用能力を展開させることを目的とする"と定められた。大学図書館等の館種に関しては言及されず，館種に関連する科目は示されなかった[60]。図書館・情報学教育基準は，昭和54年（1979），国立の図書館短期大学を前身とする図書館情報大学の設立に際して，図書館情報学専門課程の教育内容の基準として用いられた。

昭和50年代前半（1970年代後半），情報・通信技術の発展による社会や学術情報流通の変化に対応して，図書館学の専門課程・司書課程・司書講習は図書館情報学の教育課程に改革されることが必要であった。しかし日本では図書館学から図書館情報学への教育改革は，後に第2期でみるように，慶應義塾大学文学部図書館・情報学科や図書館情報大学等，全体のうち少数を占める4年制大学学部・学科，大学院の専門課程でのみ実施された。大部分を占める司書課程・司書講習での教育内容の改定は30年間実施されなかった。

こうして第1期の教育改革の取り組みは，昭和43年（1968）の司書講習科目の改定で全館種に共通の教育内容の組み入れと必要単位数の増加の他は実現しなかった。現職の大学図書館専門職員の教育は，情報化に対応した教育改革が行われないままの司書課程・司書講習があるだけであった。

第6章　大学図書館専門職員の継続・専門教育はなぜ欠如しているのか

3.1.8　まとめ

　第1期の教育改革の経緯をまとめる。図書館法（昭和25年4月30日法律第118号）が定められ，司書課程・司書講習が開始された昭和25年（1950）以降，①司書講習の教育内容の水準が低いこと，②教育の内容が公共図書館を対象とするものに限定され他館種に関する教育が欠如していることの二つの問題が指摘された。

　この問題の解決を求めて主に図書館学の教員が教育改革に取り組んだ。日図協図書館学教育改善委員会が図書館学教育改善試案（1965），文部省の委嘱による司書講習等の改善に関する委員会が「司書講習等の改善に関することについて（報告）」（1968，この報告にもとづいて司書講習科目と単位数が改定された），日図協図書館学教育部会図書館学基準委員会が図書館学教育改善試案（1972）を提案した。しかし，司書講習科目への全館種に共通する内容の組み入れ，司書講習科目の改定，必要単位数の増加の他はいずれも実現しなかった。

　これらの取り組み過程では，現行の司書資格・教育の問題を認識し，司書資格よりも高度な資格・教育を実現させようとした図書館学の教員・文部省の係官と，現行の司書資格・教育を堅持することによって現職の公共図書館司書職の地位を守ろうとした日図協関係団体との考え方に対立が見られた。この対立を経て昭和47年（1972）以降は事実上，現行の司書資格・教育が堅持され，昭和43年（1968）から30年間，司書講習科目の改定は実施されなかった。図書館学から図書館情報学への教育改革が必要な時期であったが，この転換は全体のうちわずかな部分を占める4年制大学学部・学科，大学院の図書館学専門課程のみで実施された。昭和47年（1972）以降も大学図書館専門職員の継続・専門教育が欠如している状況が続いた。

　なお，実現しなかった教育改革の提案内容で注目されるのは，第一に，図書館学教育改善試案（1965）でコア・カリキュラムと公共・大学・学校・専門図書館ごとのカリキュラムからなる試案が提案されたこと，第二に，「司書講習科目の改善に関することについて（報告）」（1968）で初期教育に続く継続・専門教育のカリキュラム内容が提案されたことであった。いずれも戦後初であり，今日に至るまでで類をみない提案内容であった。

3.2 第2期 司書資格・教育の"堅持"から"充実"への転換：昭和54年 (1979) 〜平成10年 (1998)

3.2.1 司書課程・司書講習の抜本的改正の必要性

昭和54年 (1979) に図書館情報大学が設立されてから3年後，大学基準協会は，図書館・情報学教育基準 (1977) をさらに改定して，図書館・情報学教育に関する基準およびその実施方法 (1982) を発表した[61]。この基準や実施方法は，その後に新設された図書館情報学専門課程の教育内容の指針として用いられた[62]。

同志社大学文学部教授の渡辺信一は「図書館員の養成と教育」(1993) で，昭和60年 (1985) 頃の状況について①新しいメディアが次々と押し寄せてくる情報技術の進展のなかで，現行の司書資格を修得するための科目と単位数では，十分な養成は無理であるという認識が高まりつつあったこと，②これは昭和43年 (1968) に改定された司書課程の改正の必要性を意味するものであったことを指摘した[63]。

昭和60年度 (1985) から，情報科学技術協会は情報検索能力試験・応用能力試験を実施した。同協会はこれらの試験の実施目的を，情報検索能力や応用能力をもつ人材の社会的認識を高め，資質や知識・技能の向上を図ることと定めた。情報検索能力試験の内容は学術情報等の検索，検索結果の加工・評価，コンピュータ関連のITに関する知識・技能を問うものであった。また，情報検索応用能力試験の内容は，情報に携わる人々のコンサルティング能力や企画力も問うものであった[64]。

昭和61年 (1986) 12月の近畿地区図書館学科協議会で，社会教育主事の養成教育課程（社会教育主事講習）の改定の機会に連動して時代の要請に沿った司書講習規定の改正を研究・準備し，文部省に働きかけることが塩見昇によって提案された。この提案をきっかけに，昭和62年 (1987) 2月に図書館学教育研究グループが再発足され，『図書館学教育研究グループ』が刊行された[65]。

昭和62年 (1987) 8月の日図協図書館学教育部会の研究集会や昭和63年 (1988) 3月の日本図書館研究会の研究大会で，時代の要請に沿った司書講習規定の改正について討議された。昭和63年 (1988) 10月の日図協全図大会で「司書養成科目（省令）改定に向けて（提案)」が決議された。この決議を受け

第6章　大学図書館専門職員の継続・専門教育はなぜ欠如しているのか

て，「図書館法施行規則における司書養成科目等の改定について（要望）」（10月24日付）が日本図書館協会理事長から文部省社会教育局長へ提出された[66]。この要望では，資格取得に必要な単位数を現行の19単位から24単位へ引き上げる案が提示された[67]。

昭和63年（1988）の時点で，現行の司書資格・教育を向上させようとする日図協図書館学教育部会の取り組みのあったことが分かる。この取り組みの内容は調査研究委員会の現行の司書資格・教育を堅持する方針と対立するものであった。

昭和64年（1989），三浦逸雄らは全国の国公私立大学図書館中央館の統括責任者，閲覧・参考責任者，整理責任者を対象とした悉皆調査，図書館学教育に関する質問紙調査を実施した（回収数939名，回収率64.0%）[68]。そして，「図書館学教育の実態と改善に関する調査——大学図書館編」（1991）で，調査結果を次のように報告した[69]。①省令科目（司書講習科目）の大学図書館専門職員による評価は，「不適切」「一部不適切」が全体の半数近くを占めたこと[70]，②省令科目を「不適切」「一部不適切」と評価した約半数の者のうち，その理由の自由記述回答欄に406名［「不適切」「一部不適切」と評価した者のうちの約86%］が回答したこと[71]，③自由記述の回答では，"図書館学教育の内容は不十分だという意見は圧倒的に多"く[72]，"図書館法上の司書資格では大学図書館員には不適切だという意見が数多く見られ，館種毎に異なるカリキュラムを用意すべきだという意見や選択科目を増やすことで各館種に対応した内容にすべきという意見"が出たこと[73]，④自由記述の回答で"図書館学教育の内容全般については，まず時代遅れだとか，現代の状況に対応していないといった表現で記述を始める人がたいへん多"かったことである[74]。

以上の調査結果では，質問紙調査の自由回答欄の記述内容がどれだけ当時の大学図書館専門職員の評価を適切に表しているか吟味される必要がある。しかし，この調査は当時の司書課程・司書講習の教育内容を決定付けていた司書講習科目の内容について，昭和64年（1989）の時点で，大学図書館専門職員による評価を聞いたものであった。本書の調査の及ぶ限りでは，この調査は当時の大学図書館専門職員が司書課程・司書講習の教育内容をどう評価していたかを知ることのできる唯一のものである。調査結果は①悉皆調査であること，②

257

全体の約半数が司書講習科目の内容は「不適切」「一部不適切」と評価したこと，③「不適切」「一部不適切」と評価した者の約86％が自由記述欄に記入し，86％の者のほとんどが司書講習科目の内容について教育内容が不十分であると記入した事実は，その割合の高さから大学図書館専門職員の司書講習科目に対する当時の評価を示す資料として注目に値すると判断した。

司書講習科目は昭和43年（1968）から改定されず，昭和40年代後半（1970年代）には盛り込む必要性が明らかであった図書館情報学の教育内容が昭和64年（1989）の当時においても盛り込まれていなかった。三浦らの調査結果からは，当時の司書課程・司書講習の教育内容が情報通信技術の発展から求められる大学図書館専門職員の初期教育の内容と乖離していたことが推察される。

3.2.2 図書館に関するワーキンググループによる司書資格取得条件の緩和案

平成2年（1990）以降，政府の規制緩和の方針と文部省の生涯教育政策が司書・司書補の講習科目や単位数の検討に影響を及ぼすようになった[75][76]。平成2年（1990）2月，文部省は社会教育審議会社会教育施設分科会図書館に関するワーキンググループ（以下，ワーキンググループという）を設置した。そこで司書・司書補の講習科目の内容と単位数の見直しが行われた。

平成2年（1990）4月，ワーキンググループは司書講習を公共図書館専門的職員養成のオリエンテーションと位置付け，資格取得に必要な単位数を現行よりも4単位少ない15単位とする素案を示した。昭和43年（1968）の司書講習科目改正で資格取得に必要な単位数が15単位から19単位以上に引き上げられてから20年ほどが過ぎて，元の15単位に戻されようとしたのである。

ワーキンググループの素案に表れた考え方は①司書講習で専門的職員に望まれる資質・能力のすべてを養成することは不可能であること，②より高度で実践的な資質・能力は実務や現職者研修を通じての修得が効果的で適切であること，③したがって，司書講習は司書・司書補養成のオリエンテーションとして位置付けるべきであることというものであった。

素案の考え方の特徴は，司書の教育を，図書館情報学を基盤とする専門教育ではなく，単なる職業教育と捉えたことにあった。そこから，司書のより高度で実践的な資質・能力は職場内の実務・研修を通じて習得されると考えられた。

第6章　大学図書館専門職員の継続・専門教育はなぜ欠如しているのか

素案の考え方では，図書館での実践と図書館情報学の教育研究との相互交流や連携によって，公共図書館の機能が専門的な方法でより高度に効果的に発揮されていくことが認められなくなるといえる。それはつまり，図書館情報学が図書館専門職員の専門職化の基盤となる学問であることが認められなくなったことを意味する。

振りかえると昭和40年（1970）以降，日図協調査研究委員会は現職の公共図書館司書職や"図書館員"の地位を守るために現行の司書資格・教育の堅持を方針に掲げ，自分たちの考え方に反すると判断した教育改革案を阻止する行動を取った。こうした調査研究委員会の言動はワーキンググループの素案に現れた考え方よりも早く，図書館と図書館情報学の連携による図書館機能の高度化・図書館専門職員の専門教育による専門職化の動向に影響を及ぼしたと考えられる。

資格取得に必要な単位数を15単位に引き下げるワーキンググループの素案に対して，日図協関係者から批判や撤回の要望が起こった。この批判や要望に対して文部省は①司書講習は公共図書館専門的職員養成のためのオリエンテーションであるという表現が不適切であったこと，②15単位にこだわらないことなどを伝えた[77]。

3.2.3　図書館学教育部会による「司書講習科目（新カリキュラム案）について（要望）」：平成3年（1991）

生涯学習の振興のための施策の推進体制等の整備に関する法律（法律第71号，平成2年6月29日）が成立し，図書館に関するワーキンググループの名称は，生涯学習審議会社会教育分科審議会施設部会図書館専門委員会に変更された。平成3年（1991）6月，この図書館専門委員会が「司書・司書補講習の科目の内容（案）」をまとめた。「司書・司書補講習の科目の内容（案）」に対して日図協図書館学教育部会が動き，平成3年（1991）10月の全国図書館大会に「司書講習科目（新カリキュラム案）について（要望）」を提出した。この要望書が可決され，同年12月5日付で日本図書館協会理事長から文部省生涯学習局長へ提出された[78]。

要望書の中で，図書館学教育部会は次の懸念を表明した。①生涯学習振興の

259

一環として社会教育主事・公民館主事等と人事交流することと無資格図書館長を救済することは，司書職制度の確立を否定するものではないか。②現行の司書養成科目がまがりなりにも館種を超えた図書館専門職員養成の役割を果たしているが，原案では生涯学習関連科目を重視する結果，大学図書館専門職員や学校図書館司書の養成が疎かになっている。③"館種ごとに養成教育の制度が確立された場合，養成側の負担が増す"とともに図書館協会や図書館専門職員の分断を招くおそれがある。④最終案の内容によっては，公共図書館司書職の地位低下や弱体化が起こり，大学・短期大学では司書課程の廃止・統合，教員解雇等の事態の起こるおそれがある。⑤文部省および図書館専門委員会は早急に改定案を公表・説明し，時間的余裕を持って慎重に対処することを望む[79]。

日図協図書館学教育部会の要望書に現れた考え方には，二つの特徴がある。

第一に，"館種ごとに養成教育の制度が確立された場合，養成側の負担が増す"と述べていることである。この見解と対照的なのは，日図協図書館学教育改善委員会が図書館学教育改善試案（1965）を立案した時である。当時の図書館学の教員たちは，全館種に関する教育内容の取り込みを率先して追求した。本研究の調査の及ぶ限りでは，当時，図書館学教育に携わる教員の負担が増すという批判を示す資料は見あたらなかった。同じ日図協の教員を主体とする組織であっても，昭和40年（1965）と平成3年（1991）を比較すると，各館種に関する教育内容の導入に肯定的な姿勢から否定的な姿勢へ変化したことが分かる。

第二に，日図協図書館学教育部会が"最終案の内容によっては，図書館での司書職の地位の低下や弱体化が起こり"と懸念したことである。しかし，昭和43年（1968）の司書講習科目の改定以降，現行の司書資格・教育を堅持し，現職の公共図書館司書職の地位を低下させると自らが判断した教育改革案に反対する方針を取ったのは日図協調査研究委員会であった。この方針が結果として，教育改革への取り組みを他館種の運動も含めて抑制，阻止する影響力となって働いてきたといえる。現職の公共図書館司書職の地位を守るために現行の司書資格・教育を堅持するという日図協調査研究委員会の方針がむしろ先行して，図書館司書職の地位の低下や弱体化を招かなかったかについて歴史的に検証する必要がある。平成3年（1991），当時の日図協図書館学教育部会は資格取得

第6章　大学図書館専門職員の継続・専門教育はなぜ欠如しているのか

に必要な司書講習科目の単位数を減らそうとするなどの図書館専門委員会の動向を警戒するだけであり，公共図書館の現場からの理論・運動論・論理に対して有効な批判を行わなかった。

3.2.4　司書資格・教育方針の転換：“堅持”から“充実”へ

　平成4年（1992）7月，生涯学習審議会が「今後の社会の動向に対応した生涯学習の振興方策について（答申）」を提出した。この答申に関する新聞記事で，司書の資格要件から大学卒業をなくす，ないし司書の資格要件の緩和を目指す方向であることが報道された[80]。この報道に危機感をもった日本図書館協会は，平成4年（1992）11月の全国図書館大会に向けて「生涯学習審議会答申に関わる日本図書館協会の見解」を作成した。「見解」は文部省に手渡されるとともに，大会で決議された[81]。

　「見解」の骨子は次の通りである。①図書館法（昭和25年4月30日法律第118号）第5条に大卒，高卒それぞれの資格取得の道が定められており，学歴偏重の是正をするにあたらない。②熱心さ，親切さのみでは解決されない，生涯学習の基礎的機関である図書館の司書が担当すべき業務内容の専門性を十分認識していないのではないか。③司書の専門性についての当面の課題として，講習科目の内容の充実をまず図らねばならない。講習科目の内容の充実が実現するよう切望する。④恒常的労働力となるようなボランティアへの依存は図書館の専門的機能を希薄化し，その発展を妨げ，ボランティア本来の趣旨に反する。⑤今こそ図書館における専門職員（司書職）制度のために，文部省はすべての図書館に図書館法（昭和25年4月30日法律第118号）で定める司書（補）を置くことを強力に推進することを望む。

　ここで注目されるのは，日図協が現行の司書資格・教育の“堅持”とは逆の方針である，司書講習科目を“充実”させる施策の実現を文科省に要望したことである。日図協によるこの「見解」を通じて，日図協の方針が“堅持”から“充実”へ転換したことが分かる。転換の要因は，司書講習科目を充実させて専門性の向上を図らなければ，文部省の生涯学習政策のもとで，司書資格の要件から大学卒業の資格を剥奪されかねないという危機意識であったと考えられる。

3.2.5 司書講習科目の改正：平成8年（1996）

平成8年（1996）4月，文部省生涯学習審議会社会教育分科審議会が「社会教育主事，学芸員及び司書の養成，研修等の改善方策について（報告）」を公表した[82]。そのなかで司書の養成改善の基本方針が次のように示された。①司書講習における修得単位数は，それまでの19単位以上から20単位以上とすること，②現職の研修方法は"国内外の大学，社会教育施設などへの研修・研究派遣，大学院レベルのリカレント教育など，高度で実践的な研修機会を充実する必要がある"こと，③高度な専門性の評価を重視し，"高度で実践的な能力を有する司書に対し，その専門性を評価する名称を付与する制度を設ける"こと，④司書・司書補の養成において生涯学習による学習成果を適正に評価すること，⑤「生涯学習論」「図書館経営論」の新設，今日の情報化社会に対応するための「情報サービス概説」「情報検索演習」の設置・充実，子どもの読書を振興するための「児童サービス論」の設置・充実，社会の変化に的確に対応するための「図書館特論」の新設，選択科目の整理と必修科目の拡大によって，司書講習の教育内容を改善・充実することである。

「社会教育主事，学芸員及び司書の養成，研修等の改善方策について（報告）」にもとづいて，図書館施行規則の一部を改正する省令（平成8年8月28日文部省令第27号）が公布された。司書・司書補講習の新しい科目と単位数への移行が，平成10年（1998）3月までに行われた[83]。司書講習科目の改定後に改定内容に沿った教育課程案を策定して司書講習相当科目を申請，認定された大学・短期大学は，総計221校（4年制大学121校，短期大学100校）であった[84]。

慶應義塾大学文学部教授の髙山は「図書館学省令科目としての新カリキュラムへの移行に伴う特徴と問題点」（1998）で，①平成8年（1996）の講習科目の改定で科目とその内容が大きく変更されたこと，②しかし各大学での新しいカリキュラムのための教育体制と環境整備への取り組みは不十分であったことを指摘した[85]。

3.2.6 まとめ

第2期における教育改革の取り組みの経緯から，①情報通信技術の発展によって図書館を取り巻く環境が大きく変わりだしたこと，②昭和60年頃（1980

第 6 章　大学図書館専門職員の継続・専門教育はなぜ欠如しているのか

年代半ば）には，情報やメディアの変化に対応した司書資格・教育の全面的改革が必要であるという認識が図書館関係者の間に生まれていたことが分かる。

　平成 2 年（1990）以降，文部省の諮問機関が生涯学習政策の一環として司書資格取得条件を緩和する方針を示した。これに対して，日図協図書館学教育部会は反対の意見書や要望書を文部省に提出した。

　日本図書館協会は，文部省諮問機関による司書資格取得条件の緩和化方針に反対する過程で，現行の司書資格・教育を“堅持”する方針から“充実”させる方針に転換した。そこには，司書の教育を充実させて専門性の向上を図らなければ，文部省の生涯学習政策のもとで司書資格の要件を緩和されてしまうという危機意識があったと考えられる。

　平成 8 年（1996），司書講習科目の改定が公布され，司書講習の新しい科目と 20 単位以上という司書資格取得に必要な単位数が定められた。新しい科目・単位数への移行が平成 10 年（1998）3 月までに実施された。

3.3　第 3 期　情報専門職の教育の体制整備：平成 10 年（1998）～平成 21 年（2009）

3.3.1　資格や試験に関する調査・提案

　情報通信技術の高度化に対応した図書館サービスの実施が，社会や大学から要請されるようになった。こうしたサービスの実施に必要な知識・技術・能力をもった図書館情報専門職の設置が急務となった。そこで，必要とされる知識・技術・能力の保有を証明する資格や試験を実施することに関心が集まった。特に平成 12 年（2000）前後から，大学図書館・図書館情報学関係団体等が資格や試験に関する調査・提案に取り組んだ。以下に主な取り組みを述べる。

　平成 9 年（1997）5 月，病院図書室研究会と近畿病院図書室協議会は共同事業として“認定資格制度”に取り組むことを決定した[86]。取り組む理由は，病院図書館専門職員の専門性の認知度の向上と“医学司書”という新しい職名と教育システムの必要性にあった[87]。しかし，この取り組みは実現しないまま終わった[88]。

　平成 10 年（1998），日本図書館学会が日本図書館情報学会に名称を変更した[89]。

　大学図書館専門職員の継続・専門教育が欠如した状況にあって，日本医学図

263

書館協会は独自の継続・専門教育の形成を図り、①早い段階からの保険医療分野全体の図書館専門職員教育、②研修会の大綱にもとづく初心者向けの基礎教育・中堅者向けの継続教育・研究会からなる教育を実施してきた[90]。

平成 15 年（2003）、日本医学図書館協会はヘルスサイエンス情報専門員認定資格制度を創設し、運営を開始した[91]。この認定資格制度は特定非営利活動法人の民間団体による運営形態を取り、アメリカ医学図書館協会（MLA: Medical Library Association）のヘルス情報専門職アカデミー（AHIP : Academy of Health Information Professionals）[92] をモデルにした自己申告ポイント制の認定資格制度であった[93]。司書資格が受験や申請の際の必須要件とされた[94]。日本医学図書館協会はこの認定資格制度によって、初期教育の資格である司書資格を基礎に医学医療系の図書館専門職員の継続・専門教育の制度を形成したと捉えることができる。個別の団体によって認定資格制度が創設された背景には、医学・医療系図書館専門職員のための専門教育体制が整備されないままの状況があった[95]。

平成 15 年（2003）、日本図書館情報学会は「情報専門職の養成に向けた図書館情報学研究体制の再構築に関する総合的研究」（LIPER: Library and Information Professions and Education Renewal）に取り組んだ。同学会は、欧米諸国やアジア諸国と比べて日本の図書館専門職員の評価が低い理由の一つに図書館情報学の教育の弱さがあると認識し、LIPER 総合的研究の目的を図書館情報学教育を抜本的に改善する方策を探ることと定めた[96]。

平成 19 年（2007）6 月、特定非営利活動法人大学図書館支援機構（理事長、上田修一慶應義塾大学文学部教授）が設立された。この支援機構の目的は"大学図書館及びその利用者に対して、研修及び業務支援に関する事業を行い、大学図書館の継続的発展を通して学術研究教育に寄与すること"に定められた。取り組む事業は情報リテラシー教育支援、大学図書館職員研修事業、大学図書館業務支援事業、大学図書館運営に関わる助言または支援の事業、教育・出版・請負・物販等の事業であった[97]。大学図書館支援機構は、平成 21 年度（2009）から IAAL（Institute for Assistance of Academic Libraries）大学図書館業務実務能力認定試験を開始した[98]。

次に、日本図書館情報学会の LIPER 総合的研究における図書館専門職員の

第6章 大学図書館専門職員の継続・専門教育はなぜ欠如しているのか

教育改革の提案内容と提案への反対意見をまとめて述べる。この教育改革の提案は図書館学教育改善試案（1972）以来，34年ぶりの提案であった。

3.3.2 日本図書館情報学会による教育改革案の提案と提案への反対意見

平成18年（2006），日本図書館情報学会はLIPER総合的研究の最終報告書で，図書館情報学教育改革案と図書館情報学検定試験（仮称）の二つの部分からなる"改革案の提言"を公表した[99]。昭和47年（1972）までは日図協図書館学教育部会等，日図協内の図書館学教員やその団体が中心となって図書館専門職員の教育改革に取り組んだ。これに対して平成18年（2006）の提案は図書館情報学の学術団体による提案であった。

"改革案の提言"では，①司書講習の廃止，②図書館情報専門職の大学院での教育体制への移行，③図書館情報学検定試験の実施などが提案された。

大学院を対象にした図書館情報学教育改革案はコア領域，個別情報領域，情報専門職領域から構成された。公共図書館の他に大学図書館，学校図書館の情報専門職のカリキュラム内容を含み，情報専門職の履修コースとしてカリキュラムが設定された。ただし，専門図書館のカリキュラムは検討されず，履修コースが設定されなかった。

情報専門職という用語を用いた理由は上田，根本によれば，"国際的にInformation Professionが高度情報社会における図書館員の職務を指し示すものとして一般的に用いられてきた経緯があるため"であった。情報専門職の定義は示されなかった。

その後，日本図書館情報学会はもう一つの提案内容である図書館情報学検定試験の実施を検討するために，平成21年（2009）および平成22年（2010）に図書館情報学検定試験準備試験を実施した。

LIPER総合的研究の最終報告書（2006）の提案への批判がいくつか公表された。主なものを以下に示す。

平成18年（2006）10月，慶應義塾大学名誉教授，国立公文書館理事の髙山は「新たな司書養成提案にみる大学図書館員養成についての課題」（2006）で，"改革案の提言"における大学図書館専門職員の教育問題を中心に検討し，①これまで大学図書館に即した専門職員の養成も資格も実現していないこと，②

新たなカリキュラムが提案されても，これまでの提案が実現しなかった原因の究明なしには机上の空論に終わることを指摘した[100]。本書の調査の及ぶ限りでは，大学図書館専門職員の資格・教育に関する適切な改革案の策定には戦後の改革案が実現しなかった原因の究明が不可欠であることを髙山がこの論稿で初めて指摘した。

平成19年（2007）11月，慶應義塾大学文学部教授の糸賀雅児は「雇用多様化の時代における図書館専門職の養成」（2007）で，"改革案の提言"について次の意見を公表した[101]。図書館専門職員の教育における基本的問題は，①現行の図書館情報学教育は新規の司書資格付与の教育に力点が置かれ，その後に真の意味での専門職を養成する教育とキャリアパスが用意されていないこと，②専門職図書館職員の養成は，本来は図書館情報学を専攻とする大学院修士課程で行われるべきことである。

「LIPER報告書」の提案事項に関しては，①司書課程・司書講習の意義を認め，これらの教育を廃止するのではなく維持するべきこと，②社会人入試制度を利用した大学院での図書館情報専門職の教育とキャリアパスの形成を支持すること，③日本図書館情報学会が検討している図書館情報学検定試験の有効性に，内容・採算等の面から疑問があること[102]，④今日の多様な雇用形態・勤務年数に対応したさまざまな教育とキャリアパスを提供するべきこと[103]，⑤そのためにキャリアパスの全体像の構築が必要であること等を指摘した。

以上のことから，糸賀は①日本の図書館専門職員の教育では，初期教育である司書資格付与の教育のみが実施され，継続・専門教育が整備されていないこと，②図書館専門職員の継続・専門教育は大学院の専門課程で実施されるべきこと，③初期教育である司書課程・司書講習の意義を認め，これを存続させるべきこと，第三に，④専門職員・司書職，専任職員の他に，臨時・派遣・契約職員，業務委託会社社員等が雇用・導入された今日の状況を身分・勤務年数の多様化と捉えたこと，⑤図書館の雇用形態の多様化に対応した総合的なキャリアパス構築が必要であることを指摘した。なお，司書課程・司書講習の存続を明言した意見は少なく，本研究の調査の及ぶ限りでは，昭和43年（1968）の和田吉人の意見以来であった。

3.3.3 大学において履修すべき図書館に関する科目の制定：平成 21 年（2009）

平成 20 年（2008）6 月，図書館法が改正され（平成 20 年 6 月 11 日法律第 59 号），第 5 条に "大学を卒業した者で大学において文部科学省令で定める図書館に関する科目を履修したもの" は司書となる資格を有することの規定が盛り込まれた[104) 105)]。この改正で，司書講習のための省令科目ではなく大学の教育課程における科目が初めて定められることになった。

平成 21 年（2009）2 月，これからの図書館の在り方検討協力者会議は，「司書資格取得のために大学において履修すべき図書館に関する科目の在り方について（報告）」[106)] を提出した。前年に "大学を卒業した者で大学において文部科学省令で定める図書館に関する科目を履修したもの" は司書となる資格を有することが新しく定められた。このことを受けて，大学で履修が求められる図書館に関する科目やその内容について検討し，結果を報告したものであった。

平成 21 年（2009）4 月，「司書資格取得のために大学において履修すべき図書館に関する科目の在り方について（報告）」にもとづいて，図書館法施行規則の一部を改正する省令（平成 21 年 4 月 30 日文部科学省令第 21 号）が公布され，"大学において履修すべき図書館に関する科目及び単位数" が新しく定められた[107)]。司書資格の取得に必要な単位数は 20 単位から 24 単位（必修科目 22 単位，選択科目 2 単位）に引き上げられた。新たな図書館に関する科目（13 科目 24 単位）および科目・単位数の増加に関する規定については，平成 24 年（2012）4 月 1 日から施行されることが定められた[108)]。

この改正によって初めて，司書講習のための省令科目によらないで，司書資格取得に必要な科目を大学が設定する道が拓かれた。日図協図書館学教育部会による「図書館学教育の改善刷新に関する陳情」（1962）で，"大学において履修する図書館に関する科目と単位数を決定すること" が文部大臣に陳情されてから 50 年後のことであった。

3.3.4 まとめ

情報通信技術の高度化にともない，平成 12 年（2000）前後から大学図書館専門職員等に求められる知識・技術・能力を示す資格・試験の検討・創設に取り組まれた。なかでも民間団体の日本医学図書館協会はヘルスサイエンス情報

専門員認定資格制度を開始した。大学図書館専門職員の継続・専門教育が欠如している状況を背景に，同協会は独自の制度を実施することによって，医療医学図書館専門職員の継続・専門教育の体制を整備した。

　日本図書館情報学会は LIPER 総合的研究の最終報告書の"改革案の提言"で，司書講習の廃止，図書館情報学検定試験の実施などとともに，大学院の課程で公共図書館，大学図書館，学校図書館の情報専門職を教育する改革案を公表した。

　"改革案の提言"の提案に対して，髙山は教育改革案の策定の前に大学図書館専門職員の資格・教育改革案がこれまで実現しなかった原因を究明するべきであると指摘した。糸賀は①司書講習・司書課程の意義を認めこれらを存続させること，②図書館専門職員の継続・専門教育は大学院での図書館情報学専門課程を位置付けること，③図書館情報学検定試験の有効性に内容・採算等の面で疑問があること，④今日の図書館における雇用形態・勤務年数の多様化に対応した教育とキャリアパスの提供を検討し，キャリアパスの全体像を構築することを主張した。総じて糸賀は，司書課程・司書講習の廃止案に反対し，むしろこれら初期教育の上に大学院専門課程での継続・専門教育を組み立てることに意義を見出したといえる。さらに図書館の多様な勤務形態に対応したキャリアパス構築の必要性を指摘した。

　平成 20 年（2008）6 月，図書館法が改正され（平成 20 年 6 月 11 日法律第 59号），大学で履修すべき図書館に関する科目が定められた。この改正によって初めて，司書講習のための省令科目によらないで，司書資格取得に必要な科目を大学が設定する道が拓かれた。平成 21 年（2009）4 月，図書館法施行規則の一部改正（平成 21 年 4 月 30 日文部科学省令第 21 号）によって，大学において履修すべき図書館に関する科目の内容が新しく定められ，司書資格の取得に必要な単位数は 20 単位から 24 単位に引き上げられた。

4　まとめ：継続・専門教育が欠如している要因

　本節では，教育改革の経緯の分析結果にもとづいて，大学図書館専門職員の継続・専門教育が欠如している要因の構成要素を検討する。

第6章　大学図書館専門職員の継続・専門教育はなぜ欠如しているのか

4.1　体制整備の条件および専門職・教育の概念における矛盾

4.1.1　継続・専門教育の体制を整備する条件

　司書課程・司書講習の教育が開始された3年後には，日本の図書館専門職員の教育に①司書資格よりも高度な資格がないこと，②公共図書館以外の館種に関する教育の整備されていないことが指摘された。戦後の図書館専門職員の教育を改革する取り組みでは，上記二つの問題を改善するために，図書館学の教員が教育改革に取り組んだ。しかし，提出された教育改革案は，司書講習科目への全館種に共通する教育内容の組み入れ，司書講習科目の改定，必要単位数の増加の他はいずれも実現しなかった。実現しなかった教育改革案は，図書館学教員の藤川正信等の取り組みとこれに続く日図協図書館学教育改善委員会による図書館学教育改善試案（1965），司書講習科目改定の前提として作成された司書講習等の改善に関する会議および文科省社会教育局の木田宏，中島俊教が携わった「上級司書講習科目」別表Ⅱ（1968），室伏武を部会長とする日図協図書館学教育部会図書館学教育基準委員会による図書館学教育改善試案（1972），近年では日本図書館情報学会による図書館情報学教育改革案（2006）である。

　ところで図書館専門職員の教育には初期教育と初期教育の後に続く継続・専門教育がある。上記の①，②の問題にこれらの教育の概念を適用すると，問題は大学図書館専門職員の教育のうち継続・専門教育の体制が整備されていないことであったと捉えられる。

　図書館専門職員の教育に関する論稿分析の結果，戦後日本の図書館専門職員の教育を改革する取り組みでは多くの場合，司書課程・司書講習を廃止し，4年制大学の学部・学科の図書館学専門課程および大学院の専門課程へ切り替えることが目指されてきたことが分かった。それは図書館専門職員の継続・専門教育の体制整備ではなく，初期教育の高度化を意味した。このように，戦後日本の図書館専門職員の教育を改革する取り組みの特徴は教育を一元的に捉えた結果として，「上級司書講習科目」別表Ⅱ以外は司書課程・司書講習の廃止による初期教育の高度化を目指してきたことにあった。

　しかし，司書課程・司書講習の教育水準が低く教育方法に問題が存在しても，すでに大学で図書館専門職員の初期教育として機能していたのであれば，そこ

269

に教育改革の必要性は認められても，司書課程・司書講習を廃止する提案が直ちに妥当であるとはいえない。なぜなら第一に，すでに初期教育として機能している課程を廃止するためには代わりの初期教育の課程が必要であるが，適切な代わりの課程の見通しが立たないためである。第二に，大学関係法令における大学の自治の尊重という特性から，たとえ図書館学・図書館情報学の教員やその関係団体が司書課程・司書講習を廃止しようとしても，その提案が個々の大学の行政部・理事会・教授会等によって承認されなければ提案は実現されない。したがって，司書課程・司書講習の廃止を実施するためには，廃止にともなう諸課題の解決策を示して，大学の承認を得なければならなかった。

　大学図書館専門職員の専門職化の観点からみると，必要なのは司書課程・司書講習の廃止による初期教育の高度化ではなく，大学図書館専門職員の初期教育に続く継続・専門教育の体制整備であったといえる。

　なぜ，戦後日本の図書館専門職員の教育を改革する取り組みでは，全館種の図書館専門職員の継続・専門教育が欠如している実態に対して，継続・専門教育の整備ではなく，初期教育の高度化に取り組まれたのだろうか。その理由の一つに，図書館専門職員の継続・専門教育の体制を整備できるだけの条件が日本の大学にほとんど存在しなかったことが挙げられる。

　4年制学部・学科の図書館学・図書館情報学の専門課程を有する大学は，慶應義塾大学文学部図書館学科，図書館情報大学等ごくわずかであり，大多数の大学の教育は司書課程・司書講習であった。昭和42年（1967）に慶應義塾大学大学院文学研究科図書館学専攻の修士課程が設置されるまで，日本には図書館学を専攻できる大学院がほとんど存在しなかった。つまり，図書館学を本格的に研究し，図書館学を教授する教員を教育する大学院の体制が整備されていなかったのである。この状況では，継続・専門教育の体制を整備することは困難であったと推察される。その後も，図書館学・図書館情報学専攻の課程を有する大学院は少数であった[109]。また，現職の大学図書館専門職員が働きながら大学院で学修し，学位を取得できる社会人入試制度が一部の大学で整備されるのは，平成12年（2000）前後からであった。

　以上のことから，大学図書館専門職員の継続・専門教育が欠如している要因として，戦後から長期にわたって，継続・専門教育の体制を整備できる条件が

第6章　大学図書館専門職員の継続・専門教育はなぜ欠如しているのか

日本の大学にほとんど存在しなかったことが挙げられる。

　次に，戦後の日本で図書館専門職員の教育が多くの場合，司書課程・司書講習を中心に一元的に捉えられてきた問題を検討する。そのために，専門職の用語の意味が論稿の著者の立場によって異なる意味で用いられてきた相互矛盾と，初期教育・継続教育および専門教育の相互関係を図書館専門職員の教育の実態に適用した時に起こる矛盾がどのように結びついていたのかを検討する。

4.1.2　専門職の多様な概念の相互矛盾

　第3章で見てきたように図書館専門職員に関する論稿では，専門職の定義を明確にしないまま，専門職という用語が論者の立場によって異なる意味で使用されてきた。同じ専門職の言葉を使いながら，その意味する内容は様々であった。

　アメリカ等の専門職論を踏まえて研究された論稿には市川，岩猿，大城等によるものがある。かれらは専門職を profession の訳語として捉えた。アメリカ等の専門職論における profession の意味を"専門職"という用語の意味として捉えたのである。この専門職の意味にもとづいて市川，大城は日本の図書館専門職員を評価した。その結果はいずれも，日本の図書館専門職員は専門職の水準にはなく，準専門職（教師や看護師等）の水準にも及ばないという判定であった。

　他方，日図協調査研究委員会，光斎重治等を中心に現職の公共図書館司書職や司書資格をもつ大学図書館専門職員等に"専門職"の用語を用いることが行われてきた。その際，用語の定義は示されなかった。

　こうして"専門職"という用語を profession の意味で捉える立場と現職の司書職等にこの用語を用いる立場が混在し，これらの立場の間にアメリカのライブラリアンを専門職と捉えるなどの多様な立場があった。戦後日本の図書館専門職員の専門職化に関する問題は，こうした多様な専門職概念の混在によって論議に相互矛盾が生じ，相互矛盾が整理されることなく40年以上にわたって論議されてきた。専門職の概念が矛盾をきたしている事例として，『図書館情報学用語辞典』（第3版，2007）の"専門職制度"の項目における解説の一部を以下に示す[110]。

271

専門職制度　professionalism
　（前略）現代では，教育，看護，福祉関係などに新たな専門職が成立して
きており，図書館の専門的職員もこれに含まれる。

　この解説の執筆者が教育，看護，福祉関係などに新たに成立した職種を準専
門職ではなく専門職と呼ぶのであれば，専門職の用語の定義とその定義を成立
させている根拠を示さなければならない。過去に準専門職にも及ばないと評価
された図書館の専門的職員を，専門職に含まれると解説するのであれば，同様
に用語の定義と定義が成立する根拠を示さなければならない。しかし，『図書
館情報学用語辞典』（第3版，2007）では"専門職"の項目がなく，用語の定義
は示されず，図書館の専門的職員を専門職に含まれると解説する根拠が明らか
にされていない。このように，上記の解説文は矛盾をきたしているといえる。
　なお本研究では，専門職の用語の意味を profession の訳語として定義して使
用した。この定義にしたがうと，日本では図書館専門職員の専門職制度は存在
しないし，専門職員は専門職ではないと判断される。
　ところで，図書館専門職員の教育における初期教育・継続教育および専門教
育の概念の相互関係を図書館専門職員の教育の実態に適用すると，専門職の複
数概念の混在による相互矛盾と結びついて，これらの概念に相互矛盾のおきる
ことが分かった。この点について次に述べる。

4.1.3　図書館専門職員の教育に関する概念の相互矛盾

　図書館専門職員の教育における初期教育・継続教育および専門教育の概念を
大学図書館専門職員の教育の実態に適用して検討する。
　第3章および本章で，図書館専門職員に関する論議の展開や教育改革の取り
組みの経緯を分析した結果，昭和40年代後半（1970年代前半）の"専門職と
しての司書職の確立"論議以降，日図協調査研究委員会を中心とする図書館関
係団体は"司書は専門職"であると捉えるようになったことが分かった。日図
協関係団体による"司書は専門職"であるという論理は結果として，初期教育
である司書課程・司書講習を"専門職"を育成する教育，すなわち専門教育と

しても扱うことを意味した。つまり日図協関係団体は，図書館専門職員の初期
教育の課程と専門教育の課程を同じ一つの教育，司書課程・司書講習に適用し
たと捉えることができる。

　こうして"司書は専門職"の論理が，初期教育である司書課程・司書講習を
専門教育でもあると捉えることを可能にしたと捉えられる。戦後日本における
図書館専門職員の教育改革の経緯を振り返ると，昭和43年（1968）の「上級
司書講習科目」別表Ⅱの提案では，図書館専門職員に継続・専門教育が必要で
あるという明確な現状認識にもとづいて提案が行われた。しかしその後の論議
では初期教育である司書課程・司書講習の後に続く継続・専門教育の必要性が
あいまいなままに置かれる傾向が続いた。本書の調査の及ぶ限りでは，初期教
育である司書課程・司書講習の後に続く継続・専門教育の必要性が明確に指摘
されるには，糸賀の「雇用多様化の時代における図書館専門職の養成」（2007）
を待たなければならなかった。日図協関係団体による"司書は専門職"である
という論理と，その論理の結果として，初期教育である司書課程・司書講習を
"専門職"を育成する専門教育としても扱う論理は，継続・専門教育の必要性
をあいまいなままに放置しておく傾向に影響を与えたと考えられる。

　しかし，司書課程・司書講習に初期教育と専門教育の二つの教育課程の役割
を持たせる論理には矛盾があると言わざるをえない。司書課程・司書講習のよ
うな初歩的な教育内容と単位数で専門教育も済ませることは，その概念上あり
えないことだからである。さらに，図書館専門職員の専門教育を初歩的な教育
のみで充当することは継続・専門教育の必要性を認めないことにつながり，そ
の結果，図書館専門職員の専門職化を停滞させる傾向として影響を及ぼしたと
考えられる。

　以上の通り，専門職の諸概念の相互矛盾の結果として，図書館専門職員の教
育において初歩的な初期教育を専門教育とも捉える矛盾が生じたことを明らか
にした。次にこの教育の矛盾が生じた背景を考察する。

4.1.4　相互矛盾の背景

　初期教育を専門教育とも捉える矛盾が生じた背景として考えられることは，
第一に，日本の図書館専門職員の専門職化に関する研究で，一部をのぞき，ア

メリカ等の専門職論や専門教育等の研究が十分ふまえられなかったことである。

　第二に，日本の図書館専門職員の専門職化に関する研究で，一部を除いて次の事項に取り組まれなかったことである，①現行の司書職を"専門職"とみなす論理によって，結果として司書課程・司書講習を専門教育と捉えた公共図書館の現場からの理論・運動論・論理を，図書館学・図書館情報学および関連領域の理論にもとづいて批判すること，②図書館専門職員の専門職化の基盤となる学問である図書館学・図書館情報学で，継続・専門教育に必要な水準を測定し，自己評価すること，③図書館関係団体の方針が貸出中心主義から情報の提供も推進する方針へ転換するように促すこと，情報通信技術の高度化に対応した図書館専門職員の継続・専門教育の必要性を明らかにすることである。

　継続・専門教育の概念から考えれば，継続・専門教育を整備する教育改革は，初期教育で司書資格を得た現職者の地位を低める取り組みではなかった。継続・専門教育は図書館専門職員の専門職化を推進する高度な教育である。これを新たに形成することは，司書資格をもつ現職者にとってはより高度な資格の取得が可能となり，自己の地位や労働条件の向上を実現する道が拓かれることを意味した。ただし，だれもがより高度な資格の獲得に挑戦できるようにするためには，希望者はみな継続・専門教育を受けられる体制を整備する必要があった。

4.2　要因

　以上のことから，大学図書館専門職員の継続・専門教育が欠如している要因として，第一に，戦後から長期にわたって，図書館専門職員の継続・専門教育の体制を整備できるだけの条件が日本の大学にほとんど存在しなかったこと，第二に，図書館専門職員に関する論議で，専門職に関連する諸概念および初期教育・継続教育および専門教育の概念が矛盾して用いられた結果，図書館関係団体は司書課程・司書講習を初期教育であるとともに専門教育でもあると捉える矛盾した論理を持ち続けられたことが挙げられる。

注・引用文献

　1）　根本彰「占領期における教育改革と学校図書館職員問題」『平成14年度・

第 6 章　大学図書館専門職員の継続・専門教育はなぜ欠如しているのか

15 年度科学研究費補助金研究成果報告書』根本彰研究代表者，2005.3, p. 12. http://panflute.p.u-tokyo.ac.jp/~anemoto/text/senryoki/report05/Reportvol3.pdf（参照 2013-01-11）.

2）　岩猿敏生「図書館学の進展」『図書館雑誌』Vol. 50, No. 1, 1956.1, p. 7-8.

3）　平田宗史，平田トシ子「教育指導者講習会（IFEL）」の基礎的・調査研究（一）：研究序説」『福岡教育大学紀要』Vol. 44, No. 4, 1995.2, p. 177. http://hdl.handle.net/10780/729　（参照 2013-12-15）.

4）　仙田正雄「図書館員の養成」『図書館界』Vol. 11, No. 2, 1959.8, p. 101.

5）　大学基準協会「図書館員養成課程基準（昭和 25, 4, 25 決定）」『大学教育における分科教育基準』大学基準協会，1951, p. 30-31.

6）　小倉親雄「大学における図書館学教育：日本の現状とその在り方」『図書館雑誌』Vol. 56, No. 7, 1962.7, p. 314.

7）　岩猿敏生（1956），前掲論文，p. 7-8

8）　仙田正雄（1959），前掲論文，p. 101.

9）　同上論文，p. 101, 103.

10）　大学基準協会「図書館学教育基準」『會報／大學基準協會』大学基準協会，No. 21, 1954, p. 84-85.

11）　仙田正雄（1959），前掲論文，p. 102.

12）　裏田武夫「司書養成の問題点」『図書館界』Vol. 5, No. 4, 1953. 12, p. 126-127.

13）　裏田武夫「専門図書館員の養成」『ぴぶろす』Vol. 5, No. 7, 1954. 7, p. 7-9,

14）　藤原茂「図書館専門職員の質的向上をはかるために」『図書館雑誌』Vol.57, No. 7, 1963.7, p. 315-317.

15）　安西郁夫「大学図書館員の養成と研修」『大学図書館の管理運営：第 2 回日米大学図書館会議応募論文集』大学図書館国際連絡委員会編，大学図書館国際連絡委員会，1972, p. 73.

16）　高橋種臣「図書館員の養成」『図書館界』Vol. 19. No. 4, 1967.11, p. 104.

17）　日本図書館情報学会研究委員会「図書館情報学研究とその支援体制」1998.11, p. 5. http://plng.p.u-tokyo.ac.jp/text/PDF/Report1.PDF　（参照 2012-12-22）.

18）　藤川正信「図書館員養成の諸問題」『図書館学会年報』Vo. 5, No. 2, 1958.10, p. 121-138.

19）　同上論文，p. 135.

20）　同上論文，p. 136.

21）　同上論文，p. 136.

22）　高橋種臣（1967），前掲論文，p. 104.

23）　菊池租「司書講習『図書館通論』講義要綱について」『図書館学』Vol. 10, 1961.10, p. 22.

24) 髙橋種臣（1967），前掲論文，p. 105.

25) 日本図書館協会「全国図書館大会年表」
http://www.jla.or.jp/Portals/0/data/content/taikai/taikainenpyou.pdf
（参照 2012-12-22）.

26) 岩猿敏生「わが国における図書館学教育の諸形態と問題点」『文化学年報』
Vol. 37, 1988.3, p. 4.

27) 髙橋種臣（1967），前掲論文，p. 105.

28) 藤川正信編「図書館学教育の本質的問題：図書館教育セミナー」『図書館
界』Vol. 18, No. 5, 1967.1, p. 148-157.

29) 図書館学教育改善委員会「図書館学教育改善試案」『図書館雑誌』Vol. 59,
No. 9, 1965.9, p. 406.

30) 深川恒喜「図書館学教育改善委員会第二次中間報告」『図書館雑誌』Vol.
59, No. 3, 1965.3, p. 92-93.

31) 図書館学教育改善委員会（1965），前掲記事，p. 406.-411.

32) 全館種の図書館職員の養成のための科目案が詳細に検討されたのは，1965
年の図書館学教育改善委員会による図書館学教育改善試案のみであった
（山内美千絵，薬袋秀樹「戦後日本における図書館学教育科目案の変遷：
館種別図書館職員養成の観点から」『日本生涯教育学会論集』No. 31, 2010,
p. 132.）。

33) 図書館学教育改善委員会（1965），前掲記事，p. 411.

34) 同上記事，p. 406.

35) 岩猿敏生（1988），前掲論文，p. 5.

36) 根本彰「『司書講習等の改善に関することについて（報告）』（1967）の解
説」『日本図書館情報学会誌』Vol. 53, No. 3, 2007.9, p. 174-175.

37) 髙橋種臣（1967），前掲論文，p. 106.

38) 「司書講習等の改善に関することについて（報告）」『日本図書館情報学会
誌』Vol. 53, No. 3, 2007.9, p. 177.

39) 同上記事，p. 177-178.

40) 中島俊教「改定のねらいと留意点」『図書館雑誌』Vol. 62, No. 6, 1968.6, p.
218-219.

41) 安西郁夫（1972），前掲論文，p. 74.

42) 中島俊教（1968），前掲論文，p. 218-219.

43) 社会教育局社会教育課（1968），前掲記事，p. 51-52

44) 和田吉人「単位増による問題点：講座への受入れ組込み」『図書館雑誌』
Vol. 62, No. 6, 1968.6, p. 221.

45) 中島俊教「司書養成制度の現状と将来」『現代の図書館』Vol. 9, No. 2,
1971.6, p. 92.

46) 同上論文，p. 92-96.

第6章　大学図書館専門職員の継続・専門教育はなぜ欠如しているのか

47)　同上論文，p. 93.

48)　同上論文，p. 94.

49)　昭和45年（1970）頃，学校司書の身分確立の要求が高まっていた。これを背景とした法案であったと考えられる。
京都府立高教祖司書委員会「司書委員会小史」
https://sites.google.com/site/shishoiinkaidesu/xue-xiao-tu-shu-guan-si-shu-xiao-shi　（参照 2013-05-06）.

50)　日本図書館協会図書館学教育部会図書館学教育基準委員会「図書館学教育改善試案」『図書館雑誌』Vol. 66, No. 6, 1972.6, p. 278.

51)　図書館員の問題調査研究委員会「『図書館学教育改善試案』について」『図書館雑誌』Vol. 67, No. 1, 1973.1, p. 25-26.

52)　図書館員の問題調査研究委員会「図書館員の専門性とは何か　その現実と課題：社会教育法改正に関連して　続・委員会の中間報告」『図書館雑誌』Vol. 65, No. 11, 1971.11, p. 583.

53)　是枝英子「図書館学教育改善試案への質問」『図書館雑誌』Vol. 67, No. 2, 1973.2, p. 69-70.

54)　植松民也「『図書館学教育改善試案』の問題点」Vol. 67, No. 2, 1973.2, p. 70-71.

55)　是枝洋「『図書館学教育改善試案』を読んで」『図書館雑誌』Vol. 67, No. 2, 1973.2, p. 72.

56)　岩猿敏生（1988），前掲論文，p. 7.

57)　同上論文，p. 8-9.

58)　日本図書館協会図書館学図書館学教育部会『図書館学教授要目』作成委員会『図書館学教授要目』日本図書館協会，1976, 82p.

59)　岩猿敏生（1988），前掲論文，p. 7-8.

60)　大学基準協会「図書館・情報学基準（1977）」（昭和52年2月15日理事会決定）
http://web.keio.jp/~uedas/univlibguide/lisstandard1977.html
（参照 2011-08-12）.

61)　大学基準協会「図書館・情報学教育に関する基準およびその実施方法（1982）」（昭和57年6月1日改正）『図書館関係法規基準集』日本図書館協会，1983, p. 209-210.

62)　根本彰（2007），前掲記事，p. 174.

63)　渡辺信一「図書館員の養成と教育」『図書館界』Vol. 45, No. 1, 1993.5, p. 151, 152.

64)　情報科学技術協会「2011年度　情報検索能力試験のお知らせ」
http://www.infosta.or.jp/shiken/shikentop.html　（参照 2012-04-01）.

65)　日本図書館研究会「図書館学教育研究グループの歴史：日図研50年史から」

http://www.nal-lib.jp/groups/educate/history.html　（参照 2012-04-29）.

66)　渡辺信一（1993），前掲論文，p. 152-153.

67)　 同上論文，p. 159.

68)　三浦逸雄，菊池しづ子，森智彦，堀川照代「大学図書館員の知識ベースと
　　　図書館学教育（Ⅰ）：「図書館学教育の実態と改善に関する調査─大学図書
　　　館編」の報告」『図書館学会年報』Vol. 37, No. 2, 1991.6, p. 49-63.

69)　三浦逸雄，菊池しづ子，森智彦，堀川照代「大学図書館員の知識ベースと
　　　図書館学教育（Ⅱ）：「図書館学教育の実態と改善に関する調査─大学図書
　　　館編」の報告」『図書館学会年報』Vol. 37, No. 3, 1991.9, p. 103-116.

70)　同上論文，p. 111-113.

71)　同上論文，p. 111-113.

72)　同上論文，p. 113.

73)　同上論文，p. 113.

74)　同上論文，p. 114.

75)　渡辺信一（1993），前掲論文，p. 155.

76)　根本彰（2007），前掲記事，p. 174.

77)　渡辺信一（1993），前掲論文，p. 155.

78)　同上論文，p. 156.

79)　同上論文，p. 156.

80)「図書館司書など資格要件，『大卒』なくす方向　審議会答申受け文部省」
　　　『朝日新聞』1992.7.30, 朝刊 1 面.

81)　渡辺信一（1993），前掲論文，p. 156.

82)　生涯学習審議会社会教育分科審議会「社会教育主事，学芸員及び司書の養
　　　成，研修等の改善方策について」（平成 8 年 4 月 24 日）
　　　http://www.mext.go.jp/b_menu/hakusho/nc/t19960424001/t19960424001.
　　　html　（参照 2011-08-14）.

83)　髙山正也「図書館学省令科目としての新カリキュラムへの移行に伴う特徴
　　　と問題点」『図書館雑誌』Vol. 92, No. 7, 1998.7, p. 540.

84)　同上論文，p. 541.

85)　同上論文，p. 540-541.

86)　首藤桂子「病院図書館員認定制度に関する検討課題」『病院図書室』Vol.
　　　18, No. 3, 1998.8, p. 126.

87)　同上論文，p. 126.

88)　長谷川昭子「医学・医療系図書館員の認定資格制度」『日本図書館情報学
　　　会誌』Vol. 53, No. 3, 2007.9, p. 148.

89)　根本彰「日本図書館情報学会の 50 年と LIPER の課題 .」『図書館雑誌』
　　　Vol. 98, No. 5, 2004.5, p. 282.

90)　津田良成，村主千賀「日本の医学図書館員教育の半世紀をかえりみて」

第 6 章　大学図書館専門職員の継続・専門教育はなぜ欠如しているのか

『医学図書館』Vol. 47, No. 4, 2000.12, p. 356.

91)　日本医学図書館協会「認定資格制度」
　　　http://plaza.umin.ac.jp/~jmla/nintei/shinsei_youken.html　（参照 2013-
　　　05-08).

92)　Medical Library Association（MLA), "The Academy of Health Informa-
　　　tion Professionals"
　　　http://www.mlanet.org/academy/（参照 2012-12-24).

93)　酒井由紀子「5 年目を迎えた特定非営利活動法人日本医学図書館協会認定
　　　資格『ヘルスサイエンス情報専門員』」『情報管理』Vol. 52, No.11, 2010.2,
　　　p. 636.

94)　日本医学図書館協会「ヘルスサイエンス情報専門員認定資格規定」
　　　http://plaza.umin.ac.jp/~jmla/nintei/ninteishikaku_kitei.html
　　　（参照 2013-05-08).

95)　長谷川昭子（2007), 前掲論文, p. 148, 161.

96)　根本彰（2004), 前掲論文, p. 283.

97)　大学図書館支援機構「法人概容」
　　　http://www.iaal.jp/about/about.html　（参照 2012-02-29).

98)　大学図書館支援機構「過去の試験結果」
　　　http://www.iaal.jp/IAAL_HPver5/kako.html　（参照 2012-02-29).

99)　上田修一, 根本彰「情報専門職の養成に向けた図書館情報学教育体制の再
　　　構築に関する総合的研究（最終報告書）」『日本図書館情報学会誌』Vol.
　　　52, No. 2, 2006.6, p. 101-128.

100)　髙山正也「新たな司書養成提案にみる大学図書館員養成についての課題」
　　　『図書館雑誌』Vol. 100, No. 10, 2006.10, p. 670-673.

101)　糸賀雅児「雇用多様化の時代における図書館専門職の養成」『図書館雑誌』
　　　Vol. 101, No. 11, 2007.11, p. 737-740.

102)　糸賀は, 図書館情報学検定試験の有効性への疑問として, 次の事項を挙げ
　　　た。①単線型キャリアパスの提供であること, ②検定試験を受けなくとも
　　　司書資格を取得できること, ③予想される受験者が少ないため, 検定の役
　　　割を果たさず, 採算もとれないこと, ④現在, 欧米の先進国, 近隣のアジ
　　　ア諸国で検定試験を実施している国はなく, 国際的標準とは合わないこと,
　　　⑤大学院修士課程修了者を中心とした上級職認定によって, 図書館専門職
　　　の差別化と高品質化を図る方が国際的な動向に近いこと, ⑥検定試験の実
　　　施によって, 図書館情報学教育が図書館専門職の養成に過度に傾斜する懸
　　　念があることである（同上論文, p. 737-740.)。

103)　糸賀は, 多様な養成教育とキャリアパスの具体策を次のように示した。①
　　　修士以上の学歴（もしくはそれに相当する研修履歴）をもつ司書を図書館
　　　での勤務経験や文章表現力も加味した上で, 全国的な職能団体が「上級司

279

書」に認定し，これを更新していく仕組みをキャリアパスとして想定すること，②「上級司書」のキャリアパスの仕組みが，雇用多様化時代における図書館専門職養成の主流となるべきこと，③図書館業務によっては，専門職でなくとも務まるが，一定の図書館の知識をもっていなければ効率的な仕事ができない領域があり，こうした業務と勤務形態を望む準専門職としての司書もいること，④準専門職としての司書に対する基礎的な教育は，短大・4年制大学・通信教育の司書課程および司書講習に求められること，⑤図書館情報学教育機関は，その教育理念やスタッフの規模，地域の実態に応じて，多様なキャリアパスのどの部分の教育を自分たちが担うのかを再検討するべきであること，⑥その結果，量的には大学の司書課程や司書講習での養成が主流であっても，質的には，大学院での養成や資格付与を中心とする仕組みに改編されていくことを期待すること，⑦今後はキャリアパスの全体像を示すとともに，供給側に複数の選択肢を示し，需要構造の多様化・弾力化に合わせて供給の量と質を調整しながら，全体としての質の向上を図る必要があることである（同上論文, p. 737-740.）。

104）「社会教育法などの一部を改正する法律の概要」
http://www.mext.go.jp/b_menu/houan/kakutei/08040703/080611/001.pdf （参照 2011-08-21）.

105）薬袋秀樹「大学において履修すべき図書館に関する科目の検討経過について」『社団法人日本図書館協会　図書館学図書館学教育部会　会報』No. 85, 2008.9, p. 2.

106）これからの図書館の在り方検討協力者会議，「司書資格取得のために大学において履修すべき図書館に関する科目の在り方について（報告）」
http://www.mext.go.jp/component/b_menu/shingi/toushin/__icsFiles/afieldfile/2009/09/16/1243331_2.pdf　（参照 2012-05-27）.

107）図書館法施行規則の一部を改正する省令（文部科学省令第21号，平成21年4月30日）
http://www.mext.go.jp/component/a_menu/education/detail/__icsFiles/afieldfile/2009/05/13/1266312_2.pdf　（参照 2012-05-27）.

108）文部科学省生涯学習政策局長「図書館法施行規則の一部を改正する省令及び博物館法施行規則の一部を改正する省令等の施行について（通知）」（21文科生第6175号，平成21年4月30日）
http://www.mext.go.jp/component/a_menu/education/detail/__icsFiles/afieldfile/2009/07/03/ 1266312_1.pdf　（参照 2012-03-01）.

109）上田修一「図書館情報学専門教育と図書館員の現職者教育」『図書館情報専門職のあり方とその養成』勉誠出版，2006, p. 205.

110）日本図書館情報学会用語辞典編集委員会編『図書館情報学用語辞典』（第3版）丸善出版，2007, p. 135.

第7章 大学図書館専門職員の設置・教育の施策のあり方

　本章ではこれまでの結果から明らかになった事項をふまえて，大学図書館専門職員の専門職化の観点から設置・教育の施策のあり方を考察する。

1　これまでのまとめ

　本書では，大学図書館の機能を十分に発揮させるためには専門職員の設置が必要であるという立場に立ち，法制化による大学図書館専門職員の設置の提案が実現しなかった要因を歴史的方法で分析し，法令および教育の問題を明らかにした。

　まず第2章で，大学図書館専門職員の枠組みである大学・大学図書館・大学図書館職員が戦後どうであったかを示した。次に大学図書館専門職員の歴史的研究の基礎研究として，"研究課題（1）どのような大学図書館専門職員の論議が展開されてきたのか"を設定し，第3章で論じた。そこで得られた図書館・図書館学・図書館情報学関係団体や関係者の考え方の知見をふまえながら，"研究課題（2）法制化による大学図書館専門職員の設置はなぜ実現しなかったのか"を設定し，第4章で論じた。第4章では，法制化による大学図書館専門職員の設置の提案がいずれも実現しなかった要因を検討するために，大学図書館の司書職法制化運動の経緯および関係団体と行政機関の交渉の経過と内容を分析した。その結果をもとに提案の実現を妨げた要因を複数の観点から検討し，さらに複合要因から二つの根本的要因を抽出した。法令上の要因と大学図書館専門職員の教育の欠如である。そして，これら根本的要因の構成要素をそれぞれ分析することを目的として，"研究課題（3）大学関係法令の特性はどのよう

281

に大学図書館専門職員の設置を妨げたのか"および"研究課題（4）大学図書館専門職員の継続・専門教育はなぜ欠如しているのか"を設定し，第5章，第6章で論じた。

　以上をふまえて本節では，まず第3章から第6章までの研究のまとめを行う。

1.1　大学図書館専門職員に関する論議の展開の整理

　大学図書館専門職員の歴史的研究の基礎研究である"研究課題（1）どのような大学図書館専門職員の論議が展開されてきたのか"（第3章）では，戦後の大学図書館専門職員に関する論稿を調査し，大学図書館専門職員の専門職化の観点から分析対象期間を区分し，論議の展開を分析，整理した。

　その結果，大学図書館専門職員に関する問題は次の四つの事項に整理できた。第一に，戦後の大学や大学図書館が戦前の帝国大学や帝国大学附属図書館の組織体制，附属図書館としての位置付け，教授兼任館長制を踏襲していること，第二に，"専門職としての司書職の確立"論議では，貸出中心主義および"図書館員"における労働問題の解決手段としての専門職論と，アメリカのライブラリアンの制度を参考にした専門職論とが対立し，この対立はさらに資料提供・整理業務中心の考え方と情報提供・教育的職務中心の考え方との対立に展開したこと，第三に，平成12年（2000）前後に（1）資料提供・整理業務中心の考え方と現行の司書資格・教育の限界，（2）大学図書館情報専門職の設置の必要性，（3）そのための教育改革・体制整備の必要性が大学図書館関係者の共通認識となったこと，第四に，戦後一貫して大学図書館専門職員の資格・教育が欠如していることである。

　第3章では論議の展開を以上の四つの事項に整理したことに加えて，戦後の各時期の図書館・図書館学・図書館情報学関係団体および関係者の考え方に関する知見が得られた。

1.2　法制化による大学図書館専門職員の設置が実現しなかった根本的要因

　大学図書館専門職員の設置に関する先行研究を検討した結果，大学図書館の司書職法制化運動とその結果が後の大学図書館専門職員の設置に大きな影響を及ぼしたこと，この運動の時期以外にはいくつかの小規模な事例を除いて大学

第7章　大学図書館専門職員の設置・教育の施策のあり方

図書館専門職員の設置に関する運動が起きていないことが分かった。そこで分析対象期間を大学図書館の司書職法制化運動の時期に定め，"研究課題（2）法制化による大学図書館専門職員の設置はなぜ実現しなかったのか"（第4章）を設定し，文献を調査し，司書職法制化運動の経緯および関係団体と行政機関の交渉の経過と内容を分析した。その結果から，法制化による大学図書館専門職員の設置の提案が実現しなかった複合要因を抽出した。

　第4章では複合要因のうち何が根本的要因であったかを決定する方法として，特定の要因から生じた問題が解決されなければ，他の要因による問題がすべて解決されても提案の実現が不可能であることが明らかな場合，その特定の要因を根本的な要因であると捉える論理を採用した。複合要因にこの論理を適用して根本的要因を検討した結果，法令上の要因と大学図書館専門職員の教育の欠如を抽出した。

　司書職法制化の提案の実現を妨げた法令上の要因は，第一に，国立学校設置法施行規則（昭和24年6月22日文部省令第23号）の改正の提案に対して，文部省は他の専門的職種との関連から司書だけを優遇できないと指摘したこと，第二に，学校教育法（昭和22年3月29日法律第26号）や大学設置基準（昭和31年10月22日文部省令第28号）の改正の提案に対して，行政や法律の専門家が法律の趣旨や規定から適切でないと指摘したこと，第三に，国立学校設置法施行規則（昭和24年6月22日文部省令第23号）の改正の提案に対して，人事院は司書・司書補資格の準用を認めなかったこと，第四に，「大学図書館法要項草案」の起草に対して，一部の私立大学図書館関係者が"大学の自主管理"すなわち大学の自治の観点から大学図書館専門職員の設置を法律で定めることに反対したことにあった。

　司書職法制化の提案の実現を妨げた大学図書館専門職員の教育の欠如とは，大学図書館の司書職法制化の提案を実現するためには大学図書館司書の資格の制定が不可欠であったこと，資格の制定のためには資格付与を目的とする大学での教育体制の整備が不可欠であったがこれが実現困難であったことを指す。おもな理由は，大学図書館専門職員の教育が当時ほとんど実施されていなかったこと，大学院の図書館学専門課程がきわめて少なかったために教育を担う図書館学教員がほとんど育成されていなかったことにあった。

283

次に，法制化による大学図書館専門職員の設置の提案が実現しなかった根本
的要因である法令上の要因と大学図書館専門職員の教育の欠如について第5章，
第6章でそれぞれ包括的に分析し，要因の構成要素を抽出した。

1.3　大学図書館専門職員の設置を妨げた大学関係法令の特性上の要因

第4章では，法制化による大学図書館専門職員の設置の提案がいずれも実現
しなかった根本的要因が法令上の要因にあったことを示し，司書職法制化の提
案と法令の矛盾とその直接的理由を明らかにした。これに対して第5章では，
提案と法令の間に存在した矛盾の構成要素を明らかにする。そのためには，他
の種類の学校にはない大学関係法令の特性に着目し，法制化の提案と大学関係
法令の特性との関係を分析する必要がある。そこで"研究課題（3）大学関係
法令の特性はどのように大学図書館専門職員の設置を妨げたのか"（第5章）
を設定した。まず文献調査によって，司書職法制化の提案内容を大学関係法令
の観点から整理して示し，次に大学図書館専門職員の設置の観点から大学関係
法令の特性を検討し，それらの結果をもとに両者の関係を検討した。

その結果，大学関係法令の特性が大学図書館専門職員の設置を妨げた要因と
して，（1）大学図書館専門職員の設置を大学の必置義務にできなかったこと，
（2）大学図書館専門職員の設置には，司書職法制化の成否に関わらず大学の承
認を要したこと，（3）大学図書館専門職員の職名の大学関係法令への追加は困
難であったこと，（4）大学図書館の組織・機能は大学関係法令上認められなか
ったこと，（5）大学図書館専門職員の研究能力の定義はその資格規定と整合さ
せる必要のあったことが明らかになった。

こうして大学図書館専門職員の設置を妨げた大学関係法令の特性上の要因に
おける構成要素を抽出した。

1.4　大学図書館専門職員の継続・専門教育が欠如している要因

第4章では，もう一つの根本的要因が大学図書館専門職員の教育の欠如にあ
ったことを示し，法制化による大学図書館専門職員の設置の提案がいずれも実
現しなかったことと大学図書館専門職員の教育が欠如していたこととの関係を
明らかにした。第6章では大学図書館専門職員の教育が欠如している要因の構

第7章　大学図書館専門職員の設置・教育の施策のあり方

成要素を抽出するために，図書館専門職員の教育を改革する取り組みの経緯を分析した。

　その際，教育の欠如は大学図書館の司書職法制化運動の時期だけでなく戦後から今日まで続いていることに着目し，戦後から今日までを分析対象期間に設定した。さらに大学図書館専門職員の教育に関係する概念に初期教育・継続教育および専門教育があることに着目し，これらの概念の相互関係とこれらの概念を大学図書館専門職員の教育の実態に適用した場合を検討した。そして，欠如しているのは大学図書館専門職員の教育のうち継続・専門教育であることを導き出した。そこで"研究課題（4）大学図書館専門職員の継続・専門教育はなぜ欠如しているのか"（第6章）を設定し，戦後から今日までにおける図書館専門職員の教育を改革する取り組みの経緯を文献調査によって分析した。

　その結果，大学図書館専門職員の継続・専門教育が欠如している要因として，(1) 図書館専門職員の継続・専門教育の体制を整備できる条件が日本の大学にほとんど存在しなかったこと，(2) 日図協調査研究委員会を中心に"司書は専門職"の論理が用いられた結果，司書課程・司書講習を初期教育であるとともに専門教育でもあると捉える矛盾した論理が用いられたことを抽出した。

　以上のように，戦後から今日までの図書館専門職員の教育を改革する取り組みの経緯を分析したことによって，大学図書館専門職員の継続・専門教育が欠如している要因の構成要素を抽出した。

2　本書によって明らかになった事項

　本書では，大学図書館専門職員の専門職化の観点から法制化による大学図書館専門職員の設置を妨げた根本的要因とその構成要素を分析した。その結果，第一に戦後日本における大学図書館専門職員の専門職化の動向，第二に大学図書館専門職員の設置・教育を妨げた要因の構成要素が明らかになった。大学図書館専門職員の設置・教育を妨げた要因の構成要素は，(1) 大学図書館専門職員の設置および能力の発揮，(2) 大学図書館専門職員の専門職化の転換期，(3) 大学図書館専門職員の継続・専門教育の三つの面から整理できた。

　以下に，根拠を示しながら述べる。

285

2.1 戦後日本における大学図書館専門職員の専門職化の動向

　戦後日本における大学図書館専門職員の専門職化の動向について考察する。本書における大学図書館専門職員の専門職化とは，第1章で示した通り，大学図書館専門職員が大学図書館の機能を十分に発揮させることを専門職化が進んだと捉える尺度によって各時期の専門職員の専門職化が推進されたか，停滞ないし低下したかを分析する概念である。

　まず，大学図書館専門職員の専門職化は学術団体や政府の諮問組織からいかに求められてきたかをみる。第一に，戦後の新しい大学の理念や教育研究のあり方から大学図書館機能の向上と専門職員の設置の必要性が指摘され，戦後の早い時期から大学図書館専門職員の専門職化が学術団体や政府の諮問機関から求められた。第二に，平成7年（1995）以降，情報通信技術の高度化と大学の国際競争力向上の必要性から大学図書館機能の高度化が求められたため，専門職員設置の必要性は情報専門職の設置の必要性に転換した。このことによって，専門職員の専門職化の内容は情報専門職の水準のものに転換したといえる。

　次に，大学図書館専門職員の専門職化の実際の動向を検討する。

　敗戦直後，戦前の帝国大学附属図書館に設置されていた司書官・司書が廃止され，国公私立大学図書館専門職員は法令上一様に事務職員の扱いになった。このことによって，大学図書館専門職員の専門職化は後退したと考えられる。

　その後，図書館法（昭和25年4月30日法律第118号）が制定され，公共図書館司書の資格と資格付与を目的とする大学での教育体制が整備された。戦後になって初めて，司書の教育が大学で行われるようになった。第2章で示した通り，統計を取り始めた昭和41年（1966）から平成21年（2009）に至るまでの大学図書館職員のうち司書資格をもつ者の比率は増加傾向にあり，当初の5割弱から今日では6,7割に達している。第6章で述べたように，司書課程・司書講習の教育内容は当初公共図書館中心の内容だったが，昭和43年（1968）の司書講習科目の改定時に全ての館種に共通の内容が盛り込まれた。したがって，司書課程・司書講習は大学図書館専門職員の初期教育としても一定の機能を果たしてきたと評価できる。戦前は司書官・司書の教育が大学で行われていなかったことと比較すると，初期教育の体制整備の面から戦後の大学図書館専門職員の専門職化が進んだといえる。

第7章　大学図書館専門職員の設置・教育の施策のあり方

　他方，医師・弁護士を専門職の典型とする専門職（profession）論やアメリカのライブラリアンの専門職化の研究にもとづいて，市川が「図書館員の専門職性」（1970）で，大城が「『専門職』に関する一考察：大学図書館司書の専門職化研究（3）」（1979）で，専門職の水準から日本の司書を評価する論稿を発表した。両者はいずれも同じ結論となった。日本の司書は専門職の水準にも準専門職の水準にも達していないという評価であった。この意味で，日本の大学図書館専門職員の専門職化は，平均すればきわめて低い水準で推移したといえる。

　次に大学図書館専門職員の専門職化における三つの転換期，（1）昭和27年（1952）から昭和40年（1965）の大学図書館の司書職法制化運動，（2）昭和20年代後半（1950年代前半）から昭和47年（1972）の図書館学教員による図書館専門職員の教育を改革する取り組み，（3）昭和40年代後半（1970年代前半）の"専門職としての司書職の確立"論議について考察する。

　図書館専門職員の専門職化に関わるこれら三つの取り組みには，その後の大学図書館専門職員の専門職化の動向に大きな影響を与える内容が含まれていた。大学図書館の司書職法制化の提案が実現した場合，専門職員は法令上，事務職員から大学図書館司書等の職位に移行する。これが実現すれば専門職化を前進させることができた。図書館学教員による教育改革の取り組みでは司書資格よりも高度な資格の創設とすべての館種に関する教育内容の取り込みが追求された。これは大学図書館専門職員の継続・専門教育の体制整備につながる内容であったため，この教育改革が実現した場合専門職化の推進に貢献したと考えられる。"専門職としての司書職の確立"論議では，全ての館種の図書館・図書館学関係団体や関係者の間で図書館専門職員の専門職化に関する統一見解が生み出されれば，その統一見解にもとづく関係団体・関係者による総合的な取り組みが可能となり，大学図書館専門職員の専門職化の推進力として働いたと考えられる。

　三つの取り組みの結果は，（1）大学図書館の司書職法制化運動では国立大学のみに事務職員と別枠の図書専門職員採用試験制度が成立して終わったこと，（2）図書館専門職員の教育を改革する提案では司書講習科目の改定が行われ，特に昭和43年（1968）の司書講習科目の改定時に全ての館種に共通の内容が盛り込まれたほかは実現することなく終わったこと，（3）"専門職としての司

287

書職の確立論議"では公共図書館関係団体と大学図書館・図書館学関係者との見解が対立したまま終わったことであった。これらの結果をみると，国立大学の図書館専門職員のみに図書専門職員採用試験制度が成立したこと，司書課程・司書講習の教育内容に全館種に共通の内容が取り込まれ，図書館専門職員の初期教育が一部改善されたことのほかは，進展がなかったことが分かる。全体として大学図書館専門職員の専門職化が進まず，むしろ停滞がもたらされたといえる。

他方，昭和50年代（1970年代後半）以降の日本社会は一貫して，情報化の過程にあった。このため学術団体や政府の諮問機関からの情報通信技術の発展に対応した大学図書館機能の向上および大学図書館専門職員の専門職化への要請がしだいに高まった。こうした要請を受けた学術情報流通・大学図書館関係団体やその関係者の取り組みを軸として，大学図書館専門職員の専門職化を目指す論議や取り組みが実施され，特に平成7年（1995）以降，情報専門職の水準での専門職化を目指す論議が活発になっている。

しかし，大学図書館専門職員の情報専門職の水準での専門職化を推進しようとする取り組みは，行政の施策の指針形成と一部の図書館情報学および大学専門図書館関係団体や個別大学での取り組みにとどまっている。情報専門職の水準での専門職化に必要な大学図書館専門職員の設置・教育の施策を総合的に検討すること，全国的な体制を整備することはまだいかなる団体によっても取り組まれていない。

先に述べた昭和20年代後半から昭和40年代（1950年代から1970年代前半）における図書館専門職員の専門職化に関わる三つの取り組みは，図書館・図書館学関係団体が取り組んだ結果がその先の大学図書館専門職員の専門職化の動向を左右する転換点になりえたと考えられる。これに対し，昭和50年代（1970年代後半）以降の大学図書館専門職員の専門職化の取り組みでは，外部環境の急激な変化や大学・学術情報流通に関わる行政の取り組みが先行し，図書館・図書館学・図書館情報学関係団体の主体的取り組みが，その先の大学図書館専門職員の専門職化を左右するような転換点を形成するには至っていない。

以上の通り，大学図書館専門職員が大学図書館の機能を十分に発揮させることを専門職化が進んだと捉える尺度によって，大学図書館専門職員の専門職化

第 7 章　大学図書館専門職員の設置・教育の施策のあり方

が推進されたか，停滞ないし低下したかを検討した。ここで，専門職員による大学図書館機能の十分な発揮，すなわち専門職化の推進と，大学図書館専門職員の設置・教育との関係についてふれておく。

　大学図書館専門職員が専門職化を推進するためには，その前提として専門職員が大学図書館に設置されていること，専門職員が専門教育によって必要な知識・能力・技術を身につけていることが必要である。専門職員が設置されなければ専門職員によって大学図書館機能を発揮させることはできないし，たとえ設置されても専門職員にその能力がなければ大学図書館機能を発揮させることはできない。しかし，それだけでは十分ではない。現に，専門職員が大学図書館機能を十分に発揮させたことを科学的調査・分析方法で実証することによって初めて専門職化が推進されるといえる。成果を科学的方法で実証しなければ，ほんとうに大学図書館の機能が十分に発揮されたのか分からないためである。

　次に，本書によって明らかになったもう一つの事項である大学図書館専門職員の設置・教育を妨げた要因の構成要素について三つの面から考察する。

2.2　大学図書館専門職員の設置・教育を妨げた要因の構成要素

2.2.1　設置および能力の発揮に影響を及ぼした要因

　ここでは，大学図書館専門職員の専門職化の観点から大学図書館専門職員の設置および能力の発揮に影響を及ぼした要因について考察する。

　第一に，戦前の帝国大学・帝国大学附属図書館のあり方を踏襲したことからくる大学・大学図書館の歴史的・組織的要因が挙げられる。

　第 2 章のまとめと，第 3 章の"第 1 期　専門職論議準備期"のまとめで，いずれも戦後の大学・大学図書館の特徴が戦前の帝国大学やその附属図書館のあり方を踏襲したことにあるという分析結果が得られた。具体的には帝国大学や帝国大学附属図書館の組織体制，附属図書館の位置付け，教授兼任館長制の踏襲である。第 4 章では，戦前の大学・大学図書館のあり方の踏襲を背景に，戦後の大学図書館は法令上施設・設備としてのみ位置付けられ，組織・機能が認められなかったことが分かった。第 5 章では，その結果，組織・機能でない大学図書館に図書館専門職員の設置は認められないという法的扱いを受けたことが明らかになった。

289

第二に，図書館関係団体・関係者が図書館専門職員の設置・教育の課題に取り組む過程において，(1) 図書館の現場と図書館学教員・研究者との対立（第3章），(2) 大学図書館専門職員の設置の取り組みである司書職法制化運動での国公私立大学別の運動への分裂（第4章），(3) 図書館専門職員の教育を改革する取り組みでの日図協内の図書館学教員の団体と公共図書館関係団体との方針の対立（第6章）という三つの分裂・対立が見られたことである。こうした相互に対立して分かれて運動する状況は，直接的にあるいは間接的に大学図書館専門職員の設置および能力の発揮に影響を及ぼしたと考えられる。

　第三に，日図協調査研究委員会の方針が大学図書館専門職員の能力の向上に及ぼした影響である。第3章で明らかにしたように昭和45年（1970）以降，日図協調査研究委員会が館種を問わず，貸出中心主義および資料の提供・整理業務中心の考え方の拡大を図ったことは，大学図書館関係団体や関係者に対して大学図書館専門職員の能力のうち情報提供や教育的能力を相対的に軽視させる効果があったと考えられる。他方，昭和50年代（1970年代半ば）以降，大学図書館専門職員の情報提供・教育的能力は，情報通信技術の高度化および大学の教育研究における国際競争力向上の必要性にともなって大学や社会からその能力向上を要請されていた。第3章や第6章で示した通り，アメリカのライブラリアンやイギリス大学図書館のサブジェクト・ライブラリアンおよびインフォメーション・オフィサーの歴史過程に関する学術的な検証結果をみても，当時，情報通信技術の高度化に対応した大学図書館機能を実現させるためには，大学図書館専門職員の情報提供・教育的能力の向上を方針とすることが不可欠であった。この状況に対して，調査研究委員会が取った貸出中心主義および資料の提供・整理業務中心の方針は大学図書館専門職員の諸能力のうち資料の提供・整理業務に重点を置くことによって，情報提供・教育的能力の向上を図る取り組みを抑制させる影響を及ぼしたといえる。

　以上のことから，(1) 戦前のあり方を踏襲した大学・大学図書館の歴史的・組織的要因，(2) 大学図書館専門職員の設置・教育の課題に取り組む過程での図書館・図書館学関係団体や関係者の運動の対立・分裂，(3) 日図協調査研究委員会による資料の提供・整理業務中心の方針が，大学図書館専門職員の設置および能力の発揮に影響を及ぼしたと考えられる。

第7章　大学図書館専門職員の設置・教育の施策のあり方

2.2.2　専門職化の転換期に影響を及ぼした動因

"2.1　戦後日本における大学図書館専門職員の専門職化の動向" で指摘したように，大学図書館専門職員の専門職化の転換期は昭和 20 年代後半から昭和 40 年代（1950 年代から 1970 年代前半）にあったといえる。つまり，学制の改革，近代的大学図書館の理念，アメリカ図書館学の受容が実施された時点では大学図書館専門職員の設置・教育の体制はまだ不確定な事項が多く，幅広い可能性が存在したといえる。そのなかで大学図書館の司書職法制化運動，図書館専門職員の教育の改革，"専門職としての司書職の確立" 論議に取り組まれ，優勢な関係団体や関係者の考え方によってある特定の方針や政策が選択され，それらの実施によって現実の図書館を取り巻く環境と体制が定まっていった。

第 3 章，第 4 章，第 6 章の分析結果から，戦後日本の図書館専門職員における専門職化の過程で体制の形成に影響のあった動因とは，(1) 国立大学図書館長会議（後の国立大学図書館協議会）や関係者の国立大学図書館専門職員の労働者としての待遇改善要求を満たそうとする動因，(2) 日図協調査研究委員会を中心とする "図書館員" の労働者としての要求の実現や現職者の地位を守ろうとする動因，(3) 図書館・図書館学関係団体や関係者の，司書職は専門職であると信じようとする動因であったことが分かった。

大学図書館専門職員の専門職化の転換期である昭和 20 年代後半から昭和 40 年代（1950 年代から 1970 年代前半）において，以上の三つの動因が大学図書館専門職員の専門職化および設置・教育の方針・政策の選択に影響を及ぼしたと考えられる。

2.2.3　継続・専門教育に影響を及ぼした要因

第 3 章，第 4 章，第 6 章の分析結果から，大学図書館専門職員の継続・専門教育に影響を及ぼした要因のあることが分かった。なお，大学図書館専門職員の専門職化を推進するための継続・専門教育は，大学院の図書館学・図書館情報学専攻での学修のみでなくさまざまな専攻領域での学修が考えられる。しかし，ここでは大学図書館専門職員の専門職化の基盤となる主要な学問領域であった図書館学専門課程を対象として考察する。

第一に，図書館専門職員の継続・専門教育の体制を整備できる条件が日本の

大学にほとんど存在しなかったことを背景に，大学図書館専門職員の専門職化の基盤となる学問であった図書館学に特定の事象の連鎖による負のスパイラルに陥りやすい傾向があった。負のスパイラルに陥りやすい傾向とは，（1）敗戦直後，図書館専門職員の基盤となる学問であった図書館学が十分に発展していなかったこと，（2）図書館学が十分に発展していなかったために，図書館学専攻の大学院課程の設置が遅れ，後には設置数の少ない状態が続いたこと，（3）大学院の設置数が少なかったために，求められる水準の大学図書館専門職員を教育できる教員の数が少なく，求められる質と量の大学図書館専門職員を育成できなかったこと，（4）求められる質と量の大学図書館専門職員を育成できなかったため，大学や社会からの図書館学の評価は現状維持か低下傾向に陥りやすかったこと，（5）大学や社会からの図書館学の評価が現状維持か低下傾向に陥りやすかったために，図書館学の大学院や教員が十分に増設・増員されず，大学図書館専門職員の基盤となる図書館学が専門職化に求められる水準まで発展することが困難となったことの連鎖である。

　第二に，日図協関係団体の方針が図書館学の教育に及ぼした影響である。日図協関係団体は“司書は専門職”という論理を用いた結果，司書課程・司書講習の初期教育を専門教育と捉えた。しかし，初期教育はその定義から同時に専門教育とはなりえない教育であった。日図協関係団体は自分たちの考え方と異なる図書館の取り組みを牽制し，公共図書館司書職の地位を低下させると自分たちが考える図書館学教育の改革案に阻止する行動を取った。“司書は専門職”という論理を用いたこれらの方針や言動は公共図書館ばかりでなく他館種の図書館・図書館学関係団体や関係者にも影響を与えたと考えられる。

　なお，第1章，第3章，第6章で明らかにした通り，日本図書館情報学会用語辞典編集委員会編集の『図書館情報学用語辞典』（第3版，2007）における“図書館員”や“専門職制度”の見出し語とその解説には，日図協関係団体の理論・運動論・論理と一致する考え方が散見され，その影響は今日においても見られた。

　第三に，日本における図書館の現場の理論・運動論・論理に対する学術的批判が不十分であったことである。第3章，第6章の研究結果から，図書館の現場の理論・運動論・論理が，岩猿等による一部の論稿を除き，長年にわたって

第 7 章　大学図書館専門職員の設置・教育の施策のあり方

学術的方法で十分に批判されてこなかったことが分かった。

これらの要因が長期にわたって欠如している大学図書館専門職員の継続・専門教育の動向に影響を及ぼしたと考えられる。

以上が大学図書館専門職員の専門職化の観点から，その設置・教育を妨げた要因の構成要素を（1）大学図書館専門職員の設置および能力の発揮，（2）大学図書館専門職員の専門職化の転換期，（3）大学図書館専門職員の継続・専門教育の三つの面から考察した結果である。

3　専門職化を目的とする施策のあり方

本節では，本書を通して明らかになった事項をふまえ，大学図書館専門職員の専門職化の観点から設置・教育の施策のあり方を考察する。

第一に，平成 7 年（1995）以降の日本社会で，大学図書館専門職員の専門職化の観点から設置・教育の施策のあり方を検討することは，大学図書館専門職員を情報専門職の水準で施策のあり方を考察することに導かれる。なぜなら第3章で示した通り，今日の学術団体や政府の諮問機関による答申や報告書では，行政や大学に要請される事項として（1）大学の教育研究活動における大学図書館の重要な機能を認めること，（2）情報通信技術の高度化への対応と大学の国際競争力向上の必要性から大学図書館機能の高度化に取り組むこと，（3）大学図書館機能の高度化のために必要な専門職員を設置することが挙げられるためである。第3章，第6章での検討の結果から，今日，大学図書館機能の高度化のために設置の求められる大学図書館専門職員は本書の定義における情報専門職の水準にある専門職員であると判断される。さらに第3章で戦後の大学図書館・図書館学・図書館情報学関係者の論稿を検討した結果，大学図書館専門職員の専門職化の観点からは一貫して，その継続・専門教育は大学院での教育であるべきであると指摘されてきたことが分かった。大学図書館専門職員の大学院での教育は，今日における情報専門職の水準の教育と捉えられる。

第二に，大学図書館専門職員の専門職化のために，必ずしも情報専門職設置の法制化を目指す必要はないことである。逆に，大学ごとに大学図書館情報専門職の設置の必要性を説明し，大学の理解と承認を得ることは必須である。第

293

5章で分析した通り，大学関係法令では大学の自治の尊重によって個々の大学の自己決定権が保障される。このため，情報専門職の設置を大学の必置義務として法令で定めることはできない。つまり，大学図書館情報専門職の設置が法制化されてもされなくても，最終的には個々の大学の理事会，行政部，教授会等の承認が得られなければ設置は実現できないのである。この意味で，大学内組織である大学図書館で情報専門職の設置を推進するためには法制化の方法を取る必要はないといえる。

　ただし，大学図書館専門職員の専門職化のためには筑波大学による「今後の『大学像』の在り方に関する調査研究（図書館）報告書：教育と情報の基盤としての図書館」（2007）で指摘されたように，大学設置基準（改正平成3年6月3日文部省令第24号）第38条第3項に関して，大学図書館専門的職員の目的・設置の規定に加えて資格・教育について何らかの基準を設けることが望ましいといえる。

　第三に，大学図書館が大学の付属施設ではなく大学内の主要な組織・機能の一つであるという基本的位置付けを明確にすることである。第4章，第5章の大学設置基準改正の提案に関する分析結果で明らかにした通り，当時の大学関係法令では大学図書館が施設・設備としてのみ捉えられ，組織・機能が認められなかった。このため，大学図書館へ専門職員を設置する提案は大学図書館が組織・機能でないという理由から実現しなかった。その後，平成3年（1991）の大学設置基準改正によって初めて大学図書館の機能および大学図書館専門的職員の目的と設置が定められた。しかし，大学関係法令に規定があるだけではなく個々の大学および大学教育学・図書館情報学等の領域で，大学における大学図書館の組織・機能の位置付けが明確にされる必要がある。大学での大学図書館組織・機能の位置付けを明確にすることによって，大学図書館に情報専門職を設置するための基盤を形成することが可能となる。

　第四に，図書館・図書館情報学関係団体が個別に活動する傾向から脱するために統合を推進し，設置・教育の総合政策を立案する組織（以下，統合組織という）が必要であることである。第3章，第4章，第6章の分析結果から，自己の所属する団体の視野からのみ立案することは分裂を生み出し，大学図書館専門職員の専門職化には役に立たず，むしろこれを妨げる効果が見られたため

第7章　大学図書館専門職員の設置・教育の施策のあり方

である。したがって，大学図書館専門職員の専門職化を目的とする設置・教育の施策の策定は，大学図書館・図書館情報学関係団体を統合する組織によって策定される必要がある。

　第五に，統合組織においては，大学図書館専門職員は"専門職であるべきだ"という根拠のない心情から脱却している必要がある。第3章での分析結果から，専門職の知識・技術・能力の水準にないにもかかわらず自らを専門職であると称することは外部の人々の信頼喪失につながるためである。大学図書館専門職員の専門職化を目的とする施策の内容は，大学図書館専門職員の客観的評価・研究・効果的教育にもとづく専門職化の実現とその効果の実証に判断基準を置くことが求められる。

　以上が，大学図書館専門職員の専門職化を目的とする設置・教育の施策のあり方である。

　付言すれば，個々の大学は大学図書館を単なる施設・設備ではなく大学の教育研究機能を支える主要な組織・機能のひとつであると位置付けること，さらにはこの大学図書館の位置付けを実質あるものに改革することが求められている。

4　本書の限界と今後の課題

　最後に，本書の限界と今後の課題について述べる。

　本書の限界は，戦後から今日までの大学図書館専門職員に関する歴史的研究の分析結果であることである。つまり歴史的方法でのみ導き出された結果であり，妥当性が検証されていない。同じ方法によって，あるいは別の方法で，これらの分析結果と施策のあり方の妥当性が検証される必要がある。

　今後の研究課題は，次の通りである。

（1）大学図書館情報専門職による大学図書館機能の十分な発揮の検証および大学・大学図書館経営の観点から大学図書館情報専門職の設置の有効性をどのような方法で科学的に実証し，理論化できるか。

（2）日本の大学職員組織および大学図書館組織内における情報専門職の位置付

け，大学図書館職員に占める情報専門職の適切な割合，情報専門職の有効なモデル・ケースをどのように示せるか。

（３）情報通信技術の高度化および大学の国際競争力向上の必要性に対応した大学図書館機能を構築・実現させるためには，大学図書館情報専門職の教育はどのような内容となるか。

（４）大学図書館情報専門職の設置・教育と連動したキャリアパスの整備と労働市場の創出はいかにして可能となるか。

　本書では，大学図書館専門職員の専門職化の観点から戦後日本の大学図書館専門職員に関する論議の展開の整理，法制化による大学図書館専門職員の設置の提案が実現しなかった根本的要因，大学図書館専門職員の設置を妨げた大学関係法令の特性上の要因，大学図書館専門職員の継続・専門教育が欠如している要因を，文献調査による歴史的方法を用いて包括的に分析，検討した。その結果にもとづいて，大学図書館専門職員の専門職化の観点から設置・教育の施策のあり方を考察した。

　以上の分析結果および考察によって，これまで未解決であった大学図書館専門職員の設置を妨げた根本的要因およびその構成要素を解明した。

引用・参考文献一覧

本書において引用ならびに参考にした文献について，一次資料・二次資料別，著者名順に一覧にした。日本語文献は著者名の五十音順，英語文献（英語文献の翻訳書を含む）は著者名のアルファベット順に配列した。

一次資料

基準

大学基準協会「図書館員養成課程基準」（昭和 25 年 4 月 25 日決定）『大学教育における分科教育基準』1953, 大学基準協会，p. 30-31.

大学基準協会「大学図書館基準」（昭和 27 年 6 月 17 日決定）『図書館法規基準総覧』第 2 版，武田英治，山本順一編集責任者，日本図書館協会，2002, p. 477.

大学基準協会「図書館学教育基準」（昭和 29 年 4 月 27 日決定）『大学基準協会会報』No. 21, 1954.7, p. 84-85.

大学基準協会「図書館・情報学基準（1977）」（昭和 52 年 2 月 15 日理事会決定）http://web.keio.jp/~uedas/univlibguide/lisstandard1977.html （参照 2013-13-24）.

大学基準協会「図書館・情報学教育に関する基準およびその実施方法」（昭和 57 年 6 月 1 日改正）『図書館関係法規基準集』日本図書館協会，1983, p. 209-210.

答申等

大蔵省印刷局「勅令第 205 号　帝国大学官制」『官報　号外』（昭和 21 年 4 月 1 日），1946.4, p. 16.

科学技術会議『諮問第 1 号「10 年後を目標とする科学技術振興の総合的基本方策について」に対する答申』（昭和 35 年 10 月 4 日），90p.

科学技術会議『科学技術基本法の制定について　（「10 年後を目標とする科学技術振興の総合的基本方策について」（諮問第 1 号）に対する答申）』（昭和 40 年 12 月 1 日），12p.

科学技術会議『科学技術進行の総合的基本方策に関する意見』（昭和 41 年 8 月

31 日），98p.

科学技術会議「科学技術情報の流通に関する基本的方策について（答申）」『わが国における学術情報政策に関する資料集』細谷新治編，一橋大学経済研究所日本経済統計文献センター，1971, p. 201-235.

科学技術会議「科学技術会議の答申等について」
http://www.mext.go.jp/b_menu/shingi/kagaku/toushin.htm#alist
（参照 2012-02-18）.

科学技術・学術審議会 学術分科会 研究環境基盤部会 学術情報基盤作業部会「学術情報基盤の今後の在り方について（報告）」（平成 18 年 3 月 23 日）
http://www.mext.go.jp/b_menu/shingi/gijyutu/gijyutu4/toushin/06041015/020.pdf （参照 2012-03-04）.

科学技術・学術審議会学術分科会研究環境基盤部会学術情報基盤作業部会「大学図書館の整備について（審議のまとめ）：変革する大学にあって求められる大学図書館像」（平成 22 年 12 月）
http://www.jaspul.org/event/monka_20110712_matome.pdf
（参照 2011-08-22）.

学術審議会「学術振興に関する当面の基本的な施策について：学術審議会第 3 次答申」（学術審議会第 10 号　昭和 48 年 10 月 31 日）『学術月報』Vol.26, 増刊号 No.Ⅲ, 1974.1, p. 1-16.

学術審議会「今後における学術情報システムの在り方について（答申）」（学術審議会第 23 号，昭和 55 年 1 月 29 日）学術審議会，1980.1.
http://web.keio.jp/~uedas/sip/sip5.html （参照 2012-01-05）.

学術審議会『21 世紀を展望した学術研究の総合的推進方策について（答申）』（学術審議会第 13 号，平成 4 年 7 月 23 日）学術審議会，1992, 29p.

学術審議会「大学図書館機能の強化・高度化の推進について（報告）」（平成 5 年 12 月 16 日）
http://www.janul.jp/j/documents/mext/houkoku.html （参照 2014-01-13）.

学術審議会「大学図書館における電子図書館的機能の充実・強化について（建議）」（平成 8 年 7 月 29 日）
http://wwwsoc.nii.ac.jp/anul/j/documents/mext/kengi.html
（参照 2012-02-01）.

これからの図書館の在り方検討協力者会議，『これからの図書館像―地域を支える情報拠点をめざして―（報告）』（平成 18 年 3 月）.
http://www.mext.go.jp/component/b_menu/shingi/toushin/_icsFiles/afieldfile/2009/09/16/1243331_2.pdf （参照 2012-05-27）.

「司書講習等の改善に関することについて（報告）」『日本図書館情報学会誌』Vol. 53, No. 3, 2007.9, p. 177.

生涯学習審議会社会教育分科審議会「社会教育主事，学芸員及び司書の養成，研

引用・参考文献一覧

修等の改善方策について」（平成 8 年 4 月 24 日）
http://www.mext.go.jp/b_menu/hakusho/nc/t19960424001/t19960424001.
html　（参照 2011-08-14）.

人事院事務総長「職員の採用について競争試験を行わない官職について（通知）」
（21-400，昭和 30 年 11 月 1 日）

人事院事務総局任用局長「現に有効な採用候補者名簿の対象となっていない官職
について（通知）」（任企― 448，昭和 32 年 8 月 27 日）

大学基準等研究協議会「大学図書館設置基準要項（答申）」（昭和 40 年 3 月 31
日）『大学図書館の業務分析』全国国立大学図書館長会議編，日本図書館協
会，1968, p. 138-139.

大学審議会「大学教育の改善について（答申）」（平成 3 年 2 月 8 日）『大学の多
様な発展を目指して Ⅰ：大学審議会答申集』高等教育研究会編，ぎょうせ
い，1991, p. 10-41.

大学審議会「高等教育の一層の改善について（答申）」（平成 9 年 12 月 18 日）
http://www.mext.go.jp/b_menu/shingi/12/daigaku/toushin/971201.htm
（参照 2012-02-15）.

大学審議会「21 世紀の大学像と今後の改革方策について（答申）：競争的環境の
中で個性が輝く大学」（平成 10 年 10 月 26 日）
http://www.mext.go.jp/b_menu/shingi/12/daigaku/toushin/981002.htm
（参照 2011-07-28）.

大学審議会「グローバル化時代に求められる高等教育の在り方について（答申）」
（平成 12 年 11 月 22 日）.
http://www.mext.go.jp/b_menu/shingi/12/daigaku/toushin/001101.htm
（参照 2012-02-17）.

「大学設置基準の一部を改正する省令の施行等について」（平成 3 年 6 月 24 日文
高大第 184 号文部事務次官通知）
http://www.mext.go.jp/b_menu/hakusho/nc/t19910624001/t19910624001.
html　（参照 2012-01-10）.

大学評価・学位授与機構「我が国の高等教育の評価」
http://portal.niad.ac.jp/library/1179902_1415.html　（参照 2012-06-17）.

中央教育審議会「大学教育の改善について（答申）」（昭和 38 年 1 月 28 日）
http://www.mext.go.jp/b_menu/shingi/12/chuuou/toushin/630101.htm
（参照　2006-11-24）.

中央教育審議会「今後における学校教育の総合的な拡充整備のための基本的施策
について（答申）」（昭和 46 年 6 月 11 日）
http://www.mext.go.jp/b_menu/shingi/12/chuuou/toushin/710601.htm
（参照 2009-08-01）

中央教育審議会「大学設置基準の改正について（答申）」（中教審第 66 号，平成

299

16 年 2 月 6 日）

http://www.mext.go.jp/b_menu/shingi/chukyo/chukyo0/toushin/04021204.
htm　（参照 2012-03-11).

日本学術会議「大学図書館の整備拡充について（勧告)」（庶発第 354，昭和 36
年 5 月 13 日）『勧告・声明集　第 2 集』日本学術会議，1963, p. 74-75.

日本学術会議「大学における図書館の近代化について（勧告)」（庶発第 806，昭
和 39 年 11 月 17 日）『勧告・声明集 第 3 集』日本学術会議，1967, p. 52-55.

日本学術会議学術基盤情報常置委員会「学術基盤情報常置委員会報告　学術資料
の管理・保存・活用体制の確立および専門職員の確保とその養成制度の整備
について」（平成 15 年 6 月 24 日）

文部科学省生涯学習政策局長決定，「『これからの図書館の在り方検討協力者会
議』設置要綱」（平成 17 年 4 月 18 日）

http://warp.ndl.go.jp/info:ndljp/pid/286794/www.mext.go.jp/b_menu/
houdou/18/04/06032701/007/009.htm　（参照 2012-05-27).

文部科学省「図書館法施行規則の一部を改正する省令及び博物館法施行規則の一
部を 改正する省令等の施行について（通知)」（21 文科生第 6175 号，平成
21 年 4 月 30 日）

http://www.mext.go.jp/component/a_menu/education/detail/_icsFiles/
afieldfile/2009/07/03/1266312_1.pdf　（参照 2011-08-21).

文部省管理局教育施設部「大学図書館施設計画要項」『大学図書館』岩猿敏生，
雄山閣出版，1976, p. 261-288.

臨時教育審議会『教育改革に関する第二次答申』臨時教育委員会編，大蔵省印刷
局，1986, 148p.

臨時教育審議会編『教育改革に関する第三次答申』大蔵省印刷局，1987, 153p.

統計

文部省『昭和 41 年度大学図書館実態調査結果報告』（昭和 41 年 5 月 1 日現在)，
p. 13, 14, 19-24.

文部省『昭和 42 年度大学図書館実態調査結果報告』（昭和 42 年 5 月 1 日現在)，
p. 26, 27, 36-41.

文部省『昭和 43 年度大学図書館実態調査結果報告』（昭和 43 年 5 月 1 日現在)，
p. 26, 27, 36-41.

文部省『昭和 44 年度大学図書館実態調査結果報告』（昭和 44 年 5 月 1 日現在)，
p. 24, 25, 28-30.

文部省『昭和 45 年度大学図書館実態調査結果報告』（昭和 45 年 5 月 1 日現在)，
p. 26, 27, 36-40.

文部省『昭和 46 年度大学図書館実態調査結果報告』（昭和 46 年 5 月 1 日現在)，

引用・参考文献一覧

　　　p. 23, 30-34.

文部省『昭和 47 年度大学図書館実態調査結果報告』（昭和 47 年 5 月 1 日現在），
　　　p. 23-26, 30-34.

文部省『昭和 48 年度大学図書館実態調査結果報告』（昭和 48 年 5 月 1 日現在），
　　　p. 26, 27, 36-39.

文部省『昭和 49 年度大学図書館実態調査結果報告』（昭和 49 年 5 月 1 日現在），
　　　p. 26-29, 36-39.

文部省『昭和 50 年度大学図書館実態調査結果報告』（昭和 50 年 5 月 1 日現在），
　　　p. 24-27, 34-37.

文部省『昭和 51 年度大学図書館実態調査結果報告』（昭和 51 年 5 月 1 日現在），
　　　p. 26-31.

文部省『昭和 52 年度大学図書館実態調査結果報告』（昭和 52 年 5 月 1 日現在），
　　　p. 28-33.

文部省『昭和 53 年度大学図書館実態調査結果報告』（昭和 53 年 5 月 1 日現在），
　　　p. 32-39.

文部省『昭和 54 年度大学図書館実態調査結果報告』（昭和 54 年 5 月 1 日現在），
　　　p. 24-28.

文部省『昭和 55 年度大学図書館実態調査結果報告』（昭和 55 年 5 月 1 日現在），
　　　p. 24-28.

文部省『昭和 56 年度大学図書館実態調査結果報告』（昭和 56 年 5 月 1 日現在），
　　　p. 26-30.

文部省『昭和 57 年度大学図書館実態調査結果報告』（昭和 57 年 5 月 1 日現在），
　　　p. 26-30.

文部省『昭和 58 年度大学図書館実態調査結果報告』（昭和 58 年 5 月 1 日現在），
　　　p. 34-39.

文部省『昭和 59 年度大学図書館実態調査結果報告』（昭和 59 年 5 月 1 日現在），
　　　p. 34-39.

文部省『昭和 60 年度大学図書館実態調査結果報告』（昭和 60 年 5 月 1 日現在），
　　　p. 34-39.

文部省『昭和 61 年度大学図書館実態調査結果報告』（昭和 61 年 5 月 1 日現在），
　　　p. 34-39.

文部省『昭和 62 年度大学図書館実態調査結果報告』（昭和 62 年 5 月 1 日現在），
　　　p. 34-39.

文部省『昭和 63 年度大学図書館実態調査結果報告』（昭和 63 年 5 月 1 日現在），
　　　p. 36-41.

文部省『昭和 64 年度大学図書館実態調査結果報告』（昭和 64 年 5 月 1 日現在），
　　　p. 36- 41.

文部省『平成 2 年度大学図書館実態調査結果報告』（平成 2 年 5 月 1 日現在），p.

36-41.

文部省『平成 3 年度大学図書館実態調査結果報告』（平成 3 年 5 月 1 日現在），p. 36-41.

文部省『平成 4 年度大学図書館実態調査結果報告』（平成 4 年 5 月 1 日現在），p. 38-43.

文部省『平成 5 年度大学図書館実態調査結果報告』（平成 5 年 5 月 1 日現在），p. 38-43.

文部省『平成 6 年度大学図書館実態調査結果報告』（平成 6 年 5 月 1 日現在），p. 38-43.

文部省『平成 7 年度大学図書館実態調査結果報告』（平成 7 年 5 月 1 日現在），p. 38-43.

文部省『平成 8 年度大学図書館実態調査結果報告』（平成 8 年 5 月 1 日現在），p. 38-43.

文部省『平成 9 年度大学図書館実態調査結果報告』（平成 9 年 5 月 1 日現在），p. 14-19.

文部省『平成 10 年度大学図書館実態調査結果報告』（平成 10 年 5 月 1 日現在），p. 14-19.

文部省『平成 11 年度大学図書館実態調査結果報告』（平成 11 年 5 月 1 日現在），p. 14-19.

文部省『平成 12 年度大学図書館実態調査結果報告』（平成 12 年 5 月 1 日現在），p. 14-19.

文部省『平成 13 年度大学図書館実態調査結果報告』（平成 13 年 5 月 1 日現在），p. 14-19.

文部省『平成 14 年度大学図書館実態調査結果報告』（平成 14 年 5 月 1 日現在），p. 12-15 18. 19.

文部省『平成 15 年度大学図書館実態調査結果報告』（平成 15 年 5 月 1 日現在），p. 12-15 18, 19.

文部省『平成 16 年度大学図書館実態調査結果報告』（平成 16 年 5 月 1 日現在），p. 12-15, 18. 19.

文部科学省『平成 17 年度学術情報基盤実態調査結果報告』（平成 17 年 5 月 1 日現在），p. 18-21, 24. 25.

文部科学省『平成 18 年度学術情報基盤実態調査結果報告』（平成 18 年 5 月 1 日現在），p. 18-23.

文部科学省『平成 19 年度学術情報基盤実態調査結果報告』（平成 19 年 5 月 1 日現在），p. 18-23.

文部科学省『平成 20 年度学術情報基盤実態調査結果報告』（平成 20 年 5 月 1 日現在），p. 22-27.

文部科学省『平成 21 年度学術情報基盤実態調査結果報告』（平成 21 年 5 月 1 日

引用・参考文献一覧

現在）, p. 22-27.

文部科学省「資料編」『データからみる日本の教育　2006』
http://www.mext.go.jp/b_menu/shuppan/toukei/06122122.htm
（参照 2008-12-03）.

文部科学省「明治 6 年以降 5 か年ごと学校統計」
http://www.mext.go.jp/b_menu/hakusho/html/others/detail/1318194.htm
（参照 2013-03-03）.

議事録等
日本図書館協会

「昭和 25 年度日本図書館協会大学図書館部会議事要録：於京大昭和 25 年 5 月 25,
　　6 日」『図書館雑誌』Vol. 44, No. 11, 12, 1950.12, p. 248-250.

「第 6 回全国図書館大会　大学図書館部会」『図書館雑誌』Vol. 47, No. 7, 1953.7,
　　p.45-48.（昭和 28 年（1953）6 月 24 日開催）

「第 7 回全国図書館大会議事録　大学図書館部会報告」『図書館雑誌』Vol. 48, No.
　　7, 1954.7, p. 14-15.

「昭和 30 年度全国図書館大会全体会議　大学図書館部会報告」『図書館雑誌』
　　Vol. 49, No. 8, 1955.8, p. 41-42.

「昭和 31 年度全国図書館大会　大学図書館部会」『図書館雑誌』Vol. 50, No. 7,
　　1956.7, p. 246-254.

「昭和 32 年度全国図書館大会　議事録　大学図書館部会」『図書館雑誌』Vol. 51,
　　No. 7, 1957.7, p. 294-296.

「昭和 32 年度社団法人日本図書館協会総会　議事録　大学図書館部会議事録」
　　『図書館雑誌』Vol. 51, No. 7, 1957.7, p. 337-339.

「昭和 34 年度全国図書館大会　議事録　大学図書館部会」『図書館雑誌』Vol. 53,
　　No. 8, 1959.8, p. 270-276.

「昭和 34 年度全国図書館大会　議事録　全体会議　大学図書館部会」『図書館雑
　　誌』Vol. 53, No. 8, 1959.8, p. 301-302.

「社団法人日本図書館協会　昭和 34 年度総会議事録　大学図書館部会」『図書館
　　雑誌』Vol. 53, No. 8, 1959.8, p. 340-342.

「昭和 34 年度事業報告　大学図書館部会」『図書館雑誌』Vol. 54, No. 8, 1960.8, p.
　　329-330.

「昭和 35 年度全国図書館大会議事録　大学図書館部会」『図書館雑誌』Vol. 54,
　　No. 8, 1960.8, p. 258-261.

「社団法人日本図書館協会　昭和 35 年度総会議事録　大学図書館部会」『図書館
　　雑誌』Vol. 54, No. 8, 1960.8, p. 320-321.

「昭和 35 年度事業報告」『図書館雑誌』Vol. 55, No. 8, 1961.8, p. 251.

「社団法人日本図書館協会　昭和 36 年度総会議事録」他『図書館雑誌』Vol. 55,
　　No. 8, 1961.8, p. 234-270. （昭和 36 年（1961）5 月 24 日開催）

「昭和 36 年度部会報告」『図書館雑誌』Vol. 56, No. 7, 1962.7, p. 334.

「日本図書館協会　創立 70 周年記念　全国図書館大会　議事録 東京 1961」他
　　『図書館雑誌』Vol. 56, No. 2, 1962.2, p. 35-173. （昭和 36 年（1961）11 月 8,
　　9 日開催）

「社団法人日本図書館協会　昭和 37 年度総会議事録」他『図書館雑誌』Vol. 56,
　　No. 7, 1962.7, p. 319-346. （昭和 37 年（1962）5 月 24 日開催）

「昭和 37 年全国図書館大会　全体会議記録」他『図書館雑誌』Vol. 57, No. 3,
　　1963.3, p. 82-141. （昭和 37 年（1962）11 月 14 日開催）

「社団法人日本図書館協会　昭和 38 年度総会議事録」他『図書館雑誌』Vol. 57,
　　No. 7, 1963.7, p. 336-358.

「部会のページ　大学図書館部会」『図書館雑誌』Vol. 57, No. 9, 1963.9, p. 431.

「昭和 39 年度事業計画　大学図書館部会」『図書館雑誌』Vol. 58, No. 4, 1964.4, p.
　　165.

「昭和 38 年全国図書館大会記録　大学図書館部会」『図書館雑誌』Vol. 58, No. 5,
　　1964.（臨時増刊), p. 212-215, 211. （昭和 38 年（1963）11 月 6 日開催）

「昭和 39 年全国図書館大会記録　第 3 部会　図書館専門職員の養成はいかにすべ
　　きか」『図書館雑誌』Vol. 58, No. 13, 1964.12, p. 583-586.

「昭和 39 年全国図書館大会記録　大学図書館部会」『図書館雑誌』Vol. 58, No. 13,
　　1964.12, p. 608-609.

「会勢一般報告　昭和 38 年度　大学図書館部会」『図書館雑誌』Vol. 58, No. 9,
　　1964.8, p. 415.

「昭和 39 年度社団法人日本図書館協会議事録　同部会総会記録　大学図書館部
　　会」『図書館雑誌』Vol. 58, No. 9, 1964.8, p. 408-409.

「会勢一般報告　昭和 39 年度　大学図書館部会」『図書館雑誌』Vol. 59, No. 8,
　　1965.8, p. 367.

「昭和 40 年度社団法人日本図書館協会総会議事録　大学図書館部会」『図書館雑
　　誌』Vol. 59, No. 8, 1965.8, p. 358-361.

「昭和 40 年度全国図書館大会記録　大学図書館部会」『図書館雑誌』Vol. 59, No.
　　12, 1965.12, p. 543-549.

「会勢一般報告　昭和 41 年度　大学図書館部会」『図書館雑誌』Vol. 60, No. 7,
　　1966.7, p. 298-300.

「昭和 41 年度　部会総会記録　大学図書館部会」『図書館雑誌』Vol. 60, No. 8,
　　1966.8, p. 346-348.

「昭和 41 年度全国図書館大会記録　大学図書館部会」『図書館雑誌』Vol. 60, No.
　　12, 1966.12, p. 529-532.

「昭和 42 年度社団法人日本図書館協会総会議事録　大学図書館部会」『図書館雑

誌』Vol. 61, No. 8, 1967.8, p. 359-361.

「昭和 45 年度報告」『図書館雑誌』Vol. 65, No. 8, 1971.8, p. 418-419.

国立大学図書館長会議
（非公開資料，出版者・出版年・ページ数不明）

「司書職制度に関する特別委員会報告」『第 13 次（昭和 41 年度）館長会議第 1 回
委員会　議事要録　附　司書職制度に関する特別委員会報告　大学図書館の
業務分析　大学図書館員の研修について　物管法上の図書の取扱い（研究方
針案）昭和 41 年 4 月』開催日 1966.4.25.

『全国国立大学図書館長会議記録　昭和二十九年十月十一日　会場校　横浜国立
大学』開催日　1954.10.11.

『第 2 次全国国立大学図書館長会議議事要録』開催日　1955.11.7.

『第 3 次全国国立大学図書館長会議議事要録』開催日　1956.10.27.

『第 4 次全国国立大学図書館長会議議事要録』開催日　1957.10.25.

『第 5 次全国国立大学図書館長会議議事要録』開催日　1958.10.29.

『第 6 次全国国立大学図書館長会議議事要録』開催日　1959.10.27.

『第 7 次全国国立大学図書館長会議議事要録』開催日　1960.10.8.

『第 8 次全国国立大学図書館長会議議事要録』開催日　1961.10.13.

『第 8 次全国国立大学図書館長会議　要望事項　会場館　広島大学附属図書館』

『第 9 次全国国立大学図書館長会議議事要録』開催日　1962.10.12.

『第 9 次全国国立大学図書館長会議　要望事項　文部省に対する要望事項　国立
大学協会に対する要望事項　会場館　大阪大学附属図書館』1962.12.24.

『第 10 次全国国立大学図書館長会議議事要録』開催日　1963.10.10.

『第 10 次全国国立大学図書館長会議　要望事項　文部省に対する要望事項　国立
大学協会に対する要望事項　会場館　東北大学附属図書館』

『第 11 次全国国立大学図書館長会議議事要録』開催日　1964.10.15.

『第 12 次全国国立大学図書館長会議議事要録』開催日　1965.6.30-7.1.

『第 13 次（昭和 41 年度）館長会議第 1 回委員会　議事要録　附　司書職制度に
関する特別委員会報告　大学図書館の業務分析　大学図書館員の研修につい
て　物管法上の図書の取扱い（研究方針案）昭和 41 年 4 月』開催日
1966.4.25.

『第 13 次全国国立大学図書館長会議議事録』開催日　1966.6.28-29.

『第 14 次全国国立大学図書館長会議議事要録』開催日　1967.6.20-22.

『昭和 43 年度＜第 15 次＞　全国国立大学図書館長会議　昭和 43 年 6 月 5 日＜水＞
～ 7 日＜金＞　会場・東京大学』開催日　1968.6.5-7.

『第 16 回総会　国立大学図書館協議会　昭和 44 年 6 月 3 日＜火＞～ 5 日＜木＞
会場・千葉大学』開催日　1969.6.3-5.

『第 17 回総会　国立大学図書館協議会　期日・昭和 45 年 9 月 30 日（水）〜 10
　　月 1 日（木）　会場・高野山大学講堂　京都大学』開催日　1970.9.30-10.1.

私立大学図書館協会

私立大学図書館協会『第一回　全国私立大学図書館実態調査　昭和二十六年三月
　　三十一日調』私立大学図書館協会，1951, 30p.

私立大学図書館協会史編纂委員会編『私立大学図書館協会史：東京私立大学図書
　　館協議会より第十五回総会まで』私立大学図書館協会，1956, 90p.

私立大学図書館総覧編纂委員会『私立大学図書館総覧』（昭和 31 年度版，第 1
　　本表篇，第 2　見取図篇）私立大学図書館協会，1957

私立大学図書館総覧編纂委員会『私立大学図書館総覧』（昭和 35 年度版，第 1 分
　　冊　本表篇，第 2 分冊　総括表及び実態篇，別冊　館舎見取図篇）私立大学
　　図書館協会，1961-1962

私立大学図書館協会研修，及び司書職に関する委員会『私立大学図書館司書職実
　　態調査』私立大学図書館協会，1960, 26, 17p.

私立大学図書館協会史編纂委員会編『私立大学図書館協会史 II　第 16 回総・大
　　会から第 30 回総・大会まで』私立大学図書館協会，1978, 108p.

三谷栄一他「大学図書館の専門職について」（私立大学図書館協会第 29 回総大会
　　［昭和 43 年 8 〜 9 月於東京］記録）『私立大学図書館協会会報』Vol. 51,
　　1968.12, p. 44-74.

その他

愛知淑徳大学「大学院（2012 年度以前）」
　　http://www.aasa.ac.jp/faculty/graduate2012/index.html#Literature
　　（参照 2013-05-24）.

大蔵省印刷局編『職員録』（昭和 33 年版　上）大蔵省印刷局，1958, p. 463.

大蔵省印刷局編『職員録』（昭和 37 年版　上）大蔵省印刷局，1962, p. 453.

大阪市立大学大学院「創造都市研究科とは」
　　http://www.gscc.osaka-cu.ac.jp/abstract_gscc/index.html
　　（参照 2012-03-04）.

大阪教育大学「平成 24 年度大学院教育学研究科（修士課程）学生募集要項」
　　http://osaka-kyoiku.ac.jp/_file/nyushi/h24/youkou/shushi_youkou_24.pdf
　　（参照 2012-03-04）.

金沢工業大学図書館「沿革」
　　http://www.kanazawa-it.ac.jp/kitlc/page3/a02.html　（参照 2012-02-29）.

金沢工業大学図書館「サブジェクトライブラリアン（SL）」

引用・参考文献一覧

http://www.kanazawa-it.ac.jp/kitlc/　（参照 2012-02-29）.

九州大学「沿革・歴史」

http://www.kyushu-u.ac.jp/university/data/history.php　（参照 2013-03-03）.

京都大学大学院教育学研究科「平成 24 年度京都大学大学院教育学研究科修士課
　程教育科学専攻（専修コース）学生募集要項」

http://www.educ.kyoto-u.ac.jp/cms/uploads/2011/11/senshu.pdf
　（参照 2012-03-04）.

京都大学附属図書館編「附録　2. 歴代司書官・事務長」『京都大学附属図書館六
　十年史』京都大学附属図書館 1961, p.295.

http://ddb.libnet.kulib.kyoto-u.ac.jp/60his/7_FUROKU.html#2
　（参照 2006-09-02）.

慶応義塾大学文学部・慶応義塾大学大学院文学研究科「図書館・情報学専攻」

http://www.flet.keio.ac.jp/slis/overview/index.html　（参照 2013-05-05）.

慶應義塾大学大学院文学研究科「図書館・情報学専攻」

http://www.flet.keio.ac.jp/slis/graduate2/index.html　（参照 2012-02-28）.

慶應義塾大学文学部・慶應義塾大学大学院文学研究科「社会人大学院　概容」

http://www.flet.keio.ac.jp/slis/graduate2/index.html　（参照 2012-03-04）.

公立大学協会図書館協議会「協議会概要」

http://wwwsoc.nii.ac.jp/pula/kyougikai.htm　（参照 2009-08-05）.

国立情報学研究所「沿革」

http://www.nii.ac.jp/about/overview/history/　（参照 2013-05-21）.

国立情報学研究所「NII について」

http://www.nii.ac.jp/about/history/　（参照 2011-07-29）.

「CiNii: NII Scholarly and Academic Information Navigator」（国立情報学研究所
　論文情報ナビゲータ）

http://ci.nii.ac.jp/　（参照 2007-12-17）.

情報科学技術協会「2012 年度　情報検索能力試験のお知らせ」

http://www.infosta.or.jp/shiken/shikentop.html　（2012-12-18）

「全国国立大学図書館長会議議題一覧（昭和 29 年度～昭和 41 年度）」

http://wwwsoc.nii.ac.jp/janul/j/publications/50kinen/15.pdf　（参照 2006-
09-02）.

駿河台大学「メディア情報学部」

http://www.surugadai.ac.jp/gakubu_in/media/　（参照 2012-04-23）.

政府統計の総合窓口「年次統計」

http://www.e-stat.go.jp/SG1/estat/List.do?bid=000001015843　（参照 2013-
12-11）.

「全国国立大学図書館長会議議題一覧（昭和 29 年度～昭和 41 年度）」

http://wwwsoc.nii.ac.jp/janul/j/publications/50kinen/15.pdf

307

（参照 2006-09-02）.

大学図書館コンソーシアム連合：JUSTICE（Japan Alliance of University Library Consortia for E-Resources）

http://www.nii.ac.jp/content/justice/documents/JUSTICE_leaflet_J_201201.pdf （参照 2012-03-03）.

大学図書館支援機構「過去の試験結果」

http://www.iaal.jp/IAAL_HPver5/kako.html （参照 2012-02-29）.

大学図書館支援機構「設立の趣旨」

http://www.iaal.jp/about/syushi.html （参照 2012-02-29）.

大学図書館支援機構「法人概要」

http://www.iaal.jp/about/about.html （参照 2012-02-29）.

筑波大学「図書館情報専門学群」

http://www.slis.tsukuba.ac.jp/school/（参照 2013-05-05）.

筑波大学大学院図書館情報メディア研究科「図書館情報メディア研究科パンフレット 2004」

http://www.slis.tsukuba.ac.jp/grad/pamphlet/Pamphlet04/Access.pdf （参照 2012-03-04）.

東京大学附属図書館「東京大学附属図書館年表」

http://www.lib.u-tokyo.ac.jp/sogoto/history.pdf （参照 2013-03-09）.

東京大学附属図書館「歴代館長／図書館年表」

http://www.lib.u-tokyo.ac.jp/koho/gaiyo/history.html （参照 2006-12-04）.

東北大学「沿革」

http://www.tohoku.ac.jp/japanese/profile/about/02/about0203/ （参照 2013-03-03）.

日本医学図書館協会「会員館一覧（2013.10.29 現在）」

http://plaza.umin.ac.jp/~jmla/jmlalink/index.html （参照 2014-01-10）.

日本医学図書館協会「認定資格制度」

http://plaza.umin.ac.jp/~jmla/nintei/shinsei_youken.html （参照 2013-05-08）.

日本医学図書館協会「ヘルスサイエンス情報専門員認定資格規定」

http://plaza.umin.ac.jp/~jmla/nintei/ninteishikaku_kitei.html （参照 2013-05-08）.

日本学術会議「8－運営－166　日本学術会議第五期会員選挙当選人氏名」（1959.11.23）『日本学術会議運営審議会資料　自第 160 回　至第 166 回』日本学術会議（製本資料　出版年なし）

日本学術会議編「第 5 期　日本学術会議会員名簿」「資料編　第 5 期（昭 35.1.20 ～昭 38.1.19）」『日本学術会議五十年史』日本学術会議 1999, p. 280-281

法庫「文部省組織令の一部を改正する政令」（政令第 208 号，昭和 49 年 6 月 14 日）

http://www.houko.com/00/02/S49/208.HTM （参照 2013-03-09）.

北海道大学「北海道大学概要　沿革」
　　http://www.hokudai.ac.jp/bureau/gaiyou/2012/history/index.html
　　（参照 2013-03-30）.
北海道大学附属図書館「沿革」http://www.lib.hokudai.ac.jp/about/history/
　　（参照 2013-03-30）.
文部科学省「司書養成科目開講大学一覧」（平成 24 年 4 月 1 日現在）
　　http://www.mext.go.jp/a_menu/shougai/gakugei/shisyo/04040502.htm
　　（参照 2012-07-26）.

Albany, State University of New York, "College of Computing and Information"
　　http://www.albany.edu/graduate/cci_graduate_programs.php
　　（参照 2012-03-15）.
American Library Association（ALA）, "Alphabetical List of Institutions with
　　ALA-Accredited Programs"
　　http://www.ala.org/accreditedprograms/directory/alphalist
　　（参照 2012-03-15）.
Budapest Open Access Initiative, "Read the Budapest Open Access Initiative"
　　http://www.soros.org/openaccess/read　（参照 2012-03-03）.
Ex Libris, "SFX: the Open URL link resolver and much more"
　　http://www.exlibrisgroup.com/category/SFXOverview　（参照 2012-02-24）.
International Organization for Standardization（ISO）, ISO 11620
　　http://www.iso.org/iso/iso_catalogue/catalogue_ics/catalogue_detail_ics.
　　htm?csnumber=37853　（参照 2012-02-12）.
Library Association, "Professional and Non-professional Duties in Libraries: A
　　Descriptive List," The Library Association, 1962. 77p.
Medical Library Association（MLA）, "The Academy of Health Information Pro-
　　fessionals"
　　http://www.mlanet.org/academy/　（参照 2012-12-24）.
Ministry of Education, Culture, Sports, Science and Technology, Japan, "(3) Re-
　　port of the United States Education Mission to Japan"
　　http://www.mext.go.jp/b_menu/hakusho/html/others/detail/1317419.htm
　　（参照 2013-11-17）.
The National Information Standards Organization, "NISO Standards Z39.88"
　　http://webcache.googleusercontent.com/search?q=cache:-PHWnY4AUcAJ:www.
　　niso.org/kst/reports/standards%3Fstep%3D2%26project_key%3Dd5320409c5
　　160be4697dc046613f71b9a773cd9e+OpenURL+NISO&cd=1&hl=ja&ct=clnk
　　&gl=jp&client=firefox-a　（参照 2012-02-24）.

School of Information, University of Michigan, "Prospective Students"
　　http://www.si.umich.edu/quicklinks/prospective-students
　　（参照 2012-03-15）.

二次資料
日本語文献
青木次彦「Ⅵ　私立大学図書館」『図書館界』Vol. 19, No. 4, 1967.11, p. 169-171.
青野伊予児「大学図書館のこの 1 年」『図書館雑誌』Vol. 49, No. 12, 1955. 12, p.
　　422.
芦谷清他「座談会　戦後 21 年をこう受けとめる」『図書館雑誌』Vol. 60, No. 8,
　　1966.8, p. 332-338.
天城勲, 天野郁夫, 木田宏, 佐野文一郎, 大崎仁, 黒羽亮一「座談会　戦後大学
　　政策の展開」『IDE』Vol. 351, 1993.12, p. 5-45.
天野郁夫『高等教育の日本的構造』玉川大学出版部, 1986, 277p.
天野郁夫「大学の内部組織：その 3　教育上・研究上・管理運営上の組織」『IDE』
　　Vol. 351, 1993.12, p. 72-80.
天野郁夫『大学改革の社会学』玉川大学出版部, 2006, 284p.
雨森弘行「大学図書館職員をめぐる諸問題」『現代の図書館』Vol. 9, No. 2,
　　1971.6, p. 97-102.
安西郁夫「大学図書館員の養成と研修」『大学図書館の管理運営：第 2 回日米大
　　学図書館会議応募論文集』大学図書館国際連絡委員会, 1972, p. 73-81.
飯澤文夫「明治大学図書館におけるアウトソーシング：サービスの拡大・多様
　　化・高度化に向けて」『情報の科学と技術』Vol. 57, No. 7, 2007.7, p. 331-336.
飯島宗一「大学政策と国立大学」『IDE』Vol. 351, 1993.12, p. 46-52.
飯野達郎「国立学校図書専門職員の任用等について」『現代の図書館』Vol. 9, No.
　　2, 1971.6, p. 88-92.
池田剛透, 小田切夕子「『司書試験』実施に関するアンケート報告書」『図書館雑
　　誌』Vol. 93, No. 6, 1999.6, p. 456.
石井啓豊「学術情報センターの活動と大学図書館」『現代の図書館』Vol. 26, No.
　　3, 1988.9, p. 145-148.
板寺一太郎「司書職優遇の根拠」『図書館雑誌』Vol. 58, No.7, 1964.6, p. 325-327.
市川昭午『専門職としての教師』明治図書出版, 1969, 262p.
市川昭午「図書館員の専門職性」『図書館雑誌』Vol. 64, No. 11, 1970.11, p. 521-
　　524.
市川昭午『教育行政の理論と構造』教育開発研究所, 1975, 421p.
市川昭午『未来形の大学』玉川大学出版, 2001, 265p.
逸村裕, 竹内比呂也編『変わりゆく大学図書館』勁草書房, 2005, 232p.

引用・参考文献一覧

伊藤四十二「近代的大学図書館のあり方」『学術月報』Vol. 17, No.6, 1964.9, p. 12-14.

伊藤四十二「大学図書館に関する文部省令『大学設置基準』の改正ならびに『大学図書館設置基準要項』の作成について」『図書館雑誌』Vol. 59, No. 7, 1965.7, p. 258-261.

伊藤四十二「1年の回顧と展望　大学図書館」『図書館雑誌』Vol. 59, No. 12, 1965.12, p. 507-508.

伊藤四十二「1年の回顧と展望　大学図書館界」『図書館雑誌』Vol. 60, No. 12, 1966.12, p. 483-485.

糸賀雅児「大学図書館における経営管理と統計情報」『大学図書館研究』No. 21, 1982.12, p. 96-106.

糸賀雅児「雇用多様化の時代における図書館専門職の養成」『図書館雑誌』Vol. 101, No. 11, 2007.11, p. 737-740.

井上琢智, 永田治樹, 中本誠, 片山淳「今, 新たな大学図書館のミッションを考える」『私立大学図書館協会会報』No. 127, 2007.3, p. 180-192.

井上如「大学図書館の経営管理」『学術月報』Vol. 29, No. 9, 1976.12, p. 601-606.

猪口孝, 大澤真幸, 岡沢憲芙, 山本吉宣, リード, スティーブン・R, 『政治学事典』弘文堂, 2000, p. 228.

今井登志喜『歴史学研究法』東京大学出版会, 1953, 148p.

入江伸「図書館システムの現状と課題：次期業務モデルと大学図書館間の協力体制の確立構想へ向けて」『情報の科学と技術』Vol. 51, No. 2, 2001.2, p. 121-126.

岩猿敏生「図書館学論の進展」『図書館雑誌』Vol. 50, No. 1, 1956.1, p. 7-9.

岩猿敏生「図書館学における体系と方法」『図書館学会年報』Vol. 4, No. 2, 1957.9, p. 1-8.

岩猿敏生「大学図書館における司書職の問題」『図書館雑誌』Vol. 52, No. 2, 1958.2, p. 46-47.

岩猿敏生「国立大学の図書行政の現状と問題点」『図書館雑誌』Vol. 52, No. 5, 1958.5, p. 134-137.

岩猿敏生「図書館学と実践」『図書館界』Vol. 10, No. 2, 1958.6, p. 33-37.

岩猿敏生「図書館史」『図書館界』Vol. 11, No. 2, 1959.8, p. 33-37.

岩猿敏生「国立大学図書館専門職員採用試験について」『図書館雑誌』Vol. 54, No. 4, 1960.4, p. 114-117.

岩猿敏生「国立大学図書館改善要項」の諸問題」『図書館界』Vol. 13, No. 6, 1962.3, p. 195-198.

岩猿敏生「戦後における大学図書館研究史（1）」『図書館界』Vol. 14, No. 1, 1962.4, p. 1-7.

岩猿敏生「戦後における大学図書館研究史（2）」『図書館界』Vol. 14, No. 3,

1962.8, p. 83-89.

岩猿敏生「大学図書館改善総合委員会報告」『図書館雑誌』Vol. 57, No. 8, 1963.8, p. 388-390.

岩猿敏生「大学図書館近代化運動の流れのもとに」『図書館雑誌』Vol. 61, No. 8, 1967.8, p. 324-326.

岩猿敏生「国立大学図書館の百年」『現代の図書館』Vol. 6, No. 4, 1968.12, p. 186-191.

岩猿敏生「大学図書館の職員制度」『図書館学会年報』Vol. 17, No. 2, 1972a.2, p. 1-8.

岩猿敏生「アメリカの大学図書館における academic status の問題」『大学図書館研究』No.1, 1972b.12, p. 3-12.

岩猿敏生「戦後の大学図書館における職員の問題：司書職制度確立運度を中心に」『大学図書館の管理運営：第2回日米大学図書館会議応募論文集』大学図書館国際連絡委員会, 1972c, p. 63-72.

岩猿敏生「日本の大学図書館における職員問題」『大学図書館研究』Vol. 2, 1973.8, p. 82-87.

岩猿敏生「大学図書館員の育成と図書館学教育」『Library and Information Science』11, 1973.12, p. 74-75.

岩猿敏生「大学図書館組織論」『図書館界』Vol. 25, No. 4, 1973.12, p. 124-132.

岩猿敏生「第3回日米大学図書館会議について」『大学図書館研究』Vol. 8, 1976.3, p. 107-110.

岩猿敏生『大学図書館』雄山閣出版, 1976, 295p.

岩猿敏生「Philosophy of Librarianship について」『図書館学』Vol. 30, 1977.3, p. 11-16.

岩猿敏生「戦後の大学図書館における司書職制度問題に関する史的展望」『大学図書館研究』Vol. 11, 1977.10, p. 63-74.

岩猿敏生「プロフェッションとしての大学図書館員の問題」『図書館雑誌』Vol. 72, No. 10, 1978.10, p. 501-504.

岩猿敏生「大学図書館長論」『図書館界』Vol. 34, No. 1, 1982.5, p. 88-93.

岩猿敏生「『21 世紀への大学図書館シンポジウム』に参加して」『図書館界』Vol. 38, No. 1, 1986.5, p. 39-41.

岩猿敏生「ライブラリアンシップと国際性」『図書館界』Vol. 38, No. 5, 1987.1, p. 205-209.

岩猿敏生「わが国における図書館学教育の諸形態と問題点」『文化学年報』37, 1988.3, p. 1-22.

岩猿敏生「日本における図書館学の歩み」『Library and Information Science』No. 31, 1993, p. 133-142.

岩猿敏夫『日本図書館史概説』日外アソシエーツ, 2007, 248p.

岩猿敏生，大城善盛，浅野次郎『大学図書館の管理と運営』日本図書館協会，
　　1992, 247p.

上島順二郎「大学図書館職員講習会および大学図書館専門職員長期研修につい
　　て」『学術月報』Vol. 23, No. 9, 1970. 12, p. 2-5.

上田修一「日本の大学図書館の OPAC の現状」『図書館学会年報』Vol. 41, No. 2,
　　1995.6, p. 81-88.

上田修一「図書館情報学教育と図書館員の現職者教育」『図書館情報専門職のあ
　　り方とその養成』勉誠出版，2006, p. 199-217.

上田修一，根本彰「情報専門職の養成に向けた図書館情報学教育体制の再構築に
　　関する総合的研究」（最終報告書）『日本図書館情報学会誌』Vol. 52, No. 2,
　　2006.6, p. 101-128.

上田修一，根本彰「情報専門職の養成に向けた図書館情報学教育体制の再構築
　　研究班の最終報告会記録」『日本図書館情報学会誌』Vol. 52, No. 4, 2006.12,
　　p. 257-271.

うえの・すすむ「大学図書館の二つの問題」『図書館雑誌』Vol. 49, No. 7, 1955.7,
　　p. 217-219.

植松貞夫「大学図書館における電子ジャーナルとその展望」『図書館雑誌』Vol.
　　103, No. 11, 2009.11, p. 756-758.

植松民也「『図書館学教育改善試案』の問題点」Vol. 67, No. 2, 1973.2, p. 70-71.

牛崎進「大学図書館サービスに係わるインフラの変動：図書館組織の 21 世紀対
　　応」『大学図書館研究』No. 60, 2001.2, p. 8-23.

牛崎進「変革期における大学図書館経営」『専門図書館』No.208, 2004, p.19-27.

牛崎進「アウトソーシングと大学図書館論」『情報の科学と技術』Vol. 57, No. 7,
　　2007.7, p. 320-324.

宇舵則彦「ディスカバリーサービスに関する少し長いつぶやき」
　　http://www.dl.slis.tsukuba.ac.jp/DLjournal/No_43/2-uda/2-uda.pdf
　　（参照 2013-04-30）.

内山義郎，高橋正明「図書館の職位分類制（職階制）：ALA・大学図書館の職位
　　分類制と給与制度（一九四七年版）の紹介」『早稲田大学図書館紀要』Vol.
　　2, 1963.12, p. 75-96.

内山義郎「大学図書館の階級制について」『私立大学図書館協会会報』No. 45,
　　1965.10, p. 64-69.

梅澤貴典「アメリカの大学図書館における資金調達」『情報の科学と技術』Vol.
　　58, No. 10, 2008.10, p. 511-516.

梅澤貴典「大学図書館員の役割と必要とされるスキル」『IDE 現代の高等教育』
　　No. 510, 2009.5, p. 67-72.

梅澤貴典「大学図書館職員の教育研究支援能力：米国大学図書館協会の基準に学
　　ぶ，職員と成果の評価による改善策」『図書館雑誌』Vol. 103, No. 11,

2009.11, p. 753-755.

裏田武夫「図書館員の立場」『図書館雑誌』Vol. 47, No. 10, 1953.10, p. 170-174.

裏田武夫「司書養成の問題点」『図書館界』Vol. 5, No. 4, 1953.12, p. 124-128.

裏田武夫「専門図書館員の養成」『ぴぶろす』Vol. 5, No. 7, 1954.7, p. 7-9.

江竜珠緒「私立大学図書館における外部人材の活用：業務受託会社への質問紙調査から」『大学図書館研究』No. 79, 2007.6, p. 43-52.

大串不二雄「大学図書館施設設備の近代化」『学術月報』Vol. 17, No.6, 1964.9, p. 15-18.

大佐三四五「大学図書館に関する改善綜合委員会　大学図書館法案，調査起草について」『図書館雑誌』Vol. 55, No. 8, 1961.8, p. 252-254.

大城善盛「アメリカにおけるライブラリアンシップの発達：大学図書館司書の専門職化研究（1）」『図書館界』Vol. 28, No. 5, 1977.1, p. 183-190.

大城善盛「アメリカにおける大学図書館司書の待遇の変遷：大学図書館司書の専門職化研究（2）」『図書館界』Vol. 29, No. 6, 1978.3, p. 233-244.

大城善盛「『専門職』に関する一考察：大学図書館司書の専門職化研究（3）」『図書館界』Vol. 31, No. 3, 1979.9, p. 236-242.

大城善盛「『準専門職』とアメリカの大学図書館司書：大学図書館司書の専門職化研究（4）」『図書館界』Vol. 31, No. 5, 1980.1, p. 331-339.

大城善盛「大学図書館における司書の専門性」『図書館界』Vol. 34, No. 1, 1982.5, p. 77-82.

大城善盛「大学図書館サービスの評価」『人文學』No. 150, 1991.3, p. 1-24. http://doors.doshisha.ac.jp/webopac/catdbl.do?pkey=TB00003016&initFlg=_RESULT_SET_NOTBIB （参照 2011-09-24）.

大城善盛「大学図書館における資料の組織化」『人文學』No. 151, 1991.10, p. 24-49. http://doors.doshisha.ac.jp/webopac/catdbl.do?pkey=TB00003024&initFlg=_RESULT_SET_NOTBIB （参照 2011-09-24）.

大城善盛「アメリカ大学図書館協会（ACRL）と利用者教育：1970 年代以降を中心に」『文化學年報』Vol. 45, 1996.3, p. 63-79. （参照 2011-09-24）

大城善盛「日米の大規模大学図書館における利用者教育の比較」『教育文化』Vol. 5, 1996.3, p. 39-58.

大城善盛「ネットワーク時代の大学図書館員の専門性と専門職制」『大学の図書館』Vol. 16, No. 4, 1997.4, p. 62-63.

大城善盛「フロリダ国際大学図書館における利用者教育」『人文學』No. 164, 1998.11, p. 1-33.

大城善盛「21 世紀の司書過程・図書館情報学教育」『同志社大学図書館学年報』Vol. 27, 2001, p. 1-2.

大城善盛「21 世紀の大学図書館と大学図書館司書の養成」『同志社大学図書館学年報 .』No. 27, 2001, p. 72-81.

引用・参考文献一覧

大城善盛「情報リテラシーとは？：アメリカの大学・大学図書館界における論議を中心に」『情報の科学と技術』Vol. 52, No. 11, 2002.11, p. 550-556.

大城善盛「アメリカの大学図書館利用教育論：19世紀最後の四半世紀を中心に（1）（試論）」『文化学年報』Vol. 53, 2004.3, p. 157-199.

大城善盛「わが国の大学図書館における情報リテラシー教育に関する考察」『大学図書館研究』Vol. 72, 2004.12, p. 10-17.

大城善盛「大学図書館界を中心とした情報リテラシー論：アメリカ，オーストラリア，イギリスにおける議論を中心に」『大学図書館研究』Vol. 82, 2008.3, p. 23-32.

大谷信介編著『問題意識と社会学研究』ミネルヴァ書房, 9, 273p.

大塚芳忠「大学図書館員の資格と待遇についての放言」『図書館雑誌』Vol. 47, No. 10, 1953.10, p. 18-19.

大埜浩一「大学図書館員の能力開発とオープン化」『現代の図書館』Vol. 44, No. 2, 2006.6, p. 76-81.

大庭一郎「『大学図書館の業務分析』：日本の大学図書館における専門的職務と非専門的職務の分離の試み」『図書館学会年報』Vol. 44, No. 1, 1998, p. 32-48.

岡崎義富「夏期司書講習に終止符を：主として大学図書館の立場から」『図書館雑誌』Vol. 64, No. 2, 1970.2, p. 8-10.

岡崎義富「わが国における大学図書館の現状と問題点」『現代の図書館』Vol. 14, No. 4, 1976.12, p. 139.

岡部史郎「図書館経営管理論の重要性について」『図書館雑誌』Vol. 60, No. 10, 1966.10, p. 398-399.

岡部紀夫「大学図書館司書職制度の現状と問題点」『現代の図書館』Vol. 14, No. 4, 1976.12, p. 156-161.

奥村藤嗣「図書館員教育について」『図書館雑誌』Vol. 56, No. 4, 1962.2, p. 220-222.

奥村藤嗣「大学と図書館員」『私立大学図書館協会会報』No. 44, 1965.6, p. 51-63.

奥村藤嗣「大学図書館員」『図書館雑誌』Vol. 60, No. 1, 1966.1, p. 16-19.

小倉親雄「大学図書館の諸問題」『図書館界』Vol. 49, No. 6, 1955.6, p. 178-180.

小倉親雄「国公立大学図書館」『図書館界』Vol. 11, No. 2, 1959.8, p. 84-87.

小倉親雄「大学における図書館学教育：日本の現状とその在り方」『図書館雑誌』Vol. 56, No. 7, 1962.7, p. 313-316.

小倉治夫「北里回顧」
http://www5.ocn.ne.jp/~sial/kitasatokaiko.html　（参照 2006-12-04）.

男沢淳「敗戦前後に東大図書館にいて」『図書館雑誌』Vol. 59, No. 8, 1965.8, p. 286-289.

男沢淳「大学図書館改善要項の現状と問題点」『現代の図書館』Vol. 14, No. 4, 1976.12, p. 140-145.

小野則秋「大学図書館の主体性」『図書館雑誌』Vol. 47, No. 10, 1953.10, p. 22-23.

小野則秋「私立大学図書館の歩み：私立大学図書館協会を中心として」『図書館界』Vol. 11, No. 2, 1959.8, p. 87-90.

小野則秋「私立図書館に与えられた課題：諸問題の解決は館長専任制から」『私立大学図書館協会会報』No. 44, 1965.6, p. 65-71.

小野則秋「大学図書館司書の権威：私立大学図書館協会への要望」『私立大学図書館協会会報』No. 46, 1966.5, p. 3-6.

小野泰博「図書館員の職業意識：二足のわらじ論をうけて」『図書館界』Vol. 16, No. 2, 1964.9, p. 37-40.

小野泰博「司書職と図書館学教育」『図書館界』Vol. 25, No. 3, 1973.10, p. 101-108.

鍵本芳雄「国立大「図書館職員」職名制度の評価をめぐって」『大学の図書館』Vol. 17, No. 7, 1998.7, p. 132-134.

片山俊治「大学図書館における専門職員認定制度の可能性：国立大学図書館協会中国四国地区協会「図書・学術情報系専門員資格認定制度」をモデルとして」『図書館雑誌』Vol. 103, No. 11, 2009.11, p. 750-752.

片山昭蔵「奥村藤嗣司書長の思い出：大学図書館資料蒐集を中心に」『大学史紀要・紫紺の歴程』Vol. 1, 1997.3, p. 17-19.

加藤好郎「慶應義塾図書館が21世紀に目指すもの：専門職としての図書館員」『大学図書館研究』No. 60, 2001.2, p. 24-28.

加藤好郎「専門職としての大学図書館員の現状と将来」『現代の図書館』Vol. 39, No. 1, 2001.3, p. 38-44.

加藤好郎「慶應義塾図書館：大学図書館における専門職制度導入の必要性」『情報管理』, Vol. 45, No. 3, 2002.6, p. 202.

加藤好郎「大学図書館における専門職の育成：その研修の実際」『大学図書館研究』No. 71, 2004.8, p. 11-16.

金山 亮子，武内八重子「日本におけるリエゾン・ライブラリアン―千葉大学附属図書館の挑戦」『専門図書館』Vol. 222, 2006, p. 15-20, http://mitizane.ll.chiba-u.jp/metadb/up/irwg5/liaison_librarian.pdf （参照 2014-01-03）.

鎌田均「『エンベディッド・ライブラリアン』：図書館サービスモデルの米国における動向」http://current.ndl.go.jp/ca1751 （参照 2014-01-26）.

神本光吉「図書館学教育論」『法政大学文学部紀要』（別冊）No. 19, 1974.3, 51p.

神本光吉「図書館学教育論―続―」『法政大学文学部紀要』No. 25, 1979, p. 105-125.

蒲生英博「『大学図書館における評価指標報告書（Version 0)』の作成とその後の動向：特に電子図書館サービス関係評価指標について」『情報の科学と技術』Vol. 54, No. 4, 2004.4, p. 183-189.

柄沢日出雄「1959 年の図書館界　私立大学図書館」『図書館雑誌』Vol. 53, No. 12, 1959.12, p. 496-497.

川崎操「1959 年の図書館界　国立大学図書館」『図書館雑誌』Vol. 53, No. 12, 1959.12, p. 494-495.

川崎操「司書職制度ならびに待遇改善に関する日本図書館協会（主として大学図書館部会）および全国国立大学図書館長会議の運動情況年誌」『大学図書館の業務分析』日本図書館協会, 1970, p. 164-209.

川手摂『戦後日本の公務員制度史』岩波書店, 2005, 235p.

川原亜希代, 中道厚子, 馬場俊明, 前川和子, 横山桂「近畿地区大学図書館における司書採用の現状：就職の可能性を広げるために」『図書館界』Vol. 59, No. 3, 2007.9, p. 188-199.

木内公一郎「大学図書館におけるマネジャーに関する研究」『紀要（上田女子短期大学）』Vol. 31, 2008, p. 1-14.
http://ci.nii.ac.jp/els/110006998028.pdf?id=ART0008909371&type=pdf&lang=jp&host=cinii&order_no=&ppv_type=0&lang_sw=&no=1316903943&cp=
（参照 2011-09-24）

菊池租「司書講習『図書館通論』講義要綱について」『図書館学』Vol. 10, 1961. 10, p. 19-22.

菊池美紀, 野口豊隆, 島美代子, 金井喜一郎「図書館運営戦略の観点からみた図書館員モデルの作成と実践：経営資源としての人材を中心に」『私立大学図書館協会会報』No. 122, 2004.8, p. 108-113.

北川敏男「近代的大学図書館のあり方：大学における教育と研究の使命と大学図書館の任務」『学術月報』Vol. 17, No.6, 1964.9, p. 9-12.

喜多村和之『現代の大学・高等教育：教育の制度と機能』玉川大学出版部, 1999, 272p.

喜多村和之『現代大学の変革と政策 歴史的・比較的考察』玉川大学出版部, 2001, 270p.

北山英一「米国大学図書館員の専門職志向過程の研究」『大学図書館研究』Vol. 17, 1980.10, p. 92-96.

気谷陽子「学術情報システムのもとでの大学図書館サービスの展開」『日本図書館情報学会誌』Vol. 49, No. 4, 2003, 12, p. 137-155.

京都大学附属図書館編「第 1 章　沿革　第 1 節　第 1 期（明治 32 年〜昭和 40 年）」『京都大学附属図書館六十年史』
http://edb.kulib.kyoto-u.ac.jp/60his/1-1_HONBUN.html#1　（参照 2013-03-09).

京都図書館協会大学部会「圖書館法の改正」『図書館雑誌』Vol. 45, No. 4, 1951.4, p. 76.

京都府立高教祖司書委員会「司書委員会小史」
https://sites.google.com/site/shishoiinkaidesu/xue-xiao-tu-shu-guan-si-shu-

xiao-shi （参照 2013-05-06）.

近畿地区大学図書館協議会「司書職の確立について」『大学図書館の業務分析』
　　全国国立大学図書館長会議編，日本図書館協会，1968, p. 97-116.

久保輝巳「大学における図書館員教育」『図書館界』Vol. 28, No. 2/3, 1976.9,
　　p.105-110.

熊谷俊夫，宮坂寛，吉田昭「図書館サービスと事務組織：国立大学図書館の課名
　　変更をめぐって」『現代の図書館』Vol. 26, No. 3, 1988.9, p. 131-134.

倉田敬子『学術情報流通とオープンアクセス』勁草書房，2007, 9, 196p.

黒羽亮一『戦後大学政策の展開』（新版）玉川大学出版部，2001, 293p.

研修・司書職に関する調査・研究委員会　関西委員会『私立大学司書職制度に関
　　する調査・研究報告　前篇 調査資料篇』私立大学図書館協会，1963, 146p.

小泉徹「図書館員の資格制度について：プロフェッショナル図書館員，司書課程，
　　専門職員制度」『図書館雑誌』Vol. 97, No. 3, 2003.3, p. 182-183.

光斎重治「いま，求められる司書とは：大学図書館の立場から」『図書館界』Vol.
　　40, No. 2, 1988.7, p. 53-56.

光斎重治「大学設置基準の大綱化と図書館の専門的職員」『大学図書館研究』
　　Vol. 41, 1993.3, p. 17-22.

光斎重治「これからの大学図書館と専門的職員：大学設置基準大綱化にみるヴィ
　　ジョンとその対応」『館灯』Vol. 33, 1994, p. 16-26.

光斎重治「大学図書館員とその専門性：専門職化を目指して」『館灯』No. 35,
　　1996, p. 38-48.

光斎重治「大学図書館員とその専門性」『館灯』Vol. 35, 1997, p. 48.

光斎重治「大学図書館員とその専門性」『情報：総合情報センター年報』Vol. 5,
　　1999.3, p. 133-141.

高等教育研究会編『大学の多様な発展を目指して Ⅲ：設置基準の解説と Q&A』
　　ぎょうせい，1994, 284p.

公立大学図書館協議会「公立大学図書館改善要項について」『大学図書館』岩猿
　　敏生，雄山閣出版，1976, p. 211-220.

国立大学協会『大学の研究・教育に対する図書館の在り方とその改革について
　　（第一次報告）』1970, 39p.

国立大学協会『大学の研究・教育に対する図書館の在り方とその改革について
　　（第二次報告）』1975, 75p.

国立大学協会「国立大学法人等職員をめざす方へ」
　　http://www.janu.jp/saiyou.html （参照 2013-03-20）.

国立大学図書館改善研究委員会「国立大学図書館改善要項およびその解説」『大
　　学図書館』岩猿敏生，雄山閣出版，1976, p. 189-210.

国立大学図書館協議会「学術情報システム特別委員会ネットワーク専門委員会第
　　1 次報告 大学図書館のシステム化：図書館ネットワーク構築のために」『大

引用・参考文献一覧

学図書館研究』Vol. 31, 1987.12, p. 57-80.

国立大学図書館協会「オープン・アクセスに関する声明：新しい学術情報流通を
目指して」

http://wwwsoc.nii.ac.jp/anul/j/operations/requests/statement_09_03_16.pdf
（参照 2012-03-03）.

国立大学図書館協議会自己評価基準検討委員会「国立大学図書館における自己点
検・評価について：よりよき実施に向けての提言」平成 5 年 3 月

http://www.janul.jp/j/publications/reports/40/40.html （参照 2012-02-20）.

国立大学図書館協議会大学図書館員の育成・確保に関する調査研究班「大学図書
館員の育成・確保に関する調査研究報告（最終報告書）」

http://www.janul.jp/j/publications/reports/55/55.html （参照 2012-02-10）.

後藤純郎「大学に於ける図書館学教育」『IFEL 図書館学』Vol.4, 1954.9, p. 16-
21.

後藤暢「職員論」『図書館界』Vol. 36, No. 5, 1985.1, p. 363-370.

後藤暢「図書館専門職をめぐるアメリカの論調から」『大学の図書館』Vol. 19,
No. 9, 2000.9, p. 173-175.

小西和信「日本の学術情報政策を考えるために」『カレントアウェアネス』No.
296, 2008.6, p. 17-22.

http://current.ndl.go.jp/ca1667 （参照 2012-03-04）.

是枝英子「図書館学教育改善試案への質問」『図書館雑誌』Vol. 67, No. 2, 1973.2,
p. 69-70.

是枝洋「『図書館学教育改善試案』を読んで」『図書館雑誌』Vol. 67, No. 2,
1973.2, p. 72.

これからの図書館の在り方検討協力者会議『これからの図書館像；地域を支える
情報拠点をめざして（報告）』2006, 94p.

http://warp.ndl.go.jp/info:ndljp/pid/286794/www.mext.go.jp/b_menu/
houdou/18/04/06032701/009.pdf （参照 2013-08-24）.

斎藤陽子「英国の大学図書館における主題専門制」『社会教育学・図書館学研究』
No. 13, 1989, p. 31-42.

酒井信「大学図書館員の専門性と専門職制度」（シリーズ大学図書館員の専門性
と専門職制度 No.1）『大学の図書館』Vol. 16, No. 1, 1997.1, p. 120-121.

酒井忠志「大学図書館の専門職制：大学図書館運動の一断面」＜戦後 21 年・図
書館員活動の総括＞『図書館雑誌』Vol. 60, No. 8, 1966.8, p. 324-326.

酒井由紀子「5 年目を迎えた特定非営利活動法人日本医学図書館協会認定資格
『ヘルスサイエンス情報専門員』」『情報管理』Vol.52, No.11, 2010.2, p. 635-
644.

桜井義之「1959 年の図書館界　私立大学図書館」『図書館雑誌』Vol. 53, No. 12,
1959.12, p. 495-496.

319

佐藤翔，逸村裕「大学図書館における外部委託状況の量的調査」『Library and Information Science』No. 60, 2008, p. 1-27.

沙藤隆茂「大学設置基準について」『現代の図書館』Vol. 14, No. 4, 1976.12, p. 146-155.

作野誠「専任職員と委託スタッフの連携による効果的なサービスの提供：愛知学院大学歯科・薬学図書館情報センターにおけるガイダンス実施の例」『館灯』No. 46, 2008.3, p. 47-52.

寒川登「国立大学附属図書館のゆくえ：法人化の課題と現実」『図書館界』Vol. 55, No. 3, 2003.9, p. 145.

椎名六郎『新図書館学概論』学芸図書，1973, 367p.

司書職制度調査研究班「司書官設置に関する報告書」『大学図書館研究』Vol. 2, No. 2, 1973.8, p. 65-77.

篠塚富士男「昭和初期の大学図書館」『大学図書館研究』No. 36, 1990.7, p. 6. http://www.tulips.tsukuba.ac.jp/dspace/bitstream/2241/101736/1/daitoken_36.pdf （参照 2013-03-09）.

柴田正美「開けゆく大学図書館」『図書館界』Vol. 28, No. 2/3, 1976.9, p. 56-62.

柴田正美「大学図書館行政とその施策」『日本における図書館行政とその施策』日本図書館学会研究委員会編，日外アソシエーツ，1988, p. 143-161.

渋田義行「大学図書館員の専門職制は可能なのか」『大学の図書館』Vol. 16, No. 2, 1997.2, p. 30-31.

社会教育局教育課「大学における司書講習の改善について」『大学資料』No. 28, 1968.7, p. 51-53.

私立大学図書館協会「私立大学図書館改善要項」『大学図書館』岩猿敏生，雄山閣出版，1976, p. 221-244.

私立大学図書館研修，及び司書職に関する委員会『私立大学図書館司書職実態調査』私立大学図書館協会，1960, 26, 17p.

進藤達郎「図書館員のスキルアップとサブジェクト・ライブラリアン：大学図書館員にとっての専門性」『情報の科学と技術』Vol. 55, No. 9, 2005.9, p. 394-397.

末続義治「国の機関における図書館職員の採用と専門職制度について」『図書館雑誌』Vol. 66, No. 4, 1972.4, p. 188-191.

杉山誠司「私立大学図書館における経営改革としての自己点検・評価活動」『現代の図書館』Vol. 38, No. 1, 2000.3, p. 10-14.

杉山宗武，石定泰典，吉井良邦「大学図書館近畿イニシアティブの立ち上げに参加して：設置形態の枠を超えた交流」『情報の科学と技術』Vol. 56, No. 9, 2006.9, p. 416-421.

鈴木勲編著『逐条 学校教育法』第 6 次改訂版，学陽書房, 2006, 22, 1132p.

鈴木英一「日本占領と高等教育改革：占領政策の動向を中心に」48p.

引用・参考文献一覧

http://ir.nul.nagoya-u.ac.jp/jspui/bitstream/2237/5242/1/KJ00000180519.pdf
（参照 2013-03-03）.

鈴木正紀「大学図書館の職員問題：専門職制度はなぜ成立しないのか？」『現代の図書館』Vol. 33, No. 3, 1995.9, p. 170-178.

鈴木正紀「『司書』に専門性はない？：大学図書館員の専門性論議のゆくえ」『図書館雑誌』Vol. 91, No. 12, 1997.12, p. 994-995.

鈴木正紀「私立大学図書館員の「異動」に関する覚え書き：大学職員の専門性と大学図書館員」『図書館雑誌』Vol. 92, No. 12, 1998.12, p. 1059-1061.

鈴木正紀「大学図書館の業務委託：業務の外部化問題はわれわれに何を突きつけているのか」『図書館雑誌』Vol. 97, No. 3, 2003.3, p. 162-165.

首藤桂子「病院図書館員認定制度に関する検討課題」『病院図書室』Vol. 18, No. 3, 1998.8, p. 126-134.

首藤桂子「病院図書館員と司書資格：その意義を考える」『病院図書室』Vol. 22, No. 3, 2002, p. 121-124.

須永和之「国立大学の図書館職員の現状と課題」『図書館雑誌』Vol. 90, No. 10, 1996.10, p. 784-786.

説田三郎「大学図書館の現状と問題点」『学術月報』Vol. 17, No.6, 1964.9, p. 2-4.

世良晃志郎「近代的大学図書館のあり方」『学術月報』Vol. 17, No.6, 1964.9, p. 5-8.

全国国立大学図書館長会議「司書職の確立について」『大学図書館の業務分析』日本図書館協会, 1968, p. 97-116.

全国国立大学図書館長会議編『大学図書館の業務分析』日本図書館協会, 1968, 209p.

全国大学高専教職員組合「学術司書制度案：国立大学の図書館職員制度の確立をめざして」『全国大学高専教職員組合資料』Vol. 98, No. 21, 1999.7, p. 1-6.

仙田正雄「図書館員の養成」『図書館界』Vol. 11, No. 2, 1959.8, p. 99-104.

大学図書館に関する改善綜合委員会「『大学図書館法案』委員会草案」『図書館雑誌』Vol. 55, No. 8, 1956.8, p. 252-254.

高木きよ子「大学図書館員のあり方：外からみた図書館員」『図書館雑誌』Vol. 60, No. 9, 1966.9, p. 364-366.

高木武之助「国立大学図書館組織の問題点」『図書館雑誌』Vol. 58, No. 12, 1964.11, p. 510-511.

高木英明『大学の法的地位と自治機構に関する研究：ドイツ・アメリカ・日本の場合』多賀出版, 1998, 360p.

高多亨「大学改革の中での図書館員：専門性とは何か」『図書館界』Vol. 21, No. 4, 1969.11, p. 121-122.

高鳥正夫『大学図書館の運営』勁草書房, 1985, 193p.

髙橋種臣「図書館員の養成」『図書館界』Vol. 19. No. 4, 1967.11, p. 104-106.

高橋美子「はじめに：奥村藤嗣司書長のこと」『蔵書の個性化をめぐって：図書館員の専門性と選書＝蔵書構築の関わりについて』
http://www.lib.meiji.ac.jp/openlib/issue/kiyou/no2/Etakahashi/node1.html（参照 2011-10-28）.

髙山正也「情報専門職としての専門図書館員をどう教育するか」『専門図書館』Vol. 103, 1985, p. 8-14.

髙山正也「図書館学省令科目としての新カリキュラムへの移行に伴う特徴と問題点」『図書館雑誌』Vol. 92, No. 7, 1998.7, p. 540-543.

髙山正也「電子図書館時代における大学教育と図書館の教育支援」『関西大学図書館フォーラム』No. 4, 1999, p. 7-12.

髙山正也「特別講演　図書館学史における慶應義塾と同志社：いままでの図書館学とこれからの図書館・情報学」『同志社大学図書館学年報』No. 25, 1999, p. 4-33.

髙山正也「図書館界における人材の育成：現状と問題点」『情報の科学と技術』Vol. 53, No. 3, 2003.3, p. 122-127.

髙山正也「情報専門職制確立に向けての動向：司書資格の見直しと主題専門性基盤の必要性」『同志社大学図書館学年報』No. 30, 2004, p. 52-60.

髙山正也「情報サービス分野における情報プロフェッショナルの専門性と自己開発」『情報の科学と技術』Vol. 55, No. 4, 2005.4, p. 178-182.

髙山正也「新たな司書養成提案にみる大学図書館員養成についての課題」『図書館雑誌』Vol. 100, No. 10, 2006.10, p. 670-673.

髙山正也「これからの専門図書館員養成のあり方：糸賀・根本両論に加えて」『図書館雑誌』Vol. 102, No. 3, 2008.3, p. 150-152.

武居権内「近代図書館建設の啓蒙運動」『図書館雑誌』Vol. 50, No. 1, 1956.1, p. 2-5.

竹内昭夫他編『新法律学辞典』（第三版）有斐閣，1989, 1,489, 104p.

竹内心「図書館員が図書館長になるためのプログラム：国立大学図書館職員制度試案」『大学の図書館』Vol. 14, No. 5, 1995.5, p. 67-71.

竹内心「噂の学術司書制度試案：国立大学図書館職員制度の確立をめざして」『図書館雑誌』Vol. 92, No. 2, 1998.2, p. 91-93.

竹内比呂也「大学図書館員養成の問題」『大学の図書館』Vol. 27, No. 5, 2008.5, p. 78-81.

竹内比呂也「学術情報政策と大学図書館」『図書館界』Vol. 60, No. 5, 2009.1, p. 334-343.

竹内比呂也「大学図書館における研究開発機能を強化する大学間連携の必要性」『名古屋大学附属図書館研究年報』No. 9, 2011.3, p. 3-11.
http://hdl.handle.net/2237/14593　（参照 2014-01-25）.

田島信威『法令入門』第 3 版，法学書院，2008, ix, 209, 4p.

田中穣二「国立大学における職員制度について」『図書館雑誌』Vol. 78, No. 4, 1984.4, p. 194-196.

田中康雄「大学図書館の業務委託の将来展望」『JUNTO CLUB（西日本図書館学会大分県支部会誌）』No. 10, 2009.12, p. 1-4.
http://bud.beppu-u.ac.jp/xoops/modules/xoonips/detail.php?id=jc01001（参照 2011-09-24）.

田保橋彬「Ⅲ　大学図書館行政」『図書館界』Vol. 19, No. 4, 1967.11, p. 106-109.

団野弘之「司書職制度研究ノート抄　(1)」『大学図書館研究』Vol. 1, 1972.12, p. 75-81.

団野弘之「司書職問題展開の要録：司書職制度研究ノート抄　2」『大学図書館研究』Vol. 2, 1973.8, p. 91-97.

長期研究計画調査委員会，学術体制委員会，科学者待遇問題委員会，学術交流委員会，人文社会科学特別委員会「大学図書館の近代化について（提案)」『大学図書館の業務分析』日本図書館協会，1968, p. 152.

槻本正行「中小規模大学図書館における派遣スタッフの活用」『情報の科学と技術』Vol. 57, No. 7, 2007.7, p. 347-352.

筑波大学「今後の『大学像』の在り方に関する調査研究（図書館）報告書：教育と情報の基盤としての図書館」2007.3, 139p.
http://www.kc.tsukuba.ac.jp/div-comm/pdf/future-library.pdf（参照 2012-02-26）.

津田良成編『図書館・情報学概論』勁草書房，1983, 239p.

津田良成，村主千賀「日本の医学図書館員教育の半世紀をかえりみて」『医学図書館』Vol. 47, No. 4, 2000.12, p. 350-357.

土持ゲーリー法一『戦後日本の高等教育改革政策：「教養教育」の構築』玉川大学出版部，2006, 398p.

寺崎昌男「戦後大学政策史試論：占領期の大学政策とアカデミック・メン」『IDE』Vol. 351, 1993.12, p. 66-71.

寺崎昌男『日本における大学自治制度の成立』（増補版）評論社，2000, 460p.

土井重義「昭和25年度日本圖書館協會　大學圖書館部會議事録要項」『図書館雑誌』Vol. 44, No. 11.12, 1950.12, p. 248-249.

土井重義「大学図書館界の一年」『図書館雑誌』Vol. 47, No. 12, 1953.12, p. 380-381.

東京大学百年史編集委員会『東京大学百年史　通史　一』東京大学出版会，1984, 6, 38, 1,094p.

東京大学百年史編集委員会『東京大学百年史　通史　二』東京大学出版会，1985, 2, 45, 1,129p.

東京大学附属図書館『大学図書館の近代化をめざして』東京大学附属図書館，1963, 123p.

東京大学附属図書館『大学図書館の近代化をめざして 第2集』東京大学附属図
　　書館，1964, 71p.
東京大学附属図書館「戦中・戦後の総合図書館」
　　http://www.lib.u-tokyo.ac.jp/sogoto/history/rekisi/showa.htm
　　（参照 2006-12-04）.
東京都立大学・短期大学教職員組合編『地方自治と大学』労働旬報社，1978,
　　213p.
東北大学附属図書館「東北大学附属図書館　創立百周年記念サイト」
　　http://tul.library.tohoku.ac.jp/pub/100/　（参照 2013-03-09）.
図書館員の問題調査研究委員会「図書館員の専門性とは何か：いまこそ協会の出
　　番」『図書館雑誌』Vol. 64, No. 5, 1970a.5, p. 213.
図書館員の問題調査研究委員会「図書館員の専門性とは何か：委員会の中間報
　　告」『図書館雑誌』Vol. 64, No. 11, 1970b.11, p. 528-530.
図書館員の問題調査研究委員会「図書館員の専門性とは何か　その現実と課題：
　　社会教育法改正に関連して　続・委員会の中間報告」『図書館雑誌』Vol. 65,
　　No. 11, 1971.11, p. 582-587.
図書館員の問題調査研究委員会「図書館員の専門性とは何か：委員会の中間報
　　告・Ⅲ」『図書館雑誌』Vol.66, No. 11, 1972a.11, p. 548-551.
図書館員の問題調査研究委員会「図書館界の動向：図書館員の問題に関連して」
　　『図書館雑誌』Vol. 66, No. 12, 1972b.12, p. 615-619.
図書館員の問題調査研究委員会「『図書館学教育改善試案』について」Vol. 67,
　　No. 1, 1973.1, p. 25-26.
図書館員の問題調査研究委員会「図書館員の専門性とは何か（最終報告）」『図書
　　館雑誌』Vol. 68, No. 3, 1974.3, p. 104-111.
図書館員の問題調査研究委員会「『大学図書館職員実態調査』の報告」『現代の図
　　書館』Vol. 28, No 4, 1990.12, p. 256-267.
図書館運営戦略研究分科会「大学図書館の戦略的業務外部委託について」『私立
　　大学図書館協会会報』No. 126, 2006.9, p. 108-115.
　　http://web.keio.jp/~uedas/univlibguide/lisstandard1977.html
　　（参照 2011-08-12）.
図書館学教育改善委員会「中間報告」『図書館雑誌』Vol. 59, No. 1, 1965.1, p. 26-
　　29.
図書館学教育改善委員会「図書館学教育改善試案」『図書館雑誌』Vol. 59, No. 9,
　　1965.9, p. 406-411.
図書館学教育部会『図書館学教授要目』作成委員会『図書館学教授要目』日本図
　　書館協会，1976, 82p.
図書館学教育部会図書館学教育基準委員会「図書館学教育改善試案」『図書館雑
　　誌』Vol. 66, No. 6, 1972.6, p. 278-282.

引用・参考文献一覧

『図書館雑誌』編集委員会「司書資格等の要件拡大をめざす：生涯学習審議会答申の投げかけたもの」『図書館雑誌』Vol. 86, No. 9, 1992.9, p. 670.

「図書館情報学研究文献要覧」編集委員会編『図書館情報学研究文献要覧 1991-1998』日外アソシエーツ，2008, 724p.

図書館・情報学科カリキュラム委員会「慶應義塾大学図書館・情報学科のカリキュラムの現状（完）」『Library and Information Science』12, 1974, p. 275-297.

戸田あきら，永田治樹「学生の図書館利用パターンと学習成果：慶應義塾大学湘南藤沢メディアセンター利用者調査に基づく分析」『情報メディア研究』Vol. 6, No. 1, 2007, p. 19-35.
http://www.jstage.jst.go.jp/article/jims/6/1/6_19/_article （参照 2022-09-24）

利根川樹美子『大学図書館の司書職制度確立運動：昭和 25 年（1950）－ 昭和 41 年（1966）における実態と意味』（修士論文）筑波大学，2007, 144p.

利根川樹美子「大学図書館の司書職法制化運動：昭和 27 年（1952）〜 40 年（1965）」『日本図書館情報学会誌』Vol. 56, No. 2, 2010.6, p. 101-123.

利根川樹美子「大学図書館の司書職法制化の提案と大学関係法令の特性：昭和 27 年（1952）〜 40 年（1965）」『日本図書館情報学会誌』Vol. 57, No. 4, 2011.12, p. 107-123.

富永牧太「兼任図書館長の功罪」『図書館雑誌』Vol. 52, No. 5, 1958.5, p.138-139.

鞆谷純一「満鉄図書館と大佐三四五」『日本大学大学院総合社会情報研究科紀要』Vol. 5, 2004, p. 88-99. 付「大佐三四五年譜」
http://atlantic2.gssc.nihon-u.ac.jp/kiyou/pdf05/5-88-99-tomotani.pdf
（参照 2006-09-02）.

鳥居朋子『戦後初期における大学改革構想の研究』多賀出版，2008, 221p.

呑海沙織「大正期の私立大学図書館：大学令下の大学設置認可要件としての図書館」

『日本図書館情報学会誌』Vol. 56, No. 1, 2010.3, p. 1-16.

呑海沙織，溝上智恵子「大学図書館における学習支援空間の変化：北米の学習支援からラーニング・コモンズへ」『図書館界』Vol. 63, No. 1, 2011.5, p. 2-15.

長倉美恵子「図書館員の専門性と身分についての一考察：米国における大学図書館員の教員身分をめぐって」『教育学研究年報』Vol. 16, 1997.7, p. 5-12.

長澤多代「大学授業改革に求められる大学図書館の役割：大学審議会答申における授業と図書館を中心に」『日本図書館情報学会誌』Vol. 48, No. 3, 2002.9, p. 105-120.

長澤多代「情報リテラシー教育を担当する図書館員に求められる専門能力の一考察：米国のウエイン州立大学の図書館情報学プログラムが開講する「図書館員のための教育方法論」の例をもとに」『大学図書館研究』No. 80, 2007.8, p.

79-91.

中島幸子，大城善盛，漢那憲治，瀬戸口誠，北口己津子「大規模大学大学図書館における利用教育の研究：平成13年度調査に基づいて」『同志社大学図書館学年報』No. 29, 2003, p. 16-36.

中島俊教「改訂のねらいと留意点」『図書館雑誌』Vol. 62, No. 6, 1968.6, p. 218-220.

中島俊教「司書養成制度の現状と将来」『現代の図書館』Vol.9, No.2, 1971.6, p. 92-96.

永田治樹「大学図書館におけるドキュメント・デリバリー・サービス」『情報の科学と技術』Vol. 39, No. 7, 1989.7, p. 231-239.

永田治樹「OPACの展開：次世代の図書館像を求めて」『情報の科学と技術』Vol. 41, No. 6, 1991.6, p. 457-462.

永田治樹「『大学で欲しい』情報と情報入手のためのシステム」『情報管理』Vol. 34, No. 11, 1992.2, p. 995-1008.
http://www.jstage.jst.go.jp/article/johokanri/34/11/34_995/_article/-char/ja，（参照 2011-09-24）.

永田治樹「『大学図書館評価方法設定のためのアンケート調査』基本集計」『情報の科学と技術』Vol. 42, No. 9, 1992.9, p. 842-858.

永田治樹「講演：大学図書館における自己点検・評価の枠組みと尺度について」『私立大学図書館協会会報』No. 101, 1994.1, p. 104-134.

永田治樹「大学図書館とエレクトロニック・ドキュメント・デリバリー」『情報の科学と技術』Vol. 44, No. 7, 1994.7, p. 352-361.

永田治樹「大学におけるディジタル図書館：英国並びにオランダの大学図書館での試み」『ディジタル図書館』No. 5, 1995.11, p. 19-28.
http://hdl.handle.net/2241/102969 （参照 2011-09-24）.

永田治樹「人的資源経営（図書館における人材育成計画の設計）：Fieldenレポートの指摘」『専門図書館』No. 155, 1995, p. 46-54.

永田治樹「大学図書館におけるサービス経営：顧客満足のマーケティング」『大学図書館研究』Vol. 50, 1996.10, p. 73-81.

永田治樹「ライブラリーコンソーシアムの歴史と現状」『情報の科学と技術』Vol. 47, No. 11, 1997.11, p. 566-573.

永田治樹『学術情報と図書館』丸善，1997, 209p.

永田治樹「サービス戦略としての図書館ポータル」『情報の科学と技術』Vol. 51, No. 9, 2001.9, p. 448-454.

永田治樹「顧客は何を期待しているか：サービス向上のために〔含 質疑〕」『ほすぴたるらいぶらりあん』Vol. 27, No. 1, 2002.4, p. 2-11.

永田治樹「電子図書館の顧客評価（図書館サービス評価とE-metrics）」『情報の科学と技術』Vol. 54, No. 4, 2004.4, p. 176-182.

引用・参考文献一覧

永田治樹「図書館の顧客評価・成果評価」『図書館界』Vol. 56, No. 2, 2004.7, p. 81-84.

永田治樹「パンダ・シンドロームの脱却：図書館情報学の再構築」『アーカイブズ学研究』No. 1, 2004.10, p. 70-76.

永田治樹「大学図書館における情報専門職の知識・技術の体系：LIPER 大学図書館調査から」『図書館雑誌』Vol. 99, No. 11, 2005.11, p. 774-776.

永田治樹「大学評価と図書館評価」『情報の科学と技術』Vol. 55, No. 12, 2005.12, p. 541.

永田治樹「大学図書館員の知識ベース」『図書館情報専門職のあり方とその養成』日本図書館情報学会研究委員会編，勉誠出版，2006.10, p. 57-76.

永田治樹「大学のミッションと図書館：これからのサービスモデル」『私立大学図書館協会会報』No. 127, 2007.3, p. 144-151.

永田治樹「図書館経営とエビデンス：実務と研究をつなぐ」『図書館雑誌』Vol. 102, No. 2, 2008.2, p. 84-87.

永田治樹「図書館の資源記述（目録）の今後」『情報の科学と技術』Vol. 58, No. 9, 2008.9, p. 424-429.

永田治樹「図書館評価の枠組みと課題」『図書館界』Vol. 60, No. 4, 2008.11, p. 266-279.

永田治樹「インフォメーションコモンズ・ラーニングコモンズ：新たな学習環境（場）の提供」『図書館雑誌』Vol. 103, No. 11, 2009.11, p. 746-749.

永田治樹，岡部幸祐，斎藤美夏，金藤伴成「大学図書館員のコンピテンシーについて」『筑波大学附属図書館研究開発室年次報告』平成 20-21 年度，2011.3, p. 34-44. http://hdl.handle.net/2241/104416 （参照 2012-09-24）.

永田治樹，谷沢滋生，増田元「密結合ネットワーク接続（いわゆる Case 3）の実現によるローカル業務モジュールの拡張」『情報の科学と技術』Vol. 38, No. 5, 1988.12, p. 225-233.

永田治樹，藤井美咲，北村明久「SERVQUAL による図書館サービスの品質管理」『大学図書館研究』Vol. 59, 2000.9, p. 1-15.

永田治樹，増田元，竹内比呂也「文書目録情報のデータベース化の問題：文書 OPAC 作成と MARC（AMC）の事例から」『大学図書館研究』Vol. 33, 1988.12, p. 41-51.

永田治樹，森祥子「大学図書館職員の専門性と人材育成のあり方に関する研究（平成 18・19 年度報告）」
http://www.tulips.tsukuba.ac.jp/dspace/bitstream/2241/110249/1/%E5%9B%B3%E6%9B%B8%E9%A4%A8%E5%A0%B1%E5%91%8A_H18-19_4.pdf
（参照 2012-09-24）

中元　誠「公私立大学図書館コンソーシアム（PULC）の形成とその展開：シリアルズ・クライシスとコンソーシアル・ライセンシングの現在」『情報管理』

Vol. 53, No. 3, 2010.6, p. 155-162.

新堀通也「戦後大学政策論：研究者の立場から」『IDE』Vol. 351, 1993.12, p. 59-65.

西原春夫「大学復権の具体策」『IDE』Vol. 351, 1993.12, p. 52-58.

西村貞雄「図書館法改正案についての意見」『図書館雑誌』Vol. 45, No. 8, 1951.8, p. 19-20.

日本高等教育学会編『プロフェッショナル化と大学』日本高等教育学会，2004, 205p.

日本高等教育学会編『変容する大学像』日本高等教育学会，2009, 269p.

日本私立大学協会図書館学文献目録編纂委員会編『図書館学文献目録』日本私立大学協会，1971, 257p.

日本図書館学会編集委員会編『図書館情報学研究文献要覧 1982-1990』日外アソシエーツ，1993, 768p.

日本図書館協会『中小都市における公共図書館の運営：中小公共図書館運営基準委員会報告』日本図書館協会，1963, 217p.

日本図書館協会『市民の図書館』日本図書館協会，1970, 151p.

日本図書館協会編『図書館職員採用試験問題集・解説：「旧・国家公務員Ⅱ種図書館学」に学ぶ』日本図書館協会，2006, 166p.

日本図書館協会「全国図書館大会年表」
http://www.jla.or.jp/Portals/0/data/content/taikai/taikainenpyou.pdf
（参照 2012-12-22）.

日本図書館協会編，武田英治，山本順一編集責任『図書館法規基準総覧』（第2版）日本図書館協会，2002, 4, 34, 1814p.

日本図書館研究会「図書館学教育研究グループの歴史：日図研50年史から」
http://www.nal-lib.jp/groups/educate/history.html （参照 2012-04-29）.

日本図書館情報学会「情報専門職の養成に向けた図書館情報学教育体制の再構築に関する総合的研究」（LIPER 報告書）2006
http://wwwsoc.nii.ac.jp/jslis/liper/report06/report.htm （参照 2011-07-27）.

日本図書館情報学会「情報専門職養成をめざした図書館情報学教育の再編成」（LIPER2 報告書）2010
http://panflute.p.u-tokyo.ac.jp/liper3/index.php?page_id=17
（参照 2011-07-31）.

日本図書館情報学会研究委員会「図書館情報学研究とその支援体制」1998.11, 48p.
http://plng.p.u-tokyo.ac.jp/text/PDF/Report1.PDF （参照 2012-12-22）.

日本図書館情報学会用語辞典編集委員会編『図書館情報学用語辞典』第3版，丸善，2007, 7, 286p.

日本比較教育学会編『比較教育学事典』東信堂，2012, 25, 424p.

引用・参考文献一覧

仁上幸治「総本山の進まない構造改革：専門職崩壊のデフレスパイラル」『大学の図書館』Vol. 24, No. 2, 2005.2, p. 28-32.

仁上幸治，鈴木正紀「『家元』制度と専門性の復興：新事業展開は組織改革から」『大学の図書館』Vol. 21, No. 5, 2002.5, p. 62-68.

根本彰「図書館情報学における知的貧困」『現代の図書館』Vol. 39, No. 2, 2001.6, p. 64-71.

根本彰「日本図書館情報学会の 50 年と LIPER の課題」『図書館雑誌』Vol. 98, No. 5, 2004.5, p. 282-284.

根本彰「日本の図書館員養成と LIPER の課題」『図書館雑誌』Vol. 98, No. 12, 2004.12, p. 895-897.

根本彰「占領期における教育改革と学校図書館職員問題」『平成 14 年度・15 年度科学研究費補助金研究成果報告書』根本彰研究代表者，2005.3, p. 1-32. http://panflute.p.u-tokyo.ac.jp/~anemoto/text/senryoki/report05/Reportvol3.pdf（参照 2013-01-11）.

根本彰「LIPER 提言補論：高山正也氏の批判に答える」『図書館雑誌』Vol. 101, No. 6, 2007.6, p. 388-391.

根本彰「『司書講習等の改善に関することについて（報告）』(1967) の解説」『日本図書館情報学会誌』Vol. 53, No. 3, 2007.9, p. 172-176.

根本彰「図書館員養成とポスト LIFER 報告」『図書館雑誌』Vol. 101, No. 11, 2007.11, p. 741-743.

根本彰「図書館情報学検定試験の実施計画について」『図書館雑誌』Vol. 103, No. 9, 2009.9, p. 640-643.

根本彰「図書館情報学教育と司書・司書教諭養成の課題」『明治大学図書館情報学研究会紀要』No. 1, 2010, p. 2-12.

根本彰，薬袋秀樹「図書館情報大学のカリキュラム改革」『図書館雑誌』89 (6), 1995.6, p. 423-425.

橋本孝「図書館専門職員のあり方：利用者の立場からみた」『学術月報』Vol. 20, No. 12, 1968.3, p. 6-8.

長谷川昭子「医学・医療系図書館員の認定資格制度」『日本図書館情報学会誌』Vol. 53, No. 3, 2007.9, p. 147-171.

バゼル山本登紀子「進化する大学図書館とライブラリアンの役割」『同志社大学図書館学年報』No. 36, 2010.7, p. 46-55.

浜田泰「講演　大学経営の中における図書館の役割：図書館機能はどうあるべきか」『私立大学図書館協会会報』No. 93, 1989.12, p. 120-136.

原田隆吉「大学附属図書館の『附属』について」『東北地区大学図書館協議會誌』No. 13・14, 1962.3, p. 1-6. http://www.cc.mie-u.ac.jp/~ez13691/fuzoku.pdf　（参照 2011-09-24）.

原田隆吉「米国における大学図書館職員の教官身分への移行」『図書館学研究報

告（東北大学附属図書館）』No. 3, 1970.12, p. 148-159.

原田勝「大学図書館の将来」『静脩』No. 95, 1990.2, p. 1-14.
http://hdl.handle.net/2433/37832 （参照 2011-09-24）.

原田勝「大学図書館と情報ネットワーク」『大学と学生』No. 344, 1994a.3, p. 10-14.

原田勝「情報ネットワークの進展と大学図書館」『静脩』Vol. 31, No. 1, 1994b.6,
p. 1-6. http://hdl.handle.net/2433/37255 （参照 2011-09-24）.

原田勝「電子図書館の進展と図書館専門職員の役割」『学術月報』Vol. 50, No.3,
1997.3, p. 244-248.

原田勝『ドキュメンテーションの現在』『情報の科学と技術』Vol. 53, No. 6,
2003.6, p. 280-284.

原田勝, 小田泰正, 荒木雄豪, 平木しげ子「逐次刊行物データベースのあり方：
逐刊情報システムの要件と雑誌所在情報の検索実験」『ドクメンテーション
研究』Vol. 32, No. 11, 1982.11, p. 529-540.

馬場俊明, 横山桂「私立大学図書館における司書の処遇について：実態調査と具
体的提案」『図書館雑誌』Vol.72, No.10, 1978.10, p. 505-509.

平岡健次「江戸川大学の図書館全面業務委託この1年」『大学図書館研究』No.
75, 2005.12, p. 64-70.

平田宗史, 平田トシ子「教育指導者講習会（IFEL）の基礎的・調査研究（一）：
研究序説」『福岡教育大学紀要』Vol. 44, No. 4, 1995.2, p. 177-195.
http://hdl.handle.net/10780/729 （参照 2013-12-15）.

平元健史, 片山俊治「国立大学法人図書館職員の人事関連制度の萌芽：国立大学
図書館協会人材委員会の検討と取り組み」『図書館雑誌』Vol. 102, No. 3,
2008.3, p. 156-159.

廣田とし子, 上田修一「大学図書館における電子情報源の利用者教育調査」『Library and information science.』No. 33, 1995, p. 87.

深井人詩・目黒聡子共編, 日本図書館学会監修『図書館情報学研究文献要覧
1970-1981』日外 アソシエーツ, 1983, 563p.

深川恒喜「図書館学校教育改善委員会第二次中間報告」『図書館雑誌』Vol. 59,
No. 3, 1965.3, p. 28-35

深川恒喜「国立大学図書館協議会の司書官制度の提案について」『図書館雑誌』
Vol. 66, No. 1, 1972.1, p. 30-33.

深川恒喜「司書官制度提言の基本的資料と読者へのお願い」『大学図書館研究』
Vol. 2, 1973.8, p. 65-77.

深川恒喜「大学図書館専門職制実現のための問題点と方策の展望」（昭和46年
10月18日）『大学図書館研究』Vol.2, 1973. 8, p. 80-81.

深川恒喜「大学図書館の業務分析」『図書館雑誌』Vol. 60, No. 5, 1976.2, p. 187-190.

藤川正信「図書館員養成の諸問題」『図書館学会年報』Vol. 5, No. 2, 1958.10, p. 121-138.

藤川正信編「図書館学教育の本質的問題：図書館教育セミナー」『図書館界』vol. 18, No. 5, 1967.1, p. 148-157.

藤田豊「『大学図書館論』論」『図書館雑誌』Vol. 58, No. 11, 1964.10, p. 486-488.

藤原茂「図書館専門職員の質的向上をはかるために」『図書館雑誌』Vol. 57, No. 7, 1963.7, p. 15-17.

法人格取得問題に関する附属図書館懇談会図書館評価指標 WG「大学図書館における評価指標報告書（Version 0)」（平成 14 年 3 月 14 日）
http://wwwsoc.nii.ac.jp/anul/j/publications/reports/73.pdf （参照 2012-02-20).

細井五「大学図書館の現実　図書館改革の視点」『現代の図書館』Vol. 14, No. 4, 1976.12, p. 177-186.

細井克彦『設置基準改訂と大学改革』つむぎ出版, 1994, 300p.

細谷敏夫他編『新教育学大事典』第一法規出版, 1990, V.2, p. 164-167.

細谷敏夫他編『新教育学大事典』第一法規出版, 1990, V.3, p. 19-20.

細谷敏夫他編『新教育学大事典』第一法規出版, 1990, V.4, p. 515-517.

堀啓次郎「Ⅴ　公立大学図書館」『図書館界』Vol. 19, No. 4, 1967.11, p. 167-169.

本協会のあり方検討委員会編『大学の自己点検・評価の手引き』大学基準協会, 1992, 86p.

前川和子, 中道厚子, 河原亜希世, 横山桂「司書課程における図書館実習の現状」『図書館界』Vol. 61, No. 3, 2009.9, p. 186-201.

牧野泰子「アメリカにおける大学図書館員の専門職化運動の行方」『大学図書館研究』Vol. 25, 1984.11, p. 32-38.

増田豊「OpenURL と S・F・X」『カレントアウェアネス』No. 274, 2002.12.
http://current.ndl.go.jp/ca1482 （参照 2013-08-24).

松井隆幸「図書館員の専門性を確立するために：『最終報告』の職場討議から（広島修道大学図書館の場合)」『図書館雑誌』Vol. 69, No. 1, 1975.1, p. 26-27.

松下鈞「専門図書館員の養成：音楽図書館界の場合」『図書館雑誌』Vol.96, No. 4, 2002.4, p. 238-240.

松田上雄「大学の中の図書館員」『図書館雑誌』Vol. 60, No. 4, 1966.4, p. 145-147.

松田上雄「Ⅳ　国立大学図書館の歩み」『図書館界』Vol. 19, No. 4, 1967.11, p. 164-166.

松田上雄「大学と大学図書館」『図書館界』Vol. 22, No. 6, 1971.3, p. 237-243.

松野高徳「大学図書館職員問題の歴史的経緯」（特集　戦後 50 年　その 1)『大学の図書館』Vol. 14, No. 7, 1995.7, p.120-121.

松見弘道「大学図書館の組織と基準」『図書館界』Vol. 22, No. 6, 1971.3, p. 244-252.

松村誠一「国立大学図書館の当面する問題」『図書館雑誌』Vol. 49, No. 6, 1955.6,

p. 181-183.

丸山悦三郎「大学の封建制と大学図書館」（自由論壇特集）『図書館雑誌』Vol. 49, No. 7, 1955.7, p. 206-211.

三浦逸雄，菊池しづ子，森智彦，堀川照代「大学図書館員の知識ベースと図書館学教育（Ⅰ）：『図書館学教育の実態と改善に関する調査—大学図書館編』の報告」『図書館学会年報』Vol. 37, No. 2, 1991.6, p. 49-63.

三浦逸雄，菊池しづ子，森智彦，堀川照代「大学図書館員の知識ベースと図書館学教育（Ⅱ）：『図書館学教育の実態と改善に関する調査—大学図書館編』の報告」『図書館学会年報』Vol. 37, No. 3, 1991.9, p. 103-116.

水田洋「専門司書の役割」『図書館雑誌』Vol. 61, No. 7, 1967.7, p. 24-26.

溝上智恵子「総合的品質経営（TQM）の大学図書館への導入と課題：欧米の事例から」『大学評価』No. 3, 2003.9, p. 189-200.

溝上智恵子「大学と専門職養成」『筑波フォーラム』No. 74, 2006.11, p. 72-75.

見田宗介他『社会学事典』弘文堂，1988, 1,231p.

三谷栄一他「大学図書館の専門職について（市立大学図書館協会第29回総大会〔昭和43年8〜9月　於東京〕記録)」『私立図書館協会会報』Vol. 51, 1968, p. 44-47.

薬袋秀樹「『司書の専門的知識の自己評価試験』提案」『図書館雑誌』Vol. 93, No. 3, 1999.3, p. 221.

薬袋秀樹『図書館運動は何を残したか：図書館員の専門性』勁草書房，2001, 248p.

薬袋秀樹「図書館職員の研修と専門職の形成：課題展望」『図書館雑誌』Vol. 96, No.4, 2002.4, p. 230-233.

薬袋秀樹「図書館専門職員の資格認定試験制度」『病院図書館』Vol. 22, No. 3, 2002, p. 116-120.

薬袋秀樹「大学において履修すべき図書館に関する科目の検討経過について」『社団法人日本図書館協会　図書館学教育部会　会報』No. 85, 2008.9, p. 1-3.

宮部頼子「大学図書館の管理運営：専門職専任館長の問題をめぐって」『現代の図書館』Vol. 34, No. 1, 1996.3, p. 21-26.

宮部頼子「大学図書館における専門職・専任館長に関する一考察」『白百合女子大学研究紀要』No. 37, 2001, p. 17-38.

宮部頼子「司書課程における専門職養成の現状と課題」『図書館情報専門職のあり方とその養成』勉誠出版，2006, p. 183-197.

向田厚子「医学図書館員をめぐる法規上の問題：専門職制度の確立に向けて」『医学図書館』Vol. 43, No. 2, 1996.6, p. 199-202.

武藤重勝「大学図書館司書職に関する調査委員会」『図書館雑誌』Vol. 52, No. 10, 1958.10, p. 329.

村上清造「大学図書館部会司書職専門委員会経過報告」『図書館雑誌』Vol. 45,

No. 1, 1951.1, p. 12-15.

村上清造「開かれた道を歩くものは誰か：司書職をめぐりて」『図書館雑誌』
Vol. 45, No. 8, 1951.8, p. 18-19.

村上清造「大学図書館運動を推進させるもの」『図書館雑誌』Vol. 47, No. 10,
1953.10, p. 303-305.

村上清造「再び・大学図書館運動推進のために」『図書館雑誌』Vol. 47, No. 11,
1953.11, p. 345-347.

村上清造「大学図書館員にのぞむ」『図書館雑誌』Vol. 58, No. 7, 1964.6, p. 296.

室伏武「司書職論に関する序説」『図書館学会年報』Vol. 12, No. 1, 1965.8, p. 22-
35.

室伏武「図書館員の専門職性とは何か」『図書館雑誌』Vol. 60, No. 1, 1966.1, p.
20-23.

室伏武「図書館学教育の改善方策について」『図書館雑誌』Vol. 66, No. 2, 1972.2,
p. 82.

室伏武「司書職制度論」日本図書館研究会編『図書館界』Vol. 24, No.6, 1973, p.
251-257.

森耕一「司書養成と大学」『図書館界』Vol. 5, No. 4, 1953.12, p. 128-131.

森耕一「図書館がダメになる」『図書館雑誌』Vol. 86, No. 9, 1992.9, p. 670.

森岡倫子「電子ジャーナル黎明期の変遷：1998 年から 2002 年までの定点観測」
『Library and Information Science』No. 53, 2005, p. 19-36.

森岡祐二「学術情報と大学図書館」『図書館界』Vol. 36, No. 5, 1985.1, p. 326.

文部科学省「三　臨時教育審議会の答申」『学制百二十年史』
http://www.mext.go.jp/b_menu/hakusho/html/others/detail/1318297.htm
（参照 2013-03-03）.

文部科学省「社会教育法などの一部を改正する法律の概要」
www.mext.go.jp/b_menu/houan/kakutei/08040703/080611/001.pdf
（参照 2011-08-21）.

文部科学省「大学審議会」
http://www.mext.go.jp/b_menu/shingi/old_chukyo/old_daigaku_index/
index.htm　（参照 2013-03-03）.

文部科学省「米国教育使節団報告書　米国教育使節団報告書（要旨）（昭和 21 年
3 月 31 日）」
http://www.mext.go.jp/b_menu/hakusho/html/others/detail/1317998.htm
（参照 2013-03-03）.

文部科学省研究振興局「大学図書館の現状：学術情報基盤実態調査から」『週刊
教育資料』No. 1050, 2008.11, p. 30-31.

文部省編集・監修「総説　六　戦後の教育改革」『学制百年史』帝国地方行政学
会，1981

http://www.mext.go.jp/b_menu/hakusho/html/others/detail/1317571.htm
（参照 2013-03-03）.

文部省学術国際局情報図書館課「学術情報政策の現状と課題」『文部時報』, No.
1202, 1977.7, p. 60-64.

文部省大学学術局情報図書館課「大学図書館の改善について」『図書館雑誌』
Vol. 59, No. 7, 1965.7, p. 261-263.

山内美千絵, 薬袋秀樹「戦後日本における図書館学教育科目案の変遷：館種別図
書館職員養成の観点から」『日本生涯教育学会論集』No. 31, 2010, p. 123-
132.

山口隆二「国立大学図書館の若干の問題について」『図書館雑誌』Vol. 47, No. 10,
1953.10, p. 20-21.

山下邦靖「大学図書館における集中化と専門主題の問題」『私立大学図書館協会
会報』No. 84, 1985.6, p. 47-53.

山本仙二「当面の大学図書館運動」『図書館雑誌』Vol. 47, No. 9, 1953.9, p. 252-
253.

山本達夫「情報管理専門職（仮称）資格検定試験アンケート結果の報告」『専門
図書館』No. 176, 1999.7, p. 26-31.

横山桂「大学図書館とその専門的職員」『現代の図書館』Vol. 33, No. 3, 1995.9, p.
162-169.

吉川啓子, 山口喜一郎, 宇野真理, 佐々木俊介, 山本美郷「大学図書館の戦略的
業務外部委託について」『私立大学図書館協会会報』No. 126, 2006.9, p. 108-
115.

吉村秀夫「公立大学図書館における職員問題」『大学図書館研究』Vol. 33,
1988.12, p. 25-30.

四方田均「大学図書館の自己点検・評価手法の問題：私立大学図書館のガイドラ
イン作成をふりかえって」『専門図書館』No.182, 2000.7, p. 6-12.

簾治良左衛門「専任司書の必要性について」『図書館雑誌』Vol. 48, No. 2, 1954.2,
p. 50-53.

渡辺信一「図書館員の養成と教育」『図書館界』Vol. 45, No. 1, 1993.5, p. 151-152.

渡辺信一「小野則秋氏の人と業績：同志社時代と佛教大学時代—同志社図書館学
の黎明期に於ける一断面—」『図書館界』Vol.57, No. 3, 2005.9, p. 212.
http://ci.nii.ac.jp/els/110007985496.pdf?id=ART0009575492&type=pdf&lang
=jp&host=cinii&order_no=&ppv_type=0&lang_sw=&no=1340508935&cp=
（参照 2012-06-24）.

和田幸一「日本の大学図書館員の専門職性：米国との比較」『情報の科学と技術』
Vol. 51, No. 4, 2001.4, p. 208-212.

和田吉人「単位増による問題点：講座への受入れ組込み」『図書館雑誌』Vol. 62,
No. 6, 1968.6, p. 221-222.

引用・参考文献一覧

著者名の記載なし

「給与法の改正に関する意見の申出」『人事院月報』Vol.7, No. 11, 1956.11, p. 2.

「Google Book Search，日本へ本格進出」『カレントアウェアネス -E』No. 111, 2007.8.
　　http://current.ndl.go.jp/e676　（参照 2012-07-15）.

「国立大学事務職制中　図書系係長設置要項」『図書館雑誌』Vol. 54, No. 5, 1960.5, p. 155.

「国立大学法人化後を見据えた大学図書館経営について：第 16 回国立大学図書館協議会シンポジウム」『大学図書館研究』Vol. 71, 2004.8, p. 63-72.

「『国家公務員司書職の専門職としての確定』速報」『図書館雑誌』Vol. 46, No. 5, 1951.5, p. 27.

「昭和 33 年度大会・総会をかえりみて　大学図書館部会」『図書館雑誌』Vol. 52, No. 9, 1958.9, p. 276-279.

「大学課長と懇談会記録」『図書館雑誌』Vol. 47, No. 9, 1953.9, p. 277.

「大学図書館員の専門性について」『私立大学図書館協会東地区研究部　第 4 期研修分科会活動報告書』2, 1977.9-1978.3, 1978.7, p. 37-61

「大学図書館職員講習会および大学図書館専門職員長期研修について」『学術月報』Vol. 23, No. 9, 1970, 11, p. 2-46.

「大学図書館職員制度改善方促進について」『図書館雑誌』Vol. 47, No. 9, 1953.9, p. 277.

「大学図書館職員制度改善促進実行委」『図書館雑誌』Vol. 47, No. 8, 1953.8, p. 237.

「大学図書館職員制度改善促進実行委」『図書館雑誌』Vol. 48, No. 1, 1954.1, p. 24.

「大学図書館職員制度改善促進実行委員会」『図書館雑誌』Vol. 49, No. 1, 1955.1, p. 32

「特別委員会・研究連絡委員会」『日本学術会議』Vol. 2, No. 3, 1961.3, p. 10.

「図書館学教育改善試案について」『図書館雑誌』Vol. 67, No. 2, 1973.2, p. 21-24.

「図書館司書など資格要件，『大卒』なくす方向　審議会答申受け文部省」『朝日新聞』1992.7.30, 朝刊 1 面

「図書館パフォーマンス指標の改訂版が発行される」『カレントアウェアネス -E』No. 137, 2008.10.
　　http://current.ndl.go.jp/e846　（参照 2012-02-12）.

「日本学術会議，大学図書館の整備拡充に関し政府に勧告」『図書館雑誌』Vo. 55, No. 7, 1961.7, p. 222-223.

英語文献

Abbott, Andrew, "Professionalism and the Future of Librarianship," *Library Trends*, Vol. 46, No. 3, Winter 1998, p. 430-443.

Abercrombie, Nicholas, et. al.,『新しい世紀の社会学中辞典』（新版）［*The Penguin Dictionary of Sociology*, 4th ed.］丸山哲央監訳・編集，ミネルヴァ書房，2005, p. 228, 380–381.

　http://infotrac.galegroup.com/itweb/　（参照 2009-10-01）.

Asheim, Lester, "Education for Future Academic Librarians," *Academic Libraries by the Year 2000: Essays Honoring Jerrold Orne*. Herbert Poole, ed., Bowker, 1977, p. 128–138.

Assisi, Francis C. "Anurag Acharya Helped Google's Scholarly Leap," *INDOlink*.

　http://www.indolink.com/SciTech/fr010305-075445.php　（参照 2013-01-05）.

The Association for Library Collections and Technical Services, "ALCTS Educational Policy Statement"

　https://www.ala.org/ala/mgrps/divs/alcts/about/governance/policies/ALA_print_layout_1_361734_361734.cfm　（参照 2012-08-10）.

The Association of College and Research Libraries, "Association of College and Research Libraries Standards for Faculty Status for Academic Librarians"

　http://www.ala.org/acrl/standards/standardsfaculty　（参照 2012-08-10）.

Beagle, Donald "The Learning Commons in Historical Context"『名古屋大学附属図書館研究年報』Vol. 7, 2008, p. 15–24.

　http://libst.nul.nagoya-u.ac.jp/report/f_report.html　（参照 2014-01-09）.

Beagle, Donald「ラーニングコモンズの歴史的文脈」［"The Learning Commons in Historical Context"］三根慎二訳『名古屋大学附属図書館研究年報』Vol. 7, 2008, p. 25–34.

　http://libst.nul.nagoya-u.ac.jp/pdf/annals_07_04.pdf　（参照 2014-01-09）.

Board on Personnel Administration, American Library Association, "Descriptive List of Professional and Nonprofessional Duties in Libraries," *Preliminary Draft*, American Library Association, 1948, 75p.

Brindley, Lynne J.「ディジタル・ライブラリーの創造：英国高等教育機関における進展」［*Creating the digital library: progress in United Kingdom higher education*］永田治樹訳『情報管理』Vol. 37, No. 9, 1994.12, p. 745–753.

Bryant, C.D.; Peck, D.L. 21st Century Sociology: A Reference Handbook. Sage Publications Inc, 2007, 1100p.

Budd, John M., *The Changig Academic Library: Operations, Culture, Environments*, The American Library Association, 2005, 323p.

Butler, Pierce, "Librarianship as a Profession" *Library Quarterly*, Vol. 21, No. 4, 1951.10, p. 235–247.

Coughlin, Caroline M. and Alice Gertzog, *Lyle's Administration of the College Library*, 5th ed., Scarecrow Press, 1997, xiv, 187p.

Dower, John W.『敗北を抱きしめて（下）』（増補版）［*Embracing Defeat: Japan*

in the Wake World War II〕三浦陽一，高杉忠明，田代泰子訳，岩見書店，2004, 11, 455, 9p.

Flexner, Abraham, "Is Social Work a Profession?" *School and Society*, Vol. 1, No. 26, 1915.6, p. 901-911.

Goode, William, "Community within a Community: The Professions," *American Sociological Review*, Vol. 22, No. 2, 1957.4, p. 194-200.

Goode, William, "The Librarian: from Occupation to Profession?" *The Library Quarterly*, Vol. 31, No. 4, 1961, p. 306-320.

Goode, William「司書職の専門化」〔The Librarian: from Occupation to Profession?〕五味郁子訳『現代の図書館』Vol. 2, No. 1, 1964.3, p. 39-52.

International Coalition of Library Consortia (ICOLC), "Statement on the Global Economic Crisis and Its Impact on Consotial Licenses," 2009.1.19.
http://www.library.yale.edu/consortia/icolc-econcrisis-0109.htm
（参照 2012-03-03）.

Karla Hahn, Director, "ARL (Association of Research Libraries) Office of Scholarly Communication," ARL Statement to Scholarly Publishers on the Global Economic Crisis.
http://www.arl.org/bm~doc/rli-262-econ.pdf　（参照 2012-03-03）.

King, Gary, et al. 『社会科学のリサーチ・デザイン　定性的研究における科学的推論』〔Designing Social Inauiry: Scientifuc Inference in Qualitative Research〕真渕勝監訳，勁草書房，2004, 17, 287p.

Merriam, Sharan B. 『質的調査法入門：教育における調査法とケース・スタディ』〔*Qualitative Research and Case Study Applications in Education*, Revised & Expanded Ed.〕堀薫夫，久保真人，成島美弥訳，ミネルヴァ書房，2004, 18, 389, 28p.

Meyer, David S. and Kelsy Kretschmer "Social Movements," *21st Century Sociology: A Reference Handbook*. Clifton Bryant and Dennis Peck, eds. Gale Virtual Reference Library, 2007, p. 540-548.
http://infotrac.galegroup.com/itweb/（参照 2009-10-01）.

NDL-OPAC "Information on the United States Cultural and Social Science Mission to Japan"
http://iss.ndl.go.jp/books/R100000002-I000006648421-00?ar=4e1f
（参照 2013-11-17）.

Oxford English Dictionary (OED Online). December 2012. Oxford University Press.
http://www.oed.com/view/Entry/152052?redirectedFrom=profession
（参照 2013-02-26）.

Perez, Juan Carlos, "In Google Book Settlement, Business Trumps Ideals". *PC*

World.
http://www.pcworld.com/article/153085/article.html　（参照 2013-01-05）.
Schon, Donald A.『省察的実践とは何か：プロフェッショナルの行為と思考』
［*The Reflective Practitioner: How Professionals Think in Action*］柳沢昌一,
三輪健二監訳, 鳳書房, 2007, 11, 440p.
Williamson, Charles C. *The Williamson reports of 1921 and 1923: including
Training for library work（1921）and Training for library service（1923）*.
Metuchen, N.J. Scarecrow Press, 1971, 276, 165p.
Wiegand, Wayne A.『司書職の出現と政治：アメリカ図書館協会 1876-1917 年』
［*The Politics of an Emerging Profession : the American Library Associa-
tion, 1876-1917*］川崎良孝, 吉田右子, 村上加代子訳, 京都大学図書館情報
学研究会, 2007, 442p.
Yin, Robert K., *Case Study Research*, 2nd, Ed., Sage, 1994, 192p.

付　録

年表　大学図書館の司書職法制化運動　昭和27年（1952）～昭和40年（1965）

年	運動区分	日本図書館協会大学図書館部会委員会	国立大学, 全国国立大学図書館長会議	文部省	人事院	私立大学図書館協会	図書館界他
昭和24 (1949)				5 国立学校設置法公布	8 司書職列職級明細書を提示		
昭和25 (1950)	職階制化への取組み	5 司書職専門委員会設置					4 図書館法公布
昭和26 (1951)		4 図書館法改正案を『図書館雑誌』に掲載, 5 日図協総会に提案					
昭和27 (1952)						11 司書職法制化委員会設置	
昭和28 (1953)	学校教育法改正運動	6 大学図書館職員制度改善実行委員会設置			職階の制度化立消え		8 学校図書館法公布
昭和29 (1954)			10 館長会議発足				
昭和30 (1955)	国立学校設置法施行規則改正運動	1 改善実行委員会が待遇改善運動へ転換			11 司書・司書補資格の選考採用を認める		
昭和31 (1956)			10 調査・立案を近畿地区協議会に委嘱	10 大学設置基準公布	3 司書・司書補の初任給引き上げ		
昭和32 (1957)			10 近畿地区協議会「司書職の確立について」を提出		4 給与法改正, 5 選考採用"図書館学"を認める, 8 選考採用官職名リストから"図書館学"を外す		
昭和33 (1958)	国立学校設置法施行規則改正運動／大学図書館法要項草案起草の取組み	6 大学図書館司書職に関する調査委員会設置	10 館長会議, 国立学校設置法施行規則改正の提案を承認		5 選考採用官職から"図書館学"を, 特殊資格職員初任給基準表から司書・司書補を外す	6 研修, 及び司書職に関する委員会設置	
昭和34 (1959)		5 大学図書館に関する改善綜合委員会設置, 大佐, 大学図書館法要項草案を起草					
昭和35 (1960)	大学図書館法要項草案起草の取組み	9 大学図書館に関する改善綜合委員会, 関東部会開催		1 国立大学図書館専門職員採用試験要綱を実施		『私立大学図書館司書職実態調査』刊行	昭和35年以降, 大学図書館の近代化運動起こる
昭和36 (1961)		6 部会委員会, 自己を連絡調整機関とする, 11 大学図書館綜合委員会設置		10 国立大学図書館専門職員採用試験を館長会議に示唆			5 日本学術会議「大学図書館の整備拡充について（勧告）」
昭和37 (1962)	国立学校図書専門職員採用試験制度成立	10 改善綜合委員会関西委員会, 案を館長会議に提示, 11 大学図書館部会に報告	10 国立大学図書館専門職員採用試験を国家公務員試験に組み入れる方針を承認	10 国立大学図書館専門職員の資格試験の検討を館長会議に打診	9 国立大学図書館専門職員採用試験要綱の改正申入れ		
昭和38 (1963)				1 中央教育審議会「大学教育の改善について（答申）」		『私立大学司書職制度に関する調査・研究報告前編調査資料篇』刊行	
昭和39 (1964)	国立学校図書専門職員採用試験制度成立／大学設置基準改正の取組み	改善綜合委員会, 大学図書館の業務分析を手伝う	9 大学図書館の業務分析に着手	4 大学基準等研究協議会, 大学図書館特別部会を設置	1 国立学校図書専門職員採用試験の実施	5 研修, 及び司書職に関する委員会解散	11 日本学術会議「大学における図書館の近代化について（勧告）」
昭和40 (1965)	大学設置基準改正の取組み	5 大学図書館改善綜合委員会, 活動終了		3「大学図書館設置基準要項（答申）」, 特別部会の大学設置基準改正の提案見送り			

出典：筆者作成

あとがき

　2004 年に国立大学が法人化され，国立大学図書館職員は国家公務員ではな
くなった。このため国家公務員採用試験（図書館学）という唯一の大学図書館
専門職員のための専門試験が廃止された。あちらこちらの私立大学図書館に業
務委託が導入され，ベテラン専門職員が図書館外の部署へ人事異動を命じられ
ることが目立つようになった。司書資格は高度に情報化された大学図書館の職
務を遂行するには不十分であるという声がよく聞かれた。このような状況のな
かで，大学図書館専門職員の専門性がますます揺らぐようになった。筆者は
2004 年に，大学図書館専門職員の専門性とは何かという問いをひそかにつぶ
やいた。この問いが契機となって翌年に本書の研究を開始した。

　読者諸賢は大学図書館の問題を大学図書館だけの問題と片付けていないだろ
うか？　ところが大学図書館の問題は大学の根幹，つまり教育・研究にかかわ
り，大学の国際水準への到達や国際競争力の向上にも直結する致命的課題なの
だ。日本の大学図書館やその専門職員のあり方は，欧米はおろかシンガポール，
韓国などアジア諸国と比べてもかなり遅れているのが実情だ（呑海沙織「シン
ガポールの図書館におけるデジタル・リソースの提供と学術情報のオープンアクセ
ス」『情報の科学と技術』Vol. 58, No. 1, 2008, p. 19-24., 曺在順「韓国の図書館の現
状：国レベルおよび国立中央図書館の政策推進を中心に」『明治大学図書館情報学研
究会紀要』No. 3, 2012, p. 12-21.）。大学の根幹である教育・研究を向上させるこ
とと大学図書館とはさほど関係ないと感じておられる方には，欧米の大学図書
館とライブラリアンの働きがその教育・研究に及ぼす効果を身近な大学図書館
と専門職員（もし設置されていればだが）の場合と比べてみてほしい。日本の教
育・研究のあり方と複雑にからみあった大学図書館のあり方において，日本の
教育・研究がどのくらいのハンディを負っているのかを知っていただきたい。
これは日本の大学や教育・研究における危機の一つとして考えるべきだと思う。

341

「日本の大学図書館はそうとう水準が低く，求められる機能を発揮していない。」「大学の教育・研究を向上させるためには大学図書館を立て直さなければならない。」「そのためには高度な教育課程を学修した大学図書館専門職員を設置する必要がある。」このような内容の勧告・答申・建議・報告などが，敗戦直後から今日に至るまで延々と繰り返されてきた。どれだけ同じことが繰り返されてきたかを本書は詳細に示し，さまざまな年代の改革案がいかにして実現されなかったかを包括的に分析した。

大学図書館は大学の単なる付属施設ではない。大学の教育・研究のための主要な組織・機能の一つだ。この基本的位置づけを認識することがまず不可欠なのだ。そこからしか，大学および大学図書館の国際水準に照らしての高度化は始まらない。そして高度化の実現のためには，大学院の専門課程を修了した大学図書館専門職員の設置が必要となる。これは本書の分析から導き出された結論の一つである。

戦前の日本は帝国主義の国策のもとで，ある時期から天皇制ファシズムと呼ばれる政治体制をとった。思想は国家によって統制され，大学や学問も帝国主義の国策に奉仕することが強制された。つまり，戦前には学問の自由を保障する政治体制が存在しなかった。戦後はこの反省に立ち，日本国憲法によって国民と大学に学問の自由が保障された。この学問の自由を確保するために，大学には自治が保障された。注意しなければならないことは，大学が真に学問の自由を確保するためには，大学の使命と大学の自治との適切な関係を保つ必要があったことである。大学は国策に奉仕するのではなく真理の探究に奉仕すること，真理の探究によって社会や世界に貢献すること，そのために常に自己を批判し，自律した改革を実施して大学の自治を実現すること，この関係である。

しかし，本書の分析結果からは，大学は戦前の帝国大学や帝国大学附属図書館のあり方を踏襲し，新しい大学の使命を十分認識せず，大学の自治の上にあぐらをかいていた。かなり早い時期に，一部の論者からそのように大学は批判された。1960年代の学園紛争を契機に大学は社会や行政から批判され，時とともに国家レベルの行政主導による大学改革が進められて今日に至っている。現在，大学の国際競争力向上策が国策として強力に推進されている。行政主導

あとがき

による大学改革が実施されている要因の一つは，大学やその関係団体が総体として自力で自己改革できなかったことにある。この大学の歴史と現状を自分の研究の一部としてこれまで見つめてきた。そこで，自力での大学改革につながる大学図書館改革とそのために必要な大学図書館専門職員の専門職化に関する本を出版することにした。

"過去に目を閉ざす者は結局のところ現在にも盲目となります"（ヴァイツゼッカー，リヒャルト・フォン（Weizsäcker, Richard von）『荒れ野の40年：ヴァイツゼッカー大統領演説全文 1985年5月8日』永井清彦訳，岩波書店，1986, 55p.）。今わたしたちに必要なことは図書館の過去に目を開くことによって，現在と未来を直視することではないだろうか。本書の歴史的研究はその一端となるであろうか。読者諸賢のご批判をあおいでやまない。

本書では，戦後から今日までの図書館専門職員に関する論議を網羅的に調査，分析した。とくに日本図書館協会が1970年から展開した貸出中心主義に注目し，その特性や全館種の図書館に及ぼした影響を分析して示した。その結果判ったことは，日本図書館協会とその関係団体は国民の知る権利の保障に関わる公共図書館の使命をかかげ，その使命のもとに"専門職としての司書職確立"をめざすことを主張したが，実際には公共図書館職員の労働問題の解決を目的として運動していたことだった。

公共図書館の使命はその活動を通じて，憲法にもとづく国民の知る権利の保障を実質あるものにすることといえる。公共図書館には憲法が国民に保障する知る権利と深く結びついた存在理由があるのである。ここで注意を向けるべきことがある。公共図書館の働きによって実質あるものとされる国民の知る権利は，たんに図書を無料で借りることにとどまらない。地方政治，地方行政，地域住民の活動などさまざまな情報の入手，生活・趣味・職探し・起業・生涯学習など人生のさまざまな局面で必要となる情報や知識の獲得，市民向けデータベース・アクセスの利用など多様なサービスを含むのである。

他方，本書の分析から見えてきたのは，1970年以降の日本図書館協会とその関係団体による貸出中心主義の方針によって，公共図書館が図書の貸出サービスのみに突出するようになったことだった。その結果，情報提供サービスな

どに十分に取り組まれない傾向が生み出された。このような傾向を招いた貸出中心主義の考え方がどのように推進されたのか，関係団体の論稿の歴史的経緯を分析して本書で示した。"公共図書館無料貸本屋"論争が起こって久しいが，なぜ日本の公共図書館は無料貸本屋という批判を受けるようになったのか。その主な因果関係が本書から見いだせるはずである。

わたしはこのようにして日本図書館協会とその関係団体を図書館情報学の研究領域で批判した。だからといって，これらの団体が戦後の図書館や社会に貢献したことを否定するつもりはない。むしろこれらの図書館団体が今後さらに発展するために，過去に目を開き，みずからの限界を克服されることを願ってやまない。

今後の研究課題は，次の通りである。

大学図書館情報専門職がどのように大学図書館機能を十分に発揮させることができるのかを示し，大学・大学図書館経営の観点から見た大学図書館情報専門職設置の有効性を実証し，理論化することである。日本の大学職員組織および大学図書館組織内における情報専門職の位置付け，大学図書館職員に占める情報専門職の適切な割合，情報専門職の有効なモデル・ケースの探究が必要である。さらには，大学図書館が情報通信技術の高度化に対応した機能を構築，実現し，大学の教育研究に効果的に貢献するためには，大学図書館情報専門職の教育はどのような内容となるのか，大学図書館情報専門職の設置・教育と連動したキャリアパスの整備と労働市場の創出はいかにして可能となるかについても検討される必要がある。

ここで，本書の研究を可能にしたある資料について述べておきたい。それは国立大学図書館長会議による『全国国立大学図書館長会議議事要録』である。筆者は文献調査をしていくうちにこの資料の存在に気がついた。しかしこの資料を使って研究された論稿は見つけられなかった。その後，東京大学総合図書館に保管されていることが分かり，非公開資料であったが特別なご配慮により閲覧することができた。この議事要録ではどの国立大学の代表者が何を発言したかが忠実に記載され，会議の始まりから終わりまでていねいに記録されていた。大学図書館の司書職法制化運動の歴史的経緯を 50 年後に解明するのにこ

あとがき

の資料が大きな役割をはたした。国立大学図書館長会議に深く敬意を表するとともに，科学的研究にはいかに一次資料が不可欠であるかを身にしみて知ったことを申し添える。公的なあらゆる組織・団体は記録の作成と保管というきわめて重要なわれわれ国民への責任を果たされることを切に願う。

本研究の過程では，筑波大学大学院図書館情報メディア研究科の指導教授・副指導教授として薬袋秀樹名誉教授，永田治樹名誉教授，逸村裕教授，平久江祐司教授，溝上智恵子教授から詳細かつ多岐にわたる指導，助言，励ましをいただいた。そればかりでなく，教育者，研究者としてご自身を律せられているお姿に触れたことによって，大学院でしか得られない多くのすばらしくて大切なことを学んだ。

学位論文の予備審査では，審査委員の逸村裕教授，平久江祐司教授，溝上智恵子教授，吉田右子教授，呑海沙織准教授，本審査では，審査委員の逸村裕教授，平久江祐司教授，溝上智恵子教授，吉田右子教授，竹内比呂也教授（千葉大学文学部）から多くの重要なご指摘を受けた。

長年にわたる先生方からの真摯なご指導があって，本研究はその混沌から姿を現すことができた。筆者はものごとを探究する目，方法，判断する力を少しずつ内部に形成することができた。指導教授，副指導教授，学位論文審査の審査委員の先生方に深く感謝する。また，折にふれて大庭一郎講師から助言をいただいたことにお礼の意を表す。

本研究の核となった論文は『日本図書館情報学会誌』に掲載された2本の論文，「大学図書館の司書職法制化運動：昭和27年（1952）〜40年（1965）」と「大学図書館の司書職法制化の提案と大学関係法令の特性：昭和27年（1952）〜40年（1965）」である。それらの査読の過程では，査読者の先生方から示唆に富む重要な講評をいただいた。心から感謝する。なお，「大学図書館の司書職法制化の提案と大学関係法令の特性：昭和27年（1952）〜40年（1965）」の執筆にあたっては，国立大学図書館や文部省学術国際局情報図書館課等の領域に造詣の深い元お茶の水女子大学参与の雨森弘行先生に，法律や行政の観点から意見を賜った。ここにお礼の意を表す。

折に触れて助言・助力をいただいた薬袋秀樹教授研究室のみなさま，助力を

345

いただいた逸村裕教授研究室のみなさま，資料の収集でお世話になった東京大学総合図書館，日本学術会議図書館，筑波大学附属図書館の方々にお礼の意を表す。

　2014年8月16日に永眠したわが弟，祐行を思いながら，応援くださっている先生方，家族，友人，知人に感謝の気持ちをお伝えする。かつて卒業論文のご指導を受け，今は温かく励まし，見守ってくださっている近代日本思想史の武田清子国際基督教大学名誉教授に深く感謝する。

　　　　2015年10月

　　　　　　　　　　　　　　　　　　　　　利根川　樹美子

人名索引

ア行

アシェイム，レスター　　244
足立正夫　　188
アボット，アンドリュー　　15, 16
天野郁夫　　30
安西郁夫　　53, 104, 181, 242, 248, 249
飯野達郎　　181
市川昭午　　13, 33, 75, 76, 83, 85, 91-93, 127, 271, 287
伊藤四十二　　40, 74, 175, 189
糸賀雅児　　266, 268, 273
岩猿敏生　　5, 19, 20, 65, 76, 77, 80-82, 87, 92-94, 96, 98, 99, 103-105, 119-126, 128, 129, 142, 151, 153, 169, 170, 181-183, 186-188, 192, 193, 271, 292
うえの・すすむ　　69-72, 142
梅澤貴典　　150
裏田武夫　　242, 247
大佐三四五　　181-183, 192
大城善盛　　19, 65, 83, 121, 122, 124-129, 144, 151, 153, 271, 287
奥村藤嗣　　75, 82, 97, 98, 104, 184

カ行

片山俊治　　150
菊池租　　244
岸本英夫　　40, 68, 75, 174, 175, 189
木田宏　　34, 247, 250, 269
ギトラー，ロバート　　244
喜多村和之　　32, 34
グッド，ウィリアム　　2, 9, 13, 66, 75, 77, 86, 95, 135
光斎重治　　20, 121, 130-132, 137-139, 144, 151, 271
五味郁子　　13, 66, 75

サ行

斎藤敏　　176
斎藤陽子　　122, 123, 151
酒井信　　144
酒井忠志　　20
塩見昇　　256
鈴木正紀　　137-139, 148

タ行

高木英明　　211, 214, 218, 219
髙山正也　　65, 135, 136, 139, 140, 142, 149, 150, 266
竹村心　　140
田中二郎　　33
田中隆子　　76
団野弘之　　81, 82
寺崎昌男　　211, 214, 215
鳥居朋子　　211, 214, 218, 219

ナ行

長澤多代　　136, 145, 146
中島俊教　　248, 250, 251, 253, 269
永田治樹　　65, 121, 129, 130, 133, 135, 136, 142-144, 146, 151

ハ行

原田勝　　65, 121, 129, 130, 133, 144, 151
春山順之輔　　178
平元健史　　150
深川恒喜　　80, 81, 104, 245, 247
藤川正信　　243, 247, 269
藤田豊　　66, 69, 70, 72

マ行

丸山悦三郎　　69, 70, 72

三浦逸雄　　*257, 258*
薬袋秀樹　　*21, 89, 150*
村山松雄　　*184, 186, 187*
室伏武　　*75-77, 80, 82, 87, 88, 94-96, 98,*
　　　100, 104, 105, 251, 269
宮部頼子　　*142*
向田厚子　　*139, 141, 142*
村上清造　　*181, 182*

ヤ行

横山桂　　*130, 136, 137, 140*

ワ行

和田吉人　　*176, 247, 249, 266*
渡辺信一　　*256*

事項索引

ア行

医学医療系大学図書館　　*139, 141, 264*
栄誉のシンボル論　　*87*

カ行

貸出中心主義　　*76, 84, 97, 102, 123, 290*
学校図書館司書の司書職法制化法案　　*250*
　　──に対する反対の陳情　　*251*
技術論，非専門的業務への埋没　　*18, 93, 103*
キャリアパスの創設　　*115, 143, 149, 266, 296*
教員を中心とする考え方　　*221, 227, 233*
教授兼任館長制　　*56, 71, 123, 142, 154, 289*
教授専任館長制　　*56, 123*
業務委託の拡大　　*43, 47, 119, 143*
継続・専門教育の欠如　　*4, 6, 140, 238, 284, 287, 291*
現状を超えることのない専門性　　*90, 94, 132*
公共図書館中心主義　　*86*
高度な資格　　*3, 134, 137, 240, 269, 274, 287*
国立学校図書専門職員採用試験　　*10, 20, 53, 57, 137, 180, 191*
国立大学中心の考え方　　*20, 176, 181*
国立大学図書館専門職員の待遇改善　　*20, 81, 143, 153, 176, 190, 195*
国立大学の設置管理者　　*82, 173, 195*
国立大学附属図書館　　*38, 41, 71, 111, 219, 228, 282*

サ行

資格試験　　*185, 190, 194*
資格の準用　　*179, 186, 190, 192, 231, 283*
司書資格・教育を堅持する方針　　*80, 85, 100, 132, 152, 250, 256, 259, 261*

司書資格・教育を充実させる方針　　*240, 256, 261*
司書課程・司書講習　　*2, 17, 120, 127, 132, 140, 195, 238, 242, 247, 254, 272*
　　──の意義　　*48, 53, 249, 266*
　　──の廃止論　　*100, 243, 252, 265, 269*
「司書職の確立について」　　*177, 194*
施設・設備　　*110, 220, 224, 229, 234, 289, 294*
"死せる図書館"　　*69*
『市民の図書館』　　*76, 83, 84, 102*
事務職員としての位置づけ　　*10, 56, 117, 210, 211, 221, 225, 286*
準専門職　　*15, 83, 127, 151, 271, 287*
「上級司書講習科目」別表Ⅱ　　*248, 269, 273*
情報専門職　　*13, 116, 118, 134, 139, 142, 144, 149, 150, 152, 154*
情報の提供・教育的働き　　*94, 105*
情報の提供サービスへの牽制　　*80, 86, 97, 101, 123, 292*
初期教育の高度化　　*250, 269, 270*
資料の提供・整理業務　　*96, 98, 101, 123, 154, 290*
全館種の教育内容のカリキュラムへの組み入れ　　*2, 240, 242, 248, 255, 260*
専任職員数の減少　　*43, 119*
専門職　　*1, 11*
　　──化（the direction of professionalism）
　　　2, 9, 15, 18, 64, 68, 72, 75, 77, 82, 86, 103, 118, 120, 130, 132, 141, 144, 149, 185, 259, 270, 273, 286, 288, 291, 293
　　現職の図書館専門職員をそのままで──とみなす考え方　　*13, 130, 137, 151, 271*
　　"──志向"論　　*76, 77*
　　"司書は──"論　　*182, 272, 285, 292*
　　──専任館長制　　*123*

"――独自の生活圏の要求"　80, 82

"――としての司書職の確立"　13, 19,
　66, 75, 76, 81, 85, 92, 100, 104, 154,
　272, 287

"図書館員"の労働問題を解決する手段と
　しての――論　83, 85, 90, 94, 104,
　143, 153, 251, 282

――と専門家,専門職性と専門性の混同
　15, 91, 96, 144

専門的業務と非専門的業務の未分化　9, 18,
　47, 75, 92, 126

組織・機能　73, 213, 220, 224, 229, 234,
　284, 289, 294,

タ行

大学院での継続・専門教育　40, 93, 95, 99,
　104, 134, 135, 140, 152, 155, 195, 252,
　266, 268, 293

大学関係法令の特性　4, 21, 210, 214, 224,
　225, 233, 284

大学設置基準　10, 189, 213, 220, 222, 223,
　229, 230

――の大綱化　21, 32, 41, 57, 110, 113,
　119, 130

――の量的基準　72

大学図書館司書　11, 18, 19, 69, 72, 75, 125,
　127, 128, 131, 226, 287

――の資格　176, 177, 179, 183, 185,
　192-194, 196, 212, 231, 283

大学図書館全体の立場　191, 194

大学の学習環境基盤　112

大学の学術情報基盤　112, 114, 115, 118,
　130

大学の教育基盤　115

大学の自治　6, 69, 74, 184, 192, 211, 213,
　214, 216, 228, 231, 252, 270, 283

――における大学の自主決定権　217, 218,
　294

大学の認証評価基準における大学図書館に関
　する基準　150, 153, 155

第三者評価による大学の認証評価　32, 111,

116, 119

帝国大学附属図書館　38, 39, 56, 69, 72, 154,
　282, 289

電子図書館　109, 112, 130, 144, 151

図書館学から図書館情報学への教育改革
　254, 255

図書館学教育改善試案(1965)　22, 245, 255,
　260, 269

図書館学の歴史・理論研究の成果　124
　現場が――を無視する傾向　124

『図書館情報学用語辞典』　11, 14, 16, 67,
　78, 271, 292

図書館専門職員の教育の欠如　4, 6, 23, 71,
　155, 194, 196, 238

図書館専門職員の専門職化の基盤となる学問
　104, 259, 274, 292

図書館長になるための教育の欠如　124, 142

図書館利用者の要求至上主義　86, 88, 90,
　101, 102

努力を専門職の証とみる精神論　132, 138

ナ行

日本医学図書館協会　142, 264, 267
　――の「継続教育大綱」　142

ノーサポート・ノーコントロール政策　34

ハ行

ハイブリッド図書館　114, 115

非専任職員数の増大　43, 45, 48, 85, 119

必置義務　221, 224, 225, 227, 231, 233,
　284, 294

必要な職員としての位置づけ　221, 225,
　228, 233

標準化された技術　88, 91, 93, 95

プロフェショナル・ステータス　135

分業にともなう専門性の否定　90, 92, 252

ヘルスサイエンス情報専門員認定資格
　264, 267

法人化　28, 32, 33, 41, 57, 74, 110, 119, 214,
　218

事項索引

マ行

身分の分化　　*47, 58, 120*

ラ行

ライブラリアン　　*1, 13-15, 19, 68, 75, 86, 95, 99, 120-122, 125, 129, 134, 135, 145, 153, 271, 282, 290*

——の制度を参考にする考え方　　*75, 76, 93, 189, 282*

労働市場の創出　　*148, 149, 153, 296*

アルファベット

NIST（National Information System for Science and Technology）　　*73, 74, 108*

philosophy of librarianship　　*121*

著者略歴
学　歴：筑波大学大学院図書館情報メディア研究科博士課程修了．
博士（図書館情報学）（筑波大学，2014年）
現　在：国際基督教大学図書館パブリックサービス・グループ長
主業績：アカデミックライティング支援組織，Writing Support Desk の構築・運営，学修支援重点型へのラーニングコモンズ再構築とリニューアル・オープン，リンクリゾルバおよびウェブ・ディスカバリー・サービスの導入，図書館専任職員全員による情報教育レクチャーの改革
主論文：「大学図書館の司書職法制化運動：昭和27年（1952）～40年（1965）」『日本図書館情報学会誌』Vol. 56, No. 2, 2010.6, p. 101-123.（同論文で2011年度日本図書館情報学会奨励賞を受賞）
「大学図書館の司書職法制化の提案と大学関係法令の特性：昭和27年（1952）～40年（1965）」『日本図書館情報学会誌』Vol. 57, No. 4, 2011.12, p. 107-123.

大学図書館専門職員の歴史
戦後日本で設置・教育を妨げた要因とは

2016年1月15日　第1版第1刷発行

著　者　利根川　樹美子
　　　　（とねがわ　きみこ）

発行者　井　村　寿　人

発行所　株式会社　勁草書房
　　　　（けい）　（そう）

112-0005　東京都文京区水道2-1-1　振替　00150-2-175253
（編集）電話 03-3815-5277／FAX 03-3814-6968
（営業）電話 03-3814-6861／FAX 03-3814-6854
本文組版　プログレス・三秀舎・牧製本

©TONEGAWA Kimiko　2016

ISBN978-4-326-00041-8　　Printed in Japan

JCOPY　＜(社)出版者著作権管理機構　委託出版物＞
本書の無断複写は著作権法上での例外を除き禁じられています。複写される場合は，そのつど事前に，(社)出版者著作権管理機構（電話 03-3513-6969、FAX 03-3513-6979、e-mail: info@jcopy.or.jp）の許諾を得てください。

＊落丁本・乱丁本はお取替いたします。

http://www.keisoshobo.co.jp

池谷のぞみ・安形麻理・須賀千絵編著	図書館は市民と情報・をむすぶ	A5判	3600円
上田修一・倉田敬子編著	図 書 館 情 報 学	A5判	3200円
倉田敬子	学術情報流通とオープンアクセス	A5判	2600円
加藤信哉・小山憲司編訳	ラーニング・コモンズ 大学図書館の新しいかたち	A5判	3900円
逸村 裕・竹内比呂也編	変わりゆく大学図書館	A5判	2900円
常世田 良	浦安図書館にできること 図書館アイデンティティ	〔図書館の現場①〕四六判	2600円
三田誠広	図書館への私の提言	〔図書館の現場②〕四六判	2500円
根本 彰	続・情報基盤としての図書館	〔図書館の現場③〕四六判	2400円
杉岡和弘	子ども図書館をつくる	〔図書館の現場④〕四六判	2400円
安井一徳	図書館は本をどう選ぶか	〔図書館の現場⑤〕四六判	2100円
竹内比呂也ほか	図書館はまちの真ん中 静岡市立御幸町図書館の挑戦	〔図書館の現場⑥〕四六判	2100円
田村俊作・小川俊彦編	公共図書館の論点整理	〔図書館の現場⑦〕四六判	2400円
柳 与志夫	知識の経営と図書館	〔図書館の現場⑧〕四六判	2400円
小川俊彦	図書館を計画する	〔図書館の現場⑨〕四六判	2300円
柳 与志夫	文化情報資源と図書館経営 新たな政策論をめざして	A5判	4400円

＊表示価格は 2016 年 1 月現在。消費税は含まれておりません。